"主干"与"动脉"

京奉铁路与其沿线区域经济社会变迁
（1907—1937）

李海滨 —— 著

江沛 —— 主编

中国近代交通社会史丛书 002

社会科学文献出版社
SOCIAL SCIENCES ACADEMIC PRESS (CHINA)

本书的出版得到南开大学中外文明交叉科学中心的资助,特此致谢。

关于开展中国近代交通社会史研究的若干思考（代总序）

江 沛

人类生活空间的大小，长期受地理空间及自然条件约束，限制着生活、生产、文化等诸种交流。此种空间与条件约束着人类获得各种生活资源的能力，影响着其视野的拓展、知识的丰富性甚至想象力的丰富程度，这也是约束人类能否相识相知、能否构建人类命运共同体的关键所在。而拓展空间的途径主要有两个：一是借助交通工具"压缩"空间距离，展开交流；二是借助通信手段进行信息交流。

古代人类生活的空间，受制于旧式交通工具的简陋及传统交通体系的落后，而无法达成真正的自在生活状态。庄子曾有《逍遥游》，称自北冥南迁的大鹏："怒而飞，其翼若垂天之云。……鹏之徙于南冥也，水击三千里，抟扶摇而上者九万里。去以六月息者也。野马也，尘埃也，生物之以息相吹也。天之苍苍，其正色邪？其远而无所至极邪？"[1] 其想象力不可谓不丰富，但羡慕与无奈之情溢于言表。受制于交通落后，古人要想远足，只能"适百里者，宿舂粮；适千里者，三月聚粮"。[2] 直至清末，曾国藩从湖南赴京应试，水陆并用仍需费时三月之久。出行处处受制，极度不便，古人何来"逍遥"？难以克服地理局限的人类，只能局促一地，坐井观天。从这个意义上讲，世界古代的历史，基本是各地域单独的历史发展进程，难称人类文明融合的真正意义上的世界历史。

古代人类交流信息，除利用飞鸽传书外，多需借力牲畜（如驿运）、水运

---

[1] 陈鼓应注译《庄子今注今译》，中华书局，1983，第1~3页。
[2] 陈鼓应注译《庄子今注今译》，第7页。

或人的行走。同样受制于交通工具的落后，信息交流十分不便。唐代诗圣杜甫曾有"烽火连三月，家书抵万金"的慨叹；宋代赵蕃也有"但恐衡阳无过雁，书筒不至费人思"的感怀；宋代陆游更有"东望山阴何处是？往来一万三千里。写得家书空满纸！流清泪，书回已是明年事"的无奈。

人类自18世纪渐入近代社会，随着工业技术飞速发展、工业化规模生产及市场化的需求，以机械为动力的现代交通运输业应运而生。限制人类交流、沟通的地理空间，因现代交通及信息技术的发达日益缩小，人类活动的地理及文化空间大增。庄子当年浩叹的大鹏飞行距离，在现代交通体系下，普通的民航飞机、高速列车均可在以小时为单位的时间内完成，对于航天飞机而言则只是以分钟计算的事情。显然，人类借助现代交通工具克服了农业社会地理空间的羁绊，拓展了自己的生存空间，虽然未至自由王国，但自在状态已大大提高。

人类社会在人、信息与物的交流上发生的这一重大变化，得益于英国工业革命后以铁路、公路、航运、航空为表征的现代交通体系的建立及日益成熟。它不仅使世界各国间经济连为一体，市场贸易体系真正世界化，使不同地域间各民族对于异文化的了解成为可能，极大丰富了各自的知识体系，拓宽了视野，也使人类社会在逐渐的相知相识基础上互相学习、取长补短、摆脱偏见、渐趋大同。也只有在这一基础上，我们才能谈及"地球村"、全球化的可能性。由此，我们应该对现代交通体系与人类社会发展间的重要关系有一个清晰的认识。

一 与世界比较中产生的问题意识

众所周知，英国工业革命在推动人类克服自然限制、开发资源、提高生产能力与效率的同时，也拉开了真正意义上的世界近代历史进程的大幕。工业技术的日益成熟及工业生产效率的大增，既推动了交通运输能力的成熟，也需要交通技术的支撑，现代交通体系的完善使工业化向全世界扩展，使欧美国家迈开了向现代化转型的步伐。工业造就了近代世界，工业也改变了人类历史进程。工业化与欧美国家现代化发展间的重要关系，得到了普遍认可。

当眼光转向近代中国的历史进程时，在关于工业化与近代中国社会变革进程间关系的认识上，我们的思考却有了极大差异。一方面，自鸦片战争直至1949年，近代中国饱受西方列强包括日本的武力侵略及政治、经济上的掠夺，形成了极为强烈的民族主义情感，追求国家与民族独立成为近代中国一股强大的思潮。另一方面，在世界现代化进程中处于领先地位的西方国家，在侵略中国的过程中又不自觉地持续输入以工业生产、国际贸易、革命思想、民族及人权观念、民主共和体制为特征的现代性思潮。马克思曾言，如果亚洲国家安于现状，不思进取，无法产生工业化的自我革命，那么无论英军犯下了多少罪行，它对印度和中国的侵略就是在不自觉地充当着推动亚洲工业化的工具。① 马克思、恩格斯还认为，资本主义经济"首次开创了世界历史，因为它使每个文明国家以及这些国家中的每一个人的需要的满足都依赖于整个世界，因为它消灭了以往自然形成的各国的孤立状态"。② 吊诡的是，侵略中国的西方列强同时又是现代性的倡导者和引入者，中国人既要反对西方对主权的干预，又要不断学习西方的现代化。尽管"国学"理念的提出，旨在强调中华民族特性及儒学文化的特性，但以传统儒学为核心的本土资源显然无法提供抗拒西方现代化进程的思想资源。以魏源、林则徐、薛福成、王韬、郭嵩焘、曾国藩、慈禧、张之洞、李鸿章、袁世凯、孙中山等为代表的清末民初重要人物，无论政治倾向如何，在面对世界现代化进程中国应如何抉择的重大课题时，均会在面对西方的双重性特别是现代性时陷入欲迎还拒的窘态。这种意识经日本侵略时期、冷战时期持续强化，演变成一种面对西方不自觉猜测其"阴谋论"的心态，极大影响着我们看待世界现代化进程的角度及思维。

受此影响，在世界现代化进程中处处影响巨大的现代交通体系，在中国近代史的研究中却呈现出了极不正常的研究意识及学术状态。当铁路、航运进入近代中国时，我们正确地看到了西方国家开拓中国市场时对于政治、经济利益的贪婪追求，但基本停留于此，没有进一步讨论现代交通体系在清末民初构建时的艰难，其经济功能对于中国经济转型、城市化进程

---

① 马克思：《鸦片贸易史》《不列颠在印度的统治》，《马克思恩格斯文集》第2卷，人民出版社，2009，第632、683页。
② 《马克思恩格斯文集》第1卷，人民出版社，2009，第566页。

甚至人们思想的开放所具有的重要价值及深层次的影响,从而进一步思考近代中国对外开放的规律性。对近代港口及航运、铁路运输如何改变近代中国经济结构、贸易走向、经济中心变革与城市格局、农村人口向城市流动甚至跨区域流动,交通运输(包括电政)推动信息传播与改变地方主义、家族意识间的关系,交通及信息传播与近代中国国族认同间的重大关联性等,均缺少从世界经济体系视野展开的认真而有逻辑性的思考与研究。显然,对中国近代交通社会史的讨论,是对60余年来侧重展示近代中国反帝反封建运动的革命正当性及道德正义性的一个重要补充,也有助于理解被纳入世界经济体系的近代中国社会所呈现出的新旧杂陈、变与不变的历史复杂性,更有助于思考这种历史复杂性背后实际生发着的从传统向现代转型的社会发展主旋律及其深刻的社会影响。

二 技术与经济:近代中国转型的根本动力

在这一由欧美国家主导的全球现代化进程中,中国并不能自外于源自"西方"的这一发展趋势。近代中国历史的发展特征显示,中国文化与历史的内在能量强大,如美国学者柯文(Paul A. Cohen)所言,不能只从西方出发去考察近代中国的变化,要"在中国发现历史",但近代中国至今几乎所有的制度变革、经济变革、生活变化等重大事件,都是在以现代技术、外贸为主导的经济体系变革和西方体制冲击下产生的。这是不争的事实。只有具有国际视野,才能真正理解近代中国历史与社会变革的根本动力所在。

以轮船、铁路为主导的现代交通体系,其知识系统是在1920~1940年代传入中国的。据樊百川先生考证,中国有火力推动的轮船驶入,是在1828年。1830年,一艘属于英国麦尼克行(Magniac & Co.)的名为"福士"(Fobers)的轮船,抵达珠江口。至1842年鸦片战争失败后中国开放五口通商,英轮陆续进入中国内河航运业。1870年4月,清廷准许英国大东公司(Eastern Extention, Australasia and China Telegraph Co.)开设沪港航线,但3月丹麦大北公司(Great Northern Telegraph Co.)开设的沪港线未经允许业已开通。1865年,英商杜兰德在北京宣武门外造小铁路1里许,试行小火车,是为铁路输入中国之始;此后,英人于1875年在上海建造连接吴淞码头与县城的淞沪铁路 15 公里，营运不久即被清廷收购并拆毁。中国真正意义上的第一条铁路，是 1881 年李鸿章主导下出现的由唐山至胥各庄煤矿的轻便铁路——唐胥铁路，该线持续延伸到天津。此后，随着开埠通商范围逐渐扩大与外贸需求、行政控制、国防与垦边的需要，也由于俄、日、英、德对在华利益的争夺与瓜分，缺少水运条件和拥有政治中心的华北、东北地区率先在建筑港口的同时修筑了京汉、津浦、胶济、北宁、陇海、南满、中东等诸条铁路，华东地区修筑了沪宁路，华南也有粤汉路。这些铁路不仅与港口连通，形成原料、农产品出口与工业品进口的重要通道和经济腹地，强化了区域间的经贸往来，也成为清末民初中国行政管理的重要通道和国防运输线，构成了今天中国铁路网络的基本格局。以铁路、港口为骨干，公路、水路、驿运互为关联而形成的这一现代交通体系，对于近代中国从自然经济向现代经济转型、区域城市成长、工矿化生产与相关产业生长、农业产业化种植等，具有前所未有的重要推动作用。以之为基础，电信业日渐发达，邮政业崛起，新闻媒体业快速成长，区域间人员流动大增，对于国防、军事甚至防疫也有重要作用。这些现代性因素，对于近代中国民族-国家意识的形成以及中华民族凝聚力、认同感的形成，也是意义非凡的。从今天看，作为一个产业和经济发展基础的现代交通体系，在近代中国社会变动中的作用是举足轻重的，正体现了工业技术体系对于现代经济与社会发展的引导与支撑作用，而这些却因学界基于传统史观过于强调社会变革中政治、人文因素的重要性而被忽略。但事实上，毕竟如马克思所言，是物质决定意识、生产力决定生产关系而非相反。

因此，中国近代交通社会史的研究，要力求在宏大的国际视野下考察近代中国经济与社会变动，立足于现代交通体系引发区域变革的切入点，希冀形成相关的系列研究成果，以弥补过去对于现代交通体系推动经济与社会变革所具有的重要价值认识之不足，推动学界在新的视野下重新审视近代中国社会变革的若干新生产力及其新技术形式问题。

三　中国近代交通社会史研究的主要范畴

关于中国近代交通社会史的研究，首先要对其学科性的基本要素进行分析，在强调其与以技术特性为出发点的交通史研究旨趣相异的同时，特别要注重把握现代交通体系与近代中国社会变动间的关系。

第一，对近代中国交通体系基本形态进行考察。主要是对诸如铁路、港口、内河水运的规划方案、管理机制、规章及实施效果的考察，特别要考察现代交通体系整体建设过程中，历届政府是基于何种原因进行定位和规划的，其建设方案优劣及实际效果如何。深入探讨现代交通体系形成的诸种因素，特别是政治、外交、经济、民生间的诸种复杂关系，摆脱非正即反的思维，有助于既从现代化进程也从中国近代社会转型的特点上把握现代交通体系的个性及其多方面的影响。从纯技术性层面考察现代交通体系的功能与效率，是过去较少展开却不容忽视的分析视角，诸如规划线路更改、铁路轨距、车厢大小、整车运输能力、车站功能、港口的选址、迁移及扩展，相关配套企业的设立，港口与铁路连接等问题，都是理解现代交通技术在商贸经济、军事、城市空间扩展等方面重要影响所不可缺少的，也可以由此透视现代交通体系在近代中国不断完善与发展的艰难历程。现代交通体系的管理部门、规章制度、管理阶层、线路维护、联运制度、价格制定、诸种交通方式间的衔接等，也是影响现代交通体系能否顺利发生作用的重要因素。管理的效率是经济发展的生命线，也是提升经济效率不可缺少的重要环节。

第二，对诸种交通方式间的关系进行考察。现代交通体系是在传统运输体系的基础上转型而来的，铁路、水运、港口三位一体，逐步压缩畜力、人力运输的空间，也是内河水运日益衰落的主因。然而这种趋势并非一蹴而就。在清末民国时期中国地域广大、地理条件复杂、交通体系落后的整体背景下，诸种交通方式间的竞争与互补关系，共同构成了交通体系向现代转型的有机整体，以及这种转型的过渡性和复杂性。如各铁路线间既有连接、互补的关系，联运制度便是最好例证，在货源相对紧张时，各线路均以降低运价、减少税收为吸引力，其竞争又是十分激烈的。铁路运输网络的诸环节，在统一协调下共同发展，是清末民国时期各届政府努力的目标。在铁路与河流并行的地区，水运在与铁路的竞争中势头良好；在铁路与河流逆向的地区，水运与铁路形成了自然互补关系。人们想象中的铁路一出，水运立衰的状况并未出现，铁路与水运的共同协调发展，是20

世纪前半叶的主流。作为近代外贸的终极市场，港口与铁路的有机连接，是现代交通体系的主要形态。海运激增，不仅使港口不断扩大，港口城市空间扩张，工商业日益发达，也使铁路运输日益增长。但港口对于铁路线的依赖非常明显，没有铁路线扩大港口的腹地，港口衰落就是必然。烟台与青岛此消彼长的格局，就是一个生动的例子。在20世纪前半叶，由于技术及设备的需求较高、价格过高，汽车运输难以普及，公路运输在各地商贸运输体系中只占有3%左右的运输量，位列铁路、水运、人力运输之后，但在一些大城市周边的特定地区，少数公路与铁路还是形成了一定的互补关系。当现代交通体系发展起来后，人力、畜力运输由于成本过高逐步减少，甚至被取代，但在偏远乡村和山区，人力、畜力的运输仍是主力。

第三，对港口－铁路体系与经贸网络的重构进行研究。近代交通体系的规划及建设原因颇多，甚至国防、军事、行政管辖等因素更为突出，但交通线路完成后其服务经济的基本性质无从改变。[①] 以北京为中心的华北区域铁路建设，最终却成就了天津的华北最大贸易与工业中心地位，要因在于天津具有持续扩张吞吐量的良港。在外贸拉动下，津浦、津京、京汉、京奉（北宁）和胶济铁路，无论方向如何，主要的货物流向均以天津、青岛等港口为集散地，形成了东西向的新的商贸走势及网络，东部的率先开发与工业中心的建立，是经济发展的自然选择。以上海为中心的港口－腹地关系，决定了长江流域以水运为中心的经贸运输体系，但此时华东地区的铁路系统则受经济不发达的限制而建设缓慢。这些探讨对于重新认识近代中国开发的世界因素、思考近代中国东西部差距形成的诸种原因以及现代交通体系与腹地开发的关系具有重要价值。以港口为终端市场、以铁路为主干的近代交通体系的构建，其基本功能在于获得丰富的物资及客流，因此腹地的开发是至关重要的。腹地开发既要沿袭商贸传统网络，也会因现代交通体系的运转而重新构建。以铁路枢纽为依托的中级市场是腹地开发的关键所在，腹地范围越大，表明现代交通体系参与经济和社会发展的辐射能力越强。现代交通体系运量大、运速快、运距长、安全性好的特点，不仅促进了商贸网络的延伸，更是催生现代工业的"媒婆"，使

---

① 江沛：《清末华北铁路初成诸因评析》，《历史教学》（高校版）2011年第7期。

在传统运输体系条件下难以大量开采的铁、煤矿得以开发,引入近代技术可以大量生产的工业制造中心亦赖此兴起。两者相互依存、相互补充,甚至一些城市完全依赖现代交通体系而生,在成为新的工业中心后地位日升并逐渐演变为新的政治中心。华北区域的传统商贸网络,多以行政中心及沿官道、河流而设的城市为结点,也有如经张家口展开的边贸固定路线。近代交通体系兴起后,因外贸需求刺激,以港口为终极市场的新商贸网络不可避免地展开,传统商路以南北向为主,此时则一变而为东西向;以往以行政中心为结点的商贸网络,此时发生重构,铁路交叉点或铁路与港口的连接点成为新的商贸中级市场或终端市场,而交通枢纽的变更导致中级市场或地域经济中心的此兴彼衰,是由现代交通体系引发的商贸格局变化的必然。

第四,关注现代交通体系与产业转型的关系。现代交通体系本身既是一个物流、人流与信息流的运输系统,也是一个工业部门,又是一个经济领域,其成长对于传统社会难以扩张的工业、矿业的开发与增长的刺激作用是非常明显的。华北区域一些地方如焦作、唐山、阳泉、博山等,即因现代交通体系的成长催生出工矿业的发展。由于需求旺盛,不少工矿业迅速引入先进技术,大大提高了劳动生产率和产品质量。为保证工业原料的供应,一些地方如胶济沿线的美种烟草、河南许昌地区的烟草与棉花也开始了产业化种植,高阳土布业的产销形成了规模,农产品商业化趋势大增,石家庄的城市化则是在铁路转运业的刺激下开始的。上述变化构成了华北区域经济的近代转型进程。现代交通体系的完善方便了出行,刺激了客流量的增长。20世纪前半叶,不少区域的旅游业增长快速,各条铁路均出版了旅行指南,一些偏远地区的自然及人文景观不断受到关注,相应的产业也有所发展。据统计,客运收入在各条铁路均占约1/3的份额。现代经济发展的核心是产业分工导致的生产率提高,是劳动与资本分离,使用机器大大增加了企业的固定资本,流动资本愈益增大,区域经济的互补性因交通而得以实现,现代经济制度逐步形成。[①] 这一变化,离开现代交通

[①] 〔法〕保尔·芒图:《十八世纪的产业革命》,杨人楩等译,商务印书馆,1983,第21~22页。

体系的运作难以为继。

第五，考察现代交通体系与社会变动的关系。以现代交通体系为纽带，商贸市场网络、工业体系、农业产业化体系渐次形成，巨量商品流通的结果，不仅是经济利益的增长，更是工农业的发展、人们生活水平的提高，特别是这种经贸网络的日益紧密，大大加快了区域经济的分工与整合进展，改变了人们大而全、小而全的经济与生活理念。由于现代交通体系推动了产业化发展、贸易运输的快速发展，市场竞争带来了产业、贸易内部及外部环境的利益分歧及重新分配，传统社会较为缺少的社会组织应运而生，诸如各个层次的商会、产业工会、员工协会逐步产生并发展，成为协调利益、保护工人、理顺产业内部机制的重要组织，带动了新职业的兴起和就业机会的扩大，对于市场的有序运作具有重要作用。现代交通体系的兴起，大大加快了城市化进程。新式交通枢纽的建立，是近代经济中心所必需，也是市场链式扩张的需要，由此，不少地区因交通线路所经而完成了城市化的进程。哈尔滨、长春、营口、石家庄、郑州、张家口、徐州、兰州、宝鸡、武汉、镇江、上海、重庆等地的崛起，都是极好的例证。当然，如保定、开封则因失去交通枢纽而渐次衰退。此时多数城市人口数量有限，但各区域的城市格局及经济格局由此而变，影响至深且巨。对于现代交通体系与行政管理、移民、救济、疾病传播、犯罪、工人运动、军事、现代时间观念形成等关系的探讨，是考察现代交通体系特征及功能不可缺少的。由于现代交通体系的建立，人员流动大增，信息产业增长，邮政、电话、电报、报刊业在清末民初高速增长。长期以来因国土广阔山河相隔的区域、内地与边疆间都得以连通，一体化进程使工业时代的政治、文化、风俗、理念得以广泛传播，国人的文化认同、民族认同、国家认同有了实现的前提及可能性，这是民国以来社会运动风起、社会动员得以实现的必要技术条件。"中华民族"等概念，之所以在20世纪上半叶渐次形成，除了外来侵略的强化作用外，一个很重要的条件是现代交通体系包括媒体传播手段的日益完善，在共同信息影响下的民众心态及社会思潮渐次形成，这使现代民族国家意义上的新中国成为可能。

综合而言，开辟中国近代交通社会史的研究，具有丰富中国近代史研究范围的功能，对于细化近代中国从传统向现代转型的过程十分必要，有助于从国际化和世界历史的视野去理解近代中国变动的起因及动力；从现代技术与经济变革的角度切入，中国近代交通社会史研究也具有方法论和价值观上的启示意义。究竟如何看待近代中国社会变革的动力及走向，是一个亟待重新认识的学科基础性问题，是一个有助于深化理解中国近代历史规律及特征的重要课题，更是一个如何理解与运用历史唯物主义史观的问题。

（原载《史学月刊》2016年第8期，略有修改）

目 录

绪　言 / 001

第一章　京奉铁路的概观和意蕴 / 022
　　第一节　京奉铁路沿革和概貌 / 023
　　第二节　关于京奉铁路的争议和纠纷 / 031
　　第三节　京奉铁路的分裂和统一 / 040
　　第四节　北宁铁路关内外通车交涉 / 046

第二章　京奉铁路的营业 / 058
　　第一节　京奉铁路营业概况 / 058
　　第二节　京奉铁路联络运输 / 091
　　第三节　京奉铁路营业的不利因素 / 117

第三章　京奉铁路与近代工矿业的发展 / 140
　　第一节　京奉铁路与开滦煤矿的"共生" / 141
　　第二节　京奉铁路与开滦煤矿的"斗争"
　　　　　　——以1931年、1935年的路矿交涉为例 / 157

第四章　京奉铁路与沿线城市的近代化 / 175
　　第一节　天津 / 176
　　第二节　秦皇岛 / 201
　　第三节　唐山 / 214

第五章　京奉铁路与近代华北乡村经济的变动
　　　　——以冀东地区为例 / 230
　　第一节　京奉铁路与冀东地区植棉业的发展 / 231
　　第二节　京奉铁路与冀东地区手工业的发展 / 246
　　第三节　京奉铁路与冀东地区商业的发展 / 255

第六章　京奉铁路与近代东北移民 / 266
　　第一节　近代东北移民概况 / 267
　　第二节　铁路与近代东北移民的互动 / 277
　　第三节　近代东北移民的多重效应 / 294

结　　语 / 312

参考文献 / 319

绪　言

问题缘起

交通是国民经济的基础设施和产业，是社会经济发展和提高民众生活水平的基本条件，其发达与否"是衡量一个国家现代化程度的标志之一"。[①] 综观人类社会生产发展的历史，交通运输方式的变革大多会对区域乃至世界的经济和社会面貌产生不同程度的影响，特别是作为现代交通方式变革之一的铁路的诞生与发展，在西方世界早期现代化的进程中具有重要的作用。1825 年，英国建成世界上第一条铁路，开拓了陆地交通运输的新纪元，标志着人类即将进入"铁路时代"。1829 年，史蒂芬森（George Stephenson）设计的"火箭号"机车在英国重要工业城市曼彻斯特和利物浦之间疾驰，英国乃至世界经济随之加快了前进的节奏和步伐。铁路对于英国工业发展和社会进步的巨大推动作用产生了明显的示范效应。在 19 世纪中叶，欧洲大陆诸国和美国等群起效仿，铁路建设的热潮相继掀起。铁路的修筑不仅意味着交通工具的现代化，而且带动了相关产业，尤其是钢铁、煤炭等重工业的发展，打破了传统社会的封闭、孤立的状态，改变了人们延续已久的生活观念和方式。总之，它在经济、社会及文化等方面的效应远远超越了提供运输的价值。

在西方世界的早期现代化过程中，铁路作为"现代工业先驱"的重要作用毋庸置疑。它的到来本身就是一场革命，从许多方面来说它都是西方

[①] 李京文主编《铁道与发展》，社会科学文献出版社 2000 年版，第 35 页。

国家工业化进程中最为深远且壮观的一面，诚如列宁所言："铁路是资本主义工业最主要的部门即煤炭工业和钢铁工业的结果，是世界贸易和资产阶级民主文明发展的结果和最显著的标志。"[1] 然而，随着西方世界工业革命的进展，欧美各国的海外殖民活动不断扩张；紧跟在这些殖民活动之后的则是早期工业化向世界范围内的扩散。19世纪中叶，西方列强用坚船利炮叩开了"天朝上国"的门户。随着这些陌生人"接踵而至"的便是铁路、电报、采矿等近代物质文明开始"渗入"。其中，"一半是为有投资的场所，一半是为深入内地市场"[2] 的外洋商人，他们千方百计、煞费苦心地力图说服清政府接纳铁路，却都因清廷的一体防范和严词拒绝而碰壁和落空。被西方世界热情誉为"时代的宠儿"的铁路在这个古老的东方帝国受到了冷遇和阻绝。

然而，面对西方列强强烈且持续追逐利益的野心和冲击，清廷试图阻挡铁路进入的"铁幕"开始"破防"。1876年7月3日，吴淞铁路上海至江湾段正式通车营业。这是中国大地上出现的第一条营业性铁路。尽管它是英国怡和洋行未经清政府允许而擅自修建的，并且在翌年被清政府买断拆除，可是它的昙花一现犹如一道闪电，带来了近代陆路交通的一缕光亮。其后，随着李鸿章对铁路认知和态度的转变，清廷内部围绕铁路修建与否问题进行了长久的论争。李鸿章对铁路建设坚定不移的支持遭到了部分京僚和地方大吏的同声反对和无情诘难。在双方据理力争、针锋相对之际，铁路又在中华大地上"破土而出"。1881年，应筹建开平矿务局所需，清廷为修建唐胥铁路（唐山—胥各庄）而特开"绿灯"。是年11月8日，唐胥铁路正式开通运营，成为中国自办铁路的开端。1885年10月，清政府设立"总理海军事务衙门"（简称海军衙门），身兼海军衙门会办的李鸿章以"铁路开通可为军事上之补救"为辞，奏准将铁路划给海军衙门管理，使铁路在清政府中有了正式管理机构。尽管如此，清廷内部反对铁路修建的呼声并未消弭。直至1895年中日甲午战争结束后，惨痛失利的清廷

---

[1] 《帝国主义是资本主义的最高阶段》，《列宁全集》第27卷，人民出版社1990年版，第326页。
[2] 〔英〕伯尔考维茨：《中国通与英国外交部》，陈衍、江载华译，商务印书馆1959年版，第134页。

幡然悔悟，决定将兴铁路、采矿等作为求存图强的国策而毅然兴办，从而彻底清除了铁路修建的政治障碍，并催生了近代中国第一个铁路建设的热潮。可见，铁路在近代中国的诞生和发展并非一帆风顺。它经历了从"排拒""试办""争议"直至"兴办"的曲折历程，是"一部充满心酸和苦痛的历史"。[①] 1911年，清政府颁布施行铁路"干线国有"政策，结果出乎意料地引燃了辛亥革命的导火索，清政府分崩离析。1912年元旦，中华民国宣告成立。北洋政府通过抵卖路权而借取外债，加之军阀割据、兵戈扰攘、社会动荡，铁路建设步履维艰，运营管理每况愈下。1927年国民政府定都于南京，1928年设立铁道部。除了规划雄心勃勃的铁路建设蓝图外，铁道部还着手整顿路政，统一规章制度，规范运营管理，改良技术装备，厉行商业化改革，积极招徕旅客、拓展商务、改进服务等。经过持续整顿和锐意改进，铁路事业回归正轨并渐有进步。这种极为简略和粗犷的描述，自然无法囊括和顾及近代中国铁路建设历程及其丰富内涵，仅是表明中国铁路在近代各个历史时期及社会情境下呈现的基本概貌、脉络及特征。

另一方面，铁路作为一种现代化的交通工具，以其快速、价廉和相对安全的优越性能，与同为现代化交通工具的轮船一道有力地推动了中国的现代化进程。"轮船打开中国恃为长城的海禁，使中国无法闭关；铁路克服陆上的险阻，使中国堂奥洞开，故这两种交通工具在中国近代史上，都有其特殊的地位。"[②] 尽管轮船和铁路在中国近代化历程中的作用及地位难以简单衡量，但铁路的意义比轮船应更为重要，"在引入中国的现代经济设施中，也没有一项比铁路引起更大的影响。"[③] 诚如凌鸿勋所言："我国社会的变迁、思想的觉醒，经济的发展，以及政治的演进，国运的隆替，在在与铁路问题有关。"[④] 例如，铁路修建所引发的外债问题成为与西方列强政治与

[①] Ralph William Huenemann, *The Dragon and the Iron Horse: The Economics of Railroads in China 1876-1937* (Cambridge: the Harvard University Press, 1984), p.37.

[②] 李国祁：《中国早期的铁路经营》，台北中研院近代史研究所1976年版，第1页。

[③] 张瑞德：《平汉铁路与华北的经济发展（1905—1937）》，台北中研院近代史研究所1987年版，第2~3页。

[④] 凌鸿勋：《中国铁路志》，载沈云龙主编《近代中国史料丛刊续编》第93辑，台北文海出版社1974年影印版，"前言"，第1页。

外交的组成部分；因铁路国有政策的措置失当而引发的保路运动导致了清政府的覆亡。总之，研究中国现代化历程不能轻视甚至忽略铁路这个重要的因素。与此同时，中国铁路的发展受到当时国内地理因素、人文条件及经济、社会环境的影响或制约，并且与彼时的国际政治和经济局势密切相关，因而必须将中国铁路放置于具体的社会历史情境中加以观察和解读，不能脱离中国现代化这个宏观的历史主题和背景。由上可知，单纯地从中国近代交通变革的角度而言，铁路交通开启了中国传统交通方式的革新历程，是中国交通现代化的重要内容和显著标志，在中国交通史上具有不可低估的地位和意义，完全可以而且应该作为一个独立且系统的课题加以研究。同时，从近代中国铁路与中国现代化互动的双重视角而言，铁路在一定程度上可以作为中国现代化历程的一个缩影、一条参照线索或一个解释因素。它像一面棱镜或一扇窗口，可以映射或探视中国现代化历程的某种色彩或图景。

近代中国铁路可以作为一个整体进行宏观性的观察和探讨，但由于各种因素的影响或制约，近代中国铁路呈现出复杂的历史面貌，每条路线的生成环境、修建动机、工程质量、管理效率、功能发挥等诸多方面均存在着不同程度的差别，尤其铁路在沿线区域经济社会变动中的作用因其所经地区的地理条件和经济水平等许多因素的影响而表现得形态各异。因此，在试图归结近代中国铁路具有的普遍"共性"的同时，也应观照各条路线所体现出的不同"特性"。因此，实证性的个案研究必然成为近代中国铁路研究的一个路径和范式。本书选择京奉铁路作为研究对象，这不仅因为以往有关它的研究尚不多见，而且基于如下考量：从地理空间而言，京奉铁路干、支线绵延一千余公里，是沟通华北与东北之间的重要通道。它的修建对于巩固国防、加强区域之间的政治、经济、社会联系发挥了重要作用。从历史时间而言，京奉铁路从1881年唐胥铁路的修筑到1937年抗日战争全面爆发为止，跨越了半个多世纪的春秋，涵盖了近代中国铁路产生、发展的多个历史时期。从营业收益而言，尽管京奉铁路不断遭到各种自然和人为因素的干扰或破坏，但由于依托于东北和华北区域的资源交流需求及其运营管理的不断改进，其运营收入在国有各路中首屈一指，成为少数几个能够始终盈利的线路之一。京张铁路即由京奉铁路"资助"而建成。从运输功能而言,京奉铁路对其沿线腹地的货物贸易、人口流动、城市化进程等诸多领域发挥了重要作用。质言之,京奉铁路是近代中国铁路发展史上的"主角"之一,"无论政治上或经济上,均有注意研究之资格"。[①]

概念界定

"沿线区域"是一个关涉本书研究主旨的重要概念。通常所言的"区域"是"一个客观上存在的,又是抽象的人们观念上的空间概念"。[②] 由于不同学者或学科之间的见仁见智,以致"区域"并未形成统一的概念。以往的"区域"概念要么是以地理空间为坐标,要么是以文化为准绳,要么以市场因素为基础。作为一种现代化的交通工具,京奉铁路的"沿线区域"应在参照"区域"普遍含义的基础上,直接援引交通运输学的界定方法和术语——铁路的"吸引范围"。铁路全部的"吸引范围"是"由直接(地方)吸引范围、联合吸引范围和间接(通过)吸引范围共同有机组成。……至于干线在其支线上的联合或间接吸引范围,则仍是干线的直接吸引范围"。[③] 通俗地讲,铁路的"吸引范围"等同于"沿线区域"。另一方面,铁路"吸引范围"或"沿线区域"的界定需要进行具体的考察和分析,特别是考虑货物的具体运输方式。譬如,发送或到达的运量很大而且有专用线或专用铁道相联系的工矿企业被铁路吸引是显而易见的,但在许多情况下,铁路与他种运输方式的分工配合条件,也是确定铁路"沿线区域"的一个基本因素。例如,当铁路沿线有较为发达的内河水系深入腹地并为铁路吸源疏流,铁路的"吸引范围"将会扩展,反之亦然。有的地区虽然与某铁路线的直线距离较短,但无其他运输方式与铁路衔接,很可能不被该线"吸引",故而不便归入铁路"沿线区域"。另外,铁路在空间上的"吸引"或"辐射"距离及程度是不均衡的,这与"吸引范围"内的地理环境、资源禀赋甚至政策行为等因素密切相关,需要在研究过程中予

[①] 安瑞:《最近十年来京奉路客运营业之概况》,《中东半月刊》第3卷第7期,1932年4月16日,第12页。
[②] 郝寿义、安虎森主编《区域经济学》,经济科学出版社1999年版,第1页。
[③] 张务栋编著《交通运输布局概论》,华东师范大学出版社1993年版,第151页。

以时刻留意和多面考察。总之,从交通运输学的专业视角而言,铁路"沿线区域"的划定需要从线路本体出发,同时观照和融合多重因素,应该具体情形具体分析,不能一概而论。

"区域"不仅是地理空间概念,也属于历史文化范畴。从历史学的维度来看,它并非一成不变,而是随着时空的演进呈现一种变动不居的特性。因此,区域"往往没有严格的范围和界限,实际应用时常以行政区划界限为界限"。① 故而试图对于某个区域进行精确的划定往往是徒劳无功乃至"作茧自缚"。诚如斯理,京奉铁路的"沿线区域"正是处于不断地变动之中。考虑到政治因素对于该路的影响,这种变动愈加明显和剧烈。譬如,1931年九一八事变之后,该路实际只管辖由北平至山海关的关内段,关外段则另设局独立经营,所以严格地讲,它的"沿线区域"只限定在关内。总而言之,通过参考和吸纳不同学科语境下对于"沿线区域"的界定,并且结合《北宁铁路沿线经济调查报告书》等历史文献资料,本书将京奉铁路的"沿线区域"划定为"依渤海、枕燕山,自海岸抵山麓5万方里以内"②的地区,大致包括北平、天津两个都市和华北中东部的27个县镇。至于该路关外段的"沿线区域"则因情况特殊及史料不足而暂且"割舍"。

"社会变迁"同样是一个争议不休的概念,因为"社会"包含着不同方面的复杂内容,"变迁"体现着不同性质的动程。广而言之,"社会变迁"是一个难以尽述的动态命题。虽然社会变动内涵复杂、难以界定,但不可否认,经济领域的变迁会引发社会其他领域的相应变化。以往多数经济学者认为,经济变迁是指经济系统的结构和功能生成变化的过程,只涉及经济诸要素之间的关系及其构成方式的重大变化,较少关涉经济领域中具体而微的变化。依据辩证唯物主义史观,经济结构的质变要建立在经济领域中或大或小、或显或隐、不断累积的量变的基础上。如果忽视经济领域中的那些微观变动,可能对透彻地理解和阐释宏观的经济变革造成障

---

① 郝寿义、安虎森主编《区域经济学》,第8页。
② 北宁铁路经济调查队编《北宁铁路沿线经济调查报告书》,北宁铁路管理局1937年版,第6页。

碍。社会其他领域的变革同样遵循这样的规律。另一方面，铁路建设和运营不仅"冲破了旧的运输体系，确立铁路在运输结构中的领先地位"，而且"打破了广大农村的孤立状态，冲击着中国民众的思想观念和生活方式"，"特别是中国农民的意识和行为"。[①] 换言之，铁路不仅直接造成传统交通运输体系的解体和重构，而且深刻地影响了中国民众的思想观念、精神世界和行为方式。一言以蔽之，铁路是引起和促进近代中国整个社会变动的一个基础性的、关键性的和先导性的因素和力量。不过，铁路推进社会变动的作用机制及具体形态无疑丰富多样、复杂多变，很难一言以蔽之。

京奉铁路线路绵长，沟通关内外，串联城市（镇），并为城市发展"赋能"。因此，城市化成为铁路促进社会变动的一个引人注目的社会现象。城市化是"在一个国家或社会中，城市人口增加、城市规模扩大、农村人口向城市流动以及农村中城市特质的增加"，[②] 具体内容包括城市人口、布局、结构、功能、生活方式的现代化过程。尽管城市化有着基本的衡量标准和普遍特征，但城市化的路径和形态各有不同，既有新城市的崛起，又有旧城市的转型，还有传统城市形态结构的改观和城市体系的重构等。总而言之，本书的"社会变动"主要聚焦京奉铁路促进的沿线区域经济发展、城市化进程、区域人口流动等变化。

与京奉铁路存在紧密关联的一种社会现象是近代东北移民运动。关于移民的定义和范畴，尚无统一定论，常因时、因势而异。20世纪二三十年代的移民，就是"一个国家将他本国人口繁殖地方的人民，移居于地广人稀的地方，使从事垦牧等开发事业的一种富国裕民的政策"。[③] 所以，移民是国家一项重要政策，关系国计民生。移民与人民自动的移居有别，即"移民只是迁移人口的一部分，或者说是迁移人口中符合条件的那一部分，并不是所有的迁移人口都是移民"。[④] 孙艳魁在《苦难的人流——抗战时期的难

---

① 李文耀：《中国铁路变革论：19、20世纪铁路与中国社会、经济的发展》，中国铁道出版社2005年版，第4、199、211页。
② 郑杭生主编《社会学概论新修》，中国人民大学出版社1998年再版，第417页。
③ 中国国民党浙江省执行委员会宣传部编《浙省移民东北宣传大纲》，1930年3月，第1页。
④ 葛剑雄：《简明中国移民史》，福建人民出版社1993年版，第5页。

民》中界定移民是"那些出于各种目的和动机，离开原来的居住地而到另一距离较远的地方谋生，并且一般不再返回原居住地的人"。① 还有学者认为移民是"由于生活或经济原因离开本土移居新区的人们，它既与土著概念相对，亦与那些曾脱离本土而后又返回原籍的流民相区别"。② 这些定义都包含移民的规模、距离及是否在流入地定居等构成要件，同时指出了移民与流民或游民的区别。但实际上，移民与流民或游民彼此叠合，难以严格、确切地区分。近代以来，特别是民国时期进入东北的移民包含大量的流民或难民。尤其在20世纪二三十年代，华北农民在天灾人祸的交相煎迫下而倾家荡产，不得不背井离乡，往他处谋生。尽管流民或难民不能完全等同于移民，但毫无疑问，他们是近代东北移民的重要构成。历史表明，由于经济社会的发展和政治制度的变迁，不同时期移民的构成发生着变化，从而导致移民的概念也呈现历史性的变动。因而，关于近代东北移民的概念，不能完全照搬学术界的一般定义，必须根据当时的历史情境和研究的主观需要加以界定。有鉴于此，本书认为近代东北移民的概念既应该符合一般移民的基本属性，又能够体现出独特的时代性内涵，故本书认为在近代以降向东北地区的人口迁移中，凡是具有移民功能和特征的任何形式的人口流动，无论其为永久性或季节性，均可视为近代东北移民。

在研究时限方面，为便于对京奉铁路的历史进行完整和清晰的勾勒，同时对其与沿线区域社会变动的互动关系进行更为全面的历时性考察，本书将考察时限上溯至唐胥铁路建成通车的1881年，下限截至抗日战争全面爆发的1937年，是年该路被日军占据而完全沦陷。另外，在半个多世纪的发展历程中，该路名称屡有变更（详见后文）。为便于行文及尽量避免淆乱起见，本书除在具体年份、特定事件及引述原始文献时用当时的路名称呼之，其余一律以京奉铁路指代。

---

① 孙艳魁：《苦难的人流——抗战时期的难民》，广西师范大学出版社1994年版，第3页。
② 王笛：《清代重庆移民、移民社会与城市发展》，《城市史研究》第1辑，1989年，第60页。

学术史回顾

由于近代中国铁路具有丰富的历史含义和重要的学术价值，所以它历来是中国近代交通史、经济史乃至中国现代化研究中一个不可忽视的课题。早在民国时期，一些曾经参与或留心中国铁路事业发展的人士便从不同的方面对近代中国铁路的历史进行了整理和爬梳，相继涌现出为数不少的著作或文论。[①] 1949年迄今，这个课题的研究在相关学者的努力下取得了较为丰硕的成果，特别是近十数年来，无论在研究的广度抑或深度上均呈现出明显的拓展和深化。一些学者已经对这些研究成果进行了较为全面的回顾和梳理，[②] 所以本书不再赘述，仅就其中直接关涉京奉铁路的研究成果进行评介。

首先，许多近代中国铁路史的著作较为全面地描述或记录了京奉铁路的历史沿革、路线工程、组织管理、营业收支、资产设备、员工数量、对外债务以及附属产业等内容。尽管不同版本的铁路史著作对于这些内容的介绍各有侧重，但它们共同勾画出一幅关于京奉铁路的整体式图景，使读者对于该路的发展脉络和历史形态有了一个较为完整且清晰的认知。这些著作主要包括早期译介而来的《京奉铁路始末记》、曾鲲化著《中国铁路史》、谢彬著《中国铁道史》、李德周与吴香椿合著《东北铁路大观》及王余杞编著《北宁铁路之黄金时代》等。1949年之后有肯德的《中国铁路发展史》、凌鸿勋的《中国铁路志》等。近20年来则有金士宣与徐文述编著的《中国铁路发展史（1876—1949）》、李占才的《中国铁路史（1876—1949）》、杨勇刚的《中国近代铁路史》等。这些近代中国铁路通史性质的著作均对京奉铁路的沿革进行了介绍。其他版本的交通史或铁路史著作也有关于该路的片段的描述，由于内容雷同或相近，故而不再

---

① 参见麦健曾、李应兆编《中国铁道问题参考资料索引》，国立交通大学研究所北平分所1936年版。
② 参见苏全有《近十年来我国近代铁路史研究综述》，《苏州科技学院学报（社会科学版）》2005年第2期，第110~114、127页；朱从兵《李鸿章与中国铁路：中国近代铁路建设事业的艰难起步》，群言出版社2006年版，"前言"，第2~21页。

枚举。

同时，一些学者对于京奉铁路发展历程中的某些问题进行了考察，其中以津通铁路的争议最为集中。例如，较早关注这个问题的吴铎在《津通铁路的争议》一文中对争议的经过、原因、背景、影响等方面进行了细致探讨，对于双方互相辩驳的依据及复杂背景的剖析尤为全面和深刻，具有重要的开拓意义。[①] 此后的研究成果几乎没有实现对上文的突破或超越。[②] 直至近来，朱从兵先生对津通铁路的争议进行了重新审视，认为"津通铁路争议的政治意味不是主要的，它是中国近代历史发展到一定阶段需要解决铁路建设的问题而发生的，是一场如何建设铁路的问题之争"，[③] 深刻揭示出这个问题的实质。程红女士另辟蹊径，通过对近代铁路争议的缘起、经过及其影响的介绍，反映出"李鸿章及其淮系集团在近代铁路建设上筚路蓝缕的开创性业绩"及这个"近代集团政治运作的一般概貌"，[④] 给人耳目一新的感觉。

其次，京奉铁路作为现代化的交通工具之一，具有经济、国防、文化、社会等多重功能，且与其沿线区域内的社会变动存在紧密的互动关系。例如，在铁路与煤矿的关系方面，丁长清在《开滦煤在旧中国市场上的运销初探》一文中认为"开滦能够在相当长时期内成为旧中国乃至远东最现代化的煤矿，拥有广大的国内外市场，与其重视和大力发展交通运输是分不开的"，[⑤] 并着重指出开滦煤矿对于京奉铁路的重视及其在处理路矿关系时的谨慎，由此反衬出该路在开滦煤炭运销体系构建中的重要地位以及彼此相互依赖的密切关系。吴宝晓亦曾指出清末时期，"开平煤矿的煤炭在天津市场销售额在其总销售额中占很大比重，这与唐山、天津间铁

---

① 吴铎：《津通铁路的争议》，《中国社会经济史集刊》第4卷第1期，1936年5月，第67~132页。
② 参见李时岳、胡滨《洋务派与顽固派关于铁路问题的争论》，《吉林大学社会科学学报》1980年第5期，第83~87页；谢俊美《津通铁路之争与翁同龢力主缓修原因》，《东岳论丛》1986年第5期，第94~96、80页；曾凡炎《洋务时期关于铁路问题的争论》，《贵州师范大学学报（社会科学版）》1995年第1期，第22~24页。
③ 朱从兵：《李鸿章与中国铁路：中国近代铁路建设事业的艰难起步》，第253页。
④ 程红：《从晚清铁路争议看淮系集团的政治运作》，《安徽史学》2004年第5期，第87页。
⑤ 丁长清：《开滦煤在旧中国市场上的运销初探》，《中国经济史研究》1988年第3期，第120页。

绪　言

的通车有密切关系"。① 可见，学界已形成关于路矿之间密切关系的共识，不过，关于路矿关系的研究也存在一定的偏颇，路矿之间经济利益的纷争鲜有论及。

在京奉铁路与近代中国城市变动的关系方面，具有代表性的文章是吴弘明的《试论京奉铁路与天津城市的发展》，该文论证了"在华北铁路网中居于总纲之位"的京奉铁路如何促进了天津城市的进步与繁荣："赖有此线，天津与腹地的联系得以增强，腹地的范围从而扩张，腹地之于天津，不仅是广阔的市场，而且是丰富的货源；赖有此线，天津的进出口贸易日增月盛，转而带动工商业蒸蒸日上，工商业的兴盛又要求更高的物质文明与精神文明；赖有此线，天津的近代文明才得以沿路散播。"② 总之，京奉铁路在近代天津城市的发展中功不可没。尽管该路在天津腹地拓展及商业贸易兴盛中的重要作用毋庸置疑，但需要指出的是，包括京奉铁路在内的华北铁路运输网络的形成，使交通条件大为改善，增强了天津港的经济辐射能力并增强了天津与其腹地的经济依存度。③ 唐山是位于京奉铁路线上的一个新兴工矿业城市，它时常被作为探讨铁路与新型工矿城市兴起之间关系的一个典型案例。例如，王先明、熊亚平合作著文论述了京奉铁路与唐山工矿业和商业的发展、人口增长及街市扩展等方面的关联，阐释了铁路在唐山崛起和发展过程中的影响。④ 熊亚平又对此进行了补充和升华，将唐山的崛起和发展作为特定的"唐山模式"，并解释了它的形成机制和基本路径："主要是由于煤炭资源开发与铁路运输相结合的动力催化了其他近代工矿业的兴起和商业的繁荣，促使拥有丰富矿产资源的存在迅速走上城市化之路。"⑤ 熊氏也对这种模式的发展历程和主要特征进行了总

---

① 吴宝晓：《清末华北铁路与经济变迁》，《历史档案》2001 年第 3 期，第 103 页。
② 吴弘明：《试论京奉铁路与天津城市的发展》，《城市史研究》第 15～16 辑，1998 年，第 181 页。
③ 参见吴松弟、樊如森《天津开埠对腹地经济变迁的影响》，《史学月刊》2004 年第 1 期，第 98～99 页；〔美〕关文斌《描绘腹地：近代中国通商口岸和区域分析》，刘海岩译，《城市史研究》第 13～14 辑，1997 年，第 3 页。
④ 王先明、熊亚平：《铁路与华北内陆新兴市镇的发展（1905—1937）》，《中国经济史研究》2006 年第 3 期，第 150～151 页。
⑤ 熊亚平：《铁路与华北内陆地区市镇形态的演变（1905—1937）》，《中国历史地理论丛》2007 年第 1 期，第 78 页。

结和归纳。此外,苑书义等学者在著作中也对唐山的城市化进程进行了简扼的描述,指出"便利的交通条件加上拥有开滦煤矿和相关的近代工厂企业的经济实力,使唐山逐渐成长为冀东工商重镇,并取代卢龙而成为冀东的经济中心"。① 这些研究成果是将铁路与煤矿放到一起研究,指出它们始终"胶合"在一起而共同成为唐山崛起和发展的两个支柱。另一些研究则将这两个因素的作用加以区分和厘定,即开滦煤矿的创办和发展是唐山城市化的原动力,京奉铁路的作用仍需要进一步的探讨。另外,日本学者塚濑进在其著作中论述了京奉铁路对新民、锦县等城镇的影响,指出这些城镇受惠于铁路的开通所带来的货物集散及商业腹地的相应变化而维持了往昔的地位并在此基础上有所发展。②

再次,与近代中国铁路相关的某些重要人物或其铁路思想也是铁路史研究的一个组成部分。这些人物中既有称为"中兴名臣"的李鸿章、左宗棠、刘铭传等,也有从"清流"向"洋务"转化的张之洞、盛宣怀之流,以及以伍廷芳、詹天佑为代表的早期铁路管理者和工程技术人员等。其中与京奉(北宁)铁路关系最为密切者非李鸿章莫属,这位"关键先生"几乎与中国近代早期的铁路建设事业"形影不离",在近代中国铁路史乃至中国现代化的早期历程中占有举足轻重的地位,曾被称为"我国路界惟一之元勋"。③ 因此,有关他与中国早期铁路关系的研究成果丰硕。这些研究成果中以朱从兵的《李鸿章与中国铁路:中国近代铁路建设事业的艰难起步》为代表,该书对于李鸿章对铁路认知的转变、铁路思想的形成、铁路事业的实践等方面进行了详细的描述、阐释和评价,对其在中国铁路史上的地位做出了言简意赅且恰如其分的评价:"李鸿章是中国铁路史上功过并存、毁誉兼有的开创者。"④ 吴绩新在《论李鸿章与清末民族资本主义的关系——以李鸿章与清末铁路建设为例》一文中以李鸿章在早期铁路建设

---

① 苑书义等:《艰难的转轨历程——近代华北经济与社会发展研究》,人民出版社1997年版,第201页。
② 塚瀬進『中国近代東北経済史研究:鐵道敷設と中国東北経済の變化』東方書店、1993、127~132頁。
③ 曾鲲化:《中国铁路史》,燕京印书局1924年版,第42页。
④ 朱从兵:《李鸿章与中国铁路:中国近代铁路建设事业的艰难起步》,第465页。

上所做的贡献为依托，指出他在铁路事业上采取的务实可行的政策对"发展和刺激中国民族资本主义起到了一定的积极作用"。① 郑春奎在其论文《论李鸿章修筑铁路的思想》中，对李鸿章从对铁路的排拒、试办直至不遗余力地奔走呼吁的认知转变历程进行了梳理，并对其较为完整的铁路思想做出了积极的评价，认为它"合乎中国的实际，是符合中国历史发展的趋势的，是开了中国近代化的风气之先"。② 一些学者还对李鸿章在中国早期铁路发展中的地位和作用进行了考察，认为其"作为中国铁路建筑先行者的地位是不言而喻的"，"其历史功绩是不可抹杀的"；③ 另一方面，李鸿章把修建铁路作为"自强要策"，只不过是给垂死的清王朝注射一剂强心针而已，无法挽回清朝必将倾覆的命运，也体现了他"作为具有买办倾向的封建官僚的腐朽性和历史局限性"。④ 可见，对于李鸿章在中国铁路史上的事功和地位做出中肯且公允的评价成为上述文论的共识。

除了像李鸿章这样京奉铁路早期发展的决策"舵手"外，以伍廷芳为代表的铁路行政人员和以詹天佑为代表的铁路工程技术人员同样值得研究者关注。对于中国早期"铁路行政之先进"⑤伍廷芳之铁路事功及管理思想的研究主要散见于人物评传中，如张礼恒在《从西方到东方：伍廷芳与中国近代社会的演进》一书中对伍廷芳在中国铁路事业起步阶段的行政实践进行了介绍，对其独特且先进的经营之道及管理思想进行了论述。⑥ 关

---

① 吴绩新：《论李鸿章与清末民族资本主义的关系——以李鸿章与清末铁路建设为例》，《绍兴文理学院学报（哲学社会科学版）》2003年第6期，第73页。
② 郑春奎：《论李鸿章修筑铁路的思想》，《江西社会科学》2003年第9期，第25页；亦可参见沈和江《李鸿章早期"自我兴办"铁路思想的形成》，《历史教学》2003年第11期，第60~63页。
③ 邹明忠：《试论李鸿章在中国早期铁路发展中的地位和作用》，《西昌师范高等专科学校学报》1998年第2期，第21、20页；或参见余明侠《李鸿章在中国近代铁路史上的地位》，《徐州师范学院学报（哲学社会科学版）》1994年第3期，第36~43页。
④ 邹明忠：《试论李鸿章在中国早期铁路发展中的地位和作用》，《西昌师范高等专科学校学报》1998年第2期，第22页。
⑤ 岑学吕编《三水梁燕孙先生年谱》上册，载沈云龙主编《近代中国史料丛刊》第75辑，台北文海出版社1966年版，第54页。
⑥ 张礼恒：《从西方到东方：伍廷芳与中国近代社会的演进》，商务印书馆2002年版，第102~130页；亦可参见丁贤俊、喻本凤《伍廷芳评传》，人民出版社2005年版，第98~105页。

于詹天佑的研究成果以经盛鸿的《詹天佑评传》为代表，该书系统、生动地介绍了詹氏曲折而光辉的一生，对前人相关著作中的一些舛误进行了考订，并第一次从思想史的角度对詹氏的爱国思想、科技与管理思想、教育与人才思想、政治与伦理思想等，进行了整理和评析。

最后，关于京奉铁路与近代东北移民运动研究方面，早在20世纪二三十年代东北移民高潮出现后不久，就一度成为学者和媒体关注的热点问题。北方的一些主流报刊如《大公报》《益世报》等发表了大量的相关报道、调查报告和短评，呈现出当时东北移民的实态；同时，研究东北移民问题的各团体"亦顿成活泼现象"，[1] 产生了大量的研究成果。[2] 1949年以后，特别是近二十余年来，诸多专家学者分别从不同的层域、视角或范式对近代东北移民现象进行了多维度、多元化的考察和探析。[3] 另外，在一些通史性的中国人口史或移民史中也对东北移民运动进行了一定的论述。[4] 上述这些成果不仅对近代东北移民的来源、数量、路线、性别比例、地域分布、职业构成等进行了较为翔实的记录，勾勒出一幅关于近代东北移民

---

[1] 东北文化社年鉴编印处编《东北年鉴》，东北文化社年鉴编印处1931年版，第1266页。

[2] 参见钟悌之《东北移民问题》，上海日本研究社1931年版；何廉《东三省之内地移民研究》，《经济统计季刊》第1卷第2期，1932年6月；陈翰笙《难民的东北流亡》，《国立中央研究院社会科学研究所集刊》第2号，1930年；吴希庸《近代东北移民史略》，《东北集刊》第2期，1941年10月。

[3] 参见王杉《浅析民国时期"闯关东"运动的时空特征》，《民国档案》1999年第2期，第86~89页；周春英《近代东北三省关内移民动态的分析》，《中国边疆史地研究》2004年第2期，第81~88页；周春英《试论近代关内移民对东北经济发展的影响》，《济南大学学报（社会科学版）》2001年第2期，第67~71页；范立君、谭玉秀《民国时期东北关内移民动态的考察》，《中国社会经济史研究》2005年第1期，第100~108页；白宏钟《移民与东北近代社会文明的建构（1860—1911）》，《中国社会历史评论》第7卷，2006年，第383~398页。近来的研究成果则有范立君《关内移民与东北移民文化之形成》，《中国区域文化研究》2021年第1期，第141~149页；荆蕙兰、张恩强《近代东北城市化进程中的关内移民》，《城市史研究》第44辑，2021年，第66~83页；等等。另外，台湾学者赵中孚于20世纪70年代陆续发表了《一九二〇~三〇年代的东三省移民》《移民与东三省北部的农业开发（1920—1930）》《近代东三省移民问题之研究》等多篇论文。张瑞德在其所著《平汉铁路与华北经济发展（1905—1937）》（中华书局2020年版）序言中亦对中国铁路史研究历程及现状进行了较为全面、系统的梳理和归纳。

[4] 参见池子华《中国流民史·近代卷》，安徽人民出版社2000年版；葛剑雄主编《中国移民史》第六卷，福建人民出版社1997年版；田方、陈一筠《中国移民史略》，知识出版社1986年版。

的动态的、整体的历史图景，而且对这一运动的动因、特征、移民心态及社会效应等进行了深入的分析和总结，为今后的研究奠定了坚实的基础。其中，京奉铁路对于这场运动的贡献在于它为移民运送提供便利，这在许多文论中得到了反映。例如，周春英在《近代东北三省关内移民动态的分析》一文中描述了移民迁移东北的路线情形，即水路与陆路两途，并指出"随着近代化交通工具铁路的出现，关内移民通过陆路赴东北者日益增多，呈现出不断上升的趋势，但总的说来仍较水路少"。[1] 赵中孚在对移民路线进行比较的基础上得出了更为丰富和确切的结论：就入境路线言，海路移民多于陆路，且经由北宁路入境者多集中于农垦区；而在返乡路线上，取道京奉铁路者较经由大连返回者为多。[2] 然而，这些文章大多关注经由京奉铁路的移民数量和运送情形，对于路局方面采取了哪些政策和举措来回应或推动这场运动却缺乏详细的考察。

近些年来，经过诸多学者的不懈探索，京奉铁路研究成绩不可谓不大，研究的视角从偏重叙述的宏观层面下移到注重解释的微观层面，使该项研究逐步走向细致和深化。与此同时，京奉铁路研究也存在一些短板或空白，全面、深入的个案研究仍寥寥无几。这与其在近代中国铁路史上的地位不相称，也表明近代中国铁路史研究的不平衡。总之，京奉铁路乃至近代中国铁路史研究仍有广阔的空间等待学者们开拓，还有丰富的资源待挖掘和利用，同时研究理论和方法的探索和创新也需同步而行并提供支援。

资料来源

尽量占有丰富且翔实的史料，是历史研究的基本要求。本书通过描述和分析京奉铁路与区域经济社会变动的互动关系，揭示出铁路在中国现代化进程中的复杂作用和形态，所以在资料的搜集和选取上主要围绕这一主题展开，一是充分利用已经整理的相关原始资料或档案汇编，包括《交通

---

[1] 周春英：《近代东北三省关内移民动态的分析》，《中国边疆史地研究》2004年第2期，第83页。

[2] 赵中孚：《近代东三省移民问题之研究》，《中央研究院近代史研究所集刊》第4期下册，1974年，第656~657页。

史·路政编》《海防档（戊）·铁路》《轨政纪要》等。此外，还利用了北宁铁路局刊印的《北宁铁路月刊》《北宁铁路改进专刊》《北宁铁路商务会议汇刊》以及北宁铁路1929—1935年各年度会计统计年报等。这些基本史料记述了该路在不同历史时期各方面的具体情况，在时间序列上的相对完整也有助于勾勒出京奉铁路的历史概貌。此外，清末民国时期的各年度海关年报及《天津海关十年报告书》《津海关年报档案汇编》等保留了大量关于沿海各埠与内陆各省商业贸易的统计资料。由于华北地区的主要港口如天津、秦皇岛等，多以铁路作为联络内地的主要交通路线，因此这些报告册中保留了很多有关铁路运量的统计数据或其他资料，它们均有助于探讨京奉铁路在天津、秦皇岛等沿海港口发展中的作用。中国第二历史档案馆所藏交通部、铁道部、实业部、资源委员会档案及《中华民国史档案资料汇编》[①]《天津商会档案汇编（1912—1928）》[②]等也具有重要的参考价值。

二是将调查报告和地方志、报刊等资料加以结合。1937年北宁铁路管理局印行的《北宁铁路沿线经济调查报告书》（以下简称《报告》）对于该路关内段所经各县份的地理沿革、面积区划、地质水文、人口、教育、财政、农工矿商及公共事业、交通、名胜古迹等做了丰富的记述；它分上、下两篇，上篇详细记录了关内段（丰台、天津、唐山、山海关四段）沿线各县市的农产状况、运销情形，各县城及主要集镇工商业种类和分布、商品采购及运输、工业原料来源与产品运销情况；记述了平、津、唐三市工商等各业的现状及分布，保留了各车站大量的客货运输、货物种类和运量的统计资料；并在每段县市调查之后对该段车站与当地经济关系进行了总结；下篇则对"或属沿线主要物产，或为本路大宗运输，或与业务有密切关系"者，如棉花、猪运、煤运、盐业、高粱酒业、陶瓷业、洋灰业等的原料来源、生产设备、运输销售、市场交易及附属业务等进行了调查；并对与该路营业有竞争关系的水运体系——蓟运河、滦河、北运河和

---

① 中国第二历史档案馆编《中华民国史档案资料汇编》第五辑第一编，"财政经济"（六），江苏古籍出版社1994年版。
② 天津市档案馆等编《天津商会档案汇编（1912—1928）》，天津人民出版社1992年版。

海运、塘沽码头、长途汽车运输等进行了实地观测和详细研讨；最后据此提出了该路以后的综合发展规划和方略。总之，该项调查无疑是研究北宁铁路的核心资料，其参考价值和意义无须赘言，同时也必须指出其所调查的"沿线区域"主要集中于平津和冀东地区①，即该路的关内段，关外段由于特殊原因而未能调查。

报纸是了解当时社会状况和舆论的风向标，《大公报》《东方杂志》《盛京时报》《国闻周报》《申报》《益世报》等中的相关报道或社评也具有较高的史料价值。方志是考察地方社会变迁的指南，包括民国时期的和20世纪90年代最新出版的沿线各县镇的方志均在参考之列。同时，只有将这些文献资料相互参照、佐证和补充，才能尽可能如实地反映出铁路促进沿线经济社会变动的动态过程。

本书还参考了铁路主管部门、铁路协会等机构、团体编辑或发行的各类年鉴及刊物，如《铁道年鉴》《交通杂志》《交通官报》《交通经济汇刊》《中国国有铁路协会月刊》等；由铁路主管部门及各城市编写的旅行指南，如《中华国有铁路旅行指南》《京奉铁路旅行指南》《北平旅游便览》《新天津指南》等；记载各省及县市山川、河流、农工商业、人口分布、交通状况、城市建设等为主，兼及风俗习惯、生活状况诸方面内容的史地著作，如《中华民国省区全志》（第1册）、《我们的华北》等也对本书提供了史料上的助益。新中国成立以来，各省市或县区的政协文史资料委员会陆续出版的"文史资料"也是本书的史料来源。外文资料以日文为主，包括《支那省别全志》（第18卷）、《北支那港湾事情》《北支那经济综观》等。另外，有些材料则来源于中国知网（CNKI）等网络平台或

---

① 作为一个地理概念，冀东是指北踞长城、南濒渤海、西控平津、东临山海关的地区，包括滦县、丰润、迁安、密云、遵化、宁河、昌平、昌黎、宝坻、蓟县、抚宁、乐亭、通县、玉田、三河、顺义、临榆、卢龙、香河、怀柔、平谷、兴隆等22个县份，面积约33万平方公里，人口约6247590人（1936年的统计）。境内矿产资源丰富，农业生产较为发达，水陆交通堪称便利，滦河、蓟运河等均富舟楫之利，京奉铁路从中穿越，另有秦皇岛、塘沽两大港口与外埠和世界连接，可谓河北省最富庶的地区之一。参见金曼辉《我们的华北》，上海杂志无限公司1937年版，第153页；《冀东日伪政权》，第27~28页；朱德新：《二十世纪三四十年代河南冀东保甲制度研究》，中国社会科学出版社1994年版，第12页。

数字"仓库"。这在一定程度上丰富和巩固了资料基础,努力保证研究的前瞻性。

研究方法及难点

随着研究的不断拓展和深入,任何一个学科或领域在收获丰富研究成果的同时,也将不可避免地出现"研究价值递减"的现象。如果不在研究资料、研究视角及方法上不断进行新的探索和尝试,容易束缚研究视野的拓展和深化,使研究逐渐陷入封闭或僵化,给人一种老生常谈、味同嚼蜡的感觉。综观近代中国铁路史的研究可以发现,在研究理论上,它已经改变了以往单纯"革命史观"视角下的解读,同时,"现代化史观"的研究范式逐渐占据主导地位,实现了近代中国铁路史研究的"范式转换"。① 这无疑是研究理论上的一种突破和升华。因此,本书仍以"现代化"作为理论指南。当然,"现代化"是一个内涵宏富且颇富争议的学术概念,从历史的角度来透视,"广义的现代化主要是指自工业革命以来现代生产力导致社会生产方式的大变革,具体地说,就是以现代工业、科学和技术革命为推动力,实现传统的农业社会向现代工业社会的大转变,使工业主义渗透到经济、政治、文化、思想各个领域并引起社会组织与社会行为深刻变革的过程"。② 简单地说,这种变革是"涉及社会各个层面的一个过程",③也是"一个创举与毁灭并举的过程"。④ 中国的现代化进程与世界历史的发

---

① 有的西方学者在评价中国近代史研究中"现代化史学"取代"革命史学"的范式转换时,提出了相左的意见:认为"革命"模式与"现代化"模式之间不是"范式转换"的关系,而是复杂的重叠关系。由于各自处理的对象和范围并不一致,不可能要求出现像自然科学那样的"范式转换"的奇观,从而否认历史学中可能存在自然科学意义上的"范式转换"的问题,因为我们无法满足库恩所规定的那种彻底性要求,即在放弃一个范式之前必须先证明其无效,或者既能解释支持旧范式的论据,又能说明用旧范式无力解释的论据。参见复旦大学哲学系现代哲学研究所编《现代西方哲学概说》,复旦大学出版社1986年版,第103~115页。
② 罗荣渠:《现代化新论:世界与中国的现代化进程》,北京大学出版社1993年版,"序言",第3页。
③ 〔美〕吉尔伯特·罗兹曼主编《中国的现代化》,国家社会科学基金"比较现代化"课题组译,江苏人民出版社1995年版,第4页。
④ 〔美〕C. E. 布莱克:《现代化的动力》,段小光译,四川人民出版社1988年版,第37页。

展趋向基本一致,即同样经历着由传统的农业社会向现代工业社会的转型,至于这种转型的具体路径则另当别论。另一方面,"现代化"毕竟是以西方近代文明的趋势和要求为尺度,来检验后进民族现代化发展演变的历史进程,因此,一些"削足适履"式的研究应尽量避免。总之,对于京奉铁路研究而言,既要以近代中国处于由传统的农业社会向现代工业社会的转型为线索,又要将其放置于近代中国不同时期的历史情境中进行考察,在宏观背景下观察和分析微观现象。这便是现代化理论对于本书的指导意义。

由于铁路在本质属性上是一种实现客体空间位移的交通工具,所以交通运输学和交通社会学便顺理成章地成为本书的理论参照。例如,交通社会学认为交通运输与经济发展之间的关系应该是运输经济研究范围内的"第一主题",交通在经济发展中起到了突出的作用。运输的革新将会带来运费大幅度降低和运输时间大为缩短,农业产量的增长、商品化程度的提高及区域化或专业化生产的形成等。此外,交通运输还具有明显的人文性和社会性,在很大程度上制约着社区文化的变异速度和传播范围,而且加速了农村城镇化的进程以及社会的整合。[1] 显然,这些理论或观点对于京奉铁路研究具有重要的方法论意义。另一方面,对于这些理论或方法的应用并不能进行简单的、直接的平移或套用。例如,尽管交通运输学为铁路史研究提供了可资借鉴的分析手段,甚至提供了已经十分成熟的经济学的统计和分析方法,但仍须将其放在具体的历史时空坐标中,重新考虑其针对性和适用性,因为社会具体情境的不同和统计数字的失真或残缺,提醒我们在借鉴和运用运输学的相关理论、方法进行分析时,必须谨小慎微,即便在已获取充分而可靠的数据的情况下亦应如此。总之,京奉铁路研究应该主动加强对其他学科或方法的借鉴、沟通和融合,坚持以历史学为主、交通运输学和交通社会学为辅的多种研究方法的有机结合,如此才能将该项研究逐步引向深入。

---

[1] 何玉宏、邢元梅:《交通社会学研究》,《理论月刊》2004年第12期,第38~42页;《交通社会学》研究课题组:《交通的内涵和社会意义》,《武汉交通科技大学学报(社会科学版)》1999年第1期,第22~26页。

另外，本书之所以采取个案式的研究方法，是为了避免宏观性研究所存在的忽视或抹杀近代中国铁路丰富特性的缺憾；近代中国铁路只有在一系列个案研究的基础上，才能归纳出一些规律性的认知（即由特殊性到一般性）。需要说明的是，本书的研究对象虽为京奉铁路，但并未打算对其进行面面俱到的描述，而是主要考察其历史特性、营运状况以及那些与其联系较为密切的社会变动。由于这些内容均可以构成相对独立的篇幅，所以本书在结构上将呈现出一种发散性的特征，并通过最后的综合而得出一般性的结论。概而言之，本书将在铁路与区域社会变动的"双重互动"的指引下，采纳以社会史学为主、兼容其他学科的方法，坚持个案研究与区域考察相结合的方式，通过微观探讨宏观、描述与分析并重、静态与动态兼顾的研究路径而对京奉铁路的历程及其在区域社会变动中的复杂作用进行新的探索。

通过研究京奉铁路与区域社会变动的互动关系，来弥补近代中国铁路史研究中的一个空白，并对研究方法进行新的尝试是本书力图创新之处。同时，通过该项研究重新审视和界定铁路在中国现代化进程中的功用和地位也是本书努力追求的目标。这并非易事，而是面临着诸多困难或障碍：一是部分资料的散佚，这势必会使该项研究在某些方面捉襟见肘，甚至寸步难行。关于京奉铁路的资料相当分散，许多是片段式的记述，收集与整理颇费时日；有些资料由于各种原因已经遗失无存，如关内外铁路的一些原始资料就被八国联军侵华的战火所损毁。又如，本文没有专门论及京奉铁路关外段与辽西"走廊"社会变动间的互动关系，一方面是由于缺乏关于这一地区的详细且系统的史料，另一方面是因为南满铁路对于该地区的影响更为强烈，以致该地区的经济社会形势较为复杂。二是理论建构的难度很大，史料是历史研究的基石，理论是历史研究的灵魂，但铁路史本身的理论基础相当薄弱，借鉴交通运输学或交通社会学的某些理论也需要一个消化和吸收的过程，所以，铁路史的研究理论仍有待完善。三是中国现代化的内容庞杂斑驳，各个领域或层面的发展也不均衡，将铁路作为中国现代化进程中的一个因素进行考察无可厚非，同时却存在着一定的风险，关键问题是如何对铁路在中国现代化进程中的作用做出恰如其分的定位和评价，因为"现代交通设施并非是影响经济发展的唯一因素，我们难以确定经济发展即是交通改善的结果",① 稍不留神，就可能无意中夸大铁路的作用。最后必须指出的是，个案式的研究视角和方法在理论上存在着一定的不足，使研究视野无形中受到一些束缚，以致对于一些普遍性或宏观性的结论暂时无法给予充分论证。因此，京奉铁路乃至近代中国铁路研究应该坚持问题意识和多元视角，破立并举，不断探索并推进研究的广度和深度。除进一步捡拾和蒐集国内外关涉铁路的文献史料，更需着力在观察视角和研究范式方面进行转换和创新。一方面要拓宽观察角度和视域，继续关注和深化京奉铁路的组织管理、运营、会计等技术性方面及其员工生活、消费、教育、心理建设等诸多侧面的考察研究，以期呈现更为真实和立体的形态。同时努力改变以往聚焦研究铁路建设和运营与其沿线区域经济发展、城市化、人口迁移之间关系的视角和格局，尝试探讨京奉铁路与沿线区域经济社会其他方面变动的必然联系和作用机制。另一方面需在批判性地吸收和继承以往研究理论或范式的基础上，坚持开放自由和兼收并蓄的原则，主动引接和融合当前经济学、社会学、文化学等学科的新理论、新方法，深化铁路历史的规律性认知，不断凿辟近代中国铁路历史研究的新天地。

---

① 张瑞德《平汉铁路与华北的经济发展（1905—1937）》，台北中研院近代史研究所1987年版，第12页。

第一章　京奉铁路的概观和意蕴

　　缩地有方、任重致远的铁路是西方国家第一次工业革命的重要结晶和象征。它不仅是"运费之低廉，时间之短缩，输送之安全"[1]的交通工具，而且国家而言"在经济上，政治上，军事上，皆恃此为命脉"[2]，或曰"一国铁路发达与否，与其实业、教育、政治、国防等，殆无一不有重大影响"。[3] 不过，这种现代化的交通利器进入中国的路程却并非一帆风顺。第二次鸦片战争之后，西方列强欲图中国进入铁路时代的渴望日益迫切和强烈，并且千方百计地向清廷进行游说、展览或演示，结果均碰壁而返、无果而终。尽管1876年英商擅自修筑了吴淞铁路，但它像划破夜空的闪电转瞬即逝，最终无法逃脱被拆毁的命运。1870—1880年代，随着中国边疆危机的日趋严重，清廷对铁路的坚拒逐渐软化，即由"一味排拒"逐步转为"力主筹办"，以图富国强兵、拱卫海疆。直至中日甲午战争以后，清廷迫于救亡图存而毅然兴办铁路。由此可见，"中国的铁路建设就是由这内外交压的潮流冲激出来的"[4]，亦是清廷"为了巩固封建政权而在物质技术上采取的最后一招"。[5] 在如此纷繁复杂的历史情境中"孕育"和"成长"的京奉铁路，注定会被赋予异样的政治特质或意蕴。及至20世纪二三十年代，军阀势力对铁路的攫夺和宰制，以及中日之间日益紧张的矛盾和冲突，导致京奉铁路屡次陷入政治或军事纷争的旋涡而反复上演分裂与

---

[1] 聂肇灵编《铁路通论》，商务印书馆1933年版，第1页。
[2] 谢彬：《中国铁道史》，中华书局1934年版，"序"，第1页。
[3] 聂肇灵编《铁路通论》，第1页。
[4] 陈晖：《中国铁路问题》，新知书店1936年版，第15页。
[5] 宓汝成：《帝国主义与中国铁路》（1847—1949），上海人民出版社1980年版，第61页。

统一、行车停顿与恢复通车的史剧,又为它的政治特质提供了新的注脚。

第一节 京奉铁路沿革和概貌

作为近代中国国有铁路干线之一,京奉铁路是连接华北与东北的重要交通孔道。它发轫于1881年修筑的唐胥(唐山至胥各庄)铁路。唐胥铁路由开平矿务局出资修建,全长约10公里,1881年11月8日竣工,成为中国自办铁路的"嚆矢"。1885年,直隶总督李鸿章组织修建开平铁路,将唐胥铁路收买并展筑至芦台,改称唐芦铁路。1887年,李鸿章又奉总理海军事务衙门之意,将唐芦铁路向西延伸至大沽和天津,翌年12月通车,称为津沽铁路。天津与唐山之间始由铁路连通。是月,海军衙门奏请将津唐路向西接至通州,向东展至山海关,并于1890年修至古冶。其间津通铁路争论爆发,结果该路被搁置缓办。1890年4月,清廷决定缓办芦汉铁路,先修关东铁路,翌年在山海关设立北洋官铁路局专司其事。1894年初,该路在修至奉天中后所(今绥中县)后因工款告罄而被迫停辍。中日甲午战争结束之后,清廷任命胡燏棻为督办,主持津芦铁路事宜。1896年,清廷将中国铁路公司的古冶至天津段收归官办,与北洋官铁路局合组为津榆铁路总局,该路随之改称津榆铁路。翌年,津芦铁路建成后,清廷又将津芦铁路局并入津榆铁路总局,并改名为关内外铁路总局。这样,津芦铁路与津榆铁路合称为关内外铁路。1900年8月,八国联军侵占北京,关内外铁路被英、俄分割占据。英军为便于运送士兵及辎重起见,擅自将马家堡车站移筑至天坛,旋又改至正阳门外东月墙,并筑通州支路。《辛丑条约》议定后,关内外已成之路悉数收回。1903年铁路修至新民屯。日俄战争期间,日本战地铁路大队在奉天(今沈阳)至新民屯之间铺设了长约近60公里的轻便军用铁路。战争结束后,清政府与日本于1907年先后签订《收买新奉暨自造长吉铁路条款》《日本交付奉天新民屯铁路并机头车辆物件材料条款》,新奉铁路遂由清政府接管并随即改为标准轨距;是年七月初四日,邮传部饬令将关内外铁路正式定名为京奉铁路。

1912年,该路展筑至奉天城南的小西门外,并与南满铁路相接。至此,历经近30载的分段扩展的京奉铁路干线终于成形。1921年、1924年分别添建锦朝支线和改建唐榆双轨。1928年6月，南京国民政府将北京改为北平，京奉铁路随之更名为平奉铁路。1929年2月，南京国民政府将奉天省改为辽宁省；4月15日，平奉铁路更名为北宁铁路。1932年1月5日，北宁铁路关外段成立独立的管理机构，宣布脱离天津总局的管辖，并于是月8日正式改称奉山铁路，由新设立的东北交通委员会管辖。1933年3月1日，伪满洲国政府将奉山铁路"委托"满铁经营。1937年七七事变后，北宁铁路全部为日军占据。①

京奉铁路西起北京，途经天津、唐山、山海关、锦县、新民直达奉天，穿越冀东平原和辽西"走廊"地带。其干线全长849.39公里，并有支线9条长约523.14公里（见表1-1）。全路干支线共长1372公里有余，其中干线唐山至山海关长约149公里为双轨，其余均为单轨。沿途共设有大小车站126所，其中干线共计84所，尤以北平正阳门东车站（俗称前门车站）、天津东站和总站、唐山站、奉天站为大站。② 各大站均规模壮观、外观独特，站前辟有广场，以便汽车、人力车等往返，颇为便利。站内设有宽敞、美观的候车室，专供旅客休息。室内有桌椅多具，陈列整齐，四壁挂有各地风景之照片、火车时刻表等，以便旅客察看周知。另有售票房、问事房、站长室、电话室、行李房、货栈等罗列四周，办理和答复旅客关于咨询行车时刻、预订铺位、订用包车或专车、行李包裹及货物运输等各种事宜。其中，售票房内有置票之墙柜，售票之窗口、木柜台，剌票之机器等，各窗口分售各等客票及站台票。在每次列车开行前两小时发售

---

① 《纪关内外铁路创办情形及报销收支各款》，《申报》1905年5月4日；《京奉南满两路之连接》，《顺天时报》1911年8月3日；《京奉展长路线竣工》，《顺天时报》1912年1月20日；京奉铁路管理局总务处编查课：《京奉铁路旅行指南》，天津华新印刷局1924年版，第3~4页；《本路五十年纪念报告》，《北宁铁路月刊》第1卷第6期，1931年6月，"业务"，第1~5页；李德周、吴香椿：《东北铁路大观》，源泰印字馆1930年版，第1~2页；曾鲲化：《中国铁路史》，第738~742页；交通部、铁道部"交通史"编纂委员会编《交通史·路政编》第7册，1935年版，第1~144页；《平奉路改称北宁路》，《益世报》1929年4月16日；《平奉铁路更名北宁之令知》，《申报》1929年4月20日；《北宁路关外段被改称奉山路》，《申报》1932年1月12日。

② 《北宁路五十年》，《大公报》1931年6月9日；王余杞：《北宁铁路五十周年纪念》，《北宁铁路月刊》第1卷第6期，1931年6月，第6页；北平民社编《北方快览》，京城印书局1932年版，"交通"，第7~8页。

客票，于列车停靠站台后停止售票，并且于营业时间常开一窗口发售客票。① 一些大站还设有食堂，西餐、茶点皆备，旅客可随意饮馔。各大站还附设较为简陋的医院或诊疗所，专门诊视和救治员工及旅客临时疾病及伤情、开展卫生防疫等一切事宜。② 厕所也是各大站的"标配"，不过多为"蹲坑"样式，每届夏令，臭气熏蒸，令人作呕。1936年前后陆续对各大站的旧有厕所进行拆除，取而代之为新式男女抽水厕所。③ 京奉铁路还在北平西单牌楼北大街、天津东马路分别开办营业所，专门办理答复问询、发售客票、预订卧铺、接送行李包裹、货运、代定旅馆甚至代购特产等事项，以至客商均感便利，营业日臻昌旺。④ 至于为数众多的小站，大多地处荒僻，站舍狭促，设施简陋，旅客稀少，与各大站相比不啻天渊之别。

表 1-1 京奉铁路干、支各线*里程分布

路线	区间	长度（公里）	修建时限	备注
干线	北平至沈阳	849.39	1881—1912 年	
丰台支线	丰台至卢沟桥	6.44		
通州支线	北京正阳门至通州	22.8	1901 年	
西沽支线	天津总车站至西沽	4.5	1888—1889 年	以期与白河水运相联络，转运长芦盐而修筑
北戴河支线	北戴河驿至海滨	9.96	1914 年—1916 年 12 月	避暑专线，1944 年拆除
葫芦岛支线	锦西至葫芦岛	11.9	1910—1911 年	

---

① 潘维镇：《东车站参观记》，《铁路学院月刊》第 12 期，1934 年 7 月，第 54 页；郝镜新：《东站参观记》，《铁路学院月刊》第 12 期，1934 年 7 月，第 55 页；北宁铁路管理局编印《北平旅游便览》，1934 年版，第 23 页；北宁铁路管理局编印《天津旅游便览》，1937 年版，第 48～49 页；《中华国有铁路北宁线客车运输附则（第二版）》，1933 年 8 月 1 日，第 1 页。

② 《全国铁路医务沿革史：北宁铁路》，《铁道卫生季刊》第 1 期，1931 年 8 月，第 47 页；《北平旅游便览》，第 23 页；《天津旅游便览》，第 48～50 页；《北宁路天津医院开幕》，《中华医学杂志》第 22 卷第 6 期，1936 年 6 月，第 498 页。

③ 《北宁路改善各大站厕所》，《改进专刊》第 19 期，1936 年 12 月，"本路新闻"，第 1 页。

④ 《天津旅游便览》，第 50～52 页；周学信：《北宁铁路天津营业所开办以来之回顾》，《改进专刊》第 10 期，1935 年 7 月 1 日，"专载"，第 1～12 页。《成立北平营业所》，《北宁铁路月刊》第 6 卷第 10 期，1936 年 10 月，"工作报告"，第 1 页。

续表

路线	区间	长度（公里）	修建时限	备注
锦朝支线	锦州至北票	112.39	1921年4月—？	北票矿务局为运煤而修建，1924年修至北票
营口支线	沟帮子至河北（村名）	82.77	1899—1900年	以期与辽河水运相联络
大通支线	打虎山车站至通辽	251.06	1921年10月—1927年10月	
北陵支线	沈阳城站至北陵	11.8	1929年建成	开工时间待考

注：＊另据《大公报》记载，该路"干线全长847公里421公尺，支路共有7条：平通、西沽、海滨、葫芦岛、营口、锦朝、大通，共长545公里228公尺，本路干支线共长1352公里649公尺。其中干线间唐山至山海关长149公里783公尺建为双轨"，参见《北宁路五十年》，《大公报》1931年6月9日。此外，1902年修建的谒陵专线即新易铁路（高碑店至易县梁各庄）于1908年改归京汉铁路管理，成为京汉铁路的支线，故表中未将其列入。

资料来源：马里千、陆逸志、王开济编著《中国铁路建筑编年简史（1881—1981）》，中国铁道出版社1983年版，第179页；李德周、吴香椿：《东北铁路大观》，第2、4~5页。

京奉铁路所经地区多为平原，无悬崖深谷，施工较易。轨道方面，唐胥铁路修筑时使用的钢轨为每码30磅，展修至芦台使用的是每码45磅，修至塘沽用60磅，塘沽—天津间用70磅，天津—北平间用85磅的重轨。至1926年，干线全部更换为85磅的重轨，支线及岔道均仍为60磅轻轨。① 该路桥梁众多，除规模较小的石桥、涵洞外，尚有钢桥450余座，其中以滦河、大凌河、巨流河等处铁桥为巨，且多用混凝土及气压法筑成。② 由于该路所经多属平原，故无隧道。

该路设有工厂三处：唐山、山海关、皇姑屯，其中以唐山工厂为最大。③ 该厂建于1881年，是应开平煤矿和唐胥铁路的生产与运输而创办，初名唐胥铁路修理厂，1884年迁至唐山后，改名为唐山修车厂，并且规模有所扩大，工人增至500余人。1907年京奉铁路贯通后，唐山修车厂又改

---

① 铁道部铁道年鉴编纂委员会编《铁道年鉴》第一卷，1933年版，第648页。
② 《京奉铁路旅行指南》，天津华新印刷局1924年版，第5页；凌鸿勋：《中国铁路志》，载沈云龙主编《近代中国史料丛刊续编》第93辑，第175页；光绪二十四年《滦州志卷十·建置志》，第75~78页；《滦河铁桥基工完竣》，《铁道杂志》第2卷第11期，1937年4月，第131页。
③ 铁道部铁道年鉴编纂委员会编《铁道年鉴》第二卷，1935年版，第1295~1296页。

名为京奉铁路唐山制造厂，隶属机务处管理。其后经年，工厂历经扩充。至 1926 年全厂占地广阔（约五百亩），职员二百余人，工人三千余，专门从事京奉铁路机车和客货车辆的制造和修理，设备完备，技术先进，在当时全国各路中首屈一指。[1] 以桥梁建造著称的山海关工厂建于 1894 年，后屡有扩充，1925 年 8 月由英人手中收回自办并大加整理，除修理和制造本路桥梁、房架等钢铁建筑及其他一切铁路上需用工程物件外，东北各铁路请托定制桥梁者亦多，甚至可与外商竞争投标，故营业颇为发达。[2] 该路建有材料厂三处，分别位于唐山、新河及山海关，均储料丰富；营口设有轮渡一处，专为上下旅客渡河之用。该路还经营塘沽新港、葫芦岛港及苗圃、林场、农事试验场以及北票煤矿等附属产业。[3] 该路还于天津总站旁侧辟建北宁公园（俗称宁园），园内"亭台在望，回廊环绕，有礼堂、图书室、游艺室，四面环水，可以荡桨"，[4] 诚为"津市惟一高尚优美场所"，[5] 而且向公众开放，故而游人颇多。

在从业人员方面，1915 年国有铁路员工数量的调查显示，该路共有员工 1282 人。[6] 至 1931 年 1 月时有"职工 4912 员，工役 23749 人，共计 28661 人"。[7] 1933 年时，因其只辖有关内段，故职员统计人数大为减少，

---

[1] 缪锡康、徐名植：《交通部直辖京奉铁路唐山制造厂概况》，《南洋季刊》第 1 卷第 4 期，1926 年 12 月，第 539~551 页；孝威：《唐山调查录》，《东方杂志》第 21 卷第 17 号，1924 年 9 月 10 日，第 57 页；《唐山之经济状况》，《中外经济周刊》第 213 号，1927 年 5 月 28 日，第 5 页；《北宁铁路唐山修车厂》，《海王》第 8 卷第 7 期，1935 年 11 月 20 日，第 120~121 页；吕凤章：《北宁铁路唐山机厂参观记》，《清华周刊》第 43 卷第 1 期，1935 年 5 月 15 日，第 91 页；《北宁唐山工厂概况》，《中行月刊》第 4 卷第 5 期，1932 年 5 月，第 121~124 页。

[2] 罗元谦：《北宁路山海关工厂实习记》，《土木工程》第 1 卷第 2 期，1932 年 3 月，第 77~78 页。

[3] 蒲声：《北宁铁路新河材料厂参观记略》，《海王》第 8 卷第 27 期，1936 年 6 月 10 日，第 455~456 页；《北宁路五十年》，《大公报》1931 年 6 月 9 日；《交通史·路政编》第 7 册，第 532~571 页；忏因：《北票煤矿与北宁铁路之前因后果》，《铁路协会月刊》第 4 卷第 7 期，1932 年 7 月，第 56~62 页。

[4] 《天津旅游便览》，第 6 页。

[5] 《宁园礼堂等处出租办理喜庆宴会》，《改进专刊》第 22 期，1937 年 3 月，"本路新闻"，第 3 页。

[6] 《国有铁路职员之数目》，《大公报》1915 年 1 月 18 日。

[7] 王余杞：《北宁铁路五十周年纪念》，《北宁铁路月刊》第 1 卷第 6 期，1931 年 6 月，第 7 页。

"总务处371人，机务处5917人，车务处1994人，工务处1719人，会计处9人，共计10010人"。① 为增进员工智识，该路在前门、丰台、天津、塘沽、唐山设立职工夜校，各校大都规模简陋，设有识字、公民两班，开展识字及常识教育。1934年7月，这些职工夜校按照部令改归铁道部职工教育委员会接办，并一律改称铁道部直辖某地职工学校。② 为便利员工子女就学，该路积极创办扶轮小学。截至1927年，该路已在丰台、天津、秦皇岛、唐山、山海关、锦县、沟帮子、营口等站设立8所扶轮小学，学生共计2139人；③ 至1933年，该路关内段的扶轮小学共计9所（关外段因被日方占据而未做统计），在校学生累计2800余人，其中90%以上为铁路职工子弟。不过，这些扶轮小学的管理权均归铁道部。④ 另外，为免除商人居间盘剥、减轻员工日常消费负担，该路在铁道部的催办下，于1935年9月遵照《国有铁路员工消费合作社通则》而筹设消费合作社，以增进员工福利和互助共济。⑤

京奉铁路的基本业务和收入来源为客货运输。其中货运主要以煤炭、石灰、粮食等大宗货物为主，客运则包括慢车、寻常快车、特别快车、直达通车以及旅游专车、移民专车等，另外负担军运专车及政府公事用车等。尤其在战时，军运列车极为繁忙，对客货运输造成严重影响。（关于京奉铁路的营运情形详见第二章）关于机车装备情形，主要有用于牵引客货列车及调车用的蒸汽机车，花车及包车，头、二、三等客车，头、二等混（联）合车、卧车、餐车以及行李车、守车、邮政车等各类客车；货车则有吨位或轴数不等的煤车、篷车、平车、敞车、冷藏车、油柜车等，另

---

① 宫本通治编『北支事情綜覽』滿鐵總務處資料課、1936、80頁。
② 铁道部铁道年鉴编纂委员会编《铁道年鉴》第三卷，1936年版，第1014~1015页。
③ 《京汉京奉京绥津浦正太陇海道清各路扶轮学校概况（一）》，《教育杂志》第19卷第2期，1927年。
④ 《铁道年鉴》第三卷，第1002~1003页。
⑤ 《铁部令平汉等四路举办消费合作社》，《铁路杂志》第1卷第2期，1935年7月，第166页；劳勉：《铁路员工对于消费合作社应有之认识》，《铁路杂志》第1卷第9期，1936年2月，第1~14页；《本路筹设员工消费合作社派员筹备》，《北宁铁路月刊》第5卷第9期，1935年9月，"工作报告"，第3页；《订定本路消费合作社筹委会组织大纲》，《北宁铁路月刊》第6卷第4期，1936年4月，"工作报告"，第2页。

有少量的公事车、医务车、救生车、材料车等。① 据 1912 年调查，该路共有机车 239 辆，客车 306 辆，货车 2965 辆。② 1924 年前后，由于遭到战争的破坏和军阀之间相互扣车的影响，导致机车减至 177 辆，客车 429 辆，货车 3686 辆，共计 4292 辆。③ 1927—1935 年间各种车辆的数目如表 1 - 2 所示：

表 1 - 2　1927—1935 年京奉铁路各种车辆数量比较

单位：辆

年份	1927	1928	1929	1930	1931	1932	1933	1934	1935
机车	249	249	251	255	265	267	262	259	260
客车	342	343	350	345	331	337	334	341	338
货车	4591	4699	4687	4697	4691	4679	4575	4550	4310

资料来源：《北宁铁路民国十八至二十二年度会计统计年报》《北宁铁路（北平至山海关）民国二十三至二十四年度会计统计年报》。

与京奉铁路的名称屡有更改一样，它的管理机关和机构编制也时有变更。最初它由总理海军事务衙门主持，1898 年改隶于矿务铁路总局。1901 年，总理各国事务衙门改为外交部，所有矿路总局事宜改归该部考工司管理。两年后矿路总局裁撤，该路又由考工司改归商部通艺司管辖。1906 年，清廷设立邮传部，是年冬邮传部将该路收归直辖并裁撤督办大臣一职。民国时期，该路先后隶属于北洋政府交通部路政司（局）、南京国民政府铁道部（交通部）、东北交通委员会等。④ 在机构编制方面，该路因借贷英国资本的关系而采取分处制。1898 年设总局于天津，开始编设机构系统，即总局由总办、洋务总办各一人共司管理，同时下分工程、车务、电务、工程、材料、杂务、洋务各处及洋账房，各处均设总管一人。1907 年后总局又改组或增设总务、庶务、洋文、编核、购地、卫生、统计各处及

---

① 《京奉铁路各项车辆之调查》，《银行周报》第 5 卷第 5 期，1921 年 2 月 1 日，第 47～48 页；《铁道年鉴》第二卷，第 1293～1294 页。
② 東亞同文會編『支那省別全志』第 18 卷直隸省、東亞同文會 1920 年版、353～354 頁。
③ 曾鲲化：《中国铁路史》，第 746 页。
④ 《铁道年鉴》第一卷，第 1267 页。

巡警局。① 1912年，总局裁撤洋务总办而改设会办。② 1916年10月，北洋政府交通部划一全国国有各路编制，将京奉铁路定为一等局，下设总务、车务、工务、机务、会计、总稽核等五处，各处设处长一人，处以下分为各课。以前之编核、庶务、文案等处均改为课并隶属于总务处。③ 1928—1930年间，该路又先后改设或增设驻沈办事处、改进委员会、港务处等机构。④ 1930年，该路以分处制管理不便，将车务与机务两处所管行车有关事务合并，改设运输处，将行车权集中指挥。但运输处成立后，车务、机务、电务三类业务集于一处，事务及责任均为加重。由于员工考绩奖惩等制度未做相应调整，以致该处员司抱怨不已。1933年9月1日，运输处予以撤销并恢复车务处之名。⑤ 1930年3月，铁道部电令京奉铁路管理局仍为一等局。1932年7月，该路又依照部令将警务课及督查室改组为警察署，并直隶于铁道部路警管理局。⑥ 1933年，该路又奉部令进行行政改组——采用委员制，但未有结果。⑦

京奉铁路全部筑造工程历时50余年之久，建设投资为58217515元。⑧资金的来源除了招集商股、政府拨款及由路局收入内支付外，其余均来自对外借款。其中直接借款先后有自英、法、俄三国借入的254万两，其中包括英国汇丰银行124万两、道胜银行60万两、德华银行70万两，以后逐次还清。⑨ 光绪二十四年（1898）向英商中英公司借款230万镑的关内外铁路借款，以铁路财产及收入为担保，年息五厘，自光绪三十年（1904

---

① 《京奉铁路分科执掌章程》，《交通官报》第18期，1910年，第29~33页。
② 《京奉路总办之归并》，《顺天时报》1912年2月9日。
③ 《京奉铁路管理局编制专章》，《政府公报》第288号，1916年10月23日，第199~202页；《铁道年鉴》第一卷，第651~654页。
④ 《北宁铁路管理局组织表》，载李德周、吴香椿《东北铁路大观》；《葫芦岛开港之进行》，《大公报》1930年3月22日。
⑤ 金士宣：《怎样加强北宁路的运输组织和人事管理》，载金士宣《铁道运输经验谈》，正中书局1943年版，第17~19页；《铁道年鉴》第三卷，第1265页。
⑥ 《铁道年鉴》第一卷，第654页。
⑦ 《北宁将改委员制》，《益世报》1933年9月21日。
⑧ 李德周、吴香椿：《东北铁路大观》，第2页；另据记载，截至1924年，该路的建筑资金已累计达98004196.16元，几乎较文中的统计数字多出一倍，参见《文通史·路政篇》第7册，第521页。
⑨ 李德周、吴香椿：《东北铁路大观》，第3页。

年）起分期偿还，规定至 1944 年还清。① 光绪三十三年（1907），清政府除支付 166 万日元收买新奉轻便铁路外，新奉铁路辽河以东向南满洲铁路公司借款 32 万日元，年息五厘，以该段铁路产业及进款作保，还款期限为 18 年，各期限未满以前均不得还清全款。至 1926 年 9 月 13 日，该项借款的本息均已还清，新奉铁路借款合同及新奉、吉长铁路协约续约内关于新奉铁路的部分一并作废。② 1921 年，该路自唐山至山海关添设双轨，由中英银公司允借英金 50 万镑及天津通用银圆 200 万元，每年八厘行息，自 1922 年 7 月起分期偿还，佣金百分之五，以京奉铁路余利为抵押品。截至 1927 年 6 月 30 日，此次应付未付之款及应加之利息共为英金 40960 镑。③ 此外，光绪三十四年（1908）沪杭甬铁路借款、1919 年粤汉铁路运输材料借款、1922 年英商卫德公司 400 辆货车借款，也由该路的收入内偿付。④

通过简要回溯京奉铁路沿革、设备状况、管理更迭、资金负担等情形，它的"身世"和"形貌"已可见大概。这些仅是其作为现代交通工具的最基本的构成要素。若将观察的镜头拉近，可以看到京奉铁路的更为独特、丰富、复杂的色彩和信息。

第二节 关于京奉铁路的争议和纠纷

京奉铁路以 1881 年修建的唐胥铁路为起点而分段展筑建成，前后历时近三十载。它的修筑过程并非一帆风顺，而是阻力重重，时有停辍。以 1889 年 5 月 5 日清廷下诏毅然决定兴办铁路为分界点，此前该路修建的阻力来自清廷内部，并且体现出强烈的国防或军事色彩；此后其羁绊主要来

---

① 《关内外铁路合同》（光绪二十四年八月二十五日），陈毅编《轨政纪要》四，载沈云龙主编《近代中国史料丛刊》第 54 辑，台北文海出版社 1966 年影印版，第 601~609 页。
② 《收买新奉暨自造吉长铁路条款》（光绪三十三年），陈毅编《轨政纪要》四，载沈云龙主编《近代中国史料丛刊》第 54 辑，第 625~630 页。另有一说为"已于 1928 年上季偿清"，参见王余杞《北宁铁路之黄金时代》，北平星云堂书店 1932 年版，第 10 页。与其他史料记述相互参照，可以确定全数清还的时间应为 1927 年 9 月。
③ 《英人调查中国各铁路之破坏状况（四）》，《大公报》1927 年 12 月 14 日。
④ 王朝佑译《中国铁路与英国之政策》，京汉铁路印刷所 1923 年版，第 6 页；李德周、吴香椿：《东北铁路大观》，第 3 页。

自英、俄两国围绕关内外铁路而展开的外交博弈。

第二次鸦片战争之后，英国商人让中国进入铁路时代的渴望日益强烈，并且千方百计地向清廷进行游说。然而，西方公使及商人们"既热忱而又持续不断地所作的努力，并没有说服中国政府，也未能打消他们（清朝官员）对这些方面任何初步措施的反对意见"。① 尽管 1876 年英商擅自修筑了吴淞铁路，但它难以逃脱被拆毁的命运。19 世纪七八十年代，随着中国边疆危机的日趋严重，以李鸿章、刘铭传为代表的疆吏在对时局的政策性建议中，吁求急造铁路，巩固海防。由于受到众多官员的谏阻，铁路之议归于沉寂。不过，李鸿章等人对铁路由一味排拒到力主筹办的转变，表明清廷内部关于修建铁路的问题已有不同声音，预示着双方将围绕铁路修建上演一次次的交锋和碰撞。

1881 年，在开平矿务局的促动之下，唐山至胥各庄间的铁路得以诞生，掀开了中国近代交通史上的新篇章。不过，严格地讲，唐胥铁路只是开平矿务局的附属线路，属于企业兼营的产业，虽然得到清廷的勉强允准，但并不意味清廷改变其对铁路的一贯立场。其后，随着边疆危机愈形严重，李鸿章谏言从国防上针对日俄两国从北方来的压力作为防卫的一个环节，靠自己的力量修建从京津至山海关的铁路。② 1885 年 10 月，总理海军事务衙门成立；翌年，铁路事务划归海军衙门管辖，铁路与海防建设联为一体。身为总理海军衙门会办的李鸿章在醇亲王奕譞的支持下，成为近代中国铁路建设的实际主持者。1886 年李鸿章设立"开平铁路公司"，在将已建成铁路收买的同时，着手修建至天津的铁路。其后，总理海军衙门又以巩固近畿海防为说辞，奏请准建津沽铁路，并于 1888 年秋告竣。李鸿章决定趁热打铁修筑天津至通州的津通铁路，并于 1888 年 10 月 13 日致函海军衙门，条分缕析地陈明修建津通铁路的军事功用和经济利好，"既可

---

① 宓汝成编《中国近代铁路史资料》上，载沈云龙主编《近代中国史料丛刊续编》第 40 辑，台北文海出版社 1976 年影印版，第 32 页。

② 〔日〕满史会编著《满洲开发四十年史》，"东北沦陷十四年史"辽宁编写组译，1988 年版，第 80 页。

抽还造路借本，并可报效海军经费"，① 并且提议"仍准津沽铁路公司承办"。② 可见，便利军事运输是他力挺津通铁路的原因之一，也是他试图说服和打动当权者同意修建此路的重要"筹码"。果不其然，清廷允准修路，李鸿章随即展开各项工作。然而，反对修建铁路的廷僚闻风而动，交相谏阻，一场激烈的论战不可避免。

关于津通铁路的争议，吴铎先生曾在1936年撰写专文对其来龙去脉及深远影响进行了全面透彻的叙述和分析，③ 其下文仅择争议的要点而述之。围绕津通铁路的修建，赞成与反对的双方各执一词，针锋相对，"俨如火山爆裂，大有不可响遏之势"。④ 双方分歧的焦点主要集中于铁路是否资敌、扰民和夺民生计三个方面：一是反对者坚持认为，津通铁路的修建将严重危及京师的安全，深忧铁路一旦落入敌人之手，则京畿原有的陆地关碍将丧失殆尽，后果不堪设想，所以此举无异于"尽撤藩篱，洞启门户"。⑤ 由此可见，"铁路可以资敌是朝士用以攻击津通铁路的最普遍的一种理由"。⑥ 李鸿章等从近代国防的角度进行辩护："夫津通之路非为富国，亦非利商，外助海路之需，内备征兵入卫之用，一举两益，所关匪浅。"⑦ 总之，铁路在反对者的眼中是"开门揖盗"的祸首，在赞成者看来却是巩固国防的利器。二是反对者以铁路必损田舍庐墓为借口，认为因修建铁路而拆迁坟舍势必会激化官民之间的矛盾，引发民众骚乱，加剧社会动荡。同时，拆迁庐墓与中国人的传统观念相互抵牾。因为坟墓在中国人的祖先崇拜及民俗文化中占有特殊地位和意义。任何对祖先坟茔的触犯，都被视为不共戴天之仇。除非万不得已，中国人不会轻易迁徙坟墓。这个在官

---

① 宓汝成编《中国近代铁路史资料》上，载沈云龙主编《近代中国史料丛刊续编》第40辑，第145页。
② 宓汝成编《中国近代铁路史资料》上，载沈云龙主编《近代中国史料丛刊续编》第40辑，第146页。
③ 吴铎：《津通铁路的争议》，《中国近代经济史研究集刊》第4卷第1期，1936年5月，第67~132页。
④ 曾鲲化：《中国铁路史》，第39页。
⑤ （清）李鸿章：《李鸿章全集》海军函稿卷三，海南出版社1999年影印版，第17页。
⑥ 吴铎：《津通铁路的争议》，《中国近代经济史研究集刊》第4卷第1期，1936年5月，第78页。
⑦ （清）李鸿章：《李鸿章全集》海军函稿卷三，第22页。

员、绅缙和民众中具有共通性且容易引起共情的观念，对修建铁路产生的阻力格外强烈和广泛。李鸿章也不得不采取审慎的举措，告诫下属"以绕避坟舍为第一要义"，①对于势非得已必须迁移坟墓者则"给以重价，谕令迁徙，务恤民隐而顺舆情"。②三是反对者声称津通铁路一旦开通，"舟车尽废，水手、车夫终归于饿殍"。③李鸿章援引唐山至芦台的铁路为例进行辩驳，指出铁路通行两载有余，而"铁路旁之新开河，民船往来如故"；④况且铁路的修建与管理，车站附近的货栈、旅馆、杂货店等在在需人，足以吸纳众人而获得生计，促进地方经济的繁荣，"铁路之旁向无村落者浸假而成邑、成都矣"。⑤尽管李鸿章振振有词、但作为一种现代性的交通工具，铁路势必会对旧有的运输方式形成冲击，造成依赖传统运输体系谋生的人大量失业。因而，铁路遭到旧式运输业者的激烈阻挠便不足为奇，正如他们曾为极力反对轮船的通航而设置重重阻挠。总之，现代物质文明与传统社会群体利益之间的冲突和较量在此次争议中体现得淋漓尽致。

赞成者与反对者互不妥协，清廷左右为难、举棋不定，并向地方大员采择意见。各省大吏复奏到京，结果依旧莫衷一是。月余后，两广总督张之洞的奏折姗姗而来。他提出了一个调停方案——缓办津通、先修芦汉，结果获得了清廷的采纳和依允。中国近代史上最为激烈的一次铁路争议至此偃旗息鼓。1889年5月5日，清廷下谕将铁路作为自强要策而毅然兴办。尽管李鸿章对津通铁路争议的结局心怀不满、颇有微词，却也无可奈何，只能冷眼旁观。然而，这次争论的结果对于近代中国铁路事业无疑是莫大的"福音"——清廷改变了以往对于铁路的暧昧不定的态度，并将修建铁路定为自强要务，彻底消解和清除了政策藩篱及文化禁锢，成为近代中国铁路建设的分水岭和里程碑，催生了近代中国第一个铁路建设热潮。从这种意义而言，"出师未捷"的津通铁路可谓"死得其所"。此外，这次争议还传递出其他信息。首先，津沽、津通两路均是由海军事务衙门出面

---

① （清）李鸿章：《李鸿章全集》海军函稿卷三，第19页。
② （清）李鸿章：《李鸿章全集》海军函稿卷三，第23页。
③ （清）李鸿章：《李鸿章全集》海军函稿卷三，第11页。
④ （清）李鸿章：《李鸿章全集》海军函稿卷三，第11页。
⑤ （清）李鸿章：《李鸿章全集》海军函稿卷三，第15页。

奏请兴办且主要以巩固海防为理由，从此，铁路成为巩固海防的重要手段，海防为铁路修建提供政治支持和庇护。可见，加强国防建设无疑是支撑津通铁路的主要论据，李鸿章则在其中发挥了举足轻重的作用。其次，在反对津通铁路的声浪中几乎难以听到对铁路的文化贬损和蔑视，即不再将铁路视为"洪水猛兽""奇技淫巧"，而是着眼于现实考量和利益冲突。换言之，铁路建设的阻力从最初的文化层面逐渐转至利益层面，并最终被现实的利益诉求所扫除殆尽。这是一种进步，也是一个规律。总之，作为现代交通代表之一的铁路，在移植到中国传统社会的肌体中时必然会发生各种不良的"排异"反应，这恰恰折射和印证了中国现代化变革的艰难。

津通铁路争议的平息意味着清廷内部对铁路的政治障碍已然清除，并带给近代中国铁路事业一个难得的发展良机。然而，由于铁路建设资金、人才、材料等方面的捉襟见肘，近代中国铁路建设不得不承受来自外部世界的压榨，即帝国主义对于中国铁路权益的争夺和控制。尽管西方列强曾经极力推动中国进入铁路时代，但其初衷是便利其商品运销、开拓内地市场，即"商人的主要野心是想使中国进入铁路时代，一半是为有投资的场所，一半为深入内地"。[①] 1895年中日甲午战争结束后，帝国主义列强在中国掀起了划分势力范围的狂潮，主要手段之一是对中国铁路"让与权"的掠夺。这已经不仅是赤裸裸的经济盘剥，而且附加了沉甸甸的政治利益。因此，中国铁路建设既关涉资金借贷的经济行为，又牵扯中国与列强以及列强之间的政治和外交纠葛。这些在京奉铁路的前身——关内外铁路的修建中得到了鲜明体现。

19世纪末叶，沙俄侵略的铁蹄步步逼近，中国东北边疆危机日趋严重。俄国远东政策的核心之一是修筑直达海参崴的西伯利亚铁路，从而在远东获得一个梦寐以求的港口。此举引起了清朝驻外公使的忧虑："俄人之地势，已包中国东西北界，铁路若成，必为中国之患，防之之法，非自造铁路不可。"[②] 1890年，海军衙门和李鸿章会奏，言明东北边境岌岌可危，故宜先修关东铁路，缓办芦汉铁路。"关东铁路，速征调，利边防，

[①] 〔英〕伯尔考维茨：《中国通与英国外交部》，第134页。
[②] （清）崔国因：《出使美日秘日记》卷六，黄山书社1988年版，第268页。

实关国家根本大计"。① 翌年，清廷允准修建关东铁路，将原定每年筹拨给芦汉铁路的经费银200万两自该年起移作关东铁路专款，并在山海关设立"北洋官铁路局"，负责筑路工作。截至1894年中日甲午战争之前，关东铁路通车至关外的中后所。中日甲午战争爆发后，筑路经费挪作军饷，关东铁路无奈告停。② 可见，清廷修建关东铁路的动机，主要在于防范俄国在东北势力的日益膨胀并巩固东北边疆，颇有"先下手为强"的意味。同时，关东铁路的国防意图可以从它的线路走势中得到明显的体现：它沿着渤海湾的海岸地势一直向关外延伸，这些地方可以说是拱卫京畿的首位之区。此外，很多路段经过的地方是盐碱、沼泽之地，③ 尽管笔者不能因此排除它所具有的经济价值，但显而易见的是，"出于军事的目的，铁路延伸到了山海关"，④ 并继续向关外延伸。从这个角度而言，关东铁路的线路走向是国防意图的一种贯彻和反映。

中日甲午战争之后，清廷决定力行新政，筹资兴办津芦铁路。为统一路权和便于管理，清廷出资将天津至唐山的铁路收归国有，经营该路的中国铁路公司随之并入经营关东铁路的北洋官铁路局，改名为津榆铁路总局，并由官方主持修建。1897年津芦铁路竣工后，清廷又将津芦铁路总局划入津榆铁路总局，改称关内外铁路总局。⑤ 然而，关内外铁路（包括之前的关东铁路）的修建却诱发了英俄之间积蓄已久的矛盾。英俄两国对于这条铁路的争夺主要集中于"金达事件"和该路的借款问题。首先，清廷为修建关东铁路，决定任命素有经验的英国人金达为总工程师。由于关东铁路与英国有借款关系，所以聘用金达为关东铁路的总工程师对于清廷而言合约合规、顺理成章。然而，俄国以关东铁路将来要与东清铁路连接，

---

① 宓汝成编《中国近代铁路史资料》上，载沈云龙主编《近代中国史料丛刊续编》第40辑，第193页。
② 金士宣、徐文述编著《中国铁路发展史（1876—1949）》，中国铁道出版社1986年版，第18页。
③ 〔英〕肯德：《中国铁路发展史》，李抱宏等译，生活·读书·新知三联书店1958年版，第31页。
④ *Far Easter Commercial and Industrial Activity：1924*（H. K：The Commercial Press, Ltd, 1924），p. 37
⑤ 马里千、陆逸志、王开济编著《中国铁路建筑编年简史（1881—1981）》，第5页；李占才主编《中国铁路史（1876—1949）》，汕头大学出版社1994年版，第93~94页。

不能置俄国于局外为由，要求清政府先与俄国相商，借用俄款，聘用俄人为总工程师。1897年10月，俄国代理驻华大使巴甫罗夫对清政府总理衙门施加压力，要求清政府辞退金达，而以俄国工程师代替。对此，"只有永恒利益"的英国随即表示它没有阻挠俄国的西伯利亚铁路通过东北，关内外铁路并不是一条俄国势力范围内的铁路，俄国没有理由反对中国自由雇用工程师。由于英国公使极力坚持，金达的职位最终得以保留。① 另一方面，英俄双方在关内外铁路的借款问题上也互生龃龉。由于之前的津榆、津芦铁路均借用英国资本，所以清廷决定继续向该国借款，并以此抵制俄国势力在东北的膨胀。俄国方面以中俄密约为要挟，在阻止关内外铁路延伸的同时，谋划破坏英国对该路的借款，提出借款不得以铁路作为担保、抵押，不得由西方人管理等。英国方面坚守不让，外交大臣沙士伯雷（Salisbury）于1898年8月8日召见中国驻英公使，要求中国对俄国的抗议置之不理。由于英国态度强硬，加之俄国已在芦汉铁路借款上占到优势，所以双方在该路借款问题上转而出现妥协。② 1899年4月28日，英、俄两国经过一番讨价还价之后，正式订立了划分铁路范围的协定：第一，英国在长江流域的铁路势力范围，得到俄国的承认，俄国不在长江流域谋求铁路租让权，俄国不阻挠英国在长江流域对铁路租让权的任何要求；俄国在东北的铁路势力范围得到英国的承认，英国不在中国长城以北谋求铁路租让权，也不阻挠俄国在长城以北对铁路租让权的任何要求。③ 第二，俄国同意由英国贷款并由英国人负责修造北京—牛庄的铁路；作为"补偿"，俄国有权支持俄国臣民申请铁路租让权④。总之，这份以牺牲中国权益为基础的协定使得英俄之间的摩擦暂时缓和。

1900年夏，义和团运动席卷中国北方，西方列强共同出兵干涉。英俄

---

① 宓汝成编《中国近代铁路史资料》上，载沈云龙主编《近代中国史料丛刊续编》第40辑，第332~336页。
② 宓汝成编《中国近代铁路史资料》上，载沈云龙主编《近代中国史料丛刊续编》第40辑，第336~338页。
③ 〔美〕安德鲁·马洛泽莫夫：《俄国的远东政策（1881—1904）》，商务印书馆翻译组译，商务印书馆1977年版，第128页。
④ 中国社会科学院近代史研究所编《沙俄侵华史》第四卷上，人民出版社1990年版，第174页。

两国均力图抢占先机，控制通向北京的关内外铁路，谋求对清廷施加最大限度的影响，于是，两国之间的矛盾再度激化。1900年7—10月间，俄国方面出兵占领了该路关外段，并意图将关内段的管理权也收入囊中。"虽说这种行动为了保持交通线通畅是必要的，人们还是觉得在这种行动的背后可能隐藏着不可告人的目的。"① 英国作为关内外铁路的"金主"，当然不能听之任之。不料，居间调停的联军统帅瓦德西偏袒俄国，并于1900年10月18日发布军令，将山海关至杨村段的铁路交给俄国控制。此举引起了英国的强烈抗议。经过磋商和妥协，联军统帅部于1901年1月17日共同决定：关内段由德国接防后转交英国，沙俄在北京以及北京至天津的铁路沿线驻军退到东北，并准许它带走全线五分之二的机车车辆。俄国被迫接受了这个决定。可是俄军在撤离时，却把山海关桥梁厂、唐山机车厂及沿线各段的机器设备拆除殆尽。1901年2月21日，英国侵略军开始接管北京到山海关的铁路，一个星期之后接管工作告竣，并成立英国铁路局负责管理事宜。② 然而，英、俄之间依然剑拔弩张，甚至兵戎相见。"此次联军国家特在天津向着世界表演之戏剧可谓实在不佳。许多好奇之人特到竞争地点去看俄国哥萨克兵与英国站岗军士彼此如何仇视对立，以为取乐消遣之道。"③ 这是双方利益冲突赤裸裸的展现。俄方一开始竭力将关内外铁路及其管理权据为己有，甚至希望将直隶划入它独占的势力范围，同时又可以将占领的铁路作为议和的筹码。英方之所以毫不妥协，不仅是因为这条铁路关乎英国的投资收益，而且是其在华北势力的强烈宣示。一旦俄国占有了这条铁路，那么英国在华北乃至整个中国北方的利益将受到严重的削弱和损害。因而，对于利害攸关的关内外铁路，英国势必会不惜代价地进行争夺和守护。

1901年9月7日，丧权辱国的《辛丑条约》签订，北京和山海关铁路沿线十二个车站（丰台、黄村、廊坊、杨村、天津、军粮城、塘沽、芦

---

① 〔美〕马士：《中华帝国对外关系史》第三卷，张汇文等译，上海书店出版社2006年版，第338页。
② 〔英〕肯德：《中国铁路发展史》，第59~61页。
③ 〔德〕瓦德西：《瓦德西拳乱笔记》，王光祈译，载沈云龙主编《近代中国史料丛刊》第74辑，台北文海出版社1966年影印版，第184页。

台、唐山、滦州、昌黎、秦皇岛）准许各国派兵驻守，以对清政府保持军事威慑并应对突发事件。和约既定，关内外铁路自应即时索还。1902年初，袁世凯被委任为督办关内外铁路大臣，与胡燏棻协同办理向英、俄交涉收回关内外铁路事宜。然而，英、俄两国皆借词推脱，不愿交还。同年4月8日，经过屡次交涉，中俄之间正式签订《中俄交收东三省条约》，规定交还关外铁路办法：俄国"交还山海关、营口、新民厅各铁路，所有重修及养路各费"，由中俄两国"商酌赔偿"。① 俄国的"退让"使英国的强占失去了理由，于是中英之间也签订《交还关内外铁路章程》及《关内外交还以后章程》《山海关至北京铁路军事章程》等附件，将关内外铁路关内段归还中国。在上述这些条约和章程中，英、俄两国虽分别同意将关内外铁路各段以及东北地区交还中国，但也保留了种种特权。② 1902年9月22日，中俄再次订立《交还关外铁路条约》，由胡燏棻前往营口接收办理；③ 10月8日，由英国占领的关内段线路也正式收回。④ 至此，关内外铁路总算失而复得。

关内外铁路的建设历程中充斥着清政府、英、俄三者之间错综复杂的利益纠葛和外交博弈。对于清政府而言，修建该路的初衷是应对俄国对中国东北边疆的进一步染指和蚕食，也是李鸿章加强北洋海防体系建设的重要依托。他"所持兴建铁路的理由，是国防的理由。所请兴建铁路的时机，是国防紧急的时候。所主张修建的路线，是有关国防的路线：……关东铁路深入东北边陲，可以抵制日俄，都有极大的国防价值。"⑤ 因而，国防性是关内外铁路的第一属性。另一方面，由于该路之前已有英国资本的渗入，加之清廷奉行"均势外交"政策，意图将英国的势力引入东北以达到制衡俄国的目的。于是，关内外铁路便成为英、俄双方摩擦的"导火

---

① 宓汝成编《中国近代铁路史资料》上，载沈云龙主编《近代中国史料丛刊续编》第40辑，第534页。
② 宓汝成编《中国近代铁路史资料》上，载沈云龙主编《近代中国史料丛刊续编》第40辑，第538~540页。
③ 宓汝成编《中国近代铁路史资料》上，载沈云龙主编《近代中国史料丛刊续编》第40辑，第545~546页。
④〔英〕肯德：《中国铁路发展史》，第64页。
⑤ 李国祁：《中国早期的铁路经营》，第31页。

索"和相互角力的"竞技场"。究其根源则是它们在华利益的激烈冲突。"金达事件"、借款问题以及关内外铁路的归还都是双方斗争并妥协的结果和体现。因为它们都心知肚明,打开中国一个地区的有效方式,就是获得铁路修筑权与管理权,确保没有任何竞争干线攫取该地区的利益,就只能通过正式划定势力范围才能达到。当借用英国资本的关内外铁路向俄国势力范围的东北地区延伸时,双方之间的激烈对抗便可想而知。总而言之,从津沽铁路至关内外铁路均借海防之名而建。这是当时清廷救亡图存的时代主题赋予这条铁路的特殊使命,也恰恰表明它的修建"反映的不是一个年轻的、成长中的国家的活力,而是受到一个古老衰微国家的软弱性诱惑的掠夺势力的国际竞争"。①

第三节 京奉铁路的分裂和统一

1920年代的中国,处于军阀当道、兵戈扰攘的动荡时代。军阀之间反复无常的联合与分裂、斗争与和解,导致了中国政治生态的恶化和社会环境的混乱,尤其对中国铁路建设和运营造成灾难性的破坏或影响。京奉铁路在这个时期内的分合,即是军阀治下中国铁路深受其害、举步维艰的缩影。

1922年3月,第一次直奉战争的阴云密布,两方各利用京奉铁路运输军队辎重。此举立即招致英国驻华公使的关注并照会北洋政府外交部,郑重声明该路因有英款关系及保障《辛丑条约》相关条款起见,无论任何方面军队均不准由该路输送。迫于压力的外交部通知并咨请陆军及交通两部予以查照。② 然而,英方的干涉企图终归徒劳。是年4月,直、奉双方兵戎相见,京奉铁路因之交通阻滞,人心惶恐。③ 更有甚者,奉系军阀首领张作霖下令将其控制下的京奉铁路奉天至唐山段改名为奉开铁路,并擅自任命唐文高为局长,以致京奉铁路呈现两局并立、各自为政的局面。同

---

① 从翰香、李新玉编《陈翰笙文集》,商务印书馆1999年版,第232页。
② 《声明不准运输军队》,《铁路协会会报》第114期,1922年3月25日,第124~125页;《〈辛丑条约〉与京奉驻外兵》,《评论之评论》第28期,1924年9月28日,第8页。
③ 《奉直军妨碍交通之反响》,《申报》1922年5月4日。

时，奉系军阀扣押机车 50 辆、货车 1000 辆并运回东北，导致京奉铁路运输捉襟见肘。同年 5 月，奉系兵败退回关外后，又将奉天至山海关间的关外段改为奉榆铁路，并宣布脱离北洋政府交通部而由奉系军阀直接管理，奉榆铁路各站站长均更换为奉省人士，① 一切应用物品及各项事宜均由奉榆铁路局自行办理，铁路机车需用的煤炭向"满铁"商借供应，即使员役薪俸亦责成由奉天官银号支付。奉榆铁路已然由京奉铁路析出并由奉系军阀自主支配。② 京奉铁路以山海关为界断裂，一分为二、互不统属。由于英国对京奉铁路拥有债权，英国公使立即对此提出质问和抗议，要求奉系军阀归还奉榆铁路，实现京奉铁路全线的统一。③ 与此同时，北洋政府交通部也致电张作霖，"请其放回所扣车辆，否则因与辛丑条约关系外交团行将提出抗议，致干不便。"④ 奉系军阀面对种种压力或要挟，始终置若罔闻、无动于衷，依旧将扣押的车辆把持不放。1922 年 6 月，经英国公使干预及调和，直、奉两系罢战言和。国内政治局势趋向和缓，要求恢复京奉铁路通车和统一的呼声随之高涨。同年 6 月 20 日，京奉铁路恢复客运通车。不过直、奉两系各自开行的客车均行至山海关为止，乘客须在山海关换车再行。而且为提防奸细相互混入，双方均在各自所辖车站派驻军警和密探并严密盘查过往旅客，以致行程颇有迟滞和不便。⑤ 沿线胡匪也趁机改扮军装，上车抢劫，旅客不堪其扰。⑥ 货运通车依然中断，以致山海关车站一带囤积的货物堆积如山，各商家殊感不便。直至数月后，货车才恢复联络运输。⑦ 虽然京奉铁路关内、关外两段之间已经实现通车联络，但直、奉两系处于彼此对峙、互不信任的"冷战"状态，京奉铁路行政管理及其他路务仍旧各行其是，路权统一时机未到。其后，交通部屡次严令张

---

① 《为奉榆路事电复中央》，《大公报》1922 年 5 月 31 日；《京奉路分为两截》，《盛京时报》1922 年 5 月 18 日。
② 《交通归奉天自主》，《盛京时报》1922 年 5 月 23 日。
③ 《关于路事之消息》，《盛京时报》1922 年 5 月 24 日；《奉榆路交涉解决》，《盛京时报》1922 年 6 月 16 日。
④ 《专电》，《大公报》1922 年 6 月 3 日。
⑤ 《电令恢复京奉路》，《盛京时报》1922 年 7 月 25 日；《京奉路渐复原状》，《申报》1922 年 8 月 3 日；《京奉路之现状》，《盛京时报》1922 年 9 月 13 日。
⑥ 《关外京奉路上之奉军》，《申报》1922 年 8 月 8 日。
⑦ 《货车将恢复原状》，《铁路协会会报》第 123 期，1922 年 12 月 1 日，第 133 页。

作霖迅速恢复铁路行政原状及交还货车，以免招致英人的干涉和指摘而惹起国际纠纷。奉系军阀却以奉榆铁路与外人无涉为辞，一再予以拒绝和延宕。① 此后不久，京奉铁路关内段新任局长水钧韶及赵世基等赴东北进行协商，结果奉系只是应允增加每日客车车次以及恢复战前的直通行车，铁路行政统一及车辆归还则置之不理、避而不谈。为促使张作霖尽快归还车辆，交通部及外交使团采取釜底抽薪之策，将在奉榆铁路服务的外国工程技师全部召回天津。此举果然奏效，奉榆铁路颇受打击，行车运营很快陷入混乱和困境——燃料缺乏，毁坏或弃置的车辆也无人修理。奉系军阀转而向"满铁"求援，但"满铁"因担忧受到干涉中国内政的指责而回绝。② 面对这种内外交困的局面，张作霖软硬兼施，一方面突然答应放还少部分机车及客货车辆，③ 另一方面以禁止铁路运粮入关为抵制。1922 年 12 月底，京奉铁路关内段局长再次赴奉天索还车辆，结果无功而返。④

随着直、奉军阀"冷战"的逐渐降温以及外交使团的持续施压，一直毫无进展的京奉铁路行政统一问题迎来了转机。迫于重重压力的张作霖不得已做出妥协和让步，允诺取消奉榆铁路之名，并将其无条件地交还中央。同时，张作霖唯恐路权交还后转为直系军阀所把持，要求中央满足他的特殊要求，即京奉铁路全线防务仍由奉、直双方共同担任，以山海关为界而设立奉榆、京榆两个护路司令，奉、直将领各居其一。各方护路军的薪俸均由铁路收入内支给；护路军专任护路剿匪之事，不得干预铁路行政管理。此外，负责押车的宪兵也由奉、直各派半数充任，以期互相监视、消除弊端。至于奉榆铁路局长一职，他同意可由中央正式任命。⑤ 显然，张作霖意图以军事护路为名义和借口，堂而皇之地继续把奉榆铁路置于自

---

① 《电令恢复京奉路》，《盛京时报》1922 年 7 月 25 日；《张作霖不交还京奉货车》，《申报》1922 年 8 月 4 日。
② 《张作霖扣留京奉车辆之交涉》，《申报》1922 年 7 月 30 日；《京奉路外国技师离职》，《盛京时报》1922 年 7 月 23 日；《奉榆路现状维艰》，《盛京时报》1922 年 9 月 20 日。
③ 《张作霖扣留京奉车辆之交涉》，《申报》1922 年 7 月 30 日；《承允发还扣留车辆》，《盛京时报》1922 年 8 月 31 日。
④ 《水局长赴奉索车无结果》，《益世报》1922 年 12 月 29 日。
⑤ 《将取消奉榆铁路》，《盛京时报》1922 年 12 月 17 日；《交还京奉路问题》，《盛京时报》1923 年 1 月 7 日；《京奉铁路护路责任》，《盛京时报》1923 年 5 月 30 日。

第一章　京奉铁路的概观和意蕴　　043

己的股掌之中。这种假意逢迎、以退为进的伎俩对京奉铁路全线统一而言实则有害无益、有名无实。不料，时隔一年有余，奉、直军阀再次兵戈相向。1925年初，奉军大获全胜并入主关内，京奉铁路完全落入奉系军阀的囊中，奉榆铁路自然没有了独立存在的必要。1926年4月21日，奉榆铁路局裁撤，全路管理事权统由京奉铁路管理局办理。① 至此，京奉铁路关内、外两段合二为一，并且将京奉铁路全线归还交通部管理。② 只不过此时交通部对张作霖唯命是从，京奉铁路总算是在奉系军阀的完全掌控和卵翼下实现了全路统一。

京奉铁路统一的好景不长，一分为二、各自为政的"闹剧"再次上演。1928年4月，奉军在与北伐军的战争失利后退守关外，又将平奉铁路③关外段据为己有并设局管理，与南京国民政府直辖的平奉铁路关内段"平起平坐"，再现了两局分立、各自为政的情景，同时扣押和携带大批机车车辆出关。于是，平奉铁路又陷入分裂和停运中。同年9月26日，张学良派代表朱庆澜抵达北平，就平奉铁路车辆归还及全线恢复通车问题与国民政府北平当局磋商。④ 奉天方面提出如下要求："一、交还车辆定为半数，残余半数充当东三省之国有及省有各铁道之运输；二、交还车辆双方代表俟意见一致后，以双方最高军政当局签字实行；三、交还车辆依外交团之交涉全部充当商用，以后绝对不得使用军事，奉天侧亦遵守之。"⑤ 11月中旬，双方围绕该路恢复客运达成协议：一、自奉天赴北平及自北平赴奉天之各列车乘客到山海关后均复买车票，每日一次，双方委员决算收入分配双方；二、双方车辆随时在唐山平奉路车辆工厂修理使用，但工厂经营由双方折半负担；三、奉天侧不另设局及局长，以交通署为实际上之管辖机关。然而，双方在恢复通车及收入分配产生分歧。关于收入分配界限的划分，北平方面主张以山海关为界，奉天方面因觊觎开滦煤矿的煤运收入而坚持以滦河为界。关于恢复通车，北平方面主张直接通车，过界换

---

① 《京奉铁路管理局通告》，《学林》第2卷第4期，1926年6月10日。
② 《京奉路交部管理》，《盛京时报》1925年1月11日。
③ 1928年6月，北京改名为北平后，京奉铁路随之改称平奉铁路。
④ 《京奉铁路通车有望》，《盛京时报》1928年9月26日。
⑤ 《奉军返还车辆之交涉，奉天侧所提之条件》，《盛京时报》1928年10月8日。

票；奉天方面则坚持到界换车。此外，所有各种收入款项账簿、客货票及一切任免人员等也各归双方自主办理。① 几经磋商后，平奉铁路于 1928 年 11 月 12 日起暂行恢复通车。其后，奉天方面又按照约定将此前扣留的车辆陆续归还关内各路。至 1928 年 11 月 21 日，奉天方面已经拨还平奉铁路关内段车辆共计 300 余辆。② 后又经双方多次接洽并达成协定，前运出关之车辆均如数清还。平奉铁路关内段还车案获得圆满解决。

可是，奉方对于其他各路的车辆仍多有扣压，尤其以津浦路为多。虽然后来双方又对归还平汉、平绥、津浦等路的被扣车辆屡次进行接洽和磋商，但直至 1931 年初，经铁道部与张学良在京进行交涉后，奉天方面才应允全数归还。1931 年 1 月 21 日，东北交通委员会将首批交还车辆计机车 27 辆、客货车 205 辆交由铁道部派员陆续接收。同月 26 日，第二批计机车 2 辆、货车 20 辆由津浦路局驻京办事处接收。至 1931 年 4 月底，所有扣留津浦铁路的各种车辆分为 16 批交还完毕。③ 奉天方面能够毅然归还扣留关内各路的车辆，一方面因为各路车辆并不适合于东北地方铁路之用，长久停放必致损害不堪，所以与其弃之不用、任其损蚀，不如做个"人情"，物归原主。另一方面，由于铁道部对于各处扣留车辆问题大力整治，曾数次电令东北地方各铁路局，将此前截留关内各铁路的车辆，无论客货车及机车一律放还，至于已经改造的车辆则准其留用。④ 故而这次还车案也得到较为顺利地解决。

1929 年 2 月，平奉铁路关内段的车辆交还问题获得妥善解决后，路权统一问题随即提上议事日程。为此，铁道部责成该路关内段局长与奉天方面进行接洽并达成初步的意向。双方同意统一全线路政，由铁道部委任王征为平奉铁路局长及整理委员会会长；路权统一后，奉榆铁路局即行裁撤，所有被裁职员由铁道部安插各路服务。⑤ 尽管双方达成了初步协议，

---

① 《平奉路将分两截》，《盛京时报》1928 年 11 月 9 日；《平奉路关内外通车问题及运输状况》，《铁路世界》第 1 卷第 2 期，1928 年 12 月 30 日，"国内铁路新闻"，第 7 页。
② 《第二次拨还车辆讯》，《盛京时报》1928 年 11 月 23 日。
③ 《东北交通委员会发还津浦车辆》，《大公报》1931 年 1 月 13 日；《北宁路还津浦车辆》，《盛京时报》1931 年 1 月 25 日；《北宁路分批交还车辆》，《盛京时报》1931 年 1 月 29 日。
④ 《东北对还车令除改造者一律归还》，《盛京时报》1931 年 2 月 7 日。
⑤ 《平奉铁路合组妥协》，《盛京时报》1929 年 2 月 15 日。

但奉天方面对王征出任局长颇有顾虑，故而决定暂缓交还关外段。1929年4月15日，平奉铁路改名为北宁铁路。其后，铁道部长孙科致电张学良，继续商讨该路统一问题。由于此时北宁铁路关系内政、外交甚重，张学良不愿担当重责，当即回电表示赞同，但提出关外段的人事和警备事项仍由奉天方面负责的要挟条件，东北交通委员会亦予以保留。① 双方接着对关外段路款的分配问题进行了商讨。奉天方面向中央保证不再将该段的收入移作军费，并主张将全部收入用于东北地方铁路建设；中央则主张关外段收入上缴国库，以符统一之名。后经双方在天津屡次协商和相互妥协，这一问题暂时得以解决。在这些障碍逐步清除之后，路权统一指日可待。1929年10月1日，中央决定取消关外段的沈阳管理局，改称驻沈办事处；全路车务、会计各事项均由天津总局接管；北宁铁路所属的电报、电话、路警及地亩等均归交通部直辖。② 至此，北宁铁路又一次重归"团圆"，客货运输恢复原状。然而，按照双方约定，北宁铁路大部分营业收入须呈缴天津总局保管，中央政府对此无权过问和支配使用。奉天方面虽然失去了对该路关外段的行政管理权，但实际上攫取了该路营业收支的监督和控制权——这是更为重要的权益，从而对中央政府形成一种无形的牵制，中央政府反而处于一种可望而不可得的尴尬境地。1930年后中央政府曾试图夺回监管和支配该路收支的权力，却因遭到东北交通委员会的坚决反对而作罢。③ 可见，北宁铁路重归统一的表象下却是中央与地方政权的争权夺利、钩心斗角。

在军阀政治大行其道的时代，京奉铁路历经分分合合、命运多舛。自古即为天险和重镇的山海关成为京奉铁路的一个天然分界点，每次战火硝烟在关内外弥漫之际，京奉铁路总是首当其冲。奉系军阀"不失时机"地将其关外段乃至全路占为己有，以致该路反复出现两局分立、各自为政的奇特情形。每当兵戈止息、硝烟散尽之时，在奉系军阀与中央政府反复的讨价还价后，京奉铁路又重新走向统一。京奉铁路是连接华北与东北地区

---

① 《电商统一北宁铁路》，《盛京时报》1929年4月18日。
② 《北宁路统一后路款问题》，《盛京时报》1929年9月21日；《训令直辖北宁路》，《盛京时报》1929年9月30日。
③ 《北宁路对中央决难移交》，《盛京时报》1930年12月12日。

的陆路主通道，具有极端重要的军事战略价值，且有重大的经济和政治利益。奉系军阀之所以将京奉铁路关外段视为禁脔，不仅是因地利之便，更是缘于它能为奉天方面带来可观的经济利益，同时作为与中央政府进行谈判的重要筹码。质言之，京奉铁路的分裂是军阀之间或中央与地方利益争夺的恶果，它的重归统一则是双方利益交还、忍让妥协的产物。另外，京奉铁路的统一无论在奉系军阀完全掌控之下而实现，抑或经国民政府与奉天方面的反复协商而达成，奉系军阀其实从未放弃对该路或其关外段的或明或暗的染指和把控。因而，京奉铁路统一其实只是名义上或行政上回归中央政府，或者是一种象征意义大于实际价值的"和好"。京奉铁路统一的背后映照出中央政府与地方政权依旧貌合神离和纷争不已。由是可以断言：京奉铁路在"20世纪前25年对于国家的统一所起的作用收效甚微"。[①]

第四节　北宁铁路关内外通车交涉

1931年九一八事变爆发后，北宁铁路惨遭日军野蛮蹂躏，关外段干支各线所有动产、不动产胥告沦亡，损失之巨，至足惊愕和痛惜，[②] 诚为"我国自有铁路以来，最堪痛心之时期"。[③] 该路行车仅限于北平至山海关之间，线路较短，"较诸1930年本路干线及各支线计长1366公里相去甚远"。[④] 1932年1月4日，已成为日军傀儡的东北交通委员会宣布关外段独立，并改名为奉山铁路；1月8日，设置奉山铁路局，正式脱离北宁铁路而成为日方的囊中之物。[⑤] 该路又一次重蹈一分为二、交通断绝的覆辙，

---

① 〔美〕吉尔伯托·罗兹曼主编《中国的现代化》，第276页。
② 《日军蓄意破坏北宁交通》，《申报》1931年9月29日；《日军占沈后北宁沿线事变表》，《大公报》1931年10月27日；《日军强占北宁铁路》，《申报》1932年1月13日；扁舟：《过去一年来之北宁铁路》，《铁路协会月刊》第5卷第3期，1933年3月，第49页；《暴日侵华后北宁路之惊人损失》，《京沪沪杭甬铁路日刊》第764期，1933年9月4日，第20页。
③ 《铁道年鉴》第二卷，"弁言"，第1页。
④ 北宁铁路管理局：《北宁铁路民国二十年度会计统计年报》，1932年6月，第1页。
⑤ 《奉山铁路通车在即》，《盛京时报》1932年1月11日；《北宁路关外段被改称奉山路》，《申报》1932年1月12日；《日人强制接收北宁路关外段》，《申报》1932年1月20日；《北宁铁路现状》，《中国建设》第14卷第1期，1936年7月，第60页。

只不过这次分割的罪魁祸首是日本帝国主义。因为事关交通主权，北宁铁路管理局对奉山铁路坚决不予承认。1933年，随着日军的铁蹄在关内步步进侵，北宁铁路关内段节节缩短，"而终于以天津为终点"，[①] 加之轨断车毁，运输瘫痪。由于屡遭战事破坏，"加之开滦煤矿衰竭，货物激减，每月之收入不过百二十万元，除去职员之薪俸五十八万元，再有局部的修理，殆无利益"，[②] 北宁铁路陷入了水深火热、难以为继的黯淡境地。1933年5月31日，经南京国民政府授权，华北地方当局与日本侵略者签订《塘沽停战协定》，标志着九一八事变以来国民政府与日军之间的大规模军事冲突的息止，华北暂时呈现"安靖"局面。然而，这项协定也为日后诸多复杂纠纷（所谓"善后问题"）埋下了祸根。北宁铁路关内外段通车问题即是其一。

　　中日之间关于通车问题的交涉在《塘沽停战协定》签订后不久即展开。自这个协定签订之后，战区各地几乎成为藏污纳垢的"发酵场"。对于战区的接收而言，首要的措置即是重建当地的行政秩序，"一切设施如县长之复职，保安警察之分遣均非先将被占铁路以及一切运转机构全数收复"，[③] 否则接收将无从办理。可见，恢复关内段的通车与战区的接收及秩序的重建具有重要关系。勉力挣扎的北宁铁路也迫切希望恢复关内路段的正常状态以维持路政。1933年7月初，北宁铁路局长钱宗泽拜晤关东军的中村司令，申诉其因无法通车而陷入困境，请求日方对该路恢复通车予以积极协助。日方虽表示愿意协助，却只答允开行天津至唐山之间的铁路。其后，由日本宪兵及北宁路警共同进行压车试行后，天津至唐山段不日通车。[④] 然而，唐山至山海关间的路线仍由日军占据，北宁路局继续向日方交涉归还。同年7月5日，中日双方的代表在大连的辽东旅馆进行秘密接洽，关内外的通车、通邮问题成为会谈的重要议题。关于通车问题，日方虽然表现出"恳谈"的模样，却以要求及时恢复沈阳、北平间的直达列车

[①]《平沈通车》，《社会新闻》第5卷第13期，1933年11月9日，第1页。
[②]《奉平通车案意见未完全一致》，《盛京时报》1933年12月14日。
[③] 黄沈亦云：《黄膺白先生家传》，载沈云龙主编《近代中国史料丛刊续编》第29辑，台北文海出版社1966年影印版，第105页。
[④]《北宁路通车伊迩，中日兵压道试驶后开通》，《盛京时报》1933年7月3日。

为条件。① 华北地方当局于同日电告中方代表雷寿荣、殷同等，"凡与停战协定相违背者，绝难承认，而有伪满代表参加讨论交通问题，不啻变相承认伪满，更属不可能"。② 于是，中方代表对于伪满洲国参与日军撤退后北宁铁路的警备事宜予以断然拒绝。会议的结果只对一些技术性的问题——关于北宁铁路沿线路产在日军撤退前后的交还，路员、车辆的分配等进行了审慎的商议，③ 并达成了初步协议：日军撤退后，唐山至山海关的铁路可由北宁路局接收。④ 8月13日，北平至山海关之间恢复通车。⑤ 11月，中日再次会晤于北平，继续商讨"善后"问题。会谈的结果之一是要求"华北当局与关东军各派代表，就关内外通商通车等事宜尽快达成协议"。⑥

中日双方为实现关内外的通车而不断交涉，可彼此的目标却南辕北辙。交涉伊始，中方代表以审慎的态度主张恢复通车只能限定在技术方面的联络，而将任何牵涉承认伪满洲国的政治性条件排除在外。相反，关东军方面对技术性问题漠不关心，而是急切地寻求恢复北平至沈阳间的直达通车——其背后显然隐含着强烈的政治意图。1932年3月，在日军的扶植下，伪满洲国成立，可它始终没有得到国民政府和国际社会的承认。1933年初，日军在长城沿线的军事行动虽然对伪满洲国起到了巩固作用，但在承认伪满洲国上依然收效甚微。于是，日方逐渐改变外交策略，试图先从中国方面入手，因为伪满洲国如果能够得到中国方面的承认，那么国际社会对于它的认可便迎刃而解。关内外通车交涉无疑为日方提供了一个难得的契机和借口，时人一针见血地指出："日本之所以要求我与伪满通车，意欲以通车而得事实承认伪满之借口，资为运动各国正式公认之张本。如我许以通车，则伪满之国际政治地位必因之确立。"⑦ 由于中方代表对这个极为敏感的问题表示断然拒绝，日方只得暂时作罢。

---

① 赵起超：《平沈通车与茶淀事件》，《东北旬刊》第31期，1934年7月20日，第5页。
② 《唐山试车》，《大公报》1933年7月3日。
③ 《奉山北宁联运手续，政治性之问题尚待外交的交涉》，《盛京时报》1933年7月7日。
④ 《大连会议形势》，《大公报》1933年7月5日。
⑤ 《平榆恢复通车》，《交通杂志》第1卷第11期，1933年9月，第110页。
⑥ 陶涵：《三十年代华北地区的中日交涉》，《文史精华》2002年第11期，第37页。
⑦ 江波：《日本要求华北通车之感想》，《铁路协会月刊》第6卷第3期，1934年3月，第1页。

尽管中方代表小心翼翼地将交涉限定在技术问题的解决上，但国内舆论的焦点集中于通车交涉的政治寓意。在那些激进的政府官员或自由学者看来，通车交涉和承认伪满洲国就像一枚硬币的两面，哪怕是进行任何技术性的谈判，都将导致对伪满洲国的直接或变相的承认，所以他们一开始就对通车交涉提出质疑。面对来自不同方面的误解和指责，中方代表抱怨不已并予以澄清："时论不察，臆测为停战协定以外之附带条款甚且疑虑为借通车通邮为事实上承认伪满洲国之默契。其实此事虽由先生（指黄郛）先与商定原则，而一切技术上之折冲完全系由各主管部门派专员参加"，绝对与政治无涉。① 社会舆论对于通车交涉的态度和反应却未因此而改变，为此，北宁铁路新任局长、中方与日方直接谈判通车事宜的主要代表殷同只得于12月14日前往南京"负荆请罪"，请求中央政府对于路局的通车交涉给予谅解。虽然关内外通车交涉得到了汪精卫、顾孟余等人的基本认同，但因立法院的强烈反对而"碰壁"。因为在立法院看来，通车交涉是政治问题，不是部务问题，如何解决要得到南京国民政府的会商与授权，华北地方当局不应越俎代庖、擅作主张。十日后，由于国内局势突变及国民政府内部反对通车交涉的声浪愈高，中央政府决定中止关于通车事宜的一切交涉，并对无视政府的命令而擅自交涉的殷同予以处罚。② 至此，关内外通车交涉的大门砰然关闭。

1934年初，南京国民政府对福建事变进行军事镇压后，国内局势暂时趋向安定。此时一直对关内外通车念念不忘的日方遂旧事重提。同年4月，关东军在与中方的会谈中，对于通车问题的悬而不决表示不满，要求立即实现关内外通车、通邮。其后，日方不断向华北地方当局施加压力甚至军事恫吓，企图早日实现通车。面对这种紧迫的局势，华北地方当局深感关系重大，难于应付。4月3日，主持华北政局的黄郛乘北宁路专车秘密南下江西，与蒋介石商讨这个迫在眉睫的难题。6日，黄郛抵达南昌谒见蒋介石，报告了华北的危机情势。10日，汪精卫冒雨乘坐中山舰奔赴南昌与

---

① 黄沈亦云：《黄膺白先生家传》，载沈云龙主编《近代中国史料丛刊续编》第29辑，第317页。
② 《国民政府决定中止对日交涉》，《盛京时报》1933年12月24日。

黄郛晤谈。"三巨头"在会晤中达成一系列共识，其中包括将通车问题的解决作为消除中日之间华北悬案的突破口，并借此观测国内其他方面及舆论的反应。黄郛的南下会商使得国民党内部反对通车交涉的声浪再次沸腾。4月13日晨，一些对华北外交态度激进的委员，在立法院例行会议结束后"遂即举行谈话会"，"一时发言盈庭，声情激越，对当局所持方针未尝赞许，对黄郛之措置尤抨击不留余地"，① 并且决定终止黄郛主持华北外交的权力，停止所有关于通车事宜的交涉。无独有偶，西南军阀和广东国民政府也随声附和。4月14日，国民党西南执行部向国民政府及各省市政府、团体发表通电，要求政府放弃过去一切的屈辱政策，对通车通邮问题慎重考虑。② 广东国民政府甚至言辞尖锐地指出，铁路和邮政问题已经导致了南京当局事实上承认了伪满洲国。③ 国民政府内部反对和批评通车交涉的声浪如排山倒海般袭来，处于"风口浪尖"的黄郛只得明智地退回到莫干山"归乡省墓"。

　　面对国民政府的迁延不决，日方愈加急不可耐。1934年4月12日，日方指责南京国民政府在该问题的解决上缺乏诚意，甚至警告如果继续拖延，将要采取严厉手段。同时，日军在北宁铁路沿线调集兵力，派出人员到华北内地进行"游历"和"测绘"，致使日军将对华北采取军事行动的谣言甚嚣尘上，加剧了华北地区的紧张局势。关于通车交涉的各种传言也不胫而走、四处散播，使得华北危局近乎白热化，甚至连日方也不得不出面澄清这些流言蜚语。4月17日，日方抛出了所谓的"天羽声明"，强烈谴责其他国家对中国的军事援助以及具有政治意味的经济和技术援助。该声明一经发表，立即在国联引起轩然大波，遭到英美等国的质问和抨击。日本外务省被迫重申坚持国际"合作"原则，并决定在中日"经济提携"之下，搁置伪满洲国被中方及国际社会承认的"形式主义"，转而通过立足于华北与伪满洲国之间的经济及交通联系的事实，作为两国关系调整的基础。4月19日，国民政府外交部对该声明给予了模棱两可

---

① 《有吉到京访汪畅谈》，《大公报》1934年4月19日。
② 《西南通电反对解决华北悬案》，《盛京时报》1934年4月18日。
③ 邹鲁：《对于四月十七日日本对外声明应有之认识》，《三民主义月刊》第3卷第5期，1934年5月15日，第10页。

的回应，立法院外交委员会也于同日发表声明，依然坚持对通车问题置之不议。

日方对南京国民政府及华北地方当局的催迫与来自党内和舆论的反对将南京国民政府拖入一种进退维谷的境地——不可承认而又不得不交涉。一方面，拒绝承认伪满洲国是南京国民政府在通车交涉中的一个政治底线，如果全部奉行日本人的通车要求必将破坏南京不承认伪满洲国的一贯政策，从而引发强烈的政治"地震"，甚至会付出巨大的政治代价。所以任何人或机构都不敢贸然公开承担同意与伪满洲国建立通车的责任。另一方面，如果中止与日方的交涉，很可能会引发双方关系的彻底破裂和军事上的严重冲突。总之，滑向其中任何一端都会对南京国民政府造成极其不利的影响，或许最好的方法就是谨慎地观望不前，以求尽量拖延或折冲。因此，尽管在党内存在通车交涉的重重阻力，蒋介石还是决定与日方就通车问题保持接触，同时在国民政府内部进行劝解和疏通，重申通车交涉将不会导致对伪满洲国的承认。汪精卫承担了在南京进行疏导的任务。不过在公共场合，南京国民政府对通车交涉矢口否认、只字不提，以致新闻报刊中到处可见关于通车交涉的捕风捉影式的报道。

国民政府在通车交涉上的迁延不决和秘而不宣使得通车交涉变得扑朔迷离，引起了日方的强烈不满。1934年5月9日，关东军司令部发表了一份措辞强硬的声明，指责中国在执行《塘沽停战协定》时敷衍塞责，由此带来的任何麻烦和责任必须由中国方面来承担。这份声明被媒体看作用来恐吓中国尽快实现通车的手段，也是日军"逼迫华北的第一步"。[1] 国民政府对通车交涉的处理方式和背后苦衷并没有获得多少同情和理解，反而招致舆论直截了当或含沙射影的抨击。尽管舆论对于通车交涉会导致承认伪满洲国的担心一如既往，但其聚焦点已不再是通车交涉应否进行，而是如何进行。毕竟通车交涉与承认伪满洲国并非一回事，"纵令有接触之事实，亦不容牵强附会"，[2] 不能简单地将二者等同视之。这或许可以看作舆论对于中央政府在通车交涉上的一种理解，但并不意味着政府能够逃脱舆论的

---

[1] 《日本要中国怎样?》，《国闻周报》第11卷第19期，1934年5月14日，第1页。
[2] 《通车案今日公布》，《大公报》1934年6月26日。

责难,恰恰相反,政府在通车交涉上的延宕和鬼祟方式成为舆论指责或讥评的"标靶":"因为当局不敢负责任,中央推到政治委员会,铁道部推到北宁路,大官都想落得干净,小官却犯不上替人背包,于是延宕推托";①"关系当局凡有涉及通车交涉之言动,辄取诡秘,一若森森然有鬼气者,外界不察,反致忧疑。抑政界此种忧谗畏讥之态度,一方面固可表示当局之慎重自爱,一方面则有显见其不能昌明果敢,为国受谤,对事负责,致令一寻常问题,迁延至一年之久,良为遗憾。"② 这些评论表明了中央政府在交涉处理方式上的不得人心。总之,中央政府力图避免来自舆论的指责和批评而采取诡秘的交涉方式,结果却适得其反。越是"偷偷摸摸",反而越容易引起舆论的种种猜疑和不满,从而使政府与舆论之间陷入一种互不信任的恶性循环。

随着政治局势的持续演化,日方在通车交涉问题上的耐心逐渐耗尽。华北局势危如累卵,中日双方关于通车的交涉到了必须摊牌的时刻。5月12日,静养多日的黄郛从莫干山回到上海,再次与蒋介石等国府要人就此事进行商谈。远在北方的山海关,殷同与关东军及伪满洲国的代表也在5月14日、15日进行了秘密会谈。③ 不过,双方磋商的重点仍然是通车技术方面的问题。④ 其后,双方又在大连召开会议,经过一番折冲樽俎后,最终达成通车协定。其内容要旨如下:直达通车由奉山和北宁铁路共同出资、中国旅行社和日本国际观光局合组而成的东方旅行社直接经营,暂定每日北平、奉天间各互开车辆一次,奉天至山海关、北平至山海关之直接通车事宜,由铁路局代办之;机车及乘务员均以到山海关为止,互不直通;关于行车安全及旅客检查,由东方旅行社之警察队负责;车上除用"东方旅行社"五字标识外,不许张贴任何其他标识及国旗;东方旅行社之营业费,以铁路收入充之,盈亏则平均分担;同时规定了直达通车所需

---

① 《通车案解决》,《国闻周报》第11卷第22期,1934年6月4日,第1页。
② 《通车案今日公布》,《大公报》1934年6月26日。
③ 〔美〕柯博文:《走向"最后关头":中国民族国家构建中的日本因素(1931—1937)》,马俊亚译,社会科学文献出版社2004年版,第174页。
④ 《通车之接洽》,《大公报》1934年5月30日。

车辆供给及其编组。① 这个协定的字里行间处处透露出清晰的信息——北宁、奉山铁路是两个完全平等的主体，而且剥夺了北宁铁路对通车的管理和经营权，而由东方旅行社取而代之。日方的狡黠手段和险恶用心欲盖弥彰。

依照相关行政程序，地方当局接洽的结果必须得到中央批准方能承认或生效。于是，殷同携此协定南下交与黄郛，再由后者呈报蒋介石。此时蒋介石经过反复权衡，认为若再拖延不决，形势恐会更加棘手，因而对协定予以认同。为了避免来自反对者的掣肘，蒋介石决定以个人提案的方式将协定提交中央政治委员会进行讨论。5月30日，国民党中央政治委员会召开常务会议，行政院长汪精卫进行了沉痛演说：如果通车协定迁延不决，那么华北情势将不可收拾，并老调重弹地诉说政府在通车办法上的苦衷——通车协定实在是万不得已的办法，而且绝不违反中央不承认伪满洲国之方针。南京国民政府对直达通车的犹疑不决至此终止，通车协定勉强获得通过并批准，决定交由北平政务委员会、北宁路局及各主管机关协同办理。国民政府对外依旧缄默不言，但这个消息还是不胫而走。5月31日，北方唯一的国民党报——北平的《华北日报》率先登载和披露了通车交涉协定的消息，结果却引火烧身。南京政府要员闻此后大发雷霆，饬令该报立即停办，社长、编辑均被免职或外调候审。"中央对于党报这样严厉的处置，这要算是第一次。"②

通车协定经中央政治委员会通过后，国民政府随即指令华北地方当局与日方尽快予以落实。6月2日，外交部次长唐有壬拜访黄郛，向其报告协定获得通过的经过，并敦促其尽快北返。得到"尚方宝剑"的黄郛立即命令北宁铁路局长殷同急速返津，并与关东军当局商议将直达通车付诸实施，同时决定将由殷同在北平用谈话方式将交涉过程及实行办法公之于众。6月28日，北宁铁路局正式公布关内外直达通车（平沈通车）的列车

---

① 《北宁铁路现状》，《中国建设》第14卷第1期，1936年7月，第66~67页；《平沈通车正式实现》，《申报月刊》第3卷第7期，1934年7月15日，第138页；《平沈通车公布实行》，《国闻周报》第11卷第26期，1934年7月2日，第1~4页。
② 《华北日报停版》，《国闻周报》第11卷第23期，1934年6月11日，第1页。

编组、行车时刻、餐车事项、售票车站、客票种类等具体实施方案及细则。① 翌日，东方旅行社在山海关成立，并于 30 日午后向沿线各大站及中国旅行社、国际观光局、万国旅行社等分送平沈通车客票。② 1934 年 7 月 1 日，当"满载希望光明之第一直通列车汽笛高鸣"，③ 从戒备森严的车站徐徐驶出，北宁、奉山两路直达通车正式实现，扰攘一年有余的关内外直达通车交涉终于尘埃落定。但令人始料未及和颇感不幸的是，当日上午由北平开往沈阳的列车行驶至茶淀车站时，一辆三等客车内突发爆炸，酿成乘客死伤的惨剧，④ 为"来之不易"的直达通车覆上了一片阴影。这是"有血性的国人于重大屈辱中，不克遏抑的悲愤的表现"，⑤ 足以彰显直达通车所招致的强烈愤恨和预示中日关系的黯淡前景。

关内外通车交涉的和平解决对于中央政府、华北当局及日本方面而言可谓"各有所得"的结局。北宁铁路迫于战火摧残、举步维艰而寻求恢复通车，既是无奈之举，也是自救之策。直达通车终成现实，中断了两年之久的关内外通车恢复原状。但北宁铁路着实付出了不小的代价。中央政府及日本方面都更关注通车背后蕴含的政治寓意，即通车意味着对伪满洲国的承认。这才是关内外通车交涉的核心和焦点。中央政府面对来自国民党内部及社会舆论的强烈反对，不敢轻易"冒天下之大不韪"，在通车交涉过程中拖延观望、遮遮掩掩，坚持申说直达通车与承认伪满洲国之间毫无瓜葛。最后迫于时局压力，中央政府批准了通车协定，将通车交涉作为华北地方事件予以了结，从而有惊无险地度过了这场严峻的政治考验和外交

---

① 《北宁路发表平沈通车方案》，《外交周报》第 2 卷第 1 期，1934 年 7 月 2 日，第 7 页；《平沈通车正式实现》，《申报月刊》第 3 卷第 7 期，1934 年 7 月 15 日，第 138 页；《平沈通车公布实行》，《国闻周报》第 11 卷第 26 期，1934 年 7 月 2 日，第 1~4 页；《平沈通车之经过》，《时事月报》第 11 卷合订本，1934 年 7~12 月，第 68~69 页。

② 刘安常：《平沈通车始末》，《国防论坛》第 2 卷第 8 期，1934 年 8 月 16 日，第 7 页。

③ 《深绿色十辆列车，奉平直通第一次》，《盛京时报》1934 年 7 月 2 日。

④ 《平沈第一次通车发现炸弹》，《外交周报》第 2 卷第 1 期，1934 年 7 月 2 日，第 8~9 页；《炸车之经过及事后检查》，《外交周报》第 2 卷第 1 期，1934 年 7 月 2 日，第 10 页；《平沈通车被炸》，《民间周报》第 68 期，1934 年 7 月 9 日，第 8~9 页；赵起超：《平沈通车及茶淀事件（续）》，《东北旬刊》第 32 期，1934 年 7 月 30 日，第 6~7 页；《平沈直通初次列车在茶淀被炸骇闻》，《盛京时报》1934 年 7 月 3 日。

⑤ 屏群：《平沈通车的严重启示》，《众志月刊》第 1 卷第 4 期，1934 年 7 月 15 日，第 1 页。

风波。对直达通车甚为"期盼"的日方口头上说是为便利关内外的交通，实则却是"醉翁之意不在酒"，其内在的动机可谓"路人皆知"。日方通过外交施压、武力恫吓等各种手段，试图造成直达通车的既成事实，实则以此为"招幌"而诱使中国及国际社会承认伪满洲国。总之，中日之间围绕关内外通车问题进行了旷日持久的交涉和谈判。中日之间围绕关内外通车的分歧、交涉及达成协定表面上是一系列技术问题，实质则是一场政治博弈和外交风波。因此，关内外通车如同棱镜折射出了复杂斑驳的政治色彩，并且产生了深远影响。

由东方旅行社经营的直达通车使关内外通车在形式上得以恢复原状，然而，这种通车与早前军阀当道时期的通车相比已然性质迥异。此时所有一切列车人员、行车管理调度及机车供给等，完全划分关内、关外两段办理，北宁铁路仅负责管理关内段。更有甚者，直达通车的管理和经营不归北宁铁路所属，而是由中日共同组织的东方旅行社独立负责。日本方面通过如此狡诈的"操作"，不仅使奉山铁路与北宁铁路完全平等，而且剥夺了北宁铁路的经营收益及其他权益。由是言之，徒有其名的直达通车其实是北宁与奉山两路之间的联运。这也显然意味着关外段主权已非中国所有。况且，既然直达通车已成，那么南京国民政府与伪满洲国的关系也就随着列车的通行而建立和形成。这其实无异于是对伪满洲国的名义上的承认。[①] 因此，关内外直达通车的直接恶果便是"变象（相）的承认伪奉山路之割弃，即不啻变象（相）承认伪过之存在"。[②] 尽管北宁铁路局长殷同对此百般辩解，坚持声称由东方旅行社负责通车事宜不会牵涉政治和外交问题，也绝不会导致对伪满洲国事实上的承认。然而，他的这些陈词滥调无异于掩耳盗铃、自欺欺人。

关内外直达通车在经济方面的影响亦不容小觑。正如南京国民政府为直达通车辩解所言，如果替漂流在东北的三千万同胞设想，实现通车不仅是应该的，而且天经地义。"东省三千万人口中，约有半数系由关内移往，

[①] 瑞涛：《关内外通车感言》，《交通杂志》第 2 卷第 9 期，1934 年 7 月，第 1~2 页。
[②] 白乃德：《关内外之通车、通邮、设关诸问题》，《人民评论》第 1 卷第 24 期，1933 年 11 月 20 日，第 22 页。

除若干在彼落户者外,其家族大都仍在关内,工作所入亦汇至故里。河北一省每年由关外寄回之款最多时竟达五千万元之巨,关系农村至为重大。"① 中央政府为便利乡民往返东北以及维系人心起见,必须努力寻求通车的实现,若一味深闭固拒,不啻弃民于敌。② 同时,关内外通车实现以后,往来行旅必会增多,沿线经济随之逐步复苏。"奉天、北平间旅客直通列车运行,昌黎、滦县各业者渐次开始活动,该县粮商赴通辽者不少……",③ "自奉天直通列车后,中国上海及天津方面之实业家均相继来伪满视察以便作投资事业之准备",④ 因交通梗阻而衰颓不振的平津工商业呈现复苏的迹象。尽管直达通车对沿线经济复苏确有作用,但通车只限于客车,货车仍不准直通关内;加之日伪在山海关设关征税以及对关内外贸易的严格控制,无疑将使直达通车的经济效应大打折扣甚至成效甚微。更有甚者,实现直达通车正中日方所谓经济提携政策的圈套,并给日本"进侵华北和西北开了一条绝好的便道",⑤ "可使日货易于由满洲向中国倾销",⑥ 不啻直接助长了日本对华北经济的渗透和侵略。⑦ 从这种意义而言,北宁铁路已成为日军侵华的先锋——南满铁路的附属或支线,故直达通车的实现无异于"为虎作伥""助纣为虐"。

与关内外直达通车的政治和经济影响相比,其军事意义更为直接和重要。时人曾直言不讳地点明,直达通车的"真正意义是属于军事的。……且不限于华北一隅,几乎是衡量远东全局的"。⑧ 在通车交涉过程中,关东军是一个"积极"的推动者。他们不遗余力地运用种种手段来寻求通车的实现,目的之一便是为日后可能采取的军事行动提供运输保证。在通车实现以前,如果日本从关外向华北调动军队,即使没有遇到人为的破坏和阻挡,自山海关到北平至少需要两三天的工夫。而实现通车之后,每天有一

---

① 《黄郛下月初北返》,《大公报》1934 年 6 月 22 日。
② 瑞涛:《关内外通车感言》,《交通杂志》第 2 卷第 9 期,1934 年 7 月,第 1~2 页。
③ 《随奉平直通运行,粮商渐开始活动》,《盛京时报》1934 年 7 月 20 日。
④ 《奉平通车以后华商频来》,《盛京时报》1934 年 7 月 8 日。
⑤ 《北宁路的前途》,《外交周报》第 2 卷第 17 期,1934 年 10 月 22 日,第 2 页。
⑥ 《外报对平沈通车问题之评论》,《黑白半月刊》第 2 卷第 1 期,1934 年 7 月 30 日,第 79 页。
⑦ 堉干:《北宁路通车问题》,《申报月刊》第 2 卷第 11 期,1933 年 11 月 15 日,第 3 页。
⑧ 王芸生:《关内外通车的意义》,《国闻周报》第 11 卷第 27 期,1934 年 7 月 9 日,第 1 页。

列直达客车从沈阳开往平津,一旦华北出现突发事件,日方可以借助直达通车堂而皇之地将其兵力迅速运至平津。回顾北宁铁路的前身——在19世纪末修建的关内外铁路,主要是出于御辱图强的国防目的,哪知近半个世纪后,它却可能成为日本侵略中国的潜在的"帮凶"。尽管直达通车表面上使极为紧张的华北危机及中日关系出现短暂纾缓,可实际上却有将华北地区拱手断送之可能。一言以蔽之,"木已成舟"的关内外直达通车于日方而言获利巨大,于中方来说危害不小。

京奉铁路的修建和展筑恰值西方列强环伺强夺、清朝国势愈渐衰颓之际,无论清廷内部抑或清廷与英、俄列强之间围绕该路展开了错综复杂的政治纷争或利益纠葛。诚所谓"谋国者,或为自卫着想,或为侵略他人,均需从铁路上着手"①。京奉铁路既承载了清廷自强图存的历史使命,也是当时中外相关各方之间互相博弈的工具,因而被赋予或注入了浓厚而鲜明的政治内涵和时代印记。民国前期,随着军阀政治的大行其道,京奉铁路屡次卷入直、奉军阀拉锯冲突的风暴,遭受分分合合的厄运。它完全被军阀力量所主宰,也是军阀争斗的"牺牲品"和政局演变的"风向标"。由此可见,中国铁路建设"自始即为帝国主义者资本势力所支配,民国以后,复不断遭受军阀混战所破坏,此两种恶势力复常常相互为用,宰制中国铁路交通的命运"。② 1931年九一八事变后,随着中日间民族矛盾的上升,它又不可避免地卷入双方的军事冲突和外交争端,尤其关内外通车交涉真实地映射出当时政治局势的复杂和诡谲,以及国民政府内部在对日外交政策的基调或分歧。显而易见,京奉铁路含有丰富而复杂的政治意蕴或特质,只是在不同的历史阶段和具体的社会情境之下展现出不同的涵义和色彩。进而言之,这恰恰是清末至民国前期中国经济、政治及外交演变的必然结果和反映。故而,京奉铁路不仅是近代中国铁路建设和发展的一个缩影,而且是观察近代中国政治轨迹的一面窗口。

---

① 张惟愊:《东北抗日的铁路政策》,沈云龙主编《近代中国史料丛刊续辑》第93辑,(台北)文海出版社1974年影印版,第1页。
② 陈晖:《中国铁路问题》,第3页。

第二章 京奉铁路的营业

众所周知，世界各国铁路莫不以营业为宗旨，而其营业种类基本分为货运业务和客运业务，若"其中任何一种业务不旺，则影响铁路收入实非浅鲜"。① 铁路营业不仅决定铁路事业的维系和进步，而且关涉经济社会的繁盛和发展。另一方面，铁路"营业方针，运价政策，须视沿线之经济状况，与农工商业发展情形而定"。② 可见，铁路营业与其沿线区域经济社会发展之间相互依托、彼此影响。铁路营业以其物质设备为先决条件，"如路轨、桥梁、枕木、车身等之类，关系运输的数量、速率、安全与准时的程度"，③ 同时依赖铁路的组织、人事和技术管理，如员办事的精神与效率，规章制度的完备及合理等。铁路营业的良窳可从其营业收支和盈利中得到直观和真实地呈现，或曰营业收支和盈利是查验铁路营业状况的基本和核心指标——它是铁路营业的"晴雨表"，也是考察铁路与其沿线腹地经济社会发展关联的"窗口"。

第一节 京奉铁路营业概况

1881年，唐胥铁路因开平煤矿的创建而修筑，后于1888年展筑至塘沽和天津，唐山与天津之间增辟了一条现代化的新通道。开平煤炭通过铁

---

① 吴鹤龄：《站上售票与车上收票之比较》，《铁道协会月刊》第5卷第7期，1933年7月，第49页。
② 李振声：《增加铁路营业进款方法之研究》，《铁路杂志》第1卷第10期，1936年3月，第59页。
③ 陈晖：《中国铁路问题》，新知识书店1936年版，第118页。

路源源不断地快速运至天津销售或转运他埠,以至开平煤矿产销量与年俱增,铁路收入也借此不断攀升,获利不菲。例如,1886年唐芦铁路开通后,仅运煤一项,"每年准保得银三万两,有盈无绌";"灰石杂货等项,可得银一二万两;搭客等费,亦得银万余两。除去二三万两作养路经费外,足有五六厘至一分之息"。① 另据《申报》刊载的《开平铁路通车营业一年间客货运收入情况》,1887年5月至1888年4月间,铁路运煤收入约33265.255两,平均每月基本维持在3000两左右,占货运总收入的76%;石灰、杂货等营收10518.708两;客运方面,该路每日搭客仅有500至800人不等,收入只有10159.31两,约占全路总收入的19%。② 此外,铁路两侧余地地租及利息也是它的少量收入来源。同期该路支出(主要是养路经费)为35196.126两,结余19697.827两;扣除章程规定的添置机器设备及公司人员一年花红5000两,净余14698.826两。③ 由此可见,开平煤炭收入在货运收入乃至总收入中一家独大、举足轻重。开平煤矿显然是铁路的最大主顾,为铁路贡献了丰厚利润。其后,随着客运收入及其他货运收入的逐步增加,煤运收入的地位缓慢降低,但煤炭依然是该路货运的大宗和营业收入的支柱。

1891年由于俄患日重,清廷决定缓办卢汉铁路而先修关内外铁路。三年后,铁路通至山海关并继续向关外延展。此时,这条铁路"横越世界上最肥沃的原野的东面边缘,和芦台塘沽段的沿线的沼泽地带,是一个显著不同的对比。这个平原的稀有的黄土构成的土壤,生产着各式各种谷物,从茁壮的高粱,和那高大的长着肥硕的红樱色谷粒的玉蜀黍到长在畦中株间的低矮的豆类"。④ 一旦铁路开通,那些诱人的富源将会随着铁路而流溢。这种乐观的期许和展望在1907年京奉铁路将冀东平原和辽西走廊贯连之后即刻变为现实。据时人记述,1907年前后京奉铁路营业日渐发达。"光绪三十年每日所卖之车券不过五万元内外,三十一年则陡增二倍,即每日所卖价少亦十二万,多则十七万,合一日匀计之,约每日可得十五万

---

① 《铁路公司招股章程》,《申报》1887年4月26日。
② 《开平铁路第二次半年帐略》,《申报》1888年8月12日。
③ 《开平铁路第二次半年帐略》,《申报》1888年8月12日。
④ 〔英〕肯德:《中国铁路发展史》,第36页。

元。又据是年五月所统计，一月已近五百万，然则每年盖不下六千万也。闻其利益，亦出二千万元。"[1] 1903—1911 年间，该路营业进款由 4625000 银圆增至 11668627 银圆，支出由 2437500 银圆增至 3651132 银圆，盈余由 2187500 银圆增至 8017495 银圆，分别增长了 2.5 倍、1.5 倍和 3.7 倍。尤其 1904—1905 年间，日俄战争的运输需求导致该路营业进款和盈余均急剧倍增。其后数年，该路收支和盈余依然颇为可观。总之，20 世纪前十年间京奉铁路进款和盈余可谓突飞猛进、欣欣向荣。

表 2－1　1903—1911 年京奉铁路营业收支

单位：银圆

年度	营业进款（A）	营业支出（B）	盈余	B/A（%）
1903	4625000	2437500	2187500	52.70
1904	5875000	2562500	3312500	43.62
1905	12875000	2937500	9937500	22.82
1906	12191188	3429942	8761246	28.13
1907	9944866	3686320	6258546	37.07
1908	11067677	3075567	7992110	27.79
1909	11370711	3653648	7717063	32.13
1910	10928242	3474187	7454055	31.79
1911	11668627	3651132	8017495	31.29

注：另据有关记录显示：1904—1908 年度京奉铁路营业进款、支出及盈余各项款额分别为：1904 年为洋银 7199590.94 元、5096574.205 元和 2103016.735 元；1905 年为 17385249.90 元、13737796.11 元和 3647453.79 元；1906 年为 16085820.47 元、12774534.87 元和 3311285.6 元；1907 年为 14165669.59 元、12240921.17 元和 1924748.42 元；1908 年为 15062143.12 元、12555104.71 元和 2507038.41 元，参见《核复京奉铁路第三（四、五、六、七）案收支各款折（附清单）》，载沈云龙主编《近代中国史料丛刊》第 14 辑，台北文海出版社 1967 年影印版，"路政"，第 893～916、1765～1784、1875～1892、1941～1961、2153～2173 页。

资料来源：《交通史·路政编》第 7 册，第 522 页。

京奉铁路的收入来源为客货运输。其中关内段以货运为主，货物收入在 1903 年至 1906 年间增长了两倍有余。同期开平煤炭收入由 402626.41 元增至 721879.22 元（见表 2－2），表明煤炭仍是货物运输的大宗，也反映

---

[1]　刘馥、易振乾：《中国铁道要鉴》，并木活版所 1906 年版，第 38 页。

出铁路收入对煤炭的倚赖。与此同时，粮食运输在货运中的地位愈渐突出。由于直隶属于传统上的缺粮地区，东北地区则是传统的粮食供给地。京奉铁路开通之前，关内外之间的粮食贸易延存已久，每年约有数百万石的粮食——主要是高粱和小米通过辽河及营口用帆船运至直隶及其他地方。铁路开通之后，这些粮食逐渐舍弃海路而改由铁路运入关内。粮食运输的改辙易途使京奉铁路成为最大的实际受益者，不仅直接使该路营业收入得以大幅增长，而且使该路的货运结构发生相应的变动。总之，粮食运输成为京奉铁路营收增长的重要推手。与关内段的运输结构不同，此期关外段则以客运收入为多（见表2-2）。清末实行移民实边政策之后，直隶、山东两省民众前往东北就食者日益增多，京奉铁路局特意发售价格低廉的小工票，以示对移民的优待和鼓励，从而致使客运收入增加。除了客、货运输的主业收入外，京奉铁路局还广开财源，通过开设和出租铁路货场及沿线地亩、添修岔道、代各路制造车辆和桥梁、转售各项车辆料件等副业来充裕收入。①

表2-2　1903—1906年关内外铁路收益

单位：元

项目		1903年	1904年	1905年	1906年
关内段	客运收入	1572090.90	1594322.39	2464964.31	2854385.28
	货运收入	1603988.87	1659675.76	3323993.60	3440069.09
	煤斤运输收入	402626.41	593318.49	630738.55	721879.22
关外段	客运收入	645497.06	1033950.05	2671806.35	2901442.73
	货运收入	275396.46	759454.73	3464188.22	1956082.96
全路各方面收入总额		4658235.02	5946518.65	12943383.88	12191185.81
支付养路费及经常开支后纯收入		2342650.65	3403933.48	10029281.83	8761246.13

注：会计年度为每年的10月1日至次年的9月30日。全路各方面收入总额不限于客货运收入，尚有其他方面收入。

资料来源：根据《关内外铁路收益表》改制，参见〔英〕肯德《中国铁路发展史》，第68页。

---

① 《整顿京奉铁路划分权限疏浚利源折》（宣统元年五月初十日），载沈云龙主编《近代中国史料丛刊》第14辑，"路政"，第1650~1652页。

京奉铁路营业收入和盈利丰厚，各项支出应付裕如。除了按期偿还借款及利息外，该路盈余还无偿转拨资助其他铁路或事业的创办。例如，1907年经北洋大臣袁世凯奏准，每年将该路余利的二成拨给北洋，充当北洋护路、巡警及学堂经费。当年共拨付11个月，计款56万余元，1908年正月至八月间又拨银约594170.54元。① 1909年至1911年间，北洋巡警、探访、员弁及各项新政所需之饷项仍逐年由该路余利中拨给。② 该路还从盈余中逐年拨付京张铁路专项建设经费。③ 1905年，该路从盈余中支付京张铁路第一年经费洋银1451571.43元；翌年又支付京张铁路经费及筹拨度支部通关税款共计2307125元；后年续拨洋银1857142.86元；第四年拨付经费洋银1857142.87元。④ 总之，京张铁路的"全部资金是由北宁铁路（即京奉铁路）的盈余提供的"。⑤ 这无疑是京奉铁路的第一成绩。另外，1908年中英之间的沪杭甬铁路借款150万英镑，规定以京奉铁路余利担保。直至1914年，由京奉铁路盈余中拨付沪杭甬铁路借款的利息高达4796000元。沪枫铁路赎路借款、沪宁及广九两路的营业亏损和还本付息，也均从京奉铁路余利中提取。⑥ 京奉铁路收入及盈余之巨由此可见一斑。

总之，京奉铁路贯通了人口众多的华北和广袤富饶的东北地区，沟通并密切了两个地区之间的经济互补和关联。尤其东北地区的粮食经由京奉铁路运至关内，对该路营业收入和运输结构产生了重要影响，并使"东北作为华北地区、特别是畿辅地区不可缺少的产粮基地的作用日益明显"。⑦ 同时，煤炭运输始终是该路营业收入的主要且稳定的来源。东北移民的增

---

① 《又奏奉拨京奉铁路余利银两恳免扣除片》，《政治官报》第818期，1909年12月24日，第11~12页；《核复京奉铁路第七案收支各款折》，载沈云龙主编《近代中国史料丛刊》第14辑，"路政"，第1946、2169页。
② 《又奏北洋陆军饷项不敷仍由京奉铁路本年行车进款提拨等片》，《政治官报》第677期，1909年9月15日，第47~48页；《允拨京奉铁路之余利》，《顺天时报》1911年7月25日。
③ 《督会办关内外铁路大臣袁胡会奏提款开修京张铁路折》，《东方杂志》第2卷第10期，1905年11月21日，第91~92页。
④ 《核复京奉铁路第七案收支各款折》，载沈云龙主编《近代中国史料丛刊》第14辑，"路政"，第1780、1890、1956、2169~2170页。
⑤ 吴弘明译《天津海关十年报告书（1912—1921）》，《天津历史资料》第13期，1981年，第65页。
⑥ 金士宣、徐文述编著《中国铁路发展史（1876—1949）》，第130页。
⑦ 陈桦：《清代区域社会经济研究》，中国人民大学出版社1996年版，第58页。

多以及日俄战争的刺激等也成为京奉铁路营业收入的重要增长点。总之，京奉铁路营业收入和盈余之多、增幅之快在当时全国铁路中颇令人瞩目，其他各路难以望其项背。根据相关估计，1908年京奉铁路每日每英里平均收入为44元，支出约16元，纯收入约为28元；其他各路如京汉铁路每日每英里平均收入约36元，支出约13元，纯利润约为23元；正太路每日每英里平均收入约23元，支出约10元。① 另据1907—1909年国有铁路的盈余统计，三年间国有铁路总计盈余分别为1306万元、1441万元和1345万元，② 其中京奉铁路分别占39%、44%和43%，③ 几乎占据国有铁路盈利的"半壁江山"。

1912年中华民国肇建后，京奉铁路营业进款及盈余继续保持增长态势。"自前年武昌起义以至共和告成，当然受非常之损失，其后满洲又有饥馑之灾，直隶又有洪水之害，乃该路利益仍日有增加"。④ 可见，"中国官营之铁路，惟京汉、京奉两路最有利益，而京奉尤为著者"，⑤ 或曰"我国铁路之获利以京奉为第一，京汉次之"。⑥ 纵观1912—1921年间，京奉铁路营业进款由1912年的13183638元增至1921年的25484742.19元，十年间几近翻番；同期支出由3820657元增加至13014649.97元，增加两倍有余。盈余在1921年为12470092.22元，是1912年盈余9362981元的一倍有奇。其后十年间，军阀混战，兵连祸结，铁路事业深受其害、大受打击。京奉铁路自然也无法幸免。1922年第一次直奉战争期间，张作霖将京奉铁路关外段据为己有，扣押车辆，导致该路一分为二、运输停顿。⑦ 后虽经屡次交涉而恢复通车，但京奉铁路遭此一役而"元气"受损，营业收入和盈余急转直下，较1921年度分别降低了19%和38%。1924年，在第二次直奉战争的阴云笼罩下，京奉铁路营业再遭重击，收入及盈余同步锐减，尤其盈余不足1921年度的一半。不过，造成这种状况的原因除"地

---

① 《交通官报》第1期，1909年，"译丛"，第52页。
② 宓汝成：《帝国主义与中国铁路（1847—1949）》，第675页。
③ 刘克祥主编《清代全史》第十卷，辽宁人民出版社1993年版，第378页。
④ 《京奉铁路之进步》，《觉报》第3期，1913年，"国内记事"，第4页。
⑤ 《京奉铁路之进步》，《觉报》第3期，1913年，"国内记事"，第4页。
⑥ 《京奉铁路余利之巨》，《铁路协会会报》第13期，1913年10月20日，第74页。
⑦ 《京奉路通车之现状》，《申报》1922年7月22日。

方秩序不宁为其主因"外,"以关外一段收入,未能完全加入统计之内,亦关系甚大也"。① 总之,1922—1924年间经过两次直奉战争的"洗礼",京奉铁路营业一落千丈,跌至低谷。1925年初,张作霖以胜利者的姿态入主北平,京奉铁路全线置于奉系军阀的股掌。他随即对京奉铁路力行整治,尤其对日益猖獗的军人无票乘车之风严加遏止。② 该路营业收入随之振衰起弊,止跌回升。然而,由于支出费用不减,以致盈余仍较1921年度相差甚远。

1927年,社会环境的短暂安谧使京奉铁路的营业收入继续好转。1928年国民革命军北伐,张作霖宣布停战并下野,使该路避免再遭喋血。但躲过此劫的京奉铁路依然受到波及,营业收入和盈余有所减少。1929年9月,高纪毅任该路局长之职后,进行路务整顿和改进,即一手抓"技术化"改造,抽换枕木,修固桥梁,改良车辆,整治站房等,努力提高行驶速率,减少行车事故;一手抓"商业化"③改革,多策并举、竭尽所能地招徕货商和旅客,以期增加营业收入。同时该路积极推进和实施与东北地方铁路的客货联运,"遂得充足之营养,经济价值,更为增加"。④ 经由此番锐意进取,该路营业愈加发达,收入与日俱增,每月收入约250余万元,支出约171万余元,每月盈余可达79万余元,⑤ 以至1931年成为收入最旺之年。⑥ 北宁铁路营业迈入"黄金时期"。可惜好景不长,1931年九一八事变后,该路损失惨重。北宁铁路局实际管辖仅关内段而已,故而1932年以后营业统计仅限于关内段,自然无法与此前的营业收入等量齐观。1933年初,日军对冀东地区的军事行动又造成该路(关内段)线路损毁,运输瘫痪,"每月之收入不过百二十万元,除去职员之薪俸五十八万元,再有

---

① 天津社会科学院历史研究所编《天津海关十年报告(1922—1931)》,《天津历史资料》第5期,1980年,第68页。
② 《京奉路整顿后之状况》,《申报》1925年7月11日。
③ 《北宁路商业化》,《益世报》1929年9月15日。
④ 王余杞:《北宁路与南满中东》,《铁路月刊广韶线》第1卷第12期,1931年12月,第14页。
⑤ 北宁铁路管理局:《葫芦岛筑港开工典礼纪念册》,1930年7月2日。
⑥ 《北宁路收入遽增》,《申报》1931年7月26日。

局部的修理，殆无利益"，① 只得惨淡经营、苟延残喘。1933年9月，不甘坐以待毙的北宁铁路力图恢复货物运输及采取改善各站设备、广布客货运输商业广告、推广营业招徕等办法以资救济。然而，由于伪满洲国在山海关设置贸易壁垒，对进入东北的货物征收重税，致使原以东北为主要销场的各种商品颇受打击，销量锐减甚至完全停顿。面对货物减少甚至无货可运的困境，北宁铁路的"自救"努力终究成效甚微。由此可以理解北宁铁路甘冒极大的政治风险和代价而寻求与奉山铁路的通车。1931年实为北宁铁路营业由盛转衰的一个转折点，其后数年其营业收入基本徘徊不前，难见起色。

表2-3 1912—1935年京奉铁路营业收支及盈余统计

单位：元，%

年份	营业进款（A）	营业用款（B）	净盈	B/A
1912	13183638.00	3820657.00	9362981.00	28.98
1913	14907232.00	3925450.00	10981782.00	26.33
1914	13841991.00	5024049.00	8817942.00	36.30
1915	15277931.04	7579598.95	7698332.09	49.61
1916	14809724.11	5953575.85	8856148.26	40.20
1917	16992642.09	6529967.69	10466674.40	38.43
1918	20853532.26	6903148.24	13950384.02	33.10
1919	19406241.70	7519184.83	11887056.87	38.75
1920	23146505.11	8528764.62	14617740.49	36.85
1921	25484742.19	13014649.97	12470092.22	51.07
1922	20690448.51	12933498.93	7756949.53	62.51
1923	18288123.83	11336677.10	6951446.73	61.99
1924	17509533.35	11912900.78	5596632.57	68.04
1925	24047676.06	13218204.03	10829472.03	54.97
1926	23487168.68	13598979.78	9888188.90	57.90
1927	34720465.82	15941157.25	18779308.57	45.91

---

① 《平奉通车案意见未完全一致》，《盛京时报》1933年12月14日。

续表

年份	营业进款（A）	营业用款（B）	净盈	B/A
1928	21821544.54	10958396.10	10863148.44	50.22
1929	37514591.10	18512682.11	19001908.99	49.35
1930	38819626.56	22136528.98	16683097.58	57.02
1931	42758750.15	22107282.77	20651467.38	51.70
1932	25273504.48	13904712.25	11368792.23	55.02
1933	22192242.49	13175522.21	9016720.28	59.37
1934	25502846.65	14880850.80	10621995.85	58.35
1935	23906044.47	15250857.79	8655186.68	63.79

注：营业成绩的统计未包括支线在内。
资料来源：《交通史·路政编》第 7 册，第 522 页；《北宁铁路月刊》第 3 卷第 7 期，1933 年 7 月，"统计"，第 1 页；《北宁铁路民国十八至二十二年度会计统计年报》；《北宁铁路（北平至山海关）民国二十三至二十四年度会计统计年报》；滿鐵株式會社產業部編『北支那經濟綜觀』，日本評論社 1940 年版，"附录"，第 71~72 页。

1912—1931 年，除个别年度出现剧烈波动外，京奉铁路营业收入和盈余不仅规模可观、持续攀升，而且其营业收入的结构相对稳定。其中货运收入仍为主体，比重过半；客运收入平均约占年度总收入的 40% 有余；其余为他项收入。1932 年以后的情形有所不同，货运收入的比重略有增加，客运收入的比重呈现下降。（见表 2-4）这主要是因该路实行货物负责运输以及时局不靖导致东北移民减少而交织叠合的结果。货运仍以矿产品为大宗，占货物总量的 60%—70%，其中又以煤炭为主，约占矿产品的 90% 以上，石灰等次之。其次为各项制造品，占 12%—13%，以建筑材料、盐斤为主，面粉等次之。再次为农畜产品，占 6%—7%，以谷豆为多，棉花、花生等次之。其余如林产品、畜产品等所占份额不多，共计占 3%—4%，畜产品中以猪、羊等活物及毛鬃类为多[1]（见表 2-5）。依进款而言，矿产品收入平均占进款总额的 45%—55%，制造品占 20% 左右，农产品占 10%—12%，林、畜产品共占 4% 左右。值得注意的是，工艺品的运送量和收入呈现逐年增加的态势。例如，1915 年该项货品的运输量和

---

[1] 《北宁铁路沿线经济调查报告书》，第 3 页；《北宁铁路月刊》第 1 卷第 5 期，1931 年 5 月，"统计"，第 1~2 页；《北宁铁路月刊》第 2 卷第 7 期，1932 年 7 月，"业务"，第 1~3 页。

收入分别为 495801 吨和 1374037 元，1925 年大幅涨至 655182 吨和 2188170 元，1931 年又猛增至 1036307 吨和 3958007 元，较 1915 年分别增长了 109% 和 188%，成为该路货运收入的又一重要来源。①

表 2-4　1912—1935 年京奉铁路营业进款统计

单位：千元

年度	旅客收入	货物收入	其他收入	收入合计
1912	5258（39.9%）	6850（52.0%）	1076（8.2%）	13184（100%）
1914	5561（40.8%）	7344（53.9%）	730（5.4%）	13635（100%）
1916	6663（45.3%）	7879（53.4%）	267（1.5%）	14809（100%）
1918	8896（42.7%）	11732（56.3%）	231（1.1%）	20859（100%）
1920	10891（47.1%）	11915（51.5%）	341（1.5%）	23147（100%）
1922	9501（45.9%）	10768（52.1%）	421（2.0%）	20690（100%）
1923	6884（38%）	——	——	——
1924	7938（45.3%）	9250（52.8%）	322（1.8%）	17510（100%）
1925	10671（44.4%）	13037（54.2%）	339（1.4%）	24047（100%）
1926	9974（42.5%）	13083（55.7%）	430（1.8%）	23487（100%）
1927	14315（41.2%）	19920（57.4%）	484（1.4%）	34719（100%）
1928	8992（41.2%）	12384（56.8%）	445（2.0%）	21821（100%）
1929	16131（43.0%）	20436（54.5%）	947（2.5%）	37514（100%）
1930	17231（44.4%）	20553（52.9%）	1052（2.7%）	38836（100%）
1931	15917（37.2%）	24661（57.7%）	2176（5.1%）	42754（100%）
1932	6977（27.6%）	14887（58.9%）	3409（13.5%）	25273（100%）
1933	6281（28.3%）	13212（59.4%）	2699（12.3%）	22192（100%）
1934	7904（31.0%）	14960（58.7%）	2638（10.3%）	25502（100%）
1935	7950（33.3%）	13831（57.9%）	2125（8.8%）	23906（100%）

资料来源：『中國近代東北經濟史研究：鐵道敷設と中國東北經濟の變化』東方書店、1993、126 頁；安瑞《最近十年来京奉路客运营业之概况》，《中东半月刊》第 3 卷第 7 期，1932 年 4 月 16 日，第 13 页；《北宁铁路民国十八至二十二年度会计统计年报》《北宁铁路（北平至山海关）民国二十三至二十四年度会计统计年报》。

① 北宁铁路营业课调查股：《工业与交通之关系》，《北宁铁路月刊》第 3 卷第 4 期，1933 年 4 月，"调查"，附表（三）。

表 2-5　1930—1935 年北宁铁路货运统计

单位：吨

	年度	1930	1931	1932	1933	1934	1935
通常货物	矿产品	5378390	1118366	5251349	4606124	544259	4618242
	农畜产品	751903	101298	466429	356510	77037	531624
	森林产品	88296	5658102	131952	66625	5260815	62542
	禽畜产品	76285	137958	57491	65604	87236	83150
	制造品	907103	1036327	928998	844665	894002	937105
	商运共计	7201977	8052051	6836264	5939528	6863349	6232663
政府		697314	449911	154175	366464	132048	107277
他路材料		65908	106605	137415	127428	96984	63101
本路材料		1175274	1514555	584876	469146	913964	782818
总计		9140473	10123122	7712730	6902566	8006345	7185859

资料来源：根据北宁铁路 1930—1935 年各年度会计统计年报整理。

鉴于营业收入以货运业务为主，欲增加进款，必先想方设法在货运业务上开源。为此，京奉铁路曾不遗余力地改良货运业务，提供货运能力，借此增加货运收入。尤其在 1920—1930 年代路务整顿和改进时期，除改进或完善货物装卸、囤存、保管及车辆支配、调度、接转等方面的设备设施及规章制度外，京奉铁路着力在货物运送、联络和便利客商上主动出击、大做文章，努力招揽和吸收货物，达到货运增量和增收。

实行货物负责运输及联运是北宁铁路实施货运业务改革的一项重大举措。世界铁路自诞生以来，欧美各国均对铁路货物采取负责运输制度，即铁路担负将货物安全运输并交付的责任。然而，中国自有铁路以来，路方对于运送商家之货物，无论是整车还是零担，抑或在货物之发送站、到达站，或列车行驶于中途时，如发生任何损坏遗失，铁路方面概不负赔偿责任，以致商人"视铁路运输为极不安全、极不可靠之委托"[①] 而改走他途。例如，1924 年由东北运到天津的粮食多达 38 万余吨。这些粮食本可经由京奉铁路运至天津，但因该路未实行负责运输，不愿冒险的商人选择由大

---

① 曾仲鸣：《铁道部实行负责运输之成绩》，《中华月报》第 1 卷第 2 期，1933 年 4 月 1 日，第 36 页。

连或营口经由轮船运至天津。"这一点可以证明,铁路不负责,会把自己的生意赶走的。"① 铁路既然不负责运输,商人运送货物必须派人购相当等级客票随车押送至到达站,以免损失。若系整车货物商人,自不吝惜此票价。然而,零担货物成本有限,获利甚微,若再派人押运,又不划算,故零担货物皆请托转运公司(或货栈)运送,以致铁路沿线转运公司林立。转运公司将货物积少成多,再向路局方面请求车辆。但其向货商索要运价往往高于铁路运价数倍以上,甚至借故勒索、盘剥货商,以致一般货商苦不堪言却又无可奈何。此外,转运公司与一些铁路不良员工相互勾结、狼狈为奸。一方面,转运公司肆无忌惮地以"运动费"的名义向不良路员行贿;另一方面,不良路员通过倒卖车皮、以多报少、私带客货等伎俩损公私肥。另外,京奉铁路沿途靠着偷货为生的人也为数极多。总之,"铁路不负责,商人被敲诈,商货被抢劫,以致造成铁路员工卖车皮种种弊端",② 甚至货商"须出钱贿赂小偷,以期免遭偷窃"。③

货物负责运输制度的长期缺位如同在铁路与货商之间设置一道无形的鸿沟,以致客商望而却步,铁路货源自然无法增加,而且诱致铁路员工屡屡舞弊、风气恶劣,最终铁路自食其果。客商假手转运公司并任其剥削,以致"货物之成本加昂,销路不畅,其因此蚀及血本者,则从此不敢再运。货物既不能流通,铁路收入亦为之大减",而社会经济亦蒙其莫大之损害。④ 因此,铁路欲整顿弊端,增进收入,首要且亟须之举便是根除不负责运输的"痼疾"。1913年,北洋政府交通部路政司致函京奉、京汉、京张及津浦等路,要求筹议"装运货物负担责任办法",然各路均以设备不周、难以执行为辞而搪塞。其后数年,关于铁路实行货物负责运输的提案和呼声此起彼伏,不绝于耳。1921年初,《国有铁路货物运输负责通则》

---

① 谭耀宗:《铁道负责运输之理论与实施》,《交通杂志》第1卷第2期,1932年11月,第68页。
② 谭耀宗:《铁道负责运输之理论与实施》,《交通杂志》第1卷第2期,1932年11月,第68页。
③ 谭耀宗:《铁道负责运输之理论与实施》,《交通杂志》第1卷第2期,1932年11月,第68页。
④ 谭耀宗:《国民经济建设运动与铁路货物负责运输》,《铁路杂志》第1卷第4期,1935年9月,第13页。

由交通部正式颁行,其中规定"负责运输应照普通运价加收10%"等内容。由于操之过急、考虑未周,其内容颇不完备,除关外的四洮铁路依照试行外,其余各路未有遵行。1925年9月21日至10月1日召开的第六次全国铁路运输会议上,"货物运输负责"成为首要议题。交通部及京汉、京奉、京绥铁路等纷纷提交相关议案,提倡实行货运负责及修改货运负责通则。1929年12月,北宁铁路管理局召集沿线商务代表会议,着手筹备铁路负责运输。但因各站及转运公司从中作梗,未能试行。1930年6月,该路局召集该路原有办理货物人员及志愿投考员司,分别严格甄试;8月又在天津开设货物运输传习所,将录取人员调至所内训练,并于是月18日毕业。唯该所学员人数有限,不敷分配全线各站,故先分发前门、永定门、丰台、天津东站、唐山、滦县、山海关、锦州、大虎山、沟帮子、皇姑屯、沈阳城站、营口、通辽等14站服务,并定于12月10日试办货物负责运输,即经由北宁铁路承担运送的货物,在至货物到达站未交货前,凡非天灾事变、非人力所能抵抗及货物本身发生损坏遗失,铁路概负赔偿责任,而运费仅按原有运率增加5%。① 1931年6月,铁道部在南京召开第八次全国铁路运输会议,部业务司运输科及北宁铁路管理局分别向会议提交"货运负责案"和"各路宜一律筹办铁路负责货运案",急切呼吁国有各路全面实行货物负责运输。经过屡次提议和长期酝酿,实行货物负责运输如在弦之箭,引而待发。1932年5月,铁道部组织成立铁路货物负责运输委员会,由业务司司长俞棪任帮办,曾历年在四洮及北宁铁路创办负责运输而拥有丰富经验的谭耀宗具体主持,订颁法规、指导培训、宣传解释等各项筹备工作随即按部就班、紧锣密鼓地展开。

万事俱备,东风终至。1932年9月1日,由铁道部主导的货物负责运输正式在津浦、京沪、沪杭甬三路同步实行。其后数月间,平汉、陇海、道清、湘鄂、正太铁路随即跟进,北宁铁路也扩大负责运输范围。截至1933年6月,山海关以内的国有铁路中除平绥、广九及粤汉南段三路因各种特殊情形而尚在筹备中,其余各路已悉数实行货物负责运输。随着货物负责运输在国有铁路逐步铺开,实现统一负责联运顺势提上议事日程。为

---

① 《北宁运输办法革新》,《益世报》1930年11月23日。

此，铁道部召开货物负责联运会议，决定分步试办负责联运。1933年9月，第十六次国内联运会议通过《负责货物联运暂行办法》，决定自当年11月1日起正式实行负责联运。京沪、沪杭甬、北宁、平汉、平绥、津浦、正太、道清、陇海、胶济等10条国有铁路实行统一的联络负责运输，标志着全国铁路货物负责联运网络的初步形成，这在近代中国铁路运输史上具有里程碑式的意义。

作为货物负责运输制度的倡导和推动者，北宁铁路依照铁道部令于1932年9月起正式实施并扩大负责运输办理范围。客商托运整车或零担货物并请求由铁路负责运送者均可照办。1933年11月开始办理国内整车、零担货物负责联运，同时货主亦可选择自行负责运送货物。1934年4月1日，北宁铁路各站运输货物除危险品、六等货物或低于六等货物外，一律完全实行负责运输。同年12月，六等货物亦纳入负责运输范围。煤灰及特价、专价运输之货物仍不由铁路负责。① 总之，实行货物负责运输及联运不仅使商品运输迅速，成本减低，而且较之以往颇为安全，以致众多客商不约而同地改投铁路运送。铁路货运量及进款因之"狂飙突进"。例如，1933年11月办理货物负责联运以前，货运量每年平均700余万吨，其后运量逐年递增，每年约增80余万吨。另据有关统计，北宁铁路在1933年下半年的货物负责运输总量为582万余吨，1934年上半年货运负责总量猛增至21190万吨，增长了35倍有余；1934年下半年货运量又较同年上半年增长了近两倍。② 另外，实行货物负责运输以后，铁路派遣武装警察随车押运，沿线为数众多的小偷随之渐趋敛迹或改投他行。③ 总之，这项革新性的举措成效卓著。另一方面，实行货物负责运输不仅惠及铁路和客商，而且轮轨所至，货物得以流通无阻，生产日趋发达，金融易于活动，商业愈见繁荣，国计民生同享其利。毋庸讳言，实行货物负责运输之影响既深且广。

运价是铁路运输的核心要素之一，与铁路营业收入及发展休戚相关。

---

① 《铁道年鉴》第三卷，第829页。
② 《铁道年鉴》第三卷，第829页。
③ 谭耀宗：《铁道负责运输之理论与实施》，《交通杂志》第1卷第2期，1932年11月，第68~69页。

"铁路收入之多寡，固关系其运价之高下；而运价之高下，不仅影响铁路本身之业务，而关乎社会荣枯，实业盛衰，商货流滞，物价昂贱，与夫风气文野，生活优劣，亦莫不有深切之关系"，① 故运价必须"公平、低廉、简明"。② 然而，中国铁路自创办之初，"因借款关系，各不相谋，通常用何国款项建筑，即采用何国制度，既无全国一定之标准，更无各路划一之政策"，③ 以致"所订运价彼此各不相侔，备极纷歧。且一路有一路之运价，多修一路即多一种运价之产生，较诸欧美诸国运价划一者固相去甚远"。④ 1919 年 10 月，在北京召开的第七次国有铁路联运会议上，京奉铁路局提交划一货物等级和运价议案。北洋政府交通部以此议案为蓝本并详加研讨、修订，于 1921 年 1 月 1 日起核准施行《中华国有铁路货车运输通则》和《普通货物分等表》，规定将货物分为六等计算运价，按每 50 公斤公里、每吨公里或每整车公里三种运价率计算；货物运价仍由各路自行决定并呈报交通部备案，以致铁路货运价格依旧杂乱不一。1929 年，南京国民政府铁道部成立货等运价委员会，重新对运价制度和运价率做出修正，规定货物运价由原来的整车、吨、公斤三级制改为整车、零担两级，同时制定货物专价和特价适用办法。其后，联运货物运价递远递减办法及货物运输时间计算办法等多项规章陆续出台和颁行。北宁铁路遂对联运货物执行递远递减办法，以鼓励和便利长途运输和贸易。⑤

由于货运在全路运输中占有较大比重，而且与沿线区域内工商农林各业发展关系密切，京奉铁路对于货物运价颇为注重，设有运价审查委员会专司其事。该路普通货物基本运价是以 1921 年之前五年的平均营业进款计算而得，其后经过两次加价。⑥ 尤其受战事影响及对铁路加收军事捐税，以致运价时有变更。另外，该路对开滦煤炭、启新洋灰公司生产的水泥及

---

① 葛光庭：《胶济铁路运价之过去、现在与将来》，《交通杂志》第 2 卷第 2、3 期合刊，1934 年 1 月，第 235 页。
② 高鹿鸣：《铁路运价政策》，《交通杂志》第 3 卷第 3 期，1935 年 1 月，第 9 页。
③ 马廷燮：《我国各路制定运价之史的分析》，《交通杂志》第 2 卷第 2、3 期合刊，1934 年 1 月，第 109 页。
④ 沈奏廷：《铁路运价之理论与实际》，商务印书馆 1935 年版，第 93 页；
⑤ 沈奏廷：《铁路运价之理论与实际》，第 94~95 页。
⑥ 沈奏廷：《铁路运价之理论与实际》，第 93~94 页。

火砖等重要货品实行特价或专价运输,不论运量多少,均给予一定折扣而示优待。① 1930 年代前后,面对农村凋敝、经济恐慌、哀声遍野的局面,为调剂粮食、纾困农村、奖掖实业起见,北宁铁路按照铁道部要求力行减价救济的政策,在原有价格基础上进一步减低运费,并且根据情况适时延长减价期限。如 1929 年 12 月,该路鉴于关内各省灾况奇重而须由关外运输大批粮食,特规定并实行运粮入关减价办法,在原有特价的基础上予以适当减收。② 1935 年经铁道部核准,北宁铁路对粮食特价按五等八折收费,③ 并于当年 12 月 1 日起,再予续展一年。④ 有时出于支持国货以抵制外货倾销,或与水路、公路竞争等考量,该路还针对一些特定货品实行减价优待,期限少则一或三个月,多则半载或一年。另外,为便利货商零星运送起见,该路将未压实的棉花、柳条及带壳花生、羊毛、芦苇等五种货物,均按不满整车起运并核减相应运费。⑤ 总之,货运价格普遍减低直接降低了货物运输成本及商家负担,有利于商品流通和销售,也使铁路更具吸引力和竞争力,运输收入因之旺盛。

主动联络和吸引客商也是铁路增进货运业务的重要途径。为免除路商之间的隔阂,以图相互维系、互促发展起见,北宁铁路发起并召集沿线各大站商会、各省财政厅、各关监督及北平、天津银行工会等共 140 余名代表,于 1929 年 12 月 16 日在北宁铁路总局礼堂召开商务会议,并组织成立中华铁路商务协进会,倾听客商吁求,改进货运服务,密切路商之间的合作。⑥ 北宁铁路借助"铁展会"的平台进行货品展示和推介。1933—1935 年,铁道部为提倡国货、增促贸易、振兴实业以及带动铁路货运发展起

---

① 万琮:《我国各路实施货运特价专价之探讨》,《交通杂志》第 2 卷第 2、3 期合刊,1934 年 1 月,第 171~172 页。
② 《北宁路运粮减价》,《东北新建设》第 1 卷第 11 期,1929 年 12 月,"东北路政近讯",第 1 页。
③ 俞棪:《最近三年铁路减低运价述略》,《铁路杂志》第 1 卷第 2 期,1935 年 7 月,第 23 页。
④ 《铁路业务之改善》,《政治成绩统计》,1935 年 12 月,第 97 页。
⑤ 《北宁路便利货商》,《东三省官银号经济月刊》第 3 卷第 2 期,1931 年 2 月 25 日,"金融及实业杂讯",第 4 页。
⑥ 《北宁路商务会议开幕》,《申报》1929 年 12 月 17 日;《北宁路商务会议记事》,《申报》1929 年 12 月 19 日;《北宁商务会议尾声》,《申报》1929 年 12 月 23 日。

见，陆续在上海、南京、北平、青岛等地巡回举办了四届"铁路沿线出产货品展览会"（简称"铁展会"）。北宁、平汉、津浦、粤汉等铁路之"各馆布置，莫不各出心裁，争奇斗异。所陈列的产品，亦无不光怪陆离、引人入胜"。① 北宁铁路在展会设有专馆陈列沿线货品（仅关内段沿线物产），"分门别类，次序井然。所陈列者都按工艺、农产、林产、矿产及禽畜等五部。塘沽的精盐，唐山的陶器，天津的纺纱、呢绒地毯……，都是该馆的特色"。② 该路还将沿线物产编印成册，向观众发放或赠阅，让参会的各地客商及观众洞悉其沿线物产，拓展路商合作的机遇和范围，实为近代中国铁路颇具匠心的创举。

另外，北宁铁路鉴于欲谋运输之扩展，对于沿线农工商状况，亟须调查精确，方能具体筹划，故该路局特制定调查表格，分函沿线各关系方面并调查填寄。山海关以东至沈阳沿线各处，则由驻沈办事处发函请辽宁总商会、农会以及沿线各县商会、农会等进行调查填报。其调查事项包括城镇名称、面积、人口、距站里数、城镇与车站间的道路情形，当地出产及其产量、运销数量，工业状况、营业种类、用工人数，以及输出入货物名称、运量、销场等，③ 以为增进客货运输提供参考和指南。其后，该路又专门组织人员对其（仅辖关内段）沿线区域经济状况进行了更为全面、详确的实地调查和统计，并于1937年12月编制成《北宁铁路沿线经济调查报告》。"该项报告约八十万言，分上下两篇，上篇包括按站、市、县之各项调查，下篇为主要物产与水路运输之综观，计调查范围所及……幅员约五万方里，包括农渔盐工商交通等业暨客货运输"，④ 均有较为详尽和精确的勘察记录，尤其对沿线主要物产，或为该路大宗运输，或与业务有密切关系等进行全面的记述；更择其与该路营业有竞争者，详加研讨，以备计划营业之参考。该报告可谓北宁铁路沿线区域经济的"百科全书"，具有重要的参考价值，同时足以显露该路发展营业之决心和力度。

---

① 绍庵：《铁展会的盛况》，《人言》第1卷第1期，1934年2月17日，第424页。
② 绍庵：《铁展会的盛况》，《人言》第1卷第1期，1934年2月17日，第424页。
③ 《北宁路局扩展路运计划》，《东三省官银号经济月刊》第2卷第12期，1930年12月25日，"金融及实业杂讯"，第3页。
④ 《整理北宁路沿线经济调查报告书》，《铁路杂志》第2卷第12期，1937年5月，第84页。

第二章　京奉铁路的营业

北宁铁路还积极辟建葫芦岛港，作为货物吞吐和集散的"尾闾"。葫芦岛建港的动议始于清末，但因各种缘由或变故，屡议屡辍、一波三折。①1928年，京奉铁路为发展业务起见，积极开辟葫芦岛为商港，以冀吸揽大连之运输。② 1929年秋，南京国民政府铁道部部长孙科巡视北宁铁路沿线并在沈阳与张学良晤谈。其中，双方对于葫芦岛筑港意见相合且期望热切。北宁铁路与东北地方铁路实行客货联运而获得丰厚可观的盈利，完全能够满足筑港所需经费。这些为葫芦岛筑港创造了必要条件和成熟时机。其后，经过中央及东北方面的多次磋商后，1930年1月24日，受南京国民政府铁道部及东北交通委员会的训令或监督，北宁铁路管理局局长高纪毅代表北宁铁路局与荷兰治港公司驻华总办陶晋施在天津签订《葫芦岛筑港合同》，从而开启了筑港工程的新篇。③ 同年3月，北宁铁路局成立港务处，下设总务课、工程课及技术室，除监督修建港口之外，还负责市政工程设计及维持地方行政。4月1日，筑港工程开始动工，开工典礼则延至7月2日举行。为筹备开工典礼，北宁铁路局临时成立开工典礼委员会，专门负责典礼各项事宜，包括提供专列或头等包车从北平、天津等接送贵宾，举行隆重的欢迎仪式，还设计制作并颁发了"葫芦岛筑港开工纪念章"等。港口建设开工后，工程总体进展顺利，似乎预示着建设前途坦荡而光明。④ 孰料，1931年九一八事变爆发，东北地区迅速沦陷，北宁铁路亦遭沉重打击。覆巢之下无完卵，北宁铁路已自顾不暇，遑论顾及筑港。总之，作为港口与其经济腹地之间的联结纽带，北宁铁路在葫芦岛港筹建过程中发挥着直接和关键作用。这是路港联运的经济利益的驱动，也寄托着深刻的政治意义。此外，北宁铁路函请天津常关在"例假日及每日散值后，另派人员验货，俾货车经过天津转口时，得随时领证挂行，……遇有

---

① 张含英：《葫芦岛建设实录》，交通、铁道部北方大港筹备委员会1934年版，第3页；《北宁路高局长在举行葫芦岛开工典礼时演说词》，《华北水利月刊》第3卷第7期，1930年7月，第117~119页。
② 周凤图：《我国铁路轮船联络运输之回顾》，《交通杂志》第3卷第7、8期合刊，1935年6月，第86页。
③ 祁乃溪：《葫芦岛》，商务印书馆1930年版，第13~14页。
④ 祁乃溪：《葫芦岛》，第28~31页。

夜间东来货物，如仅为粮食、煤炭之类，可予通融放行"，① 从而大幅减少货车延迟时间及货商缴纳延期费用，以达到便利货运的目的。

总之，通过上述各种改良货运业务的举措，北宁铁路货运业务取得了显著业绩。尤其货物负责运输的实行和运费的减低，密切了路商关系，加深了铁路的商业化程度，加强了铁路的吸引力和竞争力，以至货运进款源源不断、滚滚而来。另一方面，铁路营业收入固然以货运为多，然客运收入亦为不少，同样是铁路营业进款的重要支柱。欲求营业进款增加，不能偏重货运一方，而应客货运输"双轮同驱""两翼齐飞"。因此，京奉铁路亦竭尽全力地改进了客运业务。

旅客运输向以安全、迅速、准时、舒适为原则，尤其以安全为第一要义。然而，由于京奉铁路行车员工漫不经心、玩忽职守以及机车故障、工程质量、军人干扰、自然灾害等情况，引致撞车、出轨、倾覆等各种行车事故层出不穷，以致损害路产、阻碍交通，并造成人员伤亡。1920年11月25日晚，京奉铁路机车在山海关附近因桥梁塌断而坠入河中，旅客死伤者四百余人。② 1921年12月由北京开往天津的第十次列车，行至廊坊、落垡两站间，突然与天津驶往北京的第三十三次慢车迎头相撞，"两个机关车轰然发一巨响，连带所拖之客货车两列，竖起多高，旋即翻倒。机关车及客货车辆成为粉碎，火车上工匠以及客人死伤确数约有三四十人之众，受伤未死之旅客已由铁路方面送往天津医院治疗"，③ 酿成该路前所未有的惨剧，并且造成京津间交通断绝，所有由奉开来火车均至天津为止。另外，由于旅客吸食纸烟后将烟头随意抛掷于窗户夹缝内及座位里边，车行带风，以致频发火警，所受损失甚巨。例如，1922年10月，由山海关开往北京之第八次客车在行驶途中突然起火，黑烟骤腾，对面不能相视，即有乘客从起火车厢纷纷跳下而受伤，未能跳下者多被焚毙；车厢仅存车轴四个，余皆化为灰土，荡然无存。④ 另据1932年7月至1933年6月间统

---

① 《北宁局函请关星期休假一律办公》，《东北新建设》第1卷第11期，1929年，"东北路政近讯"，第2页。
② 《京奉铁路汽车出险》，《东方杂志》第17卷第22期，1920年11月25日，第141页。
③ 《京奉车在廊坊出险》，《申报》1921年12月29日。
④ 《京奉车焚毙搭客之惨剧》，《申报》1922年10月7日。

第二章　京奉铁路的营业

计，北宁铁路发生各类行车事故分别为出轨 107 次、脱钩 26 次、颠覆 1 次、火灾 5 次等，累计造成 182 人伤亡。① 由此可见，京奉铁路行车事故几乎无日无之，对铁路营业造成恶劣影响。为切实防范和减少行车事故，北宁铁路三令五申，屡次严饬各站段及行车员工官警，务须振作精神、恪尽职守，不得稍事玩忽，否则将严惩不贷、绝不姑息，并且拟定防止事变办法，随时纠正指导，以策安全而重人道。②

速度是铁路较之其他交通方式最为显著的优势，而且各次列车到达或驶离各站的时间均依行车时刻表而有明确规定，然而，实际情形却大相径庭，行车时刻表形同空文。例如，为各小站间的短途旅客而设的慢车（或称客货混合三等慢车），不仅行驶缓慢，平均时速仅十公里左右，而且逢站必停，无论这些小站是多么的荒寂，旅客是多么的稀少，都要一个不漏地"访问"。慢车仅在不同的区间行驶，而非全线通行。行车虽有明确的时刻表，但进站和出站从无固定时刻，误点延迟才是常态。尤其在战时，火车过一站必停留半小时或数小时不等，以致旅客焦急苦等。与慢车对应并存的则有普通（寻常）快车及直达快车（特别大通车）。由北京至奉天的直达快车起初每周往返各开行一次，"旅客虽受一昼夜之苦，而免上下车之劳，亦自人人称便"，③ 只是"夜间倒车无数，……纷扰之形，不堪言状。每至车站之时，验票之人则曰倒车、倒车，此车丢下，须倒彼车乃可，脚行则借端勒索运费"。④ 1910 年 4 月 4 日，该项直达快车更换新车，并添挂头二等卧车及饭车。头、二等票价分别照寻常票价加收通车费二元、一元，欲乘卧车者再分别加收床铺费五元、二元五角，无论远近，一律照收。除不售三等票外，无论何人一概不准持免票登车，即使该路局长、总办及各处华洋员司因公乘坐直达通车亦须自行购票。⑤ 后来，为便利行旅及增加收入起见，该路又陆续开行特别快车及直达特别快车。如 1927 年 2

---

① 《北宁路行车事变类别表》，《铁道年鉴》第二卷，第 784 页。
② 《令饬预防行车事变》，《北宁铁路月刊》第 6 卷第 4 期，1936 年 4 月，"工作报告"，第 1 页；《规定防止事变办法》，《北宁铁路月刊》第 7 卷第 4 期，1937 年 4 月，"工作报告"，第 1 页；《力求行车安全》，《铁路杂志》第 1 卷第 11 期，1936 年 4 月，第 129~130 页。
③ 《请剔除京奉路倒车弊》，《顺天时报》1910 年 4 月 3 日。
④ 《请剔除京奉路倒车弊》，《顺天时报》1910 年 4 月 3 日。
⑤ 《京奉铁路局紧要广告》，《顺天时报》1910 年 4 月 8 日。

月10日，该路将行驶于北平至山海关间的三、四次客车"升级"为京奉直达特别快车，在原有票价的基础上按等加收特别快车费并床铺费，所有长短期免票、减价票及军用执照等项一律不能适用，行旅往来既倍形便利，且于路款收入大有裨益。① 以迅速便捷为标榜的特别快车主要搭载长途旅客，通常编挂头、二、三等客车以及卧车、餐车、行李车、守车等，多在各大站及中等站售票停车，以期减少旅途劳顿和烦闷。各路快车的行驶速率虽相对较高，平均时速可达四五十公里，② 但因种种缘故，它们实际运行依旧不快，而且时常延误，尤以北平至天津段为严重，以致乘客时有吐槽其徒有其表、名不副实。有鉴于此，该路为便利旅客及行车安全而对行车延误力行整顿，督饬员工各司其职，通力合作，严守时刻；各站及各车守的时钟、时表应随时校对，避免延误。③ 自实行以来，客车误点状况稍有好转。另外，该路通过改良轨道、桥梁、道岔、信号设备而提高旅客列车行驶速度，并在平津段试行提速计划。1935年底，该段沿线工程业已改造就绪，并重新修订列车时刻表，于1936年1月1日正式实施列车提速。④ "第五、六次平津特别快车缩减时间为三十七分钟，平沈特别快车第一次缩短五十五分钟，第二次缩短三十分钟，平沪特别快车均减缩二十九分钟，余亦均有缩减。"⑤ 由于缩短行车时间，来往行旅，罔不称便。

为使旅客感到便利和舒适，该路在设备、管理及服务方面采取了诸多对策。一是改善客车设备。如前所述，该路客车一般分为头、二、三等。其中可容两人的头等卧车华丽整洁，寝具、电灯、电扇等一应俱全。二等卧车则逊色几分，可供四人共处，左右各两床，分上下两层，并且上铺较之下铺便宜。车厢房门外有条狭窄的夹道，仅能容一人行走。二等客车的

---

① 《京奉铁路管理局局长常荫槐、副局长郑致权呈交通总、次长文》，《政府公报》第3384期，1927年2月12日，第378页。
② 尚省三：《铁路常识问答》第四编行车类，北宁铁路管理局发行，年代不详，第6页。
③ 《严禁列车误点》，《铁路杂志》第1卷第11期，1936年4月，第130页。
④ 李福景：《北宁铁路平津间增加行车速率工程概略》，《京沪沪杭甬铁路日刊》第1514号，1936年2月20日，第131~132页。
⑤ 《平津段行车加快计划明年元旦实行》，《北宁铁路月刊》第5卷第12期，1935年12月，"工作报告"，第1页；《增快平津段行车速率》，《铁路杂志》第1卷第8期，1936年1月，第147页。

座位也略显狭促。头、二等卧车的旅客均对号入座，秩序井然，侍役态度和气而殷勤。各次快车通常挂有餐车，供头、二等旅客在车上进膳，中西餐点及酒饮皆备，招待颇为殷勤周到。不过遇有战乱，即便买了头、二等票的旅客，上车之后也时常找不着座，因为座位已被赳赳武夫捷足先登、恃强霸占。总之，头、二等车设备整洁、乘坐舒适，只是票价昂贵，因为乘坐特别快车者，于普通车票之外，须另购特别快车加价票；若需卧铺，还应另付床位费。乘坐头、二等车的旅客大多非富即贵或因事公干，故该路对头、二等车厢极为注意，时加改良，如将二等客车座位加宽并铺设羊绒褥垫，后来又陆续对头等客车改换窗罩，装设气窗，调节适宜温度，改装恭桶等，使旅客愈感舒适便利。①

三等客车多为普通平民乘坐。三等客车的设备窳陋，车厢大多由铁篷车或木棚车改造而成，甚至往往附挂货车以供旅客乘坐，故而车辆行驶时颠簸异常厉害。三等车内起初并无座位，1912年后陆续改良，加添客座，并于座位上设置行李架。② 不过，所谓座位仅是长凳甚至木板而已，但这已算是优等，许多车厢内的座位尚付阙如。乘客只能坐在铺盖或行李上，否则就得"罚站"。车内没有电灯、电扇、暖气等设备，因而光线幽暗，冬寒夏热。车上厕所仅置厕桶一个，且疏于洗扫，污秽难闻。也许这样的"车厢"称作"车箱"才恰如其分。车内常常拥挤不堪，甚至无立锥之地；行李堆积如山，阻塞通道，甚至因为上下车的人过于拥挤而致车门堵塞，旅客只得另谋途径——由车窗跃入或跳下，有些实在无法进入车厢的旅客不惜铤而走险，盘踞车顶。车中乘客扰攘嘈杂，随地吐痰，乱抛果壳、废纸，脏乱不堪。虽经车僮不时打扫，仍无济于事。另外，高声叫卖的小贩也与慢车"随影而行"，他们私带食品，假装乘客，等到车开并查票后才

---

① 《京奉铁路客车改良》，《铁路协会会报》第11期，1913年8月20日，"路事纪闻"，第5页；《客车改换窗罩》《改善客车设备》，《铁路杂志》第2卷第1期，1936年6月，第131页；《改造头等客厅车》《饬厂将头等睡车盥洗室改设厕所以利旅客》，《北宁铁路月刊》第6卷第12期，1936年12月，"工作报告"，第4页；《注意旅客列车温度》，《北宁铁路月刊》第7卷第3期，1937年3月，"工作报告"，第1页。
② 蔚生：《京奉铁路民国元年兴革要项调查表》，《铁路协会会报拔萃》第1、2卷，1914年，第346页；《京奉铁路客车改良》，《铁路协会会报》第11期，1913年8月20日，第64~65页。

叫卖,声音嘈杂,惹人心烦。这种职业也充满危险,一旦被路警查获,货物充公,人要抓走。因此路警抓小贩的"猫鼠游戏"在三等车中司空见惯。尽管三等车的旅客人数极多,客运收入亦以三等票价为主要部分,①该路局却因循成见而对三等客车鲜有注意和改良。②

二是改善站车服务。该路各次列车到站,旅客上下,争先恐后,秩序紊乱,偶有不慎,易致跌伤。为顾及旅客安全起见,该路屡次申令各站员工于旅客列车进站停止时,应竭力指导照料,维持秩序,务使车上旅客由前门下完后,再放站上旅客由后门上车,鱼贯而行,以免拥挤。③ 另外,当列车将要进站时,车僮预先向旅客高呼将到站之站名,车停站时,再由站长督饬站夫高呼站名,以免旅客未及时下车而越站乘车,并由车务处不时派员稽查,若发现阳奉阴违、因循不改者,定予严惩。④ 不少随身携带零星物件的旅客,每于到站时因仓促下车而将零星物件遗落车厢,待察觉后即向车务处声请查询,但往往十不获一。为此,该路要求各列车长督饬车僮,"于旅客登车时先行注意,并于下车时为之照料,无任遗失,设或遗忘,追送不及,即将原物检点清楚,报告列车长开具清单,交站通告招领,并呈段报处查核。列车长于客车开行后或到达时,尤应分别巡察,严饬车僮切实注意",⑤ 以维护路誉并惠及行旅。另外,该路餐车均外包于饭车公司办理,饮食多有不良,而且往往收大洋找小洋,不加贴水,以致旅客啧有烦言。有鉴于此,该路严令饭车公司改订办法,规定餐车所售食品,除早茶、午餐及晚餐照收大洋外,其余零星食物如茶点、面包、汽水之类,应将价格改为小洋,并且标明价目单悬挂车上,以免争执而昭公允。⑥

三是减低客运票价。旅客票价的基本价率"应以运输成本及最低等旅

---

① 江波:《三等客车设备亟应改良》,《铁路协会月刊》第5卷第3期,1933年3月,第1页。
② 《北宁路谋改善三等车》,《沈海铁路月刊》第2卷第11期,1930年,"交通鳞爪",第2页。
③ 《通告各站员司维持秩序》,《北宁铁路月刊》第5卷第10期,1935年10月,"工作报告",第1页。
④ 《饬切实奉行列车到站高呼站名事项》,《北宁铁路月刊》第6卷第9期,1936年9月,"工作报告",第3页。
⑤ 《饬车僮注意旅客随携零物无任遗失》,《北宁铁路月刊》第5卷第9期,1935年9月,"工作报告",第1页。
⑥ 《整顿饭车》,《铁路协会会报》第72期,1918年9月25日,第105页。

第二章 京奉铁路的营业

客之担负能力为标准"。① 国有各路情形不同,环境各异,客票运价难以强求一致。1929 年铁道部对客票运价进行整理,其中规定北宁铁路客运基本价率为三等每人每公里收洋一分五厘,二等每人每公里收洋三分,头等每人每公里收洋四分五厘。② 旅客既可亲至车站售票窗口购买,也可通过中国旅行社、通济隆洋行或营业所预先买票。③ 头、二、三等车票及联运票以不同的颜色区分,购票时需加注意。④ 除此之外,该路还发售团体游览票、回数乘车票、定期乘车票、星期尾来回票、学生旅行减价券以及联运票、小工票等,给予旅客不同程度的优惠,⑤ 并且依据旅客意见更改和完善车票制度。例如,该路发售的星期尾来回票,原定自星期五、六两日发售,去程限当班车有效,回程自星期日起自星期一末次车以前止有效。然而,旅客大多感到回程日期限制较严,极为不便。为便利旅客起见,该路改定星期尾来回票的有效期限,明确回程限发售之日起至星期一末次车止,不论何日,均可持用。⑥ 另外,该路对四岁以下儿童免收车费,四岁以上至十二岁收半价,十二岁以上则收全价。倘若一孩童占一床位,须照收一床位之全价,若二孩童占一床位,则按一位收全价。每名乘客免费随带的行李依照客车等级而分轻重,头等票可免费携带行李八十公斤,二等票为六十公斤,三等票为四十公斤,若逾重则须另购行李票。为避免因售票时间过于仓促而旅客购票争相拥挤,该路将售票时间提前,同时努力"净化"购票环境,查禁和取缔"黄牛"及"搂包匪人"。例如,正阳门东车站票房每当售票时期,附近辄有匪人徘徊观望,兜揽代客购票,非独于票价之外任意需索,如见旅客懦弱可欺,竟敢挟持票款乘机逃逸,意图侵吞,致使旅客蒙受损失;或者每日在站内外盘旋,代站前各项车辆兜揽

---

① 马廷燮:《第九次全国铁路运输会议之收获》,《铁路杂志》第 1 卷第 1 期,1935 年 6 月,第 53 页。
② 《北平旅游便览》,第 61 页;马廷燮:《我国各路制定运价之史的分析》,《交通杂志》第 2 卷第 2、3 期合刊,1934 年 1 月,第 109 页。
③ 《北平旅游便览》,第 24 页。
④ 《北平旅游便览》,第 4 页。
⑤ 《京奉铁路旅行指南》,天津华新印刷局 1924 年版,第 254~258 页;《北平旅游便览》,第 62~63 页。
⑥ 《改订星期尾来回票有效期限》,《北宁铁路月刊》第 7 卷第 5 期,1937 年 5 月,"本路新闻",第 1 页。

客座,并代各旅店招揽生意,乘机渔利。对此为害旅客的行为,该站予以随时查禁。①

四是设立营业所。欧美各国铁路多在通都大邑设立铁路营业机关。然而,自1881年中国自办铁路诞生直至1930年代初,这种营业机关在国有各路始终付之阙如,给旅客或货商带来诸多不便。有鉴于此,1933年8月21日,铁道部仿效欧美铁路设立营业机关的成例,由京沪沪杭甬铁路管理局率先在上海创办营业事务所(简称营业所),成为国有各路设立营业机关之嚆矢。在首个营业所的成功示范和引领下,1934年1月至2月间,京沪沪杭甬铁路管理局又相继开办上海第二营业所和南京营业所。其后,营业所逐步"复制"到国有其他各路。1934年6月1日,北宁铁路联合津浦铁路在天津总站附近合办营业所,其宗旨是便利行旅、服务客商,业务内容为发售客票、预订卧铺、代办货运、代收货款、代购特产、暂存物件等。②例如,营业所发售客票可提前三日通过电话预订,并且免费将客票送达,客票上只印有日期而没有车次,故无论何次列车均可乘坐。接送行李可由该所派车接取到站,并代办起票、挂牌等一切手续,凡运抵到达站的行李,亦可托由该所派车运送至寓所,一切提取手续均归该所办理。由于手续简便、费用低廉,自办理以来,营业所收入与日俱增,旅客和货商颇称便利。翌年4月1日,北宁铁路又在法租界中街国华银行天津分行内设立天津营业所第一分所,下设客运、货运、问询、事务四组,业务内容与前述相同,每月收入由最初六千元而续增至二三万元,营业收益蒸蒸日上。为进一步发展业务起见,该路又派员赴北平组织营业所,并于1936年11月21日开始营业,地址位于北平西单牌楼北大街,设经理、文牍员各一人,客票及行李司事各二三人,先期办理客运业务,俟有成效后再办货运。③

---

① 《查禁前门站搂包匪人》,《北宁铁路月刊》第7卷第4期,1937年4月,"本路新闻",第1页。
② 《天津旅游便览》,第50~52页;《北宁路营业所一瞥》,《玫瑰画报》第28期,1936年6月1日,第2页。
③ 《成立北平营业所》,《北宁铁路月刊》第6卷第10期,1936年10月,"工作报告",第1页;《北平营业所定期开幕》,《北宁铁路月刊》第6卷第11期,1936年11月,"工作报告",第1页。

除改进业务和减低票价外，京奉铁路还积极倡导和拓展铁道观光旅游，激发并满足旅客出游的兴趣和需求，以达引致乘客，增进收入之宗旨。广义而言，观光就是"赏光参观的意思，……，譬如到某处观赏名花，游览某处名胜，瞻仰古迹，或是参与某处热闹市场，甚至往观迎神赛会……诸如此类，都叫做观光。"① 为此，京奉铁路早在1910年特意组织开行游览客车。北京东便门外二闸地方，航路畅通，闸水长流，茶肆凉棚，是当时京师人士消夏避暑的胜地。故每届伏夏，游船往来，车马络绎，唯或遇风雨，道路泥泞，游人殊多不便。京奉铁路为便利游客起见，特发售当日往返游览客票，减收车价，时限为六月初一日至七月三十日。每日除京师至通州客车照常往来均至二闸短暂停靠外，另加开游览专车上下行各两次。②

闻名遐迩的避暑胜地北戴河则是京奉铁路开发和经营旅游事业的典型代表。1893年，清政府修建津榆铁路时，英国工程师金达（Kinder）勘测路线始至该地，发现这一带"山明水秀，气候清凉，时向外侨称道之"，③英美各国传教士亦闻讯前往游览。当铁路修至山海关一段时，工程师杜纳尔（F. B. Turner）偕同友人避暑于北戴河海滨，铁路工程委员杨季琳，西人周德华，伦敦会、公理会及监理会等步其后尘，并纷纷在金山嘴地方购地建舍，北戴河避暑的声誉日渐远播。④ 1898年，秦皇岛自行辟为商港，赴北戴河避暑的外人日渐众多。同年4月，清政府正式划定北戴河为"避暑区域，准中外人杂居"。⑤ 在正式辟为避暑区后，前来该地消夏游览的人士与年俱增。"庚子以来，北戴河避暑的外国人不过三数十家，及过庚子之后，年年加多"；⑥ 至1911年，前来避暑的外国人，"英、美、德、法、俄、奥、意、丹、墨、荷兰等国的人皆有，但其中以美国人为最多……统

---

① 迅斋：《铁道观光事业论》，《北宁铁路月刊》第7卷第5期，1937年5月，第21页。
② 《京奉铁路特开二闸游览客车广告》，《顺天时报》1910年7月19日。
③ 秦皇岛市地方志编纂委员会编《秦皇岛市志》第五卷，天津人民出版社1994年版，第16页。
④ 毅园：《北戴河海滨旅行记》，《旅行杂志》第1卷夏季号，1927年8月，第16～17页。
⑤ 林伯铸编《北戴河海滨风景区志略》，1938年版，第2页。
⑥ 《北戴河消夏有感》，《大公报》1911年9月16～19日。

计北戴河所有的外国人，总在一千二三百上下"。① 同年，往该处避暑的华人也达一千数百人。② 其中不仅有富商巨贾、军政要人，而且每年暑假，均有学堂之女学生。1908 年 6 月，"北京某教堂女学生一百五十余名，刻放暑假，于十三日同乘火车赴唐山……北戴河、榆关等处避暑"。③ 1909 年 6 月，"驻京美国福音堂之女教习三员，率同女生二百余人，……赴秦皇岛、山海关一带避暑"。④ 自北戴河被确定为避暑区后，历经十余年的开发，至 1911 年时已是中国北方的避暑胜地。

1917 年之前，来往于北戴河的旅客，均须在北戴河车站下车，再改乘马车、驴轿经过 15 里之遥的湿地和山麓才能到达海滨。每届雨期，此段路程坑洼泥泞、寸步难行，旅客大都视为畏途。为便利避暑旅客计，京奉铁路局于 1917 年在北戴河车站与海滨之间增筑支路，长约 15 里，名曰海滨支路，并于是年 5 月 1 日开通运营。⑤ 这样，京奉铁路在北戴河设有两站：一为北戴河站，一为北戴河海滨站；后者在北戴河南约 10 公里处，并有海滨支线联络于其间。夏季（通常为 5 月 1 日至 9 月 30 日）两站间每日开行列车六次，每星期六加开一次，每次约 20 分钟可达，交通甚为便捷，为行旅所称道。⑥ 1934 年前后，往来的旅客已不再限于避暑，故而将列车常年开行。每日于北戴河及海滨站间对开客车四次，与各干线列车时刻衔接，以免游客久候。除本路单程及来回游览票外，路局还发售头、二、三等联运单程及来回游览票，单程票照收全价，来回游览票分别按两次寻常单程票价的七五折或八五折收费，有效期以出发之日算起，一个月内为限。⑦

---

① 《北戴河消夏有感》，《大公报》1911 年 9 月 16～19 日。
② 《改良会避暑》，《大公报》1911 年 7 月 5 日。
③ 《女学生回籍避暑》，《大公报》1908 年 6 月 12 日。
④ 《女生避暑》，《大公报》1909 年 6 月 18 日。
⑤ 徐珂：《北戴河指南》，商务印书馆 1921 年版，第 6 页；北宁铁路管理局、中国旅行社编《北戴河海滨导游》，1935 年版，第 17 页。
⑥ 政之：《北戴河之一瞥》，《国闻周报》第 2 卷第 26 期，1925 年 7 月 12 日，第 29 页；《北戴河海滨导游》，第 1 页；《北戴河海滨车站开始夏季营业》，《铁路杂志》第 1 卷第 12 期，1936 年 5 月，第 138 页。
⑦ 《北戴河海滨站改为常年开站》，《京沪沪杭甬铁路日刊》第 1097 期，1934 年 10 月 8 日，第 54 页。

不过，由于冬季往来旅客较少，海滨支线每日开行车次酌情减少。①

京奉铁路局还采取减价方式而招徕游客。例如，1917年4月6日适逢西人佳节，京奉铁路为此从"四月五日起，至八日止，凡客人由北平、天津往北戴河、秦皇岛、山海关等站游览者，头等往返车券准按七五折核收票价，其回京、津时，车券限用至本月十日截止，逾期无效"。② 该路也一向对旅游团体实行减价优惠。如秦皇岛至海滨往返列车，20人以上的团体减收10%，21—49人减收15%，50—99人减收20%，100及其以上减收25%。③ 同时，与其他各路联合发售游览票以促进该地旅游事业的发展，如在北宁铁路刊布的广告中，特别提醒乘客注意"北戴河海滨、秦皇岛、山海关等站的来回游览票在每年5月至9月间（即海滨游览旺季），在本路及国内联之各大站均有出售"，④ 故旅客往北戴河海滨多半购买尤为便利的来回游览票。⑤ 另外，由于来这里避暑的多半是欧美各国人士或侨民，而国人至此的大都为平津两市的寓公或当朝权贵，故而该地生活程度之高远在内地任何城市之上。这里没有小客栈，普通旅馆最低限度的消费每日最少为六七元，小饭馆的菜饭价目也骇人听闻。那些经济不充裕且无闲暇时光的平常人很难在此逍遥自在。⑥ 即使想至该地做短时间之游览，亦非措资数十元不可。北宁铁路专为便利在海滨做短时间勾留之人士，特备睡车、餐车及沐浴、理发车辆，组成海滨避暑专用车一列——京戴（或平津戴）游览专车，于每星期五晚八点十分附挂于由北平开往奉天的101次特别快车，11时许过天津，翌日天亮即达海滨，即将全列车停放站内，乘客均可食宿于车上。星期日晚点再挂于由奉天至北平的102次特别快车返回，星期一上午7时抵天津，9时许达北平。该游览专车在海滨站停放时期，

---

① 《北戴河海滨站冬季酌减车次》，《铁路杂志》第1卷第6期，1935年11月，第15页。
② 《京奉铁路管理局减售西节游览车券》，《顺天时报》1917年4月16日。
③ 《秦皇岛至海滨往返专车》（1932年6月8日），中国第二历史档案馆藏，档案号：215—325。
④ 《铁道年鉴》第一卷，第478页；(清)陆绪声：《京奉铁路旅行指南》，出版地及年代不详，第311页。
⑤ 蒋维乔：《北戴河海滨记游》，《旅行杂志》第10卷第9期，1936年9月1日，第25页。
⑥ 文瀚：《北戴河海滨一瞥》，《市政评论》第2卷第6期，1934年8月16日，第17页；老向：《北戴河的海滨》，《宇宙风》第24期，1936年9月1日，第608页。

卧铺照定价减收一半，用餐及沐浴亦较平时为廉。① 总之，这种完全为便利周末旅行而开行的专车不啻为一座设备完善的移动旅馆。1934 年 7 月，该路局为谋游客便利起见，在海滨筹开铁路旅馆。因房间窄小，容纳住客有限，故于 1935 年 6 月开筑新馆，1936 年 7 月 1 日开幕营业。② 宾馆位置毗邻车站，而且内部布置完备，房价、餐费均较低廉，对于旅游、食宿大有裨益。据调查统计，每年夏季仅由北平、天津、唐山等站往返海滨之旅客，少者有 200 余人，多者达 3000 余人，平均每年有 12000 人以上，以致该路客运收入繁增。③

宣传是观光事业的生命线，京奉铁路为此编印旅行指南，将沿途名胜古迹、物产风土以及行车时刻、运输章程等绘图列说，搜集无遗，以作旅行之向导和指南。时至 1920—1930 年代，随着交通条件的大为改善，具有休闲性质的观光旅游蔚然成风。北宁铁路应时而动、顺势而为，不仅编辑出版《北宁铁路旅行指南丛刊》，而且依托和利用沿线特色旅游资源，组织开展各色名目的游览观光活动。例如，每年春夏之交，北平天安门内中山公园及宣武门外崇效寺两处的牡丹竞相盛放，姹紫嫣红。慕名前往观赏游玩的天津各界仕媛络绎于途。北宁铁路局为提倡风雅、优待游客起见，决定自 1936 年 5 月 6 日至 6 月 5 日间，发售平津头、二等来回减价票。④ 每逢冬令时节，北平的北海、汤山、万寿山等处雪景殊佳，久为雅士游人所欣赏，且可在汤山温泉就浴，得以却病卫生。北宁铁路决定趁元旦新年放假之时机，仿古人消寒之韵事，作集体游览之行旅。经该路与中国旅行社商议合办"故都消寒游览团"（或曰"北平汤山旅行团"），定于 1937

---

① 《北宁路特开游览专车》，《铁路月刊正太线》第 2 卷第 7 期，1932 年 7 月，第 60 页；吴碧筠：《北戴河游程》，《旅行杂志》第 4 卷第 7 期，1930 年 7 月，第 67 页；毅园：《北戴河海滨旅行记》，《旅行杂志》第 1 卷夏季号，1927 年 8 月，第 18 页；《北宁路加开避暑快车》，《申报》1936 年 4 月 11 日。

② 《曲线新闻》，《北洋画报》第 23 卷第 1112 期，1934 年 7 月 10 日，第 2 页；李占才主编《中国铁路史（1876—1949）》，第 497 页；《北戴河海滨新馆举行开幕典礼》，《改进专刊》第 14 期，1936 年 7 月，"本路新闻"，第 2 页；《北戴河海滨宾馆举行开幕》，《铁道半月刊》第 5 期，1936 年 7 月，第 32~33 页。

③ 《北宁铁路沿线经济调查报告书》，第 2~3、1700 页。

④ 《平津段牡丹季节减价》，《铁路杂志》第 1 卷第 11 期，1936 年 4 月，第 131 页。

年1月1日下午四时,由天津东站搭乘第四次特别快车赴北平,住东方饭店,2日游览颐和园并参观清华大学,然后乘汽车赴汤山各处游览,在汤山膳宿,三日返平后游故宫博物院及北海公园,如仍有闲暇时光,亦可参观一较有规模的工厂。当日晚乘坐第一次特别快车返津。此种团体票以二等为限,每人来回收票价4元2角,并免收特别快车加价费,外加游览汽车、旅馆、膳宿等费18元8角,合计23元,较以往尤为低廉。该路及中国旅行社方面均派有专员随车招待。①

北宁铁路不仅单独行事,而且与其他国有铁路联手合作。1936年9月25日至30日间,正值秋高气爽之际,北宁铁路与津浦铁路合办北平与济南、万德、泰安、滋阳(即孔林、孔庙)间游览专车,发售二等来回游览票,并各派专员随车招待。② 1936年3月间,上海友声旅行团发起组织华北旅行,报名者异常踊跃,并函请京沪沪杭甬铁路管理局开驶游览专车。后经其与津浦、北宁铁路共同商议,决定由津浦铁路拨头等餐车2辆、二等卧车4辆及行李守车1辆,京沪沪杭甬铁路及北宁铁路各拨头等卧车2辆,共计11辆编组而成一列专车,于是年5月2日搭载180余名旅行团员自上海北站出发,三路局均分别派员随车招待。中途在徐州、泰安、兖州三站停留游览,6日抵达北平,后于13日原车过轨至平绥铁路开往青龙桥,游长城。15日离平返沪,途经天津、济南停靠游览,17日抵上海北站,往返历时16天。③ 总之,这些各具特色的旅游列车不仅日期适宜,时刻准确,票价低廉,而且设备齐全、专人照料、服务周到,不仅在金钱和时间上颇为"经济",而且于往返途中亦感舒适和便捷。这既是北宁铁路适应和满足游客观光出行需求的产物,也是当时观光风尚勃兴的标志和象征。当然,乘坐游览列车的旅客毕竟多为经济富裕且时光闲逸的都市人士,那些生活拮据的劳苦民众则无暇消受。

---

① 《本路与中国旅行社合办故都消寒游览团》,《北宁铁路月刊》第6卷第12期,1936年12月,"工作报告",第2页;《汤山旅行团北宁路局组织一月一日赴平》,《改进专刊》第19期,1936年12月,"本路新闻",第2~3页。
② 《与津浦路合办济南万德泰安滋阳游览专车》,《北宁铁路月刊》第6卷第9期,1936年9月,"工作报告",第3~4页。
③ 《合办华北旅行专车》,《铁路杂志》第2卷第1期,1936年6月,第113页。

联络运输亦是京奉铁路客运业务的重要"板块"和"柱梁",也是增进客运收入的重要倚赖。鉴于其历史及形态较为丰富多样,故在下文予以专题记述。总之,通过实施以便利旅客为出发和归宿的诸多举措,京奉铁路客运业务不断改进和拓展,客运进款及其营业总额的比重均与年俱增,甚至在个别年份可与货运收入并驾齐驱。如表2-4所示,从民国初年至1930年间,该路每年客运收入占总收入的比率几乎均逾40%,只是在个别年份因军事关系而导致客运收入比重相对减低。1922—1930年,该路平均每年发送的旅客有五百余万人之巨,其中又以三等旅客为主体,占比超过80%。例如,1929年该路三等旅客人数为3914057人,占各类乘客总数的85.38%,客票收入为7660316洋元,占客运总收入的81.77%;同年头等旅客人数及收入同比仅为1.69%、5.81%,二等旅客人数及收入同比为2.19%、4.25%,与三等旅客相较差距颇著。[①] 1930—1935年,尽管客运规模时有波动,但其结构基本未变(见表2-6)。除普通旅客外,在山海关与天津及冀东各站间尚有两种特别的旅客——小工及商贾。小工系指由津浦路北段沿线各站出关佣工之人,一般如同候鸟般春往冬返;[②] 为便利他们的出关及还乡,京奉铁路局特发售出关小工票及返乡票等以示优待。由于每年出关人数众多,尤其1920年代东北移民狂潮的出现使得该项收入在客运收入中占有突出地位(详见第六章)。商贾是由乐亭、抚宁、昌黎、滦县、宁河等县出关贸易的商人,人数亦众。1932年以后,由于伪满洲国实行劳务统制政策,对关内人民出关限制甚严;加之关外谋利不易,小工及商贾数目日趋减少,对于山海关与平津及冀东各站间的客运造成很大的冲击。例如,该路山海关段(朱各庄—山海关)1932—1934年的旅客人数分别为749547人、542726人和810750人,其中"以1933年旅客人数为最少,盖因东北事变,昌黎、乐亭、抚宁等县一带商贾之赴关外者,均逡巡不进,可知地方治安,对于铁路业务关系之深切也"。[③]

---

① 安瑞:《最近十年来京奉路客运营业之概况》,《中东半月刊》第3卷第7期,1932年4月16日,第14页。
② 《北宁铁路沿线经济调查报告书》,第2页。
③ 《北宁铁路沿线经济调查报告书》,第1700页。

第二章　京奉铁路的营业

表 2-6　1930—1935 年北宁铁路客运统计

单位：人

年度		1930	1931	1932	1933	1934	1935
寻常旅客	头等	81649.5	97416.5	119551	78100	87554	44757
	二等	123697.5	121506.5	127050.5	102971.5	150054	106355
	三等	4119791.5	6727645	4535510	7162891	4339165	4016737.5
	四等	—	79705	—	108340	—	—
	共计	4325138.5	7026273	4782111.5	7452122.5	4576773	4167849.5
政府	民事	2555	2745	5014	—	3377	1828
	军事	153321	233606	43340	401198	57571	48133
优待		12719.5	24929.5	14176.5	27415	22740.5	129668.5
游览		16988.5	57131	18225.5	43882.5	44194.5	83266.5
长期		4609	4860	4286	2064	7042	7425.5
总计		4515331.5	7349544.5	4867153.5	7926682	4711698	4438171

资料来源：根据北宁铁路 1930—1935 年各年度会计统计年报整理。

若进一步观察，北宁铁路客货运输业务因站段区间不同而各有侧重。1929 年，该路旅客、货物输送量主要集中于天津至山海关的区间内。其中，客运人数占全路客运总量的 68.1%，货运量所占的比重更高，平均占 88.8%。可见，天津至山海关区间成为北宁铁路的主要收益来源。山海关至沈阳区间在该路收入中的重要性相对较弱，似乎预示华北与东北地区之间经济依存度的相应减弱。尤其 1932 年伪满洲国在山海关设置关税壁垒后，抑制了大量关内商品向关外的输入，加剧了两者之间经济上的"脱钩"。

表 2-7　1929 年北宁铁路不同区间乘车人数、货物运输比较

区间	旅客（千人）乘车人数	货物（千吨）		
		农产品	矿产品	总计
北京—天津	419（11.8%）	68（10.7%）	190（3.7%）	410（5.6%）
天津—山海关	2420（68.1%）	446（70.5%）	4849（93.7%）	6544（88.8%）
山海关—奉天	714（20.1%）	119（18.8%）	137（2.6%）	413（5.6%）
合计	3553（100%）	633（100%）	5176（100%）	7367（100%）

附注：山海关—奉天区间的统计包括营口支线及锦朝支线的数字。
资料来源：转引自塚瀬進『中國近代東北經濟史研究：鐵道敷設と中國東北經濟の變化』東方書店，1993、126 頁。

1932年初，北宁铁路关外段被拆离，路局实际控制的仅为北平至山海关的关内一段，具体包括丰台段（通县东—廊坊共13站）、天津段（枣林庄—汉沽共16站）、唐山段（芦台—滦县共12站）、山海关段（朱各庄—山海关共12站）等。1932—1934年，丰台段的客运收入较为发达，平均每年由该段各车站发送的旅客共约125万人，占全路出发旅客数目的27%；发送货物平均每年整车共100余万吨，零担约共32000余吨，占全路线运出货物整车吨数的16%弱，零担吨数的30%，可知该段为零担货物运输较多之区。① 天津段出发旅客以天津东站为最盛，在该路中高居榜首，年均70余万人；至于全段出发旅客人数，则年约百万。运出货物同样以天津东站为最多，全段每年运出货物整车60余万吨，不满整车仅有二三万吨。② 唐山段各站经过的地带物产甚丰，该段的货运业务和收入均较多，尤其古冶、唐山、开平三站因临近开滦各矿或生产洋灰、棉纱及陶瓷的唐山市内，平均每年运出的货物多达4373821.94吨，数量实为可观；客运以唐山站为最多，人数平均每年约为30万人。③ 山海关段各站除本地生产及需求之货品运出或运进外，尚有外段或外地之出产或需求货品须运至本段之大站，然后再转载至其他地方。如唐山段开滦煤炭须运至秦皇岛，再转装煤轮运至南方各大埠。产自上海的面粉由船运至秦皇岛，再转由火车运至关外及冀东各县。锦县、通辽、新立屯、绥中及北票的红粮、豆饼、猪鬃等运至山海关，再由铁路运至唐山、胥各庄、滦县等地或转津出口。可见，山海关段各站对于本段各县与他段各县及外地的物产交换，关系甚重。④ 另就山海关段客运而言，除当地附近村镇者外，尚有由外地来者。如海滨站的旅客多由天津、北平、上海、香港等埠而来；每年平均有12000人以上；秦皇岛站之旅客多由日本、青岛、上海、香港及欧美各国乘海船而来，每年平均有14万人以上。⑤ 由上可知，不同区间的客货运量及比重的差异与各自沿线人口密度、工商实业发达程度等息息相关。这些

---

① 《北宁铁路沿线经济调查报告书》，第717~718页。
② 《北宁铁路沿线经济调查报告书》，第1176页。
③ 《北宁铁路沿线经济调查报告书》，第1515、1211~1214页。
④ 《北宁铁路沿线经济调查报告书》，第1702~1703页。
⑤ 《北宁铁路沿线经济调查报告书》，第1699~1700页。

差异虽无关宏旨，但在一定程度上展现了该路营业情态的复杂多样。

第二节　京奉铁路联络运输

孤木难成林，交通亦如此。近代以来，随着轮船、铁路、公路乃至航空等近代交通方式的不断涌现和发展，中国交通版图渐次扩张，各种交通方式内部及彼此之间的联络运输随之出现并日益多样。所谓联络运输，是指"旅客或货物之运送，其途程跨越两线或两线以上之运输机关，换言之，即客货出发及到达地点，不在同一路线是也。举凡各铁路间，各公路间，各水路间，各空路间，以及铁路、公路、水路、空路间，彼此衔接之运输，皆称联络运输"。① 依运送对象而论，其可分为旅客联运与货物联运；按运输地域划分，则有国内联运与国际联运之别。单就京奉铁路而言，其联络运输主要指它与其他铁路、水路的衔接运送，公路及航空联运则未曾举办。京奉铁路"起自北平，历天津，越榆关，而达辽宁"，② 为贯通华北与东北之间的交通要道，并与其他各铁路直接或间接联络——与津浦路衔接于天津总站，与京汉、京绥两路交会于丰台站，由此经津浦、京汉可达长江流域，经京绥铁路可至蒙疆；又与南满、沈海、吉海、四洮、洮昂铁路联成一气，向北再转中东铁路可达欧洲，向东经由安奉铁路可达朝鲜，沿线更有天津、塘沽、秦皇岛、营口等港口为其吞吐集散客货。"其牵引力之广远，与运输力之宏大，亦可想见矣。"③ 尤其国内之东北各铁路联运，国际之中日及欧亚铁路联运，均以京奉铁路为中枢。总之，"京奉铁路不惟与中国内地及满洲有重要关系，且在欧亚交通上，亦负有相当联络之价值。"④ 换言之，"凡是自中国内部，想从陆道到欧洲或朝鲜去，是

---

① 荫培：《北宁铁路联络运输之后顾与前瞻》，《北宁铁路月刊》第 7 卷第 5 期，1937 年 5 月，第 1 页。
② 《铁道年鉴》第二卷，第 637 页。
③ 安瑞：《最近十年来京奉路客运营业之概况》，《中东半月刊》第 3 卷第 7 期，1932 年 4 月 16 日，第 12 页。
④ 安瑞：《最近十年来京奉路客运营业之概况》，《中东半月刊》第 3 卷第 7 期，1932 年 4 月 16 日，第 12 页。

非走北宁铁路不可的"。①

1907年夏，关内外铁路通车至皇姑屯后即改称为京奉铁路，其后继续向奉天城根展筑。② 日方对此提出异议并以京奉、南满两路实现联运为要挟条件。翌年，京奉与南满两路签订旅客联运协议，在奉天南满站换车联运。③ 1909年，双方商议彼此之间客货互相接运并订立方案。但因当时京奉铁路设备未周，此案被迫搁置缓图。④ 1913年3月，中日之间在东京召开第一次国际联运会议，并签订《中日旅客联运合同》，明定在京奉及南满铁路的主要站点进行旅客及行李的联运，并于是年10月1日实行，正式开创国有铁路国际联运之先河。⑤ 1914年，第二次中日联运会议亦在东京举行，包括京奉、京汉、津浦、京张、沪宁等五路的代表出席会议，双方在联络客票只得在重要站台出售的规定中加添了13处售票车站，主要包括南满铁路的安东、长春、辽阳、大连、旅顺等站；京奉铁路的新民府、山海关、天津、北京等站；京张铁路的张家口、南口等站；京汉铁路的汉口站；津浦铁路的济南、浦口站；沪宁铁路的南京、上海等重要站点。并决定这些车站于1915年1月起发售联络客票。⑥ 中日联运之范围明显扩张。1915年4月5日，第三次中日铁路联运会议在北京交通部召开，会议持续至4月19日结束，讨论的要点是如何便利搭载联络旅客、搬运货物的事宜，其中最重要的是便利运送旅客由美国游历东亚及促进中日两国间交通的发展。⑦ 会议结束后不久，俄方也提议办理中俄两国在交通上的联络事宜，即以西伯利亚铁路与中国各路联络运输。⑧ 1915年10月1日，京奉铁

---

① 倪锡英：《北平》，中华书局1936年版，第22页；陈博文编《东三省一瞥》，商务印书馆1924年版，第3页。
② 马里千、陆逸志、王开济编著《中国铁路建筑编年简史（1881—1981）》，第20、28页。
③ 《京奉与南满路之联络》，《顺天时报》1908年11月3日。
④ 黎赫：《东三省铁路运输情形》，《中东半月刊》第2卷23、24期合刊，1932年1月1日，第1页；《东三省铁路联络运输调查》，《铁路月刊广韶线》第2卷第4期，1932年4月，"调查"，第5页；荫培：《北宁铁路联络运输之后顾与前瞻》，《北宁铁路月刊》第7卷第5期，1937年5月，第11页。
⑤ 《中日铁路联络开始期》，《盛京时报》1913年8月30日。
⑥ 《中日汽车联络》，《盛京时报》1915年1月7日。
⑦ 《中日铁路联络会议之提案》，《盛京时报》1915年2月26日；《中日联运会议日程》，《盛京时报》1915年4月7日；《中日联运会议之结果》，《盛京时报》1915年4月22日。
⑧ 《中俄铁路联运之提议》，《盛京时报》1915年6月19日。

路正式实行旅客及行李联运协定，包裹联运则迟至1917年9月1日起才实行。① 1918年4月5日，第六次中日铁路联运会议在东京召开，此次会议的重点是决定由税关代检行李、联络行李运到后补交运金及以汽船联络太平洋航路三项议题。② 至此中日包裹联运愈加便利，成绩昭著。其后，由于受到国际政局的干扰，中日之间铁路联运曾经一度中止。后经双方努力将其恢复，1922年时中东铁路也加入联运路线内。1926年，京奉铁路等同南满、朝鲜铁路以及日本轮船公司共同达成了水陆旅客联运事宜——由日本铁路经朝鲜至京奉铁路的奉天站，或由日本铁路换乘轮船至上海，然后换乘中国铁路；由日本铁路换乘轮船至青岛，再换乘津浦或胶济铁路；由南满铁路换乘轮船至青岛，再换乘胶济铁路；由大连乘船至天津，再换乘京奉或京汉等路。③ 1931年九一八事变后，中日旅客联运因北宁铁路交通断绝而即告停顿，但并未正式宣告失效。1932年8月间，中日联运客票偶有发售，其行经北宁铁路仍照常放行。④ 总之，中日铁路实行旅客及行李包裹联运以来，交通大为便利，"华人来日、日人来华游历者络绎不绝，联络成绩颇为显著。……足以促进两国经济上之联络，贡献国交亦（不）匪，岂特交通之便利云乎！"⑤

至于中日铁路货物联运，虽经日方屡次提议协商，然因牵涉中国金融贸易关系重大，故延迟未办。1926年，中方代表于第十四次中日铁路联络会议上提议先行创办国有铁路与南满铁路货物联运并获会议通过。不久，京奉铁路与南满铁路在奉天召开会议，订立货物联运合同及各项章程。1927年，双方会议于北平并订立货物分等表及运价表，为中日货物联运的实行做好铺垫和准备。然而，囿于国内政局动荡不安，中日货物联运又成泡影。⑥ 1934年北宁铁路与伪奉山铁路恢复客运通车后，日方又屡次提议

---

① 祝曙光：《铁路与日本近代化——日本铁路史研究》，长征出版社2004年版，第181页。
② 《中日交通联络会议》，《盛京时报》1918年5月8日。
③ 宫本通治編『北支事情綜覽』滿鐵總務處資料課、1936、34頁。
④ 荫培：《北宁铁路联络运输之后顾与前瞻》，《北宁铁路月刊》第7卷第5期，1937年5月，第12页。
⑤ 《中日联络运输之效果》，《盛京时报》1915年4月27日。
⑥ 荫培：《北宁铁路联络运输之后顾与前瞻》，《北宁铁路月刊》第7卷第5期，1937年5月，第11~12页。

实现关内外货物联运。中方以平沈通车协定载明以客运为限，若实行关内外货物联运，势必对协议予以变更。经北宁铁路管理局向铁道部请示同意后，中日双方人员对货物联运进行多次磋商并确定具体办法，于1936年5月1日正式实行。① 另外，1913年6月，京奉铁路局参加了欧亚国际旅客暨行李联运会议，经西伯利亚铁路及京奉铁路等将北京、天津暨欧洲大陆的诸多城市连接起来，其后因欧战而中辍。1926年，有关各方在柏林召开会议决定恢复该项联运，后几经波折才提出较为具体的方案。② 不过，京奉铁路仅是名义上加入欧亚国际联运，而未见切实行动。

作为中国铁路国内联运的最早发起者之一，京奉铁路发挥了骨干和中坚作用。国有各铁路实行联运之前，均处于各自为政、独立经营的状态，且轨距不同、规章各异，旅客及货物在不同铁路之间换乘时存在着诸多的不便。③ 1913年10月27日，在北洋政府交通当局的组织下，第一次国内联运会议在天津的京奉铁路管理局召开。京奉、京汉、京绥、津浦、沪宁各路均派代表参会，即每路派有表决权的委员一人，其余同来各员随同列席，但只能充任各该路委员的顾问，在会议时只有发言权。其后各次会议均援照此例。会议成果是各路围绕旅客及行李在五路中主要车站之间的换乘联运制定了相应的协定和决议，并于1914年4月1日实行。④ 这次"五路联运"成为国内联运之发轫。1914年12月，在上海召开第二次联运会议，订定联运会议章程及议事细则，颁行联运条例及簿记单据细则，创议货物联运及订定互用货车合同，邀请轮船公司加入联运，提议设立铁路清算所。1915年，第三次联运会议在北京开幕，创设联运周游票、来回游览票及团体旅行票，讨论货物联运提议。1916年，在天津开第四次联运会议，沪杭甬加入联运，会议订定发售客票规则，订定广告办法，修改互用

---

① 《关内外铁路联运问题》，《路向》第2卷第1期，1936年1月1日，第29页；《关内外铁路联运办法》，《路向》第2卷第8期，1936年4月16日，第254页；《关内外铁路办联运》，《路向》第2卷第11期，1936年6月1日，第347页。
② 《京奉续开大通车》，《铁道协会会报》第29期，1915年2月20日，第81页；荫培：《北宁铁路联络运输之后顾与前瞻》，《北宁铁路月刊》第7卷第5期，1937年5月，第12～13页。
③ 金家凤：《中国交通之发展及其趋向》，正中书局1937年版，第56页。
④ 《沪宁津浦京奉京张五路通车联络运输广告》，《申报》1914年4月3日。

车辆规则，刊行游历指南，颁行税关检验行李规则等。1917年，在北京开第五次联运会议，发售团体联运票，创行指定货物联运，订定标准时刻，筹办京津直达快车，编辑联运规章，提议设立游历事务所。1918年，在天津开第六次联运会议，正式设立联运事业的独立管理机构——铁路联运事务所，取代已往由京奉铁路负责办理的定例；颁布各项规则，各路联运账目移交联运处的清算所办理；修改联运会议规则，订定包裹联运及代客交货收价章程，订定货物联运进款计算方法。1919年，在北京开第七次联运会议，邀请陇海铁路与会，磋商互通车辆事宜，制定货物分等表及货运通则，颁布互通车辆章程，订定学生旅行运输办法，设立问事处，编订行车电码，提议运价采用递减制度。1920年，在北京开第八次联运会议，道清铁路加入联运，修改联运处规则及联运会议规则，设货物联运审查委员会，订定货物联运会计及互通车辆会计章程，编定万国权度比较表。1921年，因货物联运待决事件甚多，在北京召开第九次、十次两次联运会议，开行京浦直达快车，采用新制权度，创行无限制的货物联运，委托通济隆代办宣传事宜，订定关于货物联运的各项规则，提议邀请陇海、汴洛两路加入联运。1922年，在北京开第十一次联运会议，正太铁路加入联运，参与美国纽约万国旅行展览会，修改货物分等表及货运通则，制定货物联运互用篷布绳索规则，邀请吉长、四洮两路参与联运，各路组织华北旅客联运，裁并货物联运调查委员会，由铁路联运事务处接替负责，提议开行汉沪直达通车。① 总之，随着国内旅客联运网络经过经年累月的拓展，京奉铁路客运业务不断延伸。

国内旅客联运创办之后，其业务办理仅覆盖联运各路的主要车站，范围相对有限，旅客仍感不便。有鉴于此，交通部于1925年10月31日通知联运各路所有车站定于1926年4月1日起，全部统一定为联运站，办理旅客、行李，以及客车运输包裹、杂项物件等各种联运。然而，这次联运"跃进"因北伐战争及各路交通阻滞而搁浅，联运收入随之骤减。1926年

---

① 《津浦京奉路联运之成绩》，《益世报》1923年1月30日；《五路联络之实行者》，《盛京时报》1914年6月18日；《五大路联络运输第二次会议改期之原因》，《盛京时报》1914年10月21日；《联络运输会由京汉路局提议七端》，《盛京时报》1914年12月11日；金家凤：《中国交通之发展及其趋向》，第56页。

国内各项联运进款仅为 106 万余元，1927 年为 184 万余元。① 1928 年后，因军运频繁且大批机车、车辆被挟出关外，无法索还，各路恐怕本路车辆去而不返，对于货物联运均踌躇不前，导致 1928—1931 年国内联运的全部停顿。1929 年，北宁铁路奉铁道部令与津浦、平汉、平绥、胶济、沪宁各路间的旅客联运一律率先恢复，北宁铁路发售联运票的车站为沈阳、营口、山海关、唐山、天津东站、天津总站、丰台、前门等站。②联运开始呈现涨势并趋于发达。至 1931 年旅客联运收入达到创纪录的 510 余万元。

京奉铁路货物联运始于 1920 年 2 月 1 日，由其与京汉、津浦、道清、沪宁、沪杭甬铁路等之间特别规定实行某种货物联运。1920 年 8 月第八次国内联运会议后，扩展为无限制之联运。货物联运进款因之快速增长，由 1920 年的 54 余万元增至 1923 年的 900 余万元。其后因政局动荡不安及军事冲突不断，货物联运陷于停滞，营业进款呈现断崖式下跌。1930 年，北宁铁路分别与平汉、平绥两路订立以煤、盐为大宗的特定货物联运办法，1932 年又与津浦铁路订立联运货物列车协定，以及中兴、淮南、大通等煤矿运煤货车协定。1933 年北宁铁路与平汉铁路改定联运及协运合同，另与津浦铁路商妥华东煤矿货车协定。实行之后，颇见成效，北宁铁路平均每月收取各项运费总计 241352 元。③ 1932 年后，随着时局渐趋安定，要求恢复国内货物联运的气氛日益浓厚，以平汉铁路为中心的国内货物联运事业得以逐步恢复，④ 营业收入复见增长。随着国内联运范围的扩大及负责联运的实施，国有铁路的统一负责联运的呼声日益高涨。1933 年 9 月，第十六次国内联运会议规定关于国有铁路联运负责运输的试行办法，决定自是年 11 月 1 日起施行，各路线的联运方法一律废止。至此，京沪、沪杭甬、北宁、平汉、平绥、津浦、正太、道清、陇海、胶济等 10 条国有铁路实行

---

① 俞栐：《全国铁路联运之恢复与推进工作》，《铁道公报》第 522 期，1933 年 4 月，第 3 页。
② 《北宁路恢复国有各路之联运》，《盛京时报》1929 年 8 月 5 日。
③ 荫培：《北宁铁路联络运输之后顾与前瞻》，《北宁铁路月刊》第 7 卷第 5 期，1937 年 5 月，第 10 页。
④ 俞栐：《全国铁路联运之恢复与推进工作》，《铁道公报》第 522 期，1933 年 4 月，第 5~7 页。

统一的铁路联络负责运输，后又有浙赣、湘鄂两路的加入。不过，北宁铁路与其他各路办理货物联运，依然保留货主负责运输。1934年9月1日后将货主负责的货物一律纳入负责联运范围，只是暂以整车为限，以十五吨为起码。① 总之，铁路联络负责运输的统一实施在近代中国铁路运输史上具有重要的意义。另外，北宁、平汉、平绥三路联运交汇于丰台站，运转及货物方面的事务极为繁杂，而三路办公处所各自分隔，接洽和会商事务颇为不便。为便捷联运过轨货车运转及验收等起见，三路共同决定在丰台站组织设立联合办公室，议定联合办公室试办大纲暨联运过轨货车验收规则，并于1935年6月1日起实行。该办公室暂设于北宁铁路丰台站南客厅，凡三路丰台站关于办理联运货物运转、验收、警务等相关事务的办事人员均集中在联合办公室，以便遇事会同商办，随时设法解决，工作效率因之大为提高。②

京奉铁路还是华北旅客联运的主力之一。1922年9月，交通部召集吉长、四洮铁路及国有主要铁路，于北平举行第一次华北旅客联运会议，并邀请南满铁路加入，订立《华北旅客联运合同》，规定发售联运单程及来回客票及行李票等办法，并于1923年2月1日实行。京奉、京汉、京绥、津浦等铁路均有参与。其中京奉铁路加入华北旅客联运的车站为新民、锦县、山海关、天津、北平共五站。1925年10月5日，在天津的京奉铁路管理局召开第二次会议，除完善旅客行李联运办法外，并创办包裹联运，并于1926年1月1日实行。③ 总之，北宁、平汉、平绥等国有各路共同"编织"的联络运输网络，有助于充分发挥各路的运输效能并增进营业收入。1919年国有各路客、货联运进款共约260余万元，1920年增至310余万元，1921年达到450余万元，1922年骤增至890余万元，1923年则超过1300万元，至1925年复降为850余万元。因此，这几年可称为国内联

---

① 荫培：《北宁铁路联络运输之后顾与前瞻》，《北宁铁路月刊》第7卷第5期，1937年5月，第3页。
② 《平绥平汉北宁三路组织丰台站联合办公室并订丰台站联运过轨货车验收规则》，《铁路杂志》第1卷第6期，1935年11月，第86页；荫培：《北宁铁路联络运输之后顾与前瞻》，《北宁铁路月刊》第7卷第5期，1937年5月，第9~10页。
③ 荫培：《北宁铁路联络运输之后顾与前瞻》，《北宁铁路月刊》第7卷第5期，1937年5月，第4页。

运事业的极盛时期。①

表 2-8 1919—1931 年各种联运收入比较

单位：元

年份	国有铁路旅客联运	国有铁路货物联运	中日铁路联运	中东铁路联运	华北联运	合计
1919	2282890	—	354803	—	—	2637693
1920	2358405	545047	285766	—	—	3189218
1921	3006968	1261232	316507	—	—	4584707
1922	2989286	5595932	189832	92910	51258	8919218
1923	3623533	9010165	225308	184777	85202	13128985
1924	3437890	7340584	233920	309380	95939	11407713
1925	2932494	4801873	244093	536145	22885	8537490
1926	227098	284715	138388	388358	155253	1193812
1927	275521	285674	490502	638478	69975	1760150
1928	530078	—	465391	246311	23620	1265400
1929	2179632	—	136939	430641	87477	2834689
1930	1114885	—	791030	246128	—	2152043
1931	5101966	—	842614	175004	871	6120455

资料来源：宫本通治编『北支事情綜覽』滿鐵總務處資料課、1936、35 页；金家凤：《中国交通之发展及其趋向》，第 58~59 页。

表 2-9 1932—1934 年国有各路客货联运收入比较

单位：元

年份	旅客联运	货物联运	合计	联运处经费（%）
1932	5456396	674764	6131160	1.09
1933	7714040	2938911	10652951	0.85
1934	8635673	17155788	25791461	0.40

资料来源：宫本通治编『北支事情綜覽』滿鐵總務處資料課、1936、38 页。

---

① 俞棪：《全国铁路联运之恢复与推进工作》，《铁道公报》第 522 期，1933 年 4 月，第 2~3 页；金家凤：《中国交通之发展及其趋向》，第 56 页。

京奉铁路国内联运虽成绩昭著，但与其他各路也存在诸多隔阂。这首先体现为各路的车辆制度极其杂乱，货车及机车的分配呈现不均衡的状态，有的线路车辆过剩，有的线路车辆缺乏。车辆制式及轨道不统一。由于历史的原因，国有各路货车的式样、载重量及技术标准差别较大，尤其是各路轨距、轨制的不同给铁路联运造成了很大的不便，极大地影响了联运的效率和成绩。再者，车务及运费也因债权国不同而各异，国有各路制定各自的车务运章及规定，运费的标准也互有差异，以致联运收入的划算颇为烦琐。此外，各线路对于零细货物或不满整车货物的运输规定相当杂乱，给联运事业的推行造成了不小的麻烦。

1927年，以京奉铁路为中心的东北地方铁路的客货联运逐次进行。同年11月，洮昂铁路和京奉铁路的大通支线均已通车，齐克铁路亦于1928年10月动工，从而使奉天和齐齐哈尔两个省会之间可经齐克、四洮、洮昂、京奉四路而实现直达。1928年6月，张作霖退回关外，京奉铁路再度分为两个管理局，在奉天的铁路局管辖滦县以东至奉天的干线及大通、营口、锦朝三条支线，并接受东北交通委员会的领导；退回关外的奉系军阀把平汉、陇海、津浦、平绥等路的大批机车和客货车带到平奉铁路关外段存放。这些都为东北地方各路办理客货联运提供了条件。另外，东北地方铁路则有国有、民营之分，运输规章各不相同，交通运力及效益均不能充分发展，故而亟须实行联络运输。1928年1月，平奉铁路的奉天管理局召集四洮、洮昂、齐克三路会商联运事宜，因时局靡定而未能见诸实行。1928年11月，东北交通委员会于奉天召开西四路（平奉、四洮、洮昂、齐克）联运会议，将前定平奉、四洮、洮昂三路联运办法加以修正，并于是年12月25日率先实行旅客联运。1929年9月，北宁铁路全线统一，联运区间随之延展至平津。当年6月、7月间，东北交通委员会在沈阳召集四路货物联运会议，议定相关规则和办法，并于12月25日实行。[①] 另外，平奉、奉海两路业已于1928年12月26日实现联运通车。[②] 1929年11月

---

① 荫培：《北宁铁路联络运输之后顾与前瞻》，《北宁铁路月刊》第7卷第5期，1937年5月，第5页；《北宁四洮洮昂齐克商定货物联运办法》，《东北新建设》第1卷第11期，1929年12月，"东北路政近讯"，第2页。

② 《奉海平奉联运成功》，《大公报》1928年12月30日。

25日，沈海、吉海两路开始实行客货联运。① 1930年4月1日，为改进路务及完成东北国有及民营各铁路联运网起见，北宁铁路"做东"召集沈海（奉海）、吉海、吉敦三路代表举行联运会议，并于1931年1月20日实行。② 可见，北宁铁路在东北地区东、西四路联运中居于中流砥柱的地位，并对参加联运的东北地方各路竭尽全力予以协助。北宁铁路与东北地方铁路实现客货联运后，营业收入突飞猛进，超越了北宁与平汉、津浦、平绥等路的联运成绩。如1930年11月份，东四路的联运进款为77932.15元，西四路的进款为61624.82元；北宁与平汉、津浦、平绥等路的联运进款为14197.46元，只及前两项总和的10%。③ 南满、中东两路也因之大受影响，营业收入均出现不同程度的下降。然而，北宁铁路与东北地方铁路联运的蓬勃发展及美好前景均被九一八事变击碎。

1929年10月10日，北平至吉林间首次开行平吉客运直达特别快车，分别由北平、吉林对开。该项通车行驶速度特快，设备完善，有头、二、三等客车、卧车、餐车、邮车、行李车、守车等全套装备。开行首日，特在北平前门站举行盛大的开车典礼，招待中外来宾及记者；北宁路局为此发行纪念乘车票，并邀请中外记者乘坐首车直达吉林，免费招待食宿，盛况空前，④ "为当时沉闷之国内交通事业放一异彩"。⑤ 尽管首次通车不幸在抚顺站出轨覆车，⑥ 但在北宁铁路管理局的坚决维持下而赓续开行。1931年1月，平吉直达通车又延开至长春。⑦ 该直达快车开通后，营业收入显著，仅在1931年2月1日至8日，乘客人数共计3031人，营业进款

---

① 《沈海吉海实行联运》，《东北新建设》第1卷第11期，1929年12月，"东北路政近讯"，第2页。
② 荫培：《北宁铁路联络运输之后顾与前瞻》，《北宁铁路月刊》第7卷第5期，1937年5月，第5页；《四路联会议已在天津开幕矣》，《盛京时报》1930年4月4日；《四铁路定期联运》，《盛京时报》1930年4月27日。
③ 《北宁铁路月刊》第1卷第3卷，1931年3月，"统计"，第11~13页。
④ 王奉瑞：《东北之交通》，载沈云龙主编《近代中国史料丛刊续编》第93辑，第45页。
⑤ 荫培：《北宁铁路联络运输之后顾与前瞻》，《北宁铁路月刊》第7卷第5期，1937年5月，第5页。
⑥ 旷如：《平吉通车之出轨事件》，《铁路协会月刊》第2卷第9期，1930年9月，第1页；《平吉通车脱轨记》，《铁路协会月刊》第2卷第9期，1930年9月，第63页。
⑦ 《平吉通车展至长春》，《东三省官银号经济月刊》第3卷第1期，1931年1月25日，"金融及实业杂讯"，第3页。

为 15431.50 元。① 不幸的是，当时中国最长路程的旅客直达快车，在行驶近两年后因九一八事变的爆发而停顿。然而，平吉直达快车的开行不仅使得关内外的人员流动愈加频繁，精神上的联络愈加密切，而且具有重大的政治意义——在全国统一上的象征意义。② 与平吉直达通车的性质和设备相仿的平齐（北平—齐齐哈尔）旅客直达通车也随之筹办。1931 年春，北宁、四洮、洮昂、齐克等四路代表在天津北宁铁路局召开联运直达通车会议，协定有关的规章条款，并确定于同年 10 月 10 日起正式开行，计划由北平及齐齐哈尔两站相对开行首次通车，举行盛大开车典礼，发送纪念招待乘车证，招待中外记者等。但这一计划也因九一八事变后日军侵占东北而夭折。③

北宁、平绥两路为便利旅客往来北平、包头起见，共同商定开行由北平正阳门至包头间的直达特别快车，决定自 1932 年 10 月 18 日起每星期二、五由正阳门开往包头；每星期四、日由包头开回正阳门，附挂头、二、三等卧车及餐车往来，乘客除购普通客票外，须一律另购床位票，所有各种优待券及减价票概不适用。④ 列车往返正阳门、丰台之间由北宁路供给机车，丰台、包头间由平绥路供给机车，均在丰台站进行调换；客车、餐车、守望车等均由北宁铁路提供。⑤ 平包直达特别快车自 1932 年 10 月下旬开通之后，业务日臻发达，进款日渐增多，而且便利了行旅，促进了西北地区开发，即"借增两路之收入而速繁荣之效力"。⑥ （详见表 2 - 10）

---

① 《北宁铁路月刊》第 1 卷第 5 期，1931 年 5 月，"业务"，第 2 页。
② 《中国交通史上新纪念》，《大公报》1930 年 10 月 9 日。
③ 王奉瑞：《东北之交通》，载沈云龙主编《近代中国史料丛刊续编》第 93 辑，第 45～46 页。
④ 《北宁平绥铁路管理局开行北平正阳门包头间直达特别快车广告》（1932 年 10 月 11 日），中国第二历史档案馆藏，档案号：215 - 441。
⑤ 《为 10 月 18 日开始行驶前门包头间直达特别快车通传遵照并布告周知由》（1932 年 10 月 17 日），中国第二历史档案馆藏，档案号：215 - 441；《为呈复关于筹开平绥直达特别快车办法请鉴核示遵由》（1932 年 9 月 12 日），中国第二历史档案馆藏，档案号：215 - 441；荫培：《北宁铁路联络运输之后顾与前瞻》，《北宁铁路月刊》第 7 卷第 5 期，1937 年 5 月，第 7 页。
⑥ 《北平政务委员会训令北宁铁路管理局》（日期不详），中国第二历史档案馆藏，档案号：215 - 441。

表 2-10　1932 年 10 月—1933 年 10 月平包特别快车北宁铁路应得进款概数

月份	上、下行车次数	上、下行车票数（张）			上、下行车进款（元）			指数*
		头等	二等	三等	票价	分款	总计	
1932 年 10 月	8	18	44	483	922.50	94.00	1016.5	41
11 月	18	28	120	1234	2249.50	223.50	2473.00	100
12 月	16	34	191	1645	3074.50	284.55	3359.05	136
1933 年 1 月	18	54	242	1937	3657.50	312.90	3970.40	161
2 月**	16	46	170	1783	3270.15	298.38	3568.53	144
3 月	18	53	127	1752	3137.50	290.17	3427.67	139
4 月	16	63	162	1512	2948.00	255.51	3203.51	130
5 月	18	59	201	1520	2709.50	240.10	2949.60	119
6 月	18	48	197	1502	2619.50	242.85	2862.35	116
7 月	15	33	153	1538	2436.50	265.65	2702.15	109
8 月	11	19	127	1181	1871.00	182.00	2053.00	83
9 月	18	57	274	1848	3296.50	352.53	3649.03	148
10 月	18	50	201	1838	3134.00	294.05	3428.05	139

注：* 由于 1932 年 10 月份的进款统计是从 18 日开始，不足整月，所以选择以 1932 年 11 月份的进款总数为 100；** 2 月份只有 28 天，故行车次数较少。

资料来源：北宁铁路营业课调查股："1932 年 10 至 12 月各月平包特别快车本路应得进款概数表清单""1933 年 1 至 10 月各月平包特别快车本路应得进款概数表清单"，中国第二历史档案馆藏，档案号：215-442；《北宁铁路月刊》第 3 卷第 1~8 期。

　　1921 年 1 月 1 日，京奉铁路与津浦铁路合办的由北平直达浦口的平浦旅客联运直达特别快车（简称平浦通车）正式开行，每周对开两次。1924 年因战事关系，津浦铁路屡遭分割，此项通车一度停滞；直至 1929 年 7 月，北平至济南一段先行恢复，1930 年 12 月 7 日，平浦旅客联运全线通车。① 1933 年 10 月底，作为"咽喉"工程的首都铁路轮渡竣工通行，列车可以借由轮渡跨越长江天堑而省却倒车之烦。铁道部立即组织北宁、津浦、京沪三路紧锣密鼓地合作筹备开行沪平联运通车，以期实现上海与北平之间的直达运输。1933 年 10 月 22 日，沪平联运通车正式开行，每日对

---

① 《津浦铁路平浦直达通车每周开行两次通告》，《申报》1929 年 5 月 8 日；《平浦通车增加次数》，《申报》1928 年 10 月 20 日；倪锡英：《北平》，第 23 页。

开一次，途径南京、徐州、济南、天津等都市巨埠，并可直达青岛、潼关、包头、汉口各处。每列车挂有头等卧车、餐车、卧车、普通客车、行李车及邮政包件车等，车身为墨蓝色，缀以"沪平通车"字样。车辆全部采用美国进口的蓝钢车，外观精美雅洁，内部装饰考究，设备舒适惬意，而且行驶稳妥迅速，服务周到恳切，堪称当时国内联运通车的典范和标杆，并能够与"世界各国最完美之旅客列车"比肩。铁道部对其管理也颇为注意，明令要求核收全价车费，所有优待证及记账挂车及花车、包车等概不适用，故自开办之后营业颇为卓著。① 不过，由于北宁、津浦、京沪三路"各有其历史与环境，故于平沪联运通车自不免有各自为政之处，然一般旅客不能深知，总觉其纷歧，故逐渐厘为一致"。② 为便利平津旅客赴青岛起见，北宁、津浦、胶济铁路于 1935 年 4 月 1 日联合开行青平旅客联运通车，时限为每年 4 月 1 日起，至 9 月 30 日止。1936 年底，此项通车客运情形颇为兴旺，故延长开行期限，其后又改为常年开行。③ 另外，北宁铁路及津浦铁路出于便利南北交通的考量而先后行驶平浦通车、京辽通车。京辽通车每逢星期一、四自浦口开行，平浦通车每逢星期一、五自浦口开行。两种通车均由浦口开至天津，然后或开北平，或往辽宁。因所往地点不同，以致每星期中浦口虽开行五班通车，但无法同时便利赴平与赴辽旅客。为弥补此项缺憾起见，铁道部于 1931 年自 2 月 9 日起将两种车辆合并开行，称为京平辽直达特别快车，每星期开行五次，如此赴南京、北平及辽宁的旅客，均无须在天津换车，但乘车时须注意某节车辆的目的地，以免误入。④ 为招揽国际观光旅客，北宁铁路还办理欧美游历团专车，其行程多由秦皇岛至北平，再转入平绥铁路开往南口，而后原路返回秦皇

---

① 倪锡英：《北平》，第 23 页；《平沪通车规定五项办法》，《中行月刊》第 7 卷第 4 期，1933 年 10 月，第 116 页；荫培：《北宁铁路联络运输之后顾与前瞻》，《北宁铁路月刊》第 7 卷第 5 期，1937 年 5 月，第 5 页。

② 《改善沪平通车之第一日》，《京沪沪杭甬铁路日刊》第 1128 期，1934 年 11 月 15 日，第 93 页。

③ 荫培：《北宁铁路联络运输之后顾与前瞻》，《北宁铁路月刊》第 7 卷第 5 期，1937 年 5 月，第 7~8 页；倪锡英：《北平》，第 23 页；《青平联运通车改为常年行驶》，《铁路杂志》第 2 卷第 11 期，1937 年 4 月，第 97~98 页。

④ 《京辽平浦两通车合并开行》，《旅行杂志》第 5 卷第 4 期，1931 年 4 月，第 130 页。

岛。此项列车设备精美,管理完善,开行次数逐年增加,不仅铁路取得相当收入,而且有裨于地方经济。①

随着北宁铁路联络运输范围不断扩展,行驶在该路的客运车次特别多,以致"北平、奉天间之客票运输,在中国北部各铁路内,当为首屈一指"。② 尤其平吉、平包及沪平通车等旅客直达特别快车的开行,在很大程度上密切了华北与东北、西北及华南地区之间人员及信息的流动和沟通,同时也具有象征国家统一的政治意义。总之,各种名目的客、货联运便利了旅客出行、货物流通,不仅增加了铁路自身的营业收入,而且促进"各地生产事业,亦必趋向繁荣"。③

二 京奉铁路与南满铁路的竞争

京奉铁路与南满铁路作为中日旅客联运的重要主体而相互联结,但它们并非合作无间,而是彼此竞争。换言之,南满铁路是京奉铁路最强大的竞争对手。南满铁路是日本帝国主义侵略中国东北的工具,为维持它的运输地位,日本方面始终不允许中国修建与其有竞争关系的平行路线。当初京奉铁路修筑新民至奉天段时,日方便极力阻挠。其后,京奉铁路接修至城根,日方在阻挠无果后乘机要求京奉、南满两路实行联运,试图牵制京奉铁路。可见,日方对于京奉铁路"不肯放松一步"。④

在营业收入方面,京奉铁路堪称国有各路之冠,与南满铁路相较却是相形见绌。1916年,南满铁路株式会社成立之初,获利不过200余万元日金;1927年盈利竟达3600余万元日金,增长了17倍。京奉铁路在1927年的收支盈余为1800余万银圆,如若加之金银比价的关系,那么它与南满铁路的盈余差距更为巨大。即使至1929年沈海、吉海、洮昂、齐克等东北地方铁路网络形成之后,京奉铁路形势上虽较南满铁路占有绝对优势,营业

---

① 荫培:《北宁铁路联络运输之后顾与前瞻》,《北宁铁路月刊》第7卷第5期,1937年5月,第8页;金士宣:《北宁路招待欧美游历团谈》,《旅行杂志》第5卷第5期,1931年5月,第87~90页。
② 安瑞:《最近十年来京奉路客运营业之概况》,《中东半月刊》第3卷第7期,1932年4月16日,第12页。
③ 俞棪:《全国铁路联运之恢复与推进工作》,《铁道公报》第522期,1933年4月,第1页。
④ 王余杞:《北宁铁路之黄金时代》,第28页。

第二章　京奉铁路的营业

上却依旧难望其项背。京奉铁路及东北地方铁路等共计长约2860公里，是南满铁路（1170公里）的两倍有余；中方各路总计收入充其量每年不过5000万元，只及南满铁路每年收入（约12000万元）的三分之一强。例如，东北出口货物全年共计1600余万吨，其中大豆约300万吨，各种粮食约200万吨，煤750余万吨，其余木料、药材、皮毛、牲畜、豆油、豆饼等共约400万吨。出口地点：计由大连出口者约700万吨；营口、安东各100余万吨；由海参崴、满洲里及北宁铁路运出700余万吨，而此700余万吨中经由北宁路运出者仅占百分之四五而已。①

造成这种状况的原因主要有两个方面：一是南满铁路为与京奉铁路竞争而将运价减低，且实行货物负责保管制度；京奉铁路虽然横贯东北富庶之区，但由于运价较昂及战争的破坏，以致大宗货物逐渐被南满铁路夺取。例如，先前奉天北部所产的大批粮食均先运至皇姑屯，再经京奉铁路转运至河北、河南、山东各处销售。1929年左右，因受军事影响及南满铁路减低运价，关内粮客多改赴南满铁路沿线购粮起运，甚至辽西等县所产的粮食宁可多费周折，也拉至该路沿线卖给日商。② 又如，东北产粮中以大豆为大宗，除当地消费外，均由南满铁路运往大连出口，因为该路在1919年12月开始实行大豆的混合保管制度，极大地便利了大豆的商品贸易。③ 可见，"东三省粮货运输之利源，几乎完全为南满路所垄断"。④ 低廉的运价与货物保管制度相辅相成，使南满铁路营业如虎添翼。与之相反，京奉铁路在这些方面存在明显的劣势或缺失。二为南满铁路无论何货均无捐税，京奉铁路却须估价纳税，且征额繁重，非商民所能负担。普通货商为避重就轻而相率取道南满铁路由大连出口。例如，田庄台附近每年出产芦席约5万捆，由京奉铁路田庄台车站转运之数不及南满铁路转运的1%，究其原因则是京奉铁路须征收常关税，而南满铁路无论何项货物均

---

① 北宁铁路局编《北宁铁路商务会议汇刊》，大公报馆1930年版，"第五日记事录"，第8页。
② 《北宁铁路商务会议汇刊》，"议案"，第70页。
③ 〔日〕满史会编著《满洲开发四十年史》，第576~578页。
④ 《商运会议提案（四）》，《大公报》1931年3月6日。

无常关税的花销。① 盘山县大洼站载运食盐每 10 吨加征特别维持费 20 元，对于客商大有障碍。南满铁路因无维持费而使辽宁奉海各县的盐栈均由该路运输食盐，每年运出食盐不下 5 万吨。1929 年 5 月 20 日，北宁路局通令每 10 吨减去维持费 15 元，但仍较南满铁路运费为高，以致大洼、田庄台、营口三站的食盐运量仅及常年的 10%—20%。② 此外，北宁铁路在货物分等上也较南满铁路为劣。南满铁路的一、二等货仅为绸缎及制成药品、洋纱、布匹之类，其余产销各物均为三、四等货。北宁路却将各种油粮、豆饼等货定为二等，这种货物分等规则不啻为渊驱鱼，助长了南满铁路及大连的繁盛。③ 另外，南满铁路以安奉、吉长铁路为培养线，以大连港为尾闾，天然的地理及路港优势也令京奉铁路难以与之匹敌。

尽管京奉铁路在营运方面无法和南满铁路相拮抗，但它一直在试图打破这种尴尬的局面。第一次世界大战之后，随着民族主义的勃兴，国内掀起了收回铁路利权的运动，东北地区自然也不例外。1924 年，中东铁路由中国收回自办后，南满铁路便成为下一个目标。其后两三年间，东北地方当局无视日本方面的强烈抗议，强行修筑了京奉铁路大通支线、奉海、吉海等铁路，逐步形成对南满铁路的包围。1929 年张学良宣布东北"易帜"，尤其是在以推翻"满铁"为主要目的的东北交通委员会成立之后，东北当局采取各种措施欲图使南满铁路陷入自行灭亡的境地。其中最重要的举措是计划修建包围"满铁"、纵断"中东"的东西两大干线和支线及筹建葫芦岛港。④ 尽管政治上的努力要由东北地方当局来推行，但在具体的手段上，北宁铁路被赋予"负有开发东北及与日俄等相对抗的经济、政治使命，其应竭力负起推广北方铁路之使命"。⑤

1929 年 6 月，北宁、四洮、洮昂、齐克等西四路实现客货联运；同年 9 月，高纪毅任北宁铁路局长后，即以北宁铁路为基础，谋求实现北宁、

---

① 《北宁铁路商务会议汇刊》，"议案"，第 79 页。
② 《北宁铁路商务会议汇刊》，"议案"，第 78 页。
③ 《北宁铁路商务会议汇刊》，"议案"，第 109 页。
④ 参见〔日〕满史会编著《满洲开发四十年史》，第 190 页；金士宣、徐文述编著《中国铁路发展史（1876—1949）》，第 416~417 页。
⑤ 《北宁路五十年纪念志盛》，《大公报》1931 年 6 月 10 日。

沈海、吉海、吉敦等东四路的客货联运，并于 1931 年 1 月 20 日实行。① 东四路、西四路的联运实行后，北宁铁路的辐射和吸收范围进一步扩大，特别是与沈海、吉海两路的接轨联运，使吉林省的物产可由北宁铁路运送。沈海、吉海两路是贯通辽宁与吉林的大动脉，既能截断南满铁路的部分货源，又能控遏中东铁路，所以日方极力阻挠吉海铁路的修建并力图破坏北宁与奉海等路的联运。同时，北宁路局决定扩充营口北岸码头，计划投资 640 万美元与荷兰治港公司签订葫芦岛港建筑合同，最终目标是将其建设为拥有 500 万吨吞吐能力、能与大连相抗衡的大型自由港，并决定于 1935 年 10 月竣工。② 此外，北宁铁路利用当时正值银价贬值的时机，向南满铁路挑起了运费和揽载货源的竞争。1930 年 7 月 1 日，北宁铁路管理局突然宣布减低货物运费五成、通过税七成，试图将东北各地货物揽集于北宁及其他联运各路之内；③ 并决定在试办货物负责联运的营口、通辽、皇姑屯、沈阳等 4 站的基础上，再加入前门、永定门、丰台、天津东站、唐山、滦县、山海关、锦县、沟帮子、打虎山等 10 站实行负责联运。④

北宁铁路的种种竞运举措在使其营业进款出现激增的同时，也使"南满铁路甚受影响"。⑤ 尽管南满铁路一改最初的观望态度，并以减低全路运费相抗衡，但无济于事。1930 年末，南满铁路比上一年减收了三分之一；至 1931 年 2 月底，该路减收额已突破日金 27158061 元，客货运输较之前年同时期减收日金 27010269 元，以致该路陷入赤字危机，并不得不进行裁员。⑥ 面对这种困境，自 1931 年 3 月 1 日起，南满铁路对由奉天以北各站南运至营口的货物改用银单位制核收运费；又于 3 月 10 日起对奉天以北各站南运至大连及安东的货物规定特定运价，折减费率。虽然南满铁路宣称此举纯粹为便利商运，并非含有敌对意味，但其改用银单位制及减低运价在方向上仅限于南运货物，在区域上仅限于奉天以北地区，其动机在于抵

---

① 金士宣、徐文述编著《中国铁路发展史（1876—1949）》，第 419 页。
② 王奉瑞：《东北之交通》，载沈云龙主编《近代中国史料丛刊续编》第 93 辑，第 40 页；《葫芦岛开港典礼纪盛》，《大公报》1930 年 7 月 4 日。
③ 《东北铁路力图对抗满铁》，《盛京时报》1930 年 6 月 21 日。
④ 《北宁路十四站办理负责联运》，《盛京时报》1930 年 12 月 23 日。
⑤ 《东北各路联运后南满铁路甚受影响》，《大公报》1930 年 11 月 3 日。
⑥ 《东北各路联运后南满铁路甚受影响》，《大公报》1930 年 11 月 3 日。

制北宁铁路可谓路人皆知。在采取针锋相对的举措后，南满铁路的货运出现陡增，如铁岭以北货运量在3月初旬每日平均不过5000吨，自11日以后平均每日跃至9000余吨，其他各区也呈现出同样的趋向。①

总之，北宁铁路与南满铁路之间的合作与竞争交织并存。合作主要体现在旅客及行李的联运，竞争主要是货运方面的争揽，以竞相减低运价以招徕货源。南满铁路除实行特定运费外，还采取一切办法努力把内地货源吸引到该路向南运输。北宁铁路由于银价暴跌造成运费低廉，与东北地方铁路实现客货联运，并实行种种折扣，力图使所有货源向该路集中。因为北宁铁路的竞运政策收到了明显的效果，沈海、吉海、四洮、洮昂等路的货物逐渐舍弃南满而改由北宁铁路运送。尤其1920—1930年代，随着国内民族主义情绪日益激昂，双方的竞争更趋激烈。这种竞争不仅是一种单纯的经济利益的争夺，而且被赋予了一些政治色彩。这赋予北宁铁路政治道义或民族责任。然而，由于在设备、经营、港口、捐税等方面的落后或制约，尤其"最关重要之吞吐港，尚未开辟成功"，② 以致北宁铁路营业收入较之"南满、中东犹有逊色……大利仍属诸他人也。"③ 可见，北宁铁路尚无法与南满铁路展开真正的抗衡。

京奉铁路除首尾及锦朝、大通支线伸入腹地外，其余路线多濒海，沿线有天津、新河、秦皇岛及营口等口岸，更构成其吞吐集配之功能，并为其与水路之间的联运提供了基础条件。1928年，京奉铁路为发展业务起见，积极开辟葫芦岛为商港，以期吸揽和分流大连港的进出口货物，不过在筑港工程完竣以前，仍需倚赖营口港外输货物。但营口港每届冬季海水封冻，轮船不能出入。所有出口货物均取道南满铁路运至大连出口，以致北宁铁路营业颇受影响。尤其1929年北宁铁路与东北各路办理客货联运之后，客货运输日愈便利，只是自南京各地运送货物苦无便利办法。有鉴于此，北宁路局与开滦矿务局订立合同，将该矿开往上海、香港等地的运煤船只，划出一部分为联合输送货物之用。由南方省份运至东北各地的货物

---

① 《三干线勾心斗角，吸收货物减低运价》，《大公报》1931年3月21日。
② 王余杞：《北宁与南满中东》，《铁路月刊广韶线》第1卷第12期，1931年12月，第14页。
③ 王余杞：《北宁与南满中东》，《铁路月刊广韶线》第1卷第12期，1931年12月，第14页。

第二章　京奉铁路的营业

将交由开滦煤船负责运至秦皇岛上陆，再由北宁铁路运至卸货地点；由东北向南方各地运送的货物则交由北宁铁路负责起运即可直达。不过，此项水陆联运的成绩因宣传不力及货商认识不周而差强人意。1931年，北宁铁路管理局遭派技术人员赴营口勘选地址，建筑码头，添修道岔，并设立海关分关，以促进营口港埠贸易之活跃。同年4月，该路与营口招商局商订水陆负责联运办法，以营口为衔接地点，起讫地点为北宁铁路各负责站及与北宁路联运之各站、各支路均为联运站；轮船方面，凡招商局设立分局之各埠或设有代理各地均可联络。其后，北宁铁路又与肇兴轮船公司订立同类合同，并办理营口至山东龙口之间旅客联运。然而，九一八事变的爆发让这些努力付诸东流。1933年9月，第十六次国内联运会议曾议决国有铁路与国营招商局水陆联运办法。北宁铁路将拟办水陆联运之车站及交接口岸函告铁道部联运处，同时与招商局进行洽商，订定办事细则草案以备实施。1934年5月间，联运处与招商局正式签订合同并颁发各路。北宁铁路遵照部令，即与招商局函商水陆联运具体事项，并将天津东站河沿、塘沽站招商码头设为联运衔接地点，前门、丰台、天津总站、唐山为联运站，联运口岸则有汕头、香港、广州、宁波、福州、厦门、烟台等港口。然而，由于准备不周，困难不少，该项水陆联运只得暂缓实施。[①]

北宁铁路的沿线腹地内存在着传统的民船、大车运输和崭露头角的汽车运输，尤其是民船运输与铁路形成激烈的竞争。近代东北辽河的航运业因该路和南满铁路的冲击以及河道的淤塞而迅速趋于衰落，但冀东地区的水运系统依然较为发达，因此，北宁铁路与水路的竞争主要集中在冀东地区，即该路关内段的"吸引范围"。在冀东地区分布着蓟运河、滦河、北运河等三大河流，它们因地势关系多自北向南，注入渤海，且富于舟楫之利，形成较为畅达的水运系统。此外，尚有数条大小不等的驿路或土路穿延其间。北宁铁路建成以前，这些河流和驿路无疑成为联络京津和冀东地

---

① 《北宁路局新订水陆联运办法》，《盛京时报》1930年3月2日；《招商局与北宁路局水陆联运》，《工商半月刊》第7卷第15期，1935年7月30日，第122页；《北宁路筹备办理香港上海联运》，《益世报》1930年6月25日；荫培：《北宁铁路联络运输之后顾与前瞻》，《北宁铁路月刊》第7卷第5期，1937年5月，第14页；周凤图：《我国铁路轮船联络运输之回顾》，《交通杂志》第3卷第7、8期合刊，1935年6月，第86、90页。

区的交通路径。随着该路的诞生和延展,它挟其无可比拟的优越性而迫使传统的水陆运输做出"退让"。然而,囿于铁路运费较水路为昂以及其他因素的影响,该路不但没有也不可能完全将后者取代,反而时刻感受着来自后者的竞运压力,甚至在靠近河流的某些地方,它反而逊色于水运。

蓟运河为天津、滦县间一个自成系统的水运体系,支流中的还乡河、箭杆河、洵河、金钟河、芦台运河、"煤河"等均可通航,尤以还乡河、洵河、金钟河为重。①

据《北支河川水运调查报告》记载:"蓟运河的本支流如血管一样纵横遍布于河北省北部的冀东地区,流域幅员广阔,包括有平谷、三河、宝坻、宁河、丰润、玉田、蓟县、香河所谓的东八县,位于天津的背后,……除北宁铁路沿线外,蓟运河流域的东北地区交通是比较不便的,仅在极有限的地方有汽车和大车(畜力车)充做交通工具,于是水运即成为本地区独一无二的运输渠道……,东八县地区进出物资的运输,除了北宁铁路以及冬季的结冻期外,几乎全部是靠水运……水运起到极为重要的作用。"② 可见,该运河沿岸各地货物运输,大部分以此水系为出入要道,由北宁铁路运输者不及半数。尤其在天津、芦台间及天津、胥各庄间,蓟运河对于该路的运输竞争相当激烈,致使此区间内的铁路营业颇受损失。例如,由蓟运河沿岸各地运往关外的芦席,多不由芦台站或胥各庄站装车运至山海关再转车出关,而是径直由蓟运河干流或由"煤河"转入该河干流至北塘出口;由天津运至胥各庄或唐山以东的大米、面粉、纸烟、洋布、杂货、杂粮、布袋及煤油等也多不由天津东站装车,而径由沽河或金钟河转蓟运河干流,再转"煤河"运往。③

再以蓟运河支流之一的"煤河"为例,该河系开滦矿务局为便利煤运而开挖,东起河头(即胥各庄),西讫芦台镇,接于蓟运河,全长约 80 里。全河行程均与本路平行,运输竞争,极为激烈。④ 自唐胥铁路修建后,

---

① 转引自李华彬主编《天津港史》古、近代部分,第 170 页。
② 转引自三河县公路交通史编写组《三河县公路交通史略》,廊坊地区行政公署交通局 1986 年版,第 53 页。
③ 《北宁铁路沿线经济调查报告书》,第 20~21 页。
④ 《北宁铁路沿线经济调查报告书》,第 1957 页。

第二章　京奉铁路的营业

该河的运煤使命逐渐被铁路所剥夺。如1882年8月至1887年5月，通过运河运至天津的煤炭计40万吨左右，占唐山矿产量的80%；当铁路通至天津之后，该河运煤量锐减，每年不过数万吨左右。① 但是，"煤河"的运输功能并不因此而衰竭，即在其他货物方面，它与铁路的运输竞争仍然激烈。譬如，1922—1926年，"煤河"经由阎庄进出内地的货物吨数每年平均在30万吨以上（含煤在内）；② 又据约略统计，"芦台之货被夺于船运者，几有三分之二；胥各庄之货被夺于船运者，几二分之一，是以芦台站货运，复较胥各庄站少六倍有余"。③ 由此导致铁路方面的"营业损失，积年计算，不可胜数"。④ 为此，路局曾屡次设法以谋抵制，甚至欲图将其收买，但始终未能如愿。⑤

另一方面，北宁铁路与蓟运河也存在一定的协作。胥各庄站濒临开滦"煤河"，铁路与河运既有激烈的竞争，也有密切的合作，该地"附近出产大宗货物……计十八种，半由煤河沿岸附近村镇西运而来，再行装车东运关外，……然是地近来商业稍见发达，尤赖煤河与铁路二者相辅而行。无河路无以招货物之来源，无铁路无以倡运输之广巨，车船二者缺一不可"。⑥ 位于还乡河（蓟运河的一个支流）河畔的鸦鸿桥镇，东运货物大都先由船或大车运至胥各庄、芦台、唐山等站，再转铁路运往他处。⑦ 面对蓟运河的竞争，铁路方面并非无法挽回，"苟铁路能择适当地点兴办水陆联运，并规定招揽办法，使蓟运河主干部分，变为本路之营养线，……夫如是不独对本路营业有所裨益，同时开滦煤河及金钟河新开河之竞争问题，亦可得相当之解决矣"。⑧

滦河是冀东地区的又一重要河流，自东南流经热河的丰宁、隆化、围

---

① 开滦矿务局史志办公室编《开滦煤矿志》第二卷，新华出版社1995年版，第389页。
② 《开滦煤矿志》第二卷，第392页。
③ 《北宁铁路沿线经济调查报告书》，第1516页。
④ 《北宁铁路沿线经济调查报告书》，第1516页。
⑤ 《京奉路局扩充货运拟收买芦台天津间河道，将由路局承办水路运输》，《益世报》1927年12月19日。
⑥ 《北宁铁路商务会议汇刊》，"议案"，第41~42页。
⑦ 《北宁铁路沿线经济调查报告书》，第1955页。
⑧ 《北宁铁路沿线经济调查报告书》，第1941~1942页。

场等,河北的迁安、卢龙、滦县、昌黎、乐亭五县,至甜水沟入海,全长约两千里;该河的货运中,输出主要为当地土产,输入以制造品为大宗。①它与铁路呈垂直交叉的位置关系,上流物产可由滦县经由铁路运销他处。从表面上看,它与铁路运输不仅没有竞争关系,而且有辅助之利。但事实并非全然如此,因为滦河沿岸物产多以天津为主要销场,同时由天津运入所需的货物。在天津与滦河口间有海运路线,故货物既可由铁路运输,亦可由船运。②故在货运方面,滦河与铁路之间亦形成一种既竞争又合作的关系。

北运河起自通县,南经香河、武清而达天津,长约210里,流经河北省内的密云、怀柔、顺义、昌平、通县、香河、大兴、天津等十县及平津两市,区域之广,不在蓟运河、滦河之下。大体而言,该河流向自西北向东南,与北宁铁路平津段几乎呈平行状态,与铁路的关系较为重要。北运河以往总是被作为水路受到铁路冲击而迅速衰落的典型例证。1897年津芦铁路的开通及1900年漕粮改由火车运京,③对北运河的航运和沿线商务造成了强烈的冲击,"北京与天津之间的运输向来经由运河,有了铁路,几乎全由铁路联络";④"北运河自京奉铁路成后,行旅货物率以河路迟滞,改由陆路,北运河航路与前迥异矣"。⑤1900年之前,沿河的北仓"为漕运必经之处,商业甚为发达,当时并有当铺、仓敖,……自北宁路落成,运粮制度遂废,以前之繁盛遂一落千丈,当铺休业,仓敖亦废,以至穷窘栉比,一片萧索"。⑥可见,北运河往昔地位的丧失已是不容置疑的事实,但这绝不意味着它的彻底没落;而且北运河受到铁路冲击仅是指其客运业务而言,货物运输受到的打击却较为有限。"至于货物之运输,不特距铁路、公路迩近之地,较距河道稍远之区,仍由河道运输,即水陆均便之处,亦多舍陆而由河,盖以其运价较廉也。"⑦因此,北运河依然发挥着货

----

① 《北宁铁路沿线经济调查报告书》,第1975、1987页。
② 《北宁铁路沿线经济调查报告书》,第1998页。
③ 果鸿孝:《中华近世通鉴·经济专卷》,中国广播电视出版社2000年版,第210页。
④ 宓汝成:《帝国主义与中国铁路(1847—1949)》,第598页。
⑤ 侯仁之:《天津聚落之起源》卷二水道航路(六),天津工商学院1945年版,第15页。
⑥ 《北仓村民生之凋零》,《大公报》1931年1月13日。
⑦ 《北宁铁路沿线经济调查报告书》,第1000页。

物航运功能并与铁路产生激烈的竞争,"其中以南运之密云、怀柔、顺义、通县等县土产及由津北运沿河各县之芦盐、杂货、米面、竞争为最甚"。①"由津至通者,以粮食为大宗,米面每年约运一万五千吨;其次为杂货,以糖及铁器为大宗,每年亦约运一万吨,由津至通者,除木料每年约有三千二百吨,多走路运外,其药材及干果,每年约三千余吨;又和记洋行购办之鸡蛋,每年约一万吨,概由水运输出",② 以致该北宁铁路平津段货运颇受影响。另外,由于北运河每年开河时期有 8 个月有余,即其在冬季有 3、4 个月的封河期,此间该路平津间的运输似乎应该大为增加,但实际情况未必如此。其原因有二:"第一,各地土产如花生、杂粮等,均于秋季收获,距封河尚有数月,可尽量运出,及至封河几无货可运矣;第二,封河时已届阴历年底,即欲运之货,亦多至次年开河起运,盖年底各商结账,市场上亦不活跃也。因此下行运输,即在封河时期中,该路亦受其竞争影响。"③ 至于如芦盐、面粉等货物,虽然没有季节性的限制,但各商家宁可在开河期间尽量多运以作储备,也不愿在冬季由运价较高的铁路运输。总之,北宁铁路平津段的运输常年受到北运河竞争之苦。

北宁铁路关内段"吸引范围"内的传统水运,尽管存在运速迟缓、季节性变化明显的劣势,但它能与铁路运输并肩而存,且与铁路形成激烈的竞争。究其原因,不外如下数端:一是运价低廉、杂费减省,这是水运最具竞争力的方面。"惟以船只成本至轻,河道为天然利益,铁路有成本关系,运价上未能与之竞争,加之以旱脚装卸等项杂费,亦较水运为多,遂致铁路不能占优势。"④ 尤其是 1924 年以来,军事频兴、车辆缺乏、运力紧张,且"当时各路尚须负担巨额之协款,财力不支,不得不增高客货运费",⑤ 致使客商视铁路为畏途,纷纷改由水路运送。仅以丰台地方为例,

---

① 《北宁铁路沿线经济调查报告书》,第 2014 页。
② 《由津至通杂货及米面运价调查》,《北宁铁路月刊》第 2 卷第 5 期,1932 年 5 月,"调查",第 1 页。
③ 《北宁铁路沿线经济调查报告书》,第 2014 页。
④ 《由津至通杂货及米面运价调查》,《北宁铁路月刊》第 2 卷第 5 期,1932 年 5 月,"调查",第 1 页。
⑤ 国民党中央党部国民经济计划委员会主编《十年来之中国经济建设》,南京扶轮日报社 1937 年版,第 81 页。

由天津运至牛郎山的大宗货物如面粉、杂货等向由京奉铁路输送，1920年代后期却多改走北运河，因1926年起军事频兴，运输迟滞，运费加价，较之1926年前增高1/4。又如，北运河在1926年前仅有民船30余艘，1929年时增至300余艘且仍增加不已，因河路较火车可节省运费30%—40%。[1]可见，铁路运价的增加是促成货物向水运倾斜的主要原因。这种趋向也在同一时期天津交由火车、民船及大车运进（出）货物的比重变化中得到直观映现。

表2-11 1922—1930年交由火车、民船及大车运输货物

单位：%

年份	火车	民船	大车	共计
1922	74	23	3	100
1923	74	23	3	100
1924	74	23	3	100
1925	66	31	3	100
1926	43	54	3	100
1927	50	46	4	100
1928	49	46	5	100
1929	54	42	4	100
1930	47	50	3	100

注：1931年常关裁撤后，所有火车、民船及大车运输货物无从统计，故未列入。
资料来源：天津社会科学院历史研究所编《天津海关十年报告（1922—1931）》，《天津历史资料》第5期，1980年，第68页。

二是由于该路的计量收费方式及货物分等的不合理所致。例如，由石家庄运津的棉花，轻浮甚于羊毛，在丰台起货票系按车皮吨数核收运费，所装40吨车仅能容装25吨，30吨车仅能容货20吨，若20吨仅装16吨左右，商民吃亏甚巨；加之车辆缺乏、运费增加，所以悉数改由水路运输，冬季河路不通时则由大车、骆驼、骡马等运送。[2] 又如，运销东北的芦席也属轻浮货物，铁路方面采用打尺计费的方法，致使客商吃亏不少；同时

---

[1] 《北宁铁路商务会议汇刊》，"议案"，第20~21页。
[2] 《北宁铁路商务会议汇刊》，"议案"，第22页。

由于水路运费极为低廉,每片均为一分左右,故其"多舍铁路而就海道及河道矣"。① 另据统计,1935 年前后,芦台附近所产的芦席运至该站共计 400 余吨,而由蓟运河去塘沽转由海路输往关外者,每年数量五六千吨,相差实为悬殊。②

三是由于铁路沿线捐税苛重、报运手续烦琐,不如水路之便利。此外,商家运送货物多托由转运公司承办,虽然货物有安全的保障,但转运公司时常居间盘剥,货商须缴纳高于铁路运价的运费。例如,该路平津段间每 20 吨货车一车(由天津至北平)的运价为 140 元,转运公司却索要 200 元。③ 铁路方面实行货物负责运输之前,路方对于货物在途中的损失概不负责,以致"货商经常有大量的货运者,如各大煤矿的煤运,大都系雇人自行押运,但因货车破旧不堪,沿途多有遗漏或被窃,如煤运竟有损耗达 5% 者"。④ 另外,货商与船户有经济上的结合、私人间的友谊及传统的商业习惯等也导致客商倾向于采用水路。总之,沿线水路的竞运对于北宁铁路而言是一个利益攸关的问题,"盖以各河道运输,除封河期内,均可运输货物,迅速虽逊于铁路,但商人利其价廉,且货商与船户每有特殊关系,或经济上之结合,以致货物多舍路运而趋水运,与铁路之业务,自属不无影响"。⑤

蓟运河、滦河及北运河等水运尽管受到北宁铁路的冲击,这种冲击的力度在整体上却较为有限。如表 2-12 所示,1912—1921 年,与该路平津段几乎平行的北(运)河的运输比重始终徘徊在 2.5%—4%;东河(包括蓟运河、滦河等)的运输比重则在 5%—7% 的范围内波动。仅从运输比率的变化上看,北河与东河的运输比率没有出现诸如大运河和西河那样明显的下降。那种认为铁路的开通必然会对传统水运造成巨大冲击的结论在此并不适用;相反,冀东地区的这些水路与北宁铁路形成了激烈竞争。总

---

① 《北宁铁路沿线经济调查报告书》,第 1185 页。
② 《北宁铁路沿线经济调查报告书》,第 1185 页。
③ 陈晖:《中国铁路问题》,第 128 页。
④ 《北宁铁路商务会议汇刊》,"议案",第 22 页。
⑤ 《由津至通杂货及米面运价调查》,《北宁铁路月刊》第 2 卷第 5 期,1932 年 5 月,"调查",第 1 页。

之，传统的水路运输在铁路这种现代化的交通工具的挑战面前依然存续，从来没有遭到灭绝。水运地位的下降并不一定意味着它必然会出现萎缩，甚至在某些年份会出现反弹。这在1922—1930年铁路与水路运输比重的此消彼长中得到充分印证。因为运输环境的恶劣及运价的高昂，迫使客商为减轻成本而改采水路。从这种意义上说，政治及社会环境的动荡与安靖对运输方式的选择有更为突出的影响。另一方面，北宁铁路与这些水路之间亦有相互协作。蓟运河、滦河、北运河在开河时节，货物多由船运；冬季封河期间，转由铁路或大车等运送，从而形成一种互补共生的关系。总体而言，铁路与水路的竞争和协作是近代华北地区交通体系重构的表现形态和主要特征。

表2-12 1912—1921年铁路与水运比重

单位：%

年份	铁路	大运河	西河	北河	东河	河流总计
1912	53	13	21	3	7	44
1913	55	11	20	4	7	42
1914	55	9	21	4	7	41
1915	56	11	19	4	5	39
1916	60	7	20	3	6	36
1917	68	7	13	3	5	28
1918	65	7	17	4	5	33
1919	64	8	15	4	6	33
1920	71	5	12	3	5	25
1921	70.5	5	11	2.5	7	25.5

资料来源：吴弘明译《天津海关十年报告书（1912—1921）》，《天津历史资料》第13期，1981年，第66页。

总之，北宁铁路与冀东地区的水路形成了一种竞争与协作的复杂关系。两者的关系既取决于那些水路的走向——如开滦"煤河"、北运河等和铁路走势几乎完全一致，又取决于运河及传统因素，水运虽迟缓，但运价低廉，加之私人友谊或商业传统等因素的作用，对铁路形成激烈的竞争。与此同时，水路与铁路之间又存在一定的协作，故对于双方而言，关键不只是如何展开竞争，而是通过办理水陆联运达到共赢的目标。同时，双方的协作和竞争推动着近代华北交通体系的重构，而且在一定层面上折射出现代化与传统性之间的冲突和调适。

第三节　京奉铁路营业的不利因素

京奉铁路营业成绩在近代中国国有各路中向居翘楚，但这并不能掩盖其营业中存在的各种不同程度的弊端和陋习，也不能冲抵自然灾害的破坏和军阀政治的干扰造成的客货运输时有停顿，这些因素均致营业收入或多或少、或明或暗地减少。

与其他官办公营事业一样，京奉铁路在建设与维护、组织和管理、运价政策及路员风气等方面存在着各种弊病和恶习。首先即为工程建设弊端丛生。"铁路积弊，内而材料、庶务，外而车皮、过磅，皆其舞弊最大者。"[1] 其中包括雇用洋员之弊（用人、购料、包工等）、洋员附属品之弊（翻译、绘图、缮写、打字之人等）、购料之弊、承包之弊、材料之弊、外洋购料九五扣佣之弊等。[2] 尤其以材料之弊最深，弄虚作假、中饱私囊者层出不穷。例如，1915年京奉铁路发生参奏案件，即系包办材料、营私舞弊等事，如经办买收材料而中饱私囊达1000多元。[3] 1925年，京奉铁路局为革除此弊，规定新的采办方法，即2000元以上者用公开投标的方法，2000元以下者用询价方法，即向四五家同时询价，并列表比较高低。此办法颇有效果。当年7月份购料支出共计8万元，比以前节省9000元左右。若以每年平均购料200余万元计算，依照此例可节省费用22.5万元左右。然而，仍有一些品行不肖的验货员工铤而走险，以少充多且向商号索要他费。[4] 此外，材料浪费现象同样令人咋舌。据有关估计表明，"国有各路每年用煤浪费达23%、枕木浪费至35%以上，合计营业用途约浪费40%，

---

[1] 遗直：《铁路积弊是否无法革除》，《铁路协会月刊》第5卷第8期，1933年8月，第1页。
[2] 刘树屏：《述铁路建筑时之弊》（日期不详），中国第二历史档案馆藏，档案号：1056—11。
[3] 《京奉路参案之近闻》，《盛京时报》1915年8月10日。
[4] 《京奉路之近闻》，《益世报》1925年8月7日。

致路轨、车身之设备大多腐坏不堪，影响运输业务至大"。① 另一方面，该路虽时有扩建或改良，但除个别大站之外，其他各站设备多简陋不周。例如，车站货场过于狭促，来货多时只得存于岔道两旁或货栈院内，"每遇天时不良，货物难免损失，装卸容易延误时间"；② 或者是没有装卸货物的月台以敷应用，抑或岔道过短影响车辆的调拨和效率等，均对铁路货运造成不利的影响。

货物运价制定不周。如前所述，京奉铁路对于货物运价向为重视，特设运价审查委员会专司其事。凡有特殊产销情形或与水路有竞运关系的货物，大都低减运价以求招徕。例如，由营口运送普通商货及由各站运送粮食，该路均订有特价；1930年前后关外各站的运粮价率，分别按原定特价减低15%—25%不等，以便调剂民食，提倡粮运。③ 然而，这并不意味着铁路运费的绝对低廉，因为节节攀升的铁路运费和层出不穷的军事附加捐，不仅"种类繁多，捐率奇重"，而且"直接累商病民，间接影响路局收入"。④ 1926年之前，京奉铁路即已征收军事捐，同年取消军事捐，改为增加货物运价百分之二十至六七十不等，使军事捐摊入运价而掩人耳目。⑤ 1927年京奉铁路又加收教育储金，在一百公里以内每人收储金两角。⑥ 苛捐杂税的征收或摊派无疑抬高了铁路货运价格。例如，1927年京奉铁路唐山至北京区间平均每吨运费及附加税合计为3.1799元，较之1911年每吨运费2.3990元增长了139%。⑦ 由于货运价格过昂，众商啧有烦言，无力承担，只得改经他途，造成铁路营业收入流失。其次，收费计量尺度的不合理以及车皮规定重量与实装重量的不符也导致货运的减少。例如，棉花、花生、桑条等轻浮货物，每载重20吨的货车装满花生实际至

---

① 转引自张瑞德《平汉铁路与华北的经济发展（1905—1937）》，第46~47页。
② 《北宁铁路商务会议汇刊》，"议案"，第57页。
③ 《北宁铁路商务会议汇刊》，"议案"，第3页。
④ 《京奉运货将减附捐》，《益世报》1927年11月9日。
⑤ 马廷燮：《我国各路制定运价之史的分析》，《交通杂志》第2卷第2、3期合刊，1934年1月，第110页。
⑥ 《京奉加收教育储金》，《益世报》1927年11月14日。
⑦ 转引自张瑞德《中国近代铁路事业管理的研究——政治层面的分析（1876—1937）》，台北"中央"研究院近代史研究所1991年版，第69页。

第二章　京奉铁路的营业

多不过18吨，柳条实际仅有13吨或14吨。然而，运费按照铁路车皮载重吨数计算，以致商民暗中赔损不少。统捐杂税、上下脚力等也照车皮吨数核收。另外，路局人员对于大、小车皮无法支配，商栈与路局因大、小车皮而引发的争执也时有所闻。① 再次，货物分等规则不良同样对货运产生负面作用。国有铁路货物分等历经迭次修改，其中对于普通货物通常分为六等，"以头等为最高，六等为最低，大概头、二等均为比较高贵之货，五、六两等则廉贱之货属之，而多数货物则会集于三、四两等"。② 货物分等虽有进步和规范，但因缺乏精密的考察和系统的研究，仍存在诸多问题。例如，开平矿区内的缸窑每年所出之货约在5万余吨，其中销于山海关至哈尔滨沿线各栈占70%—80%，其余行销平津等处。1929年前后，该项货品外运各处多改由胥各庄装船运至营口，再经南满铁路分运东北各商埠，总计由水路运送者占60%—70%。推其原委是因1921年以前京奉铁路局将其定为三等，后则改为四等。然而，前定为三等中之末等，后定则为四等中之二等。等级虽降，运价反增，以致成本增加，改采别途。③ 此外，车辆分配不均、运输手续烦琐以及到站时日稽延等对于铁路营业收入的影响亦"不为不大矣"。④

组织管理官僚主义严重。"铁路为中国近代公营企业中之最大事业，其特殊性质也与普通行政机关不同"，"铁路机关必须有完善之组织，职责分明，……方能收指臂运用之功效"。⑤ 京奉铁路的组织结构虽然渐趋完备，但它仍然"遗传"了近代中国官营事业在组织管理上的陈规陋习。例如，该路由于受到英国资本的控制，在组织结构上采取分处制，分处制的缺点在于运输权利的分散，如车务、机务虽然关系密切，但时常发生纠纷，办事效率低下，且部门之间互相推诿。该路线路绵长，最远的站和总局的距离，两三日火车的里程，以致常因路程遥远和手续繁杂而延误时

---

① 张瑞德：《平汉铁路与华北的经济发展（1905—1937）》，第49页。
② 沈奏廷：《铁路运价之理论与实际》，第37页。
③ 张瑞德：《平汉铁路与华北的经济发展（1905—1937）》，第44页。
④ 王余杞：《北宁铁路之黄金时代》，第36～37页。
⑤ 张瑞德：《平汉铁路与华北的经济发展（1905—1937）》，第38页。

机。① 1930 年，该路便以分处制管理不善为由，将车务与机务两处合并，改设运输处，力图将行车权集中指挥。唯以工务段关系较轻而未将其归入运输段之内，仍由工务处直接指挥。此举的确增加了该路的运输能力，但运输处成立之后，车务、机务、电务三部分的工作集中于一处，事务繁重，奖罚不明，引起员司普遍不满，只得将试办不久的运输处撤销并恢复设立机务处。②

行政管理陋习突出。它虽属国有公营，然而"究其性质则皆属于商业之一部分，……所以无论为官为绅皆当置身其外，纯粹抱定以商人之心，行商人之事"，③且站上车上员司应"多用明于商务之人，不可用稍有官气之人，此为第一要义"。④然而，事实恰好相反，该路自始即充满浓厚的官僚气息，其管理"全无营商性质，多有官派也"，⑤这些管理人员多具官气，不谙商情，只知安居高位，对于铁路之营业未倾其力；而且任人唯亲、攀附裙带、朋比为奸、尸位素餐者比比皆是。"每逢长官迁调，照例必定更换大批人员，实际上有大半的位置是私人的"。⑥例如，1909 年京奉铁路总办于俊年到差后，"所有路上大小员工尽以其亲戚故旧支配，其幸未遭淘汰者在路当差已久亦颇为得力，故不能以事辞之。然其私人到未半年有加薪至一二百两，全路均于私人势力圈，……甚至此路所属北平轮船尽与之私人，故货客甚旺而该路局所入无多"。⑦ 1910 年，徐世昌的"门楣"陆绪声任京奉铁路总办，"将旧任局员痛加裁汰，别安置奉省随来之沈国钧等五十余员，大半支领乾脩，无须入局"。⑧面对管理方面的种种弊端，邮传部曾迭次竭力整顿，可收效甚微。譬如裁汰冗员一项，京奉铁

---

① 洪瑞涛：《铁路整理与铁路统制》，《交通杂志》第 1 卷第 6 期，1933 年 4 月，第 51 页。
② 金士宣：《怎样加强北宁路的运输组织和人事管理》，载金士宣《铁道运输经验谈》，第 17～19 页。
③ 《铁路繁荣策》，《盛京时报》1910 年 5 月 22 日。
④ 《铁路繁荣策》，《盛京时报》1910 年 5 月 22 日。
⑤ 张思禹：《中国农业政策刍议》，载上海经世文社编《民国经世文编》捌，北京图书出版社 2006 年版，第 4731 页。
⑥ 《北宁路商业化》，《益世报》1929 年 9 月 15 日。
⑦ 《京奉铁路之腐败》，《盛京时报》1909 年 7 月 26 日。
⑧ 《御史胡思敬奏参京奉路员总办陆绪声败坏路政请派员查办折》，《政治官报》第 1036 号，1910 年 9 月 16 日，第 235 页。

路人员仅是略加裁撤，滥竽充数、尸位素餐者仍属不少。① 及至民国初年，交通部明文规定自 1913 年 10 月 15 日起，"所有中级以上员额非经核准不得擅增一员，如有委任人员须声明系补何人遗缺，并就最近职称人数假定名额呈报备核以为编订官制之预备而符国务院减政之主张"。② 1915 年 7 月，积聚已久的弊端终于爆发，形成沸沸扬扬的铁路大参案。此次铁路参案牵涉到京奉、京汉、京张、津浦等五路，其中津浦、京张、京汉等路均因参案进行了较大的人事变更，京奉铁路也未能幸免，只是所受震动相较他路为轻。同年 7 月 6 日，交通部派员赴京奉路各处严查一切，并有名誉不佳者经调查员检举后即行撤职，至于局长李福全也有不日更动的传言，须俟全案调查完竣后方能发表。③ 此次铁路参案风潮足以表明包括京奉铁路在内的国有铁路中存在问题或弊端的普遍和严重。

　　1922—1930 年，中国进入军阀政治大行其道的时期。京奉铁路在管理上的弊端有增无已，尤其在军人把持路政时期，路局高层主管常随政治势力的转移而频繁更换，而且机构臃肿，尸位素餐，因为人事任用已沦为政治分赃的手段。据有关估计显示，此时国有各路冗员率通常高达 45%，④ 京奉铁路自然概莫能外。该路"因种种关系，用人极为冗滥，坐（享）厚薪、从不到局者比比皆是，以致路务日渐废弛"。⑤ 冗员过多的现象在该路营业支出中得到一定程度的反映，即总务费在营业支出中占有的比重过高，而车务费、运务费的比重过低。1929—1935 年，总务费平均每年约占该路支出总额的 1/3，车务费、运务费的比重则分别为 13.44%、17.57%，只及总务费的一半左右，⑥ 以致铁路的经营运行成本昂贵，浪费很大。另一方面，随着铁路控制权的更替，新任局长往往又借裁汰冗员之名而实现对原有势力的"清洗"。如 1925 年 5 月，常荫槐就任京奉铁路局长后，即将职员分批裁撤，第一批约 50 余人，第二批约 90 余人，并将各处处长大

---

① 《京奉京汉两路尚有大裁汰》，《盛京时报》1910 年 8 月 26 日。
② 《交通部实行减政之训令》，《盛京时报》1913 年 10 月 19 日。
③ 《五路参案后之京奉路》，《盛京时报》1915 年 8 月 5 日。
④ 转引自张瑞德《平汉铁路与华北的经济发展（1905—1937）》，第 51 页。
⑤ 《实行裁汰冗员》，《铁路协会会报》第 118 期，1922 年 7 月 25 日，第 89 页。
⑥ 根据《北宁铁路民国十八至二十二年度会计统计年报》《北宁铁路（北平至山海关）民国二十三至二十四年度会计统计年报》计算所得。

加更动。① 尽管这种裁员确曾收到了一些成效，但更多的只是一时表象或为一己私利。在公职人员保障制度尚未建立前，裁员时常成为政治斗争中用以排除异己的"武器"，故而这种裁汰根本不会带来任何持久的益处。总之，铁路行政管理上的弊端依旧如故，难怪1932年6月铁道部业务司司长俞栿为此痛言："惟二十年来，铁路机关，与一般行政税收机关无异，换言之，即已完全为官僚化之机关，而非复商业的经营之机关，几完全为官僚敷衍之机关，而非复积极营运之机关，故铁路业务，日益凋敝，员司精神，日益颓丧；而总务费之开支，日益巨大，事业费养路费之开支，几无法支付，因之铁路行政，除以消极敷衍为事外，别无其他整顿方法；故其结果，只有日趋退化、腐败。"②

京奉铁路基层办事职员不仅人浮于事，而且良莠不齐、风气不良。上下欺瞒、私受贿赂、勒索商民的现象习以为常。各站票房、磅守、车守通同舞弊、以多报少、以贵报贱、私带客货、漏填账本、遗失票据的事件层出不穷。譬如，1933年正式实行铁路负责运输之前，商家多托付货栈代办运输手续，故而各站与货栈之间关系密切。一些不肖站长或站员借此收受贿赂、以多报少。"运货10吨只报6、7吨，余资酬与铁路人员，又经过此种手续者其运送日期亦能迅速，故此项弊端无异于运费之降价，货栈货主虽出报酬亦觉得便宜"，③ 以致货栈甘愿与站员沆瀣一气。"加之经手人从中渔利，上下交征，国有铁路变做私相授受。"④ 另外，商人运货无不欲速，若迟延一日即多一日之损失。各站借此钻营而私自规定商人须缴纳若干手续费，且费用高者方可优先安排运送。于是争者愈多，站长好处愈大。倘若货商无一缴纳此费，站长即不安排车辆，以致货积如山，商家有苦难言，铁路坐受损失。⑤ 另有报道记载：有关外某站站长与路局干部关系密切，久行舞弊勒索商民；发货时有"运动"者则拨给车辆，否则不拨；其所受之贿款计达数万，东窗事发之后，竟以赴营口治病为由潜逃无

---

① 《京奉路人员之大更动》，《益世报》1925年5月30日。
② 俞栿：《铁路业务整理方针》，《铁道公报》第273号，1932年6月，第6页。
③ 《京奉路收入减少》，《盛京时报》1925年10月7日。
④ 《北宁铁路商务会议汇刊》，"议案"，第71页。
⑤ 《京奉路去岁收入盈余之由来》，《江苏实业月志》第75期，1925年，第6页。

踪，结果导致该路唐局长、柳副局长先后引咎连带辞职。[①] 还有些站长趁军事倥偬之机，勾串司磅狼狈为奸，包卖车皮，浮收票价，侵款肥己，迭遭各商联名指控而畏罪潜逃，终被缉获。[②] 为整顿和杜绝此项积弊，京奉铁路局曾创设车轮稽核一职，负责逐日报告各站货车或开或停情形，并随时赴各站调查货车有无停滞及站员有无需索；[③] 后又特别规定凡栈店勾串路员舞弊经人告发破获者，即将所查货物及栈店产业抄没，并以四成充赏，六成充公。这一禁令在1926年底又予以重申。[④] 1929年4月，北宁铁路管理局为整顿商务、祛除贿买车皮情事起见，再申告诫：一、各商对于请求拨车，务须按照规章及法定手续，不得稍有含混，否则一律视请求为无效，停止拨给车辆；二、各商如有以金钱礼物赠送路员，以作为拨给车辆之交换条件者，是即买卖车皮之变相，向为路章所禁止，此等行为一经查实有据，除照章将该路员及该商号罚办外，并对于该商号，以后永远停止拨车；三、如有不肖路员向商人勒索，或逼诱为买卖车皮行为者，得由各处商人指名举证，来处呈控究办，如有商人向路员行贿者，各该员应自行举证，呈明本处查究，酌予嘉奖，如有诬捏一律反坐；四、如有路员、商人互相勾结为买卖车皮者，其他路员及商人，均得详举事实来处控告，依凭究办，如果确凿，酌量加奖，若有诬捏，严加反坐。[⑤] 结果仅是"雨过地皮湿"而已。1931年九一八事变爆发后，关内铁路车辆不敷分配，调配不灵，各站服务人员依旧乘机"以车皮居奇敲诈商民"，[⑥] 或"致请求车辆，不按路章，或无货而冒请，或有货而多报，以售其垄断把持之利"。[⑦] 以致货物运输颇感困难。总之，1920—1930年代京奉铁路随处可以听到的，"不是铁路员司勾结转运公司舞弊，就是转运商人沟通路员中饱。路员视铁路为发

---

① 《京奉路大贿案之续讯》，《益世报》1925年5月11日。
② 《天津老站站长舞弊被获》，《学林》第2卷第4期，1926年7月19日，第20页。
③ 《京奉路去岁收入盈余之由来》，《江苏实业月志》第75期，1925年，第7页。
④ 《路员舞弊善后办法》，《盛京时报》1925年5月19日；《京奉路祛除积弊》，《盛京时报》1926年12月5日。
⑤ 《北宁路整顿商运》，《益世报》1929年4月29日。
⑥ 《北宁路严整商运》，《道清铁路旬刊》第51期，1932年5月，第41页。
⑦ 王余杞：《北宁铁路之黄金时代》，第37页。

财的大本营；转运商人以运货为剥削货商的良好机会"。① 铁道部虽三令五申，痛戒各路舞弊，但国有各路多轻描淡写、敷衍塞责。各路实行负责运输以后，舞弊确乎已渐减少。可货商大多因循守旧，仍托转运公司代办，故使不肖站员依然有机可乘，勾结谋私。遵照相关规定，货物负责运输通则及其办理手续均应张贴于显眼醒目之处，以便客商通晓。然而，大多车站实际并未执行，货商自然无从明了而甘愿受转运公司的盘剥。有些货商以罐篓等装货，每次被人偷窃，可罐篓的封里丝毫未动、完好如初。显然，这只是押车人监守自盗的"戏法"而已。由于封里未动，货商不便贸然指责车守所为，只能自认倒霉吃亏。② 诸如此类弊端，屡禁不止，不可胜数。

因路员通同舞弊而导致减价售票、无票乘车等现象屡禁不止。例如，1916年2月有报道记载："倘有客人往西站票房起票者，从旁即有人阻止，声称同伊上车予以便利且无须核准大洋，种种欺诈莫可言喻。日前早上六钟慢车有乘客每车约20余名均未起票，如客人系往山海关者到沟帮子，恐英人稽查查出，设法代补一站票以免被罚，是以座客起票者烦言啧啧，其未起票座客所有票资均彼等按级均分之。"③ 又如，某客自述在车站不必买票便有人能带其上车，同车三十一人中竟有二十三人无票，验票者至问客无票既要银圆二角，照数予之便可无虞。乘客从奉天至青堆子车站需买票为小洋2.5元，如不买票则只需花费小洋1.7元，其中的差价则为司事人员所瓜分；特别是车站旁的客栈为承揽过客，常称有火车员司在店内可为介绍，利归中饱，减少国家收入。④ 另据中华通讯社报道："京奉铁路关外一段向有无票乘车陋习，该路局屡次查革，迄未尽除。1918年3月间交通部有派员察查之举，革除行车员役凡十余人，此风稍息。"⑤ 1921年，交通部再次训令京奉铁路管理局，随时严密稽查并惩处车上员役串通奸人售

---

① 俞棪：《国有各铁路实行货物负责运输之经过及其成绩》，《交通杂志》第1卷第3期，1932年12月，第11页。
② 遗直：《铁路积弊是否无法革除》，《铁路协会月刊》第5卷第8期，1933年8月，第1~2页。
③ 《京奉车弊端百出》，《盛京时报》1916年2月1日。
④ 《京奉铁路之积弊》，《盛京时报》1917年8月30日。
⑤ 《京奉路舞弊案别案》，《盛京时报》1918年6月19日。

卖免票及包揽三等旅客乘车不购车票等侵蚀路款之情事。[1] 1920年代军阀扰攘之际，无票乘车几乎到了泛滥成灾的地步。1923年，京奉铁路关内段每月无票乘车者多达16000余人。[2] 其中尤以军人不遵章买票为甚，"无票军人往来自如，踵趾相接，不特妨害路局收入，抑且扰及旅客之安宁"。[3] 另外，长期免票填发过多，漫无限制。长期免票本为便利各机关人员因公乘车起见，虽定有规则，但日久生弊、漏洞百出。"视免票为应酬之具，甚且有租借予人，从中渔利者……常见一列车内，除三等车外，头、二等车中，座位已满，十九均系免票。"[4] 尤其战事迭起之际，"军用机关领用者既日多一日，而援请者纷至沓来……辗转借用，流弊滋多，亏损路款年逾千万，是不啻分公家收入之巨资而转为私人惠赠之用品"，[5] 实为铁路营业一大漏卮。该路局虽屡经整饬，但积重难返、鲜有成效。有鉴于此，该路于1924年特设"飞班稽查"并予以其特别指挥之权。无论该路何项车辆，均可随时令其停驶，登车查票。[6] 1925年张作霖入主北平、掌控京奉铁路全线后，特任命东北陆军总执法处处长常荫槐充任该路局长，并对路务厉行整顿，剔除积弊，尤其严厉稽查和整治无票乘车及长期免票。常荫槐明令军人无票一概不准登车，并派专员常驻各站，对于往来乘客及办事人员从实纠察，无论何人如有无票乘车或有路员舞弊者概行严查究办。是年7月1日实行的《整顿京奉铁路长期免票办法》规定长期免票概须记名签字并贴半身相片。[7] 奉军自校官以上之军官及其眷属每人均可办理免票，故其发出之票额较往昔增多，但因堵塞了转借和冒用的漏洞，实际上使用长期免票之人大为减少，以致长期免票虽增不滥。经过此番整顿后，无票乘车和长期免票之恶习大为收敛，车上秩序整肃不少，铁路收入亦有增

---

[1]《严禁串通售卖免票》，《铁道协会会报》第102期，1921年3月25日，第101页。
[2]《军阀损害路务之一斑》，《申报》1923年12月15日。
[3]《铁路与军人》，《申报》1919年1月22日。
[4] 舜年：《京奉路整顿后之状况》，《申报》1925年7月11日。
[5]《交通部提议整理京奉铁路长期免票议案》，《交通公报》第950号，1925年7月1日，第9页。
[6]《京奉路去岁收入盈余之由来》，《江苏实业月志》第75期，1925年，第6页。
[7]《交通部提议整理京奉铁路长期免票议案》，《交通公报》第950号，1925年7月1日，第9页。

加。如整顿后的头一个月内,铁路进款由 110 万元增至 190 万元,此后铁路客运收入最高月增 20 万元之多。① 京奉铁路因此颇受好评,甚至被冠以模范铁路之名。

京奉铁路的基层服务人员也恶习累累、积重难返。"铁路不过是一种大规模的营业,所有旅客,皆是主顾。路员对待顾客,理应有相当礼貌",②"凡站上车上各员司对于客商必须谦和相待"。③ 然而,从清末起直至南京国民政府成立前,绝大多数的基层服务人员均为介绍而来,既无切实的学识,也没有适当的训练,即使是铁路附设训练班的学员,也多为介绍保送,而非公开招考。其中明白事理者固然不少,但不遵路章者也比比皆有。④ 例如,一些路员的服务态度迹近傲慢、官气十足、言语凌厉,为此交通部特训令京奉路局,无论站上、车上各员司"待遇客商务宜出以和蔼,对于妇女尤须格外优待,毋得稍有傲慢,致干惩办"。⑤ 天津东站货场的钩夫等,对于商人要车运货,每装一车,仍索甩车费洋一元,此项恶习也久未消除。⑥ 路警同样工于舞弊,疏于值守,电车、马车可以任意在站台上驰骤,致使车站秩序常形混乱,甚至倒卖站台票,每票收小洋一角。⑦ 茶役也是恶习积深,时起纠纷。该路客车售茶后,无明文规章,任由包办者为所欲为。于是茶役擅自强送茶水,或因收壶早迟,或因讹索茶资,致使旅客不安,而且炉具杯壶,杂陈无序,污秽不堪,甚至随意据座设摊,毫无顾忌,以致 1930 年 1 月高纪毅局长果断决定将该路头、二等车上全体茶役予以更换。⑧ 其后,为便利旅客及卫生起见,该路着力矫正此种恶习,明定旅客用茶与否,应听其自便,未经呼唤,不得擅自分送并强索小费,

---

① 《京奉路收入增加》,《盛京时报》1925 年 4 月 26 日;舜年:《京奉路整顿后之状况》,《申报》1925 年 7 月 11 日。
② 遗直:《如此对待旅客》,《铁路协会月刊》第 5 卷第 8 期,1933 年 8 月,第 1 页。
③ 《注重管理之一斑》,《铁路协会会报》第 58~60 期合刊,1917 年 7~9 月,第 239 页。
④ 金士宣:《怎样加强北宁路的运输组织和人事管理》,载金士宣《铁路运输经验谈》,第 26 页。
⑤ 《京奉铁路局之训令》,《益世报》1917 年 6 月 27 日。
⑥ 《东站货厂钩夫肆虐》,《益世报》1929 年 10 月 28 日。
⑦ 《京奉车站之混乱》,《盛京时报》1922 年 3 月 26 日。
⑧ 《流弊已非一日之北宁路茶役》,《盛京时报》1930 年 1 月 15 日。

第二章　京奉铁路的营业

如经旅客告发，一经查明，从严惩办。① 另外，车役私贩铜圆、夹带烟土等事件也时常被报纸予以曝光。②

为整顿客运服务起见，铁道部曾饬令"各路员役，对待旅客，不准有傲慢或招呼不周之处。所有车站问讯处、行李房、票房及随车服务员役，与旅客有直接关系者，均应特别加以训练……勿在视为具文"。③ 1929 年 9 月 15 日，高纪毅、劳勉分别就任该路正、副局长伊始即"对症下药"，对路政进行了一番整顿。其核心是厉行商业化的营业方针，破除管理上的官僚腐习，具体内容包括：在用人方面，采取公开考试的方法录取人才。自国民政府成立后，各路中下级员工的进用，逐渐采用考试的办法，录取的标准也日益客观。例如，北宁铁路于 1929—1932 年间，曾数度公开招考车务人员，其中货物员考试部分，共有 1500 余人报名，仅录取 80 人；女客票司事考试部分，报名者达百余人，均为中等以上学校毕业生，仅录取 30 人。④ 其余如办理货运人员、车童、车站司事、闸夫、正副站长、验票司事、站务司事、行李司事等均经过考试选取，或对这些方面的旧有人员进行培训和甄别，并多次零星举行升级考试以弥补大批考试的不足。⑤ 在服务方面，要求路员严守规则、革除官习、屏绝嗜好、力祛积弊，并决定先行从"力祛积弊"上着手以除旧布新、涤瑕荡秽。⑥ 总之，这次整顿对于某些弊端起到了一定的制止或纠正作用，产生了较为良好的效果，这可以从 1929—1931 年间该路收支盈余的增长中得到一定程度的反映。

总而言之，京奉铁路营业中几乎无孔不入、无处不在的弊端或陋习，尤其充斥于管理层中的官场习气和蔓延于路员之中的不良风纪对于该路营业的负面作用至为严重。这些弊端或陋习具有传统的官僚化色彩，与铁路的商业化方向背道而驰。尽管政府主管部门和路局屡次竭力整顿，但囿于

---

① 《锐意革除恶习》，《铁路杂志》第 1 卷第 11 期，1936 年 4 月，第 129 页。
② 《北宁车上烟贩多，连日拿获十五人》，《盛京时报》1931 年 8 月 28 日。
③ 遗直：《如此对待旅客》，《铁路协会月刊》第 5 卷第 8 期，1933 年 8 月，第 1 页。
④ 金士宣：《四年以来在北宁铁路运输处之工作》，载金士宣《中国铁路问题论文集》，京华印书馆 1935 年版，第 93 页。
⑤ 金士宣：《四年以来在北宁铁路运输处之工作》，载金士宣《中国铁路问题论文集》，第 93~95 页。
⑥ 《北宁路商业化》，《益世报》1929 年 9 月 15 日。

社会环境及其他因素，路政、路风方面始终无法取得实质性改进。这些弊端或陋习如此根深蒂固、积重难返，远非一朝一夕所能解决，或许只有从铁路营运的制度建设和革新中才能找到彻底解决的突破口。

京奉铁路的营运不仅受到一些内在因素的制约，而且时常承受来自外界因素的冲击。其中既有自然灾害的破坏，又有社会环境的不安而带来的各种扰乱，尤以各种政治、军事势力的染指和掌控以及战争的蹂躏为最。每年夏季如期而至的水患也对于京奉铁路的营运造成程度不一的损失。该路大部分"沿海滨而行，故地势卑下，河流亦多。山海关一带，复为山脉绵亘之区。每届夏日山洪暴涨，辄生水患"。① 尤其该路关外段穿越的地带流布的巨流河、大凌河、小凌河、辽河等河流，均具有明显的季节性，平时水流较缓，每逢夏季淫雨连绵或暴雨来袭之际，河水即常泛涨，冲毁铁路路基、涵洞或桥梁，从而造成不同时日的运输稽延或中断，致使铁路收入蒙受或大或小的损失。路局对于小的水患均能随时修复，较为严重的水患却需时和耗费甚多。例如，1904年春，大凌河春汛暴涨，横流关外，铁路桥梁、涵洞等冲毁达43处之多，费时一年始克修竣。② 1915年7月，关外各处洪水为灾，该路柳河防堤崩溃之处甚多，新民迄西白旗堡桥梁也为雨水冲坏，不久，柳河水位再次暴涨，新民府附近的路轨也被冲毁，以致火车暂时停驶，损失甚巨。③ 1921年8月，该路锦县至沟帮子及沟帮子至营口间的大小桥洞被冲毁7处，经路局员工连夜赶修半月有余始复通车。此后路局通令每年自6月15日至9月15日三个月间，全国工程人员不准请假，所有防水材料均须筹备充足以便随时防堵，并将防水成绩列入考成。④ 1930年8月，北宁铁路沿线雨量过大，洪水泛滥，突酿巨灾。路轨多被淹没，桥梁也多冲坏，以致该路干线及大通、北票、锦朝、营口各支线交通相继阻断，客货列车不得不暂时停驶。仅8月3日至9日间，进款损失约计五十余万元；此次前后总计交通阻断12日，除修筑桥梁、路轨等

---

① 《关于北宁路水灾》，《中东半月刊》第1卷第4期，1930年9月1日，第58页。
② 《交通史·路政编》第7册，第537页。
③ 《柳河泛滥冲坏铁路》，《盛京时报》1915年7月25日；《新民水灾状况详志》，《盛京时报》1915年7月30日；《京奉火车勉强开驶》，《盛京时报》1915年8月3日。
④ 《交通史·路政编》第7册，第541页。

费不计外,收入损失在百万上下。① 该路此次突发水灾之大,波及范围之广,为害程度之烈,可谓"百年来所仅见之惨象也"。②

频繁不断的水灾不仅有碍于铁路的营运,而且招致了沿线灾区民众对于铁路的仇视和破坏。1909 年夏季,"新民府连日大雨,河水泛滥,冲毁铁路达数丈之遥;而民间苦于水灾,将归咎于铁路,群起而与之为难"。③ 1921 年 8 月,再次发生乡民受水灾而归罪于铁路并将其掘毁的事件。"据闻此次损坏系为乡民挖掘,其地点由高山子至青堆子间,缘是间有辽河支流一道,其上流雨水过多,河水泛滥而铁道仅有铁桥一处,水难流泄。上流各乡村民以铁道长此阻水,小民将悉数葬于鱼腹,不得已纠集数百人持锹荷锄一拥而往,将铁路土台掘毁。路局闻报急派局员及铁路巡警前往制止,无如民众过多压制不住,只得任其掘毁而去。"④ 总之,关于该路迭遭水患的记述和报道不胜枚举,足证其遭受水害之频繁。这不仅造成铁路设备损毁和资产流失,而且导致客货运输延迟或中断,从而导致营业收入减少;同时铁路需要增加开支以事修缮,所以对于该路营运所产生的不利影响不容小觑。

沿途税卡林立及捐税苛重也是京奉铁路营运的一种障碍。铁路沿线所设税关捐卡与铁路原本具有紧密的连带关系,只有铁路营业不断发展,捐税才能得以增收;但捐税的任意加增反而会造成铁路营业的减少。自 1920 年代以来,"各路沿线苛捐杂税之征收机关,星罗棋布,往往一站之中,有设立局卡十余处者,名称繁缛,税制紊乱,譬如厘金局卡,以及假借军事、公路、给养、市政、公益、振(赈)灾、教育、自治等名目,任意设局,征收捐税或就铁路加收附捐,甚且变本加厉……凡此种种,不胜枚

---

① 《山洪暴雨声中北宁路损失》,《益世报》1930 年 8 月 10 日;《北宁路被水冲毁之损失》,《中东半月刊》第 1 卷第 3 期,1930 年 8 月 16 日,第 54 页;《北宁路空前大水灾》,《申报》1930 年 8 月 15 日。
② 《关于北宁路水灾》,《中东半月刊》第 1 卷第 4 期,1930 年 9 月 1 日,第 58 页;《北宁路水灾之严重》,《大公报》1930 年 8 月 20 日;《北宁路水灾惨重》,《中东半月刊》第 1 卷第 3 期,1930 年 8 月 16 日,第 50~52 页。
③ 《京奉路线被水续志》,《盛京时报》1909 年 6 月 21 日。
④ 《乡民掘毁京奉路》,《盛京时报》1921 年 8 月 18 日;《京奉津浦两路之近讯》,《益世报》1921 年 8 月 21 日。

举"。① 京奉铁路沿线亦是税卡林立、名目繁多。1931 年，北宁铁路沿线征税机关竟有 127 处之多，沿途需缴纳常关税及各种附加税共计 56 处之多，包括各地常关及分卡、河北省皮毛、棉花、干果、草帽辫、麻等统税征收局及分卡、鱼税、船捐、教育附加捐、斗捐等。② 1932 年元旦，国民政府正式废除厘金，裁撤常关，但沿途捐税情形并没有相应的减轻，不少税项纷纷"改头换面"而依旧存在。另外，一些军阀以收税机关为聚敛钱财的工具，任意征收。前直隶省长王承斌强行将统税加征一二五，计为值百抽二五；前直隶督办褚璞玉变本加厉，又加二五，其后又加三成，计为值百抽六五，以致捐税奇重，无与伦比。山海关也设关收税，名为山海关税，归营口关直辖，其抽收方法更为离奇，货物不分粗细高低，税费均较天津为重，致使铁路、商民交受其困。③

由于该路沿途捐税过重，商民负担不起，纵使铁路运价减至最低限度，仍迫使商民不得不改由他途运输。例如，普通货物由营口运至沈阳，该路运价每 20 吨不过 60 元，较由南满铁路运费需 112 元尚少 52 元之多；但经由该路须纳关税及各站报关费等共需 130 余元，反较南满铁路为高。同样，由营口运至沈阳、通辽等地的绸缎、布匹、纸张、茶叶、糖及化妆品等为大宗商品，南满铁路无论何货均无捐税，而在该路需估价纳税，征额繁重，非商力所能负担。为避免捐税，这些货品均由南满国际公司按件包运而去。④ 又如，由长春运粮经由大连装船水运至天津，所需各种费用共计折合银圆 754.3 元，由长春经辽宁由铁路运输各种费用共计 852.37 元，其中由辽宁至天津的原价车款需 400.5 元，几乎占费用总和的 47%；沿途捐税及报栈费用共计 96.95 元，约占全部费用的 11%。两相比较，由京奉铁路装粮至天津比由大连至天津合计每车多花费银 98.07 元；即使按照粮食运价减收 15% 计算，由该路运津较由大连运津多花银约 29.79 元。⑤

---

① 马廷燮：《我国各路制定运价之史的分析》，《交通杂志》第 2 卷第 2、3 期合刊，1934 年 1 月，第 109 页。
② 宓汝成：《帝国主义与中国铁路（1847—1949）》，第 523 页；王余杞：《北宁铁路之黄金时代》，第 47~60 页。
③ 《铁路运输减少原因》，《益世报》1929 年 12 月 17 日。
④ 《北宁铁路商务会议汇刊》，"议案"，第 1 页。
⑤ 《北宁铁路商务会议汇刊》，"议案"，第 103~104 页。

第二章　京奉铁路的营业

凡此种种足以证明捐税繁重已经累及京奉铁路的货运，所以一味地要求铁路减低运价并不能减轻由捐税过高而增加的额外负担。总之，由于京奉铁路沿线税卡林立、捐税繁重，许多商民为避重就轻计，只得舍弃经由该路运送，而相率取道南满铁路经大连出口或改由内河水运，由此造成京奉铁路货运量的分流和营业收入的削减。

军阀势力的干涉和战争的破坏是造成京奉铁路营业萧条的主因。1920年代，军阀之间的冲突和争战频繁不已。由于铁路具有极其重要的军事和财政功能，以致铁路竟为一系或多派军阀所争夺、霸占、分割，"作军用路而利用之，以便于争地盘之捷径"。[①] 或者车辆被扣、运输中断乃至完全停顿，招致外人指摘、商民诟病。铁路沿线地方成为交战双方厚集兵力和相互厮杀的主要战场，从而造成铁路沿线社会经济的凋敝，进而导致铁路客货来源和营业收入的减少。例如，两次直奉战争发生的年份，京奉铁路的营业收入和盈余的退步尤为显著。这当然不是简单的巧合，而是军阀战争损害铁路路务及营业的佐证。

军阀通过决定京奉铁路局局长的任命而将铁路置于自己的控制之下，由此导致路局高层管理人员的屡次更迭，甚而在某一个时期该路出现三个局长并存的戏剧性局面。[②] 例如，1922年，曹锟、张作霖携手罢免在任的交通部部长，并决定任命唐文高为京奉铁路局局长。之后，张作霖退出关外并将由奉天至山海关之关外段改名为奉榆路，由奉系直接管理，不再隶属于交通部。[③] 1924年，该路局长水钧韶因炸弹案去职后，直系即委任周梦贤继任，周氏到任未久即发生北京政变，他便跟随吴佩孚弃职而逃。国民军首领冯玉祥因京奉铁路关系京津交通，至为重要，特委任丁鹏程为该路局长。不料就在丁氏即将赴任之际，时任奉榆铁路局局长的唐文高因直系已败，要求恢复全路路权以行使其职权，于11月13日偕同随员由奉至

[①] 安瑞：《最近十年来京奉路客运营业之概况》，《中东半月刊》第3卷第7期，1932年4月16日，第12页。
[②] 章龙：《北方铁路工人生活之困状及自救》，《向导》第4集，1926年10月，第1646页。
[③] 《为奉榆路事电复中央》，《大公报》1922年5月31日；《关于路事之消息》，《盛京时报》1922年5月24日。

京，随即经奉系的委命而任局长之职，从而将京奉全路控于掌中。① 由此可见，京奉铁路几乎成为军阀之间"政治把戏的牺牲品"。② 事实上，自1922年奉系退出关外后，即将该路的关外段或全部加以实际控制，1924年该路改隶于东北交通委员会，1928年其又隶属于东北政务委员会。③ 1929年东北"易帜"后，东三省的外交、交通、财政分别移交南京国民政府指挥管理。按理北宁铁路应由中央直接管辖，可是南京国民政府旋又决定将该路"委托"于东北地方当局经营，以致该路路权的统一不过是名存实亡。④ 铁路管理上的这种"地方主义"并非京奉铁路所独有，其他各路同样如此，正如铁道部部长顾孟余在1932年的一次公开讲演中所抱怨的那样："铁道部名为管理全国铁道的机关，可是能完全管理的，全国中不知有几条铁道！……再其次说北宁路（北平至榆关）、平绥路，这两路中央几全不能管，如整理营业、整理财务等，中央都不能过问。"⑤ 总之，奉系军阀对京奉铁路的长久把持使其俨然成为其私产。

奉系军阀将京奉铁路视作私产，任意截留、挪用路款以充作军费、协饷及其他开销等。1922年第一次直奉战争后，张作霖退出关外，将京奉铁路关外段及其收入归于奉方，"所有关外的铁路收入均未遵照借款合同的规定存入天津汇丰银行，而径直交往沈阳官银号。由京奉路关内段的营业盈余推算，在张作霖控制下的关外段每年约可为其带来五百万元的收入"。⑥ 1924年第二次直奉战争期间，京奉铁路曾解款80万元交予奉系军队。⑦ 此后，张作霖又曾电令京奉路局长，因奉军作战，需款甚巨，筹措军费甚感困难，要求将铁路收入除去各种开销外，余款充作军费以应战争之需，"计自1925年4月至1927年6月止应提取现洋476万元，务速筹备

---

① 《京奉路局长将生问题》，《盛京时报》1924年11月14日。
② 〔美〕阿瑟·恩·杨格：《一九二七至一九三七年中国财政经济情况》，中国社会科学出版社1981年版，第352页。
③ 《铁道年鉴》第一卷，第1267页。
④ 宓汝成：《帝国主义与中国铁路（1847—1949）》，第444页。
⑤ 顾孟馀：《中国现有铁路状况》，《铁道公报》第298期，1932年7月15日，第18~19页。
⑥ 转引自张瑞德《中国近代铁路事业管理的研究——政治层面的分析（1876—1937）》，第51页。
⑦ 《京奉路局解送东北军协款》，《大公报》1925年10月1日。

第二章 京奉铁路的营业

以便派员领取"。① 另外，驻扎在直隶的中央军队同样挪用京奉铁路路款充作军费。例如，1928 年 8—11 月，京奉铁路被第三、四集团军提取的款项共计 550000 元。② 1929 年，北宁铁路又协济驻扎在冀东的唐生智第四集团军军饷 30 万元，后因唐军叛反，此项协饷才停止。总之，京奉路款的任意截留、挪用、协济等严重侵蚀了该路营业收益，以致其养路经费及添置材料、机器等所需费用时常捉襟见肘。

直、奉军阀各自控制和利用京奉铁路首先是出于军事战争的需要，军队和粮饷辎重的运送对于铁路颇为依赖，以求"兵贵神速"或"多拉快跑"。尤其战事发生之时，铁路营业机构一变而为军事机关，军运自然成为铁路运输的"主业"。例如，1920—1931 年间，军运占客运总运量 10% 以上的年份有 7 年，其中以 1924 年的 32.56% 为最高。③ 这与当年直、奉两军各占据铁路，扣留车辆及运输军队有直接和密切关联。另一方面，军运按普通价折半收费，记账而不付现，有的百般拖延、积年累月而不清算，有的甚至干脆拒付。1930 年政府未经现付的军事运输记账为 3552845.85 元，约占该年北宁铁路营业收入的 9.15%；1934 年该项数字为 25502846.65 元，所占的比例为 8.3%。④ 在军运期间，各种客货车辆往往被征用、强索或扣押，以致货车缺乏，沿线各站货物堆积如山，因为"每要一车恒至一、二月不能拨给，虽经拨给而整车挂出之后沿途滞留又恒有十余日，不能到达运销地点"，⑤ 甚至有的货物日久腐烂仍难以求拨车辆，商务因此停滞不前。客车也是行驶不定或完全停止，而且各方在车站对于往来行旅的严厉盘诘，致使人心惶恐、裹足不前。例如，1924 年第二次直奉战争期间，"京奉路车辆几乎完全作为运兵之用。……京津间来往车辆，时在中途停

---

① 《向京奉路提取现款，令该当局赶速筹备》，《盛京时报》1927 年 12 月 15 日。
② 《各集团军提用各铁路款项数目表》，《铁道公报》第 2 期，1929 年 1 月，第 82～83 页。
③ 严中平等编《中国近代经济史统计资料选辑》，科学出版社 1955 年版，第 210 页；或参见宓汝成《帝国主义与中国铁路（1847—1949）》，第 485 页。
④ 根据《北宁铁路民国十九年度会计统计年报》《北宁铁路（北平至山海关）民国二十三年度会计统计年报》统计所得。
⑤ 《北宁铁路商务会议汇刊》，"议案"，第 76 页。

止,须二十小时始能开到。车上非常凌乱,一般商人、学生均叫苦不迭"。①直至11月底,军车退出,兵运停止,京奉铁路才恢复原状。②1925年,该路车辆为奉军占用者不下数百辆,客货运输均感不足,以致在是年前4个月间,每月收入约减100万元。③军运对于京奉铁路营业收入的负面影响由此可见一斑。

战争期间扣押车辆和任意开行专车同样导致客货运输紊乱不堪或供给不足。例如,1922年奉系被直军击败之后,即将京奉路的关外一段据为己有,扣留机、客、货等车1000余辆,④由此导致京奉铁路关内、外两段车辆分配的失衡,即关内段的客货运输因车辆匮乏而一时无法恢复;而携带出关的车辆,除一部分拨交东北地方铁路外,大部分或疏于修护,或弃置不用,任其风吹雨淋,锈坏不堪。1926年4月27日,京奉铁路不得不将普通货物的运输暂时停止,原因是该路拥有的机车、客货车等车辆约有半数被国民军退却时掳去;该路仅有机车70辆,客货车不满千辆,并有损坏不堪应用者;而且途中道路屡遭破坏,必须缓慢开行,以致行驶钟点时常延误。⑤军队扣车问题在当时已是一种普遍且严重的现象,尽管铁道部曾努力加以制止,但这种现象依然存在,扣车者仍旧自行其是,甚至舆论也对此进行了无情的揭露和抨击:"近年情状,铁路运货,难于登天,非特捐输重重,且因无车之故,不能装运……军队扣车,其真目的在营利,故商人运货往往须特出车皮费,以求军人,其价之昂,倍蓰于运费……而其原因皆在军队扣留,路局无权支配车辆,机车被扣,关系尤巨。所以各路皆不能多开车,开车亦不能多挂车辆,旅客商家种种苦痛,因之而来。纵置国家铁路收入之影响不论,单就人民所受直接之损害而言,已可谓国家莫大之耻辱矣。"⑥军队纪律不良、任意所为而导致铁路行车秩序紊乱不堪。军人任意索车、无票乘车、强占座位或与路员、乘客发生争吵和斗

---

① 《津榆间车运之阻塞》,《益世报》1924年10月15日;《京津间交通之断绝》,《益世报》1924年10月16日。
② 《国内专电》,《大公报》1924年11月21日。
③ 《外人之京奉路现状谈》,《益世报》1925年6月2日。
④ 曾鲲化:《中国铁路史》,第501页。
⑤ 《京奉路迟缓真相》,《盛京时报》1926年4月30日。
⑥ 《军队扣车问题》,《大公报》1930年12月19日。

殿；强迫员司变更列车运行规则和时刻，"军人沿途上下遇不应停车之站，亦强令停车，或车到站已届开行时刻，仍令扣留等候，……列车应挂车数已达限度，军人仍令加挂车辆，以致机力不胜"，① 致使客车常有延误或屡出祸端，以致乘客怨声载道。② 至于战时部队调防及辎重运送等，更是肆意而频繁地开行兵车，以求"兵贵神速"或"多拉快跑"，以致客车因在途中屡次疏让兵车而节节误点，行驶极慢。③ 尤其直、奉军阀将领开行专车如同家常便饭，召之即开，任意停驶。各系军队的团旅长官亦上行下效，擅开专车，而且途中任意支配，完全漠视行车规章。即使在机车车辆因受损或扣押而导致严重不足和支配不均的情况下，军队长官依然我行我素、任意开行。一些品行不端的随车员役，趁机私自夹带商货或违禁物品，以免盘诘且省运费，从而畅行无阻、损公肥私。

军阀治下随心所欲、漫无限制地开行各种军用专车，导致铁路行车秩序极度混乱，危险事故层出不穷，客货运输深受其苦。军用专车已经成为当时京奉铁路的"毒瘤"或"恶疾"，亟须切除或加以整治。1928年11月1日，南京国民政府铁道部成立后，着力整顿路务，对任意开行军用专车加以约束和规范。1930年11月25日，南京国民政府行政院正式颁行《铁道军运条例》，其中第六条明文规定"军用专车开行钟点，及沿途更换机车、添水、加煤、会车所需时刻，均由路员订定指挥，军队不得任意变更或干涉，致紊秩序而生危险"，力图将军用专车装进制度的"笼子"。虽屡经整治和约束，但军用专车并非轻易即可整治，而是不时反复"发作"。铁道部遂呈函军政部，通告各军严格遵行《铁道军运条例》，同时转呈行政院、陆海空军总司令督饬各军事长官嗣后不得开行专车，以便维持路政和运营。总之，军事运输虽为铁路的基本和重要功能之一，但在当时军阀势力大行其道及兵戈扰攘的时代背景下，铁路为军阀强权所操纵摆布，军用专车肆意开行的风气之烈、危害之大、治愈之难便不足为奇。1930年

---

① 《交通部训令第200号：令京奉铁路管理局局长唐文高》，《政府公报》第3180号，1925年2月6日，"命令"，第8页。
② 《张作霖注重京奉交通》，《益世报》1925年2月10日；《平奉路添挂军用车》，《大公报》1928年11月25日。
③ 果实：《京奉车中之一瞥》，《上海三日画报》第42期，1925年12月3日，第1页。

代,随着政府部门极力整顿以及社会政局渐趋安定,曾经"肆意妄为"的军用专车终渐收敛和式微。取而代之的是日益增多的国民政府或华北地方政府军政要员的公务专车在北宁铁路线上"风光"地来往疾驰。

总之,经历两次直奉军阀战争洗礼的京奉铁路,政令分歧,事权不一,乱象丛生,收入奇绌,营业进款一落千丈,而且导致严重的战争"后遗症"。"缘当战争未发之先,车辆已被征调,战事结束之后,交通恢复最缓。其间则以费(输)运停滞,营业损失固不待言。而尤甚者,厥为各线路轨及车辆,时被拆毁破坏,一经整理,费财需时,自所难免";① 而且"军人强扣车辆,留置不放,益以机车车辆日久失修,破坏不堪……当时各路尚须负担巨额之协饷,财力不支……"② 第二次直奉战争结束后,京奉铁路交通虽已通车,但元气难复,虚弱不堪。例如,奉天至天津间每日往返开行两次列车,而且严重晚点,少或二三小时,多则七八小时。车辆编组杂乱无序,京奉、京汉、京绥、津浦、陇海等所扣各路车辆"杂烩"一处。旅客拥挤异常,常以马棚车代替三等客车,甚而人、马同乘一车的情景亦不少见。头等车、卧车、餐车很少挂用,何时恢复亦不可知。另外,头等车中概为军人、官吏及其他具有势力的眷属盘踞,普通旅客绝无可能占有一席之地。二等车中乘客无日不满,全程站立车中而不获一座者成为常态。三等车每于上车之际,童叟号啕,妇孺喧叫,如同战时之纷乱。有些乘客为防人多嘈杂,登车后却关闭车门,以致在外者徘徊不得入,转由车窗窜入。奉天至山海关的列车原定每日开行,但实际上每隔数日才开行一次,而且这个区间的列车为准客车,实际上仅挂三等客车一辆,货车四五辆。③ 此时京奉铁路的种种乱象似乎在无声泣诉:于己而言,军阀"不是要双手迎接的福祉,而是要双脚躲开的祸害"。④ 另一方面,尽管军阀政治对于铁路营业的负面影响已显而易见,但是,军阀势力对于铁路的态度和影响也不完全是"一团漆黑",对于地方势力稳固的军阀而言,由于政

---

① 《天津海关十年报告书(1922—1931)》,《天津历史资料》第 5 期,1980 年,第 67 页。
② 《十年来之中国经济建设》,第 81 页。
③ 《京奉铁路行车现状》,《申报》1926 年 6 月 28 日。
④ 汪敬虞:《中国资本主义的发展和不发展:中国近代经济史中心线索问题研究》,中国财政经济出版社 2002 年版,第 319 页。

第二章　京奉铁路的营业

治局势相对安靖，有可能对铁路进行整顿和维护甚至加以改建或扩建，以作为财源或与中央讨价还价的"资本"。这方面的典型代表仍属奉系军阀。张作霖长期占据东北，京奉铁路关外段长期处于奉系的单独控制之中，反而使它受到的破坏相对较少。张作霖为增加路局收入以供应奉系财政需要，曾致力于将京奉路赎回自办、① 拟定京奉路双轨计划，② 并屡次剔除该路的积弊，特别是对于军人免票、无票乘车及军人对客车的肆扰等着力加以整顿，取得了一定的成效。③ 不过，这些出于一己私利的举措根本无法和奉系军阀对京奉铁路造成的恶劣破坏相提并论。

与战争如影随形的是猖獗的匪患。一股股飘忽不定的车匪时常伺机而动，劫持客车，抢掠旅客的财务，甚至毙伤乘客，得手之后即呼啸而逸，对京奉铁路的营运及旅客人身安全构成严重的威胁。例如，1925 年京奉路车在杨村被劫，甚至古冶站长也被匪徒击毙。④ 1930 年 12 月 27 日发生的劫车案更为惨烈。当日由锦县开往北票的第 501 次客车因股匪事先拆毁路轨而致车辆颠覆，几至全毁，惨死旅客约 80 余人，重伤 20 人，并被匪徒绑走"人票"30 名。翌日，羊圈子站及绕阳河站又出两起匪案。⑤ 1931 年九一八事变后，劫匪因沿线军队警备疏忽而愈加猖獗，北宁铁路接连被劫，为状甚惨。是年 9 月 24 日，由皇姑屯站驶出的 104 次客车行经新民县附近，突遭群匪射击而迫停。匪徒登车洗劫后呼啸而去。⑥ 两日后，另一股匪徒重施故技，事先将路轨拆去一段，以致 102 次车客车遭遇倾覆厄运。

---

① 《赎回京奉路波折》，《大公报》1920 年 6 月 11 日；《张使筹赎京奉铁路》，《大公报》1920 年 6 月 13 日；宓汝成编《中华民国铁路史资料（1912—1949）》，社会科学文献出版社 2002 年版，第 556 页。

② 《京奉路决修复线》，《盛京时报》1925 年 3 月 11 日；《京奉路双轨续讯》，《盛京时报》1925 年 3 月 31 日；《京奉路复线续讯》，《盛京时报》1925 年 4 月 24 日；《京奉车拟添设双轨》，《益世报》1927 年 10 月 13 日。

③ 《京奉路之现状谈》，《盛京时报》1922 年 8 月 15 日；《积极整顿奉榆路》，《盛京时报》1923 年 2 月 2 日；《张作霖注重京奉交通》，《益世报》1925 年 2 月 10 日。

④ 《京奉车在杨村被劫》，《益世报》1925 年 1 月 1 日；《古冶站长被匪击毙详情》，《益世报》1925 年 1 月 13 日。

⑤ 《空前之劫车惨案》，《大公报》1930 年 12 月 30 日；《北宁粤汉两路之劫车事件》，《认识》第 5 期，1931 年 1 月 16 日，第 5 页；《多灾多难之北宁路又出两起匪案》，《大公报》1930 年 12 月 31 日。

⑥ 《北宁路客车中途遭劫》，《申报》1931 年 9 月 25 日。

匪徒即行抢掠，乘客伤亡及财务损失均属不少，由此酿成重大惨剧。① 同年10月12日，百余名匪徒在该路高山子与青堆子之间鸣枪示威，截停客车，"匪登车依次搜抢，无一幸免。时军队驰往剿办，与匪激战半小时，匪始溃退。然旅客已伤亡不少矣"。② 货车被劫掠的事件亦层出不穷。"北宁路货车，被窃暨持械抢物，已不计次数。……遇之者不但货物遗失，且有性命之虞，而路警事前失于防御，事后仍无法破获，甚至天津东站洋旗外，即行持械登车抢物，路警亦无知之何，商民视路运为畏途。"③ 尽管沿线各站均有路警驻守和防护，但面对匪患的炽烈，他们亦是束手无策、形同虚设，甚至有的路警借检查货物之名扰害商民。尤其在"青纱帐起"之际，该路局不得不未雨绸缪，预为戒备和防范，一方面遴派干练人员会同地方军警，于沿线附近严密侦查；一方面商请沿线常驻军队随时协防，或者招募护路军，以补路警之不足而保行旅之安全。可结果往往适得其反。这些驻扎在该路沿线的军队常因欠饷及给养不足而携械潜逃，投入匪帮。④ 总之，京奉铁路沿线"匪徒炽蔓，白昼横行，不仅路政业务，大受妨碍，而阻遏工商业前途之发展，其损失尤未可以道路计也"。⑤

综上所述，在妨害或破坏京奉铁路营业的各种外在因素中，以军阀混战为害最烈。在军阀割据和争斗不已的局势之下，每次战争都会造成铁路交通的中断和运输的阻滞。据统计，1915—1930年间，该路因战争造成运输中断共有8次，每次均历时一月或两月之久；⑥ 还有截留路款、强占或扣押车辆、扰乱行车秩序等，不一而足，难以罄述。因军事关系又导致沿线苛捐杂税繁重，这些足以导致该路运输业务的低迷或停顿，致使行旅、客商视铁路为畏途而裹足不前或改由他途，铁路营业由此蒙受重大的损

---

① 《北宁路又一大惨剧》，《大公报》1931年9月27日；《辽吉被占后北宁列车迭遭匪劫》，《时事月报》第5卷合订本，1931年12月，"国内时事"，第197页。
② 《辽吉被占后北宁列车迭遭匪劫》，《时事月报》第5卷合订本，1931年12月，"国内时事"，第197页。
③ 《铁路运输减少原因》，《益世报》1929年12月17日。
④ 《关内军换防，保守地方维护交通》，《盛京时报》1931年11月3日。
⑤ 《北宁粤汉两路之劫车事件》，《认识》第5期，1931年1月16日，第5页。
⑥ 《北宁铁路军灾异运输阻滞一览表（1915—1930）》，《北宁铁路月刊》第2卷第3期，1932年3月。

第二章 京奉铁路的营业

失。概言之，"平时的苛捐杂税，战时的炮火飞弹"① 成为京奉铁路营业发展的严重束缚和羁绊，或曰"中国近代政治环境的不安定，实为铁路的经济效益未能充分发挥的主要因素"。②

总而言之，作为华北地区最大干线之一的京奉铁路，以"成立之早，线路之长，沿线物产之丰盛，联络路线之多"③ 而使其营业收入及赢利"在国有铁路中首推第一"，④ 是"中国政府的一座名副其实的金矿"。⑤ 该路所穿越的华北与东北地区拥有丰富的自然资源且具有较强的互补性，"关内以煤盐为大宗，关外则首推农产物，营业良好，物产富饶"，⑥ 铁路自身又锐意经营。另一方面，该路营业收入与其沿线区域政治生态和社会环境息息相关。自1920年至1930年间，该路只有两年尚可维持原状，"其他各年，则备受战事之纷扰，军阀之把持，整条路线，分割为二，路款收入，南北对开"，⑦ 致使其营业收入遭受重击。因此，铁路营业收入的变动是其沿线区域经济发展及政治演变的"晴雨表"和"风向标"。此外，该路自身始终无法根除的种种弊端也是造成其营业蒙受损失的重要原因。在运输结构方面，货运始终是该路收入的大宗，其中煤炭又在货运中占有主要位置，制造品在货运中的比重逐步上升并占据次席。同时，客运收入的比重也逐步增高。另外，营业收入规模及结构的变动是其沿线区域人口流动、经济发展、政治环境的反映和结果。尤其京奉铁路在带动和推进其沿线区域经济发展，以及沟通和密切华北与东北地区之间的经济关联方面扮演了关键角色，发挥了重要作用。由这种意义而言，京奉铁路不只是一条交通主干道，更是一条经济大动脉。

---

① 许涤新：《动荡崩溃底中国农村》，载陈翰笙、薛暮桥、冯和法编《解放前的中国农村》第一辑，中国展望出版社1985年版，第447页。
② 转引自张瑞德《中国近代铁路事业管理的研究——政治层面的分析（1876—1937）》，第214页。
③ 陈扬柞：《北宁路之繁荣问题》，《东北新建设》第1卷第11期，1929年12月，第1页。
④ 王余杞：《北宁铁路之黄金时代》，第16页。
⑤ 吴弘明译《天津海关十年报告书（1912—1921）》，《天津历史资料》第13期，1981年，第66页。
⑥ 王余杞：《北宁铁路之黄金时代》，第18~19页。
⑦ 《铁道部顾问视察各路报告》，《铁道公报》第41期，1930年2月15日，第10页。

第三章　京奉铁路与近代工矿业的发展

以煤炭为主的矿产品在京奉铁路的货运中占有特殊的地位。相似的情形也体现在民国时期其他国有各路的货运统计中，如"京汉……汴洛所运矿产皆约占总数之半，京绥、湘赣亦几及三分之一，正太、道清、萍株三路则几全恃矿产品。"① 在国有各路的货运总量中，"矿产品的吨数平均常占总数百分之四十七。换言之，即中国铁路所运者，矿业所产几居半数也"。② 因而，"矿业者，铁道之滋养料也"。③ 近代矿业特别是煤炭业的盛衰，对于铁路营业的影响不言而喻。另一方面，运输问题——是否拥有铁路、水运以及这两种运输方式的比例，是决定近代煤矿业兴衰的关键因素。尤其是铁路具有水运无可比拟的快捷迅速、负重致远，且不易受到自然条件和季节性影响的优势，不仅是煤炭运送的重要路径，而且本身是煤炭的重要消费者，因此，铁路可谓近代煤矿的命运所系。

京奉铁路沿线地区的煤炭资源丰富，分布着开滦、北票、柳江、长城、八道壕等煤矿，④ 它们均有支线或岔道与该路干线相连，⑤ 与该路的关系至为密切。尤其开滦煤矿与京奉铁路的渊源颇深、关系最密：前者以

---

① 翁文灏：《路矿关系论》，出版地不详，1928年版，第3页。
② 翁文灏：《路矿关系论》，第1页。
③ 黄兴：《黄克强先生全集》，第42页，转引自张玉法《民国初年的政党》，岳麓书社2004年版，第154页。
④ 翁文灏：《路矿关系论》，第19～20页。
⑤ 包括锦朝支线、柳江支线、长城支线、大通支线等，参见《交通史·路政编》第7册，第132～141页；天津社会科学院历史研究所编《海关十年报告（1922—1931年）》，《天津历史资料》第5期，1980年，第66页。

第三章　京奉铁路与近代工矿业的发展

"中国近代煤炭工业的源头"[①]及揭橥近代中国铁路的序幕而享誉遐迩，在近代中国工矿业中占有举足轻重的地位，后者的营业成绩在近代中国国有各路中独占鳌头，且以开滦煤炭为货运大宗。毫无疑问，它们是观察和阐释铁路与煤矿之间复杂关系的最佳"拍档"。

第一节　京奉铁路与开滦煤矿的"共生"

开滦煤矿的前身即开平煤矿，它位于河北省东部地区，地跨开平、滦州两县，介于山海关与天津之间。该地素以产煤著称，附近乡民累代以此为生。清光绪初年，有奥人来华游历，在开平一带钻孔试探，确悉煤层、煤质"丰美"无比。[②] 19世纪中后期，随着洋务运动的渐次开展，一批官办或官督商办的军工和民用企业相继创办，特别是天津机器局、轮船招商局的建立和近代北洋海军的组建，对于燃料即煤炭的需求很大；同时，外国轮船到津数量与日俱增，它们也需在天津就近获取燃料供应。然而，当时华北地区的煤炭储量虽丰，开挖亦久，但开采方法落伍、产量有限且"车价腾贵"，以致天津市场的煤炭售价较昂，轮船不肯买用，故而只得进口外煤（主要为日煤）。1881年天津海关的统计显示，1871—1880年的十年间，天津"进口洋煤81000余吨，土煤进口也有5500余吨"。[③]如此不但耗费甚巨，而且易受到外人操纵。为改变这种"煤为东洋"的局面，时任直隶总督兼北洋大臣的李鸿章决定自辟矿源，在试办直隶磁州煤矿无果而终之后，即将目光转移至开平地方。

1876年11月14日，上海轮船招商局总办、候补道唐廷枢根据开平一带勘察的煤铁情况，向直隶总督李鸿章呈禀调查报告并拟定"煤铁并举"的经营规划。[④] 翌年，他向李鸿章呈报了开平煤铁样品的化验结果，认为"煤铁乃富强根基，亟宜开采"，并再次论述"煤铁、铁路一齐举办"的

[①] 任荣会：《庚子遗恨》，新华出版社1998年版，第13页。
[②] 吴蔼宸：《华北国际五大问题》，京华印书局1929年版，第1页。
[③] 胡光明：《论李鸿章与天津城市近代化》，《城市史研究》第3辑，1990年，第85页。
[④] 孙毓棠编《中国近代工业史资料（第一辑·1840—1895年）》下册，载沈云龙主编《近代中国史料丛刊续编》第62辑，台北文海出版社1974年影印版，第617~622页。

规划。① 1877 年 9 月 27 日，经李鸿章批示，唐廷枢议定开平矿务局设局招股章程 12 条，拟定官督商办，集资 80 万两银；同时选定乔头屯为建矿地址，正式投入创办。② 由于工程进展顺利，预计 1881 年 2 月即可出煤，但矿址至天津的陆路距离尚有百里之遥，若以大车运送，成本必重，故不得不另修运路。先是挑挖一道运河即"煤河"，由芦台向东北直抵丰润县的胥各庄，随即又拟由该庄的东北修筑一条"快马车道"直抵煤矿。③ 1881 年 11 月，京奉铁路的始基——唐胥铁路建成，长约十公里，轨距为四英尺八英寸半（1435 毫米）的标准轨距。开驶未几便因谏阻而被迫停运，只得以骡马拖曳车辆，后经过唐廷枢等人的折冲才使机车重新开行。④ 可见，在开平煤矿通盘筹划之时，为降低运输成本及节省费用起见，已然考虑到铁路建设的重要性，即"铁路与开矿相为表里"，⑤ "苟非由铁路运煤，诚恐终难振作也"。⑥

唐胥铁路是一条矿山铁路，它将煤炭自唐山矿井运至胥各庄，然后装船由"煤河"运至北塘河沿岸的芦台，再转入蓟运河运抵塘沽，以供应北洋海军和天津机器局之需，也有一部分由轮船招商局和南方各机器局消费。该路的修建在很大程度上促进了开平煤矿的发展。开平煤矿在 1882 年的日产量为 500—600 吨，1886 年时增至 800—900 吨，同期的煤炭出口量由 8185 吨增至 34100 吨。⑦ 这在一定程度上减轻了对外煤的依赖。例如，1883 年开平煤矿所产还不能满足天津市场的需求，故仍需由日本进口煤炭 9728 吨；1886 年外煤进口量骤降至 301 吨，⑧ 几乎在天津市场上销声匿迹。

---

① 孙毓棠编《中国近代工业史资料（第一辑·1840—1895 年）》下册，载沈云龙主编《近代中国史料丛刊续编》第 62 辑，第 624、627 页。
② 《开滦煤矿志》第二卷，第 65 页。
③ 宓汝成编《中国近代铁路史资料》上，载沈云龙主编《近代中国史料丛刊续编》第 40 辑，第 124 页。
④ 《交通史·路政编》第 7 册，第 2 页；〔英〕肯德：《中国铁路发展史》，第 25 页。
⑤ （清）李鸿章：《李鸿章全集》海军函稿卷三，第 20 页。
⑥ 孙毓棠编《中国近代工业史资料（第一辑·1840—1895 年）》下册，载沈云龙主编《近代中国史料丛刊续编》第 62 辑，第 620 页。
⑦ 孙毓棠编《中国近代工业史资料（第一辑·1840—1895 年）》下册，载沈云龙主编《近代中国史料丛刊续编》第 62 辑，第 665 页。
⑧ 孙毓棠编《中国近代工业史资料（第一辑·1840—1895 年）》下册，载沈云龙主编《近代中国史料丛刊续编》第 62 辑，第 666 页。

第三章　京奉铁路与近代工矿业的发展

尽管开平煤矿取得了初步的成功,但与铁路相连的运河存在重大的缺陷:一是它"历年浅阻","煤船常有停棹候水之苦";① 二是当时运河使用一种驳船,这种驳船在水量较大的北塘河上可用拖船拖曳,但在运河里面拖行甚感困难,尽管在运河上建有一道水闸,但也只能在涨潮之时进行驳船运输;三是煤质疏松,运河运输显然不宜。② 由于运输迟滞、效率低下,以致"兵商各轮船欲多购煤而运不及,矿内积煤日多"。③ 因此,开平矿务局的首要问题是如何改进通往天津的运输线。有鉴于此,在矿局商董的函请下,李鸿章奏请"将原有铁路,照样接办,沿新开河南岸至河尾止",④ 以便运煤和利商。这个新的计划在获得清廷的批准后即按部就班地进行。1887 年修至阎庄以南的芦台,即为唐芦铁路。翌年 3 月,李鸿章通过醇亲王奕譞,以巩固北洋海防、加强东北边防之需为由,奏请将唐芦铁路续接至大沽,并计划由唐山往东修至山海关。1888 年秋,津沽铁路建成,并在塘沽设立堆栈码头。至此,开平矿区与天津之间可由铁路连通,开平煤炭开始源源不断地大量运往津埠。1890 年,再将铁路延长三十里至林西,在该地开办新矿,"及至工竣,开平矿所出之煤,更便运销各处矣"。⑤ 铁路的展筑使得开平煤矿如虎添翼,日产量和销售量齐头并进。1894 年,该矿日产量已超过 1500 吨(此数字尚不包括林西煤矿的产量),较之 1882 年的日产量增长了四倍。⑥ 在出口方面,1887 年开平煤炭经天津出口量为 46492 吨,比上年约增 12000 吨。津沽铁路开通后的 1889 年,开平煤炭共出口 51959 吨,较上年约多出 14000 吨。1894 年,其出口量达到 65702 吨,

---

① 宓汝成编《中国近代铁路史资料》上,载沈云龙主编《近代中国史料丛刊续编》第 40 辑,第 127、126 页。
② 孙毓棠编《中国近代工业史资料(第一辑·1840—1895 年)》下册,载沈云龙主编《近代中国史料丛刊续编》第 62 辑,第 650 页。
③ 宓汝成编《中国近代铁路史资料》上,载沈云龙主编《近代中国史料丛刊续编》第 40 辑,第 126 页。
④ 宓汝成编《中国近代铁路史资料》上,载沈云龙主编《近代中国史料丛刊续编》第 40 辑,第 126 页。
⑤ 孙毓棠编《中国近代工业史资料(第一辑·1840—1895 年)》下册,载沈云龙主编《近代中国史料丛刊续编》第 62 辑,第 659 页。
⑥ 孙毓棠编《中国近代工业史资料(第一辑·1840—1895 年)》下册,载沈云龙主编《近代中国史料丛刊续编》第 62 辑,第 658 页。

较之1889年增长四分之一有余。① 当至林西煤矿的铁路开通后，它的年产量再次攀升。② 显而易见，"开平的发展是通过其生产与运输的交替进展而来的"。③

开平煤矿创办伊始即重视交通设施的建设，即有"煤河"的开挖和唐胥铁路的修建。其后，随着开平煤矿产量的日增，对运输形成新的迫切需求，加以其他因素的推动，唐胥铁路向东西两端延伸，以至有津沽、津榆乃至京奉铁路的开通。于是，铁路逐渐成为开平煤炭外运的主要通道，"煤河"的运煤功用日趋衰微。例如，1882—1887年间，通过该河运至天津的煤炭计40万吨左右，占唐山矿产量的80%。④ 1888年津沽铁路开通后，该河的运煤量骤然减少，而至1900年，它已大半废弃不用，仅有小煤商每年购煤5万吨左右，供该河沿岸一带零售之用。⑤ 除铁路和"煤河"外，开平矿务局于1888年开始自行购置轮船办理海路运煤；1900年它已具备一支拥有6艘轮船的船队，总载重量达8300吨，并在塘沽、秦皇岛、天津、烟台、营口、上海、香港等港口建有码头和煤栈。⑥ 至此，开平煤炭的运销格局初步形成。

唐胥铁路及之后的津沽铁路的修建对于开平煤矿的促进作用显而易见。经赖此路，开平煤炭可以快捷地运抵天津，不但占据了天津市场的最大份额，而且日益成为天津的大宗出口货物。另一方面，开平煤炭运量的增加，也使路局营业收入出现相应的增长。例如，1891年初期铁路煤运收入月增，"但以运煤而计，正月得载价一万六千两，二月增至二万一千两，三月亦必有所增，此明效大验也"。⑦

---

① 孙毓棠编《中国近代工业史资料（第一辑·1840—1895年）》下册，载沈云龙主编《近代中国史料丛刊续编》第62辑，第665页。
② 《开滦煤矿志》第二卷，第310页。
③ 丁长清：《〈开平煤矿〉简介》，载中国近代经济史丛书编委会编《中国近代经济史研究资料》第9辑，上海社会科学院出版社1989年版，第181~182页。
④ 《开滦煤矿志》第二卷，第389页；政协唐山市委员会文史资料委员会编《唐山文史资料》第16辑开滦，1992年，第12页。
⑤ 《开滦煤矿志》第二卷，第389页；《唐山文史资料》第16辑开滦，第13页。
⑥ 《开滦煤矿志》第二卷，第394、396页。
⑦ （清）崔国因：《出使美日秘日记》卷六，第298页。

第三章　京奉铁路与近代工矿业的发展

1900年庚子之变后,英国乘机将开平煤矿据为己有。① 之后,该矿督办张翼赴英国控诉;在法庭争讼失败后,清廷及直隶地方当局决定采取对抗策略。② 1907年,清政府投资50万两并募集民间资本200万两,创办了以中国为法人实体的"北洋滦州官矿有限公司"。该矿因其股东具有浓厚的官方背景而获得政策方面的庇护和支持,营业蒸蒸日上,出产煤炭几乎全部在华北一带销售。两年后,滦州煤炭开始进入天津市场,1910年及1911年的销量分别为35972吨和98296吨。③ 这对于原本视天津为独占市场的开平煤矿来说,无疑是一个不小的挑战。开平煤矿于是运用减价出售的竞销手段,与滦州煤矿展开激烈的市场争夺。为时不久,滦州煤矿因资金告罄,渐形不支;开平煤矿亦损失惨重,并派人到滦州煤矿商讨合办。1911年,因政局动荡,两矿达成妥协,"乃得营业联合之一法,所有两公司名义各自存在,仅将营业一部分联合组织,设一开滦矿务总局协力进行"。④ 开滦煤矿由此诞生,它的主导权由英商掌握,故名曰合办,实为兼并。

1912年,开平、滦州两矿联合经营后,煤矿规模大为扩张,矿区增加到5处:即唐山煤矿,距唐山车站东北三里;林西煤矿,在古冶车站西南八里;马家沟煤矿,距开平车站西北六里;赵各庄煤矿,位于古冶车站正北七里;唐家庄煤矿,距古冶车站迤东三里。⑤ 其中以唐山、林西两矿最为著名。开滦煤矿的产量与日俱增,至1937年之前,除马家沟矿于1936年1月9日因煤质不佳、经营不振而停产外,⑥ 其余4矿每日分别产煤3000—7000吨,每日总计产煤约17000吨。⑦ 年产量在1922年仅为266万吨,1931年增至535余万吨,占当时全国煤炭产量的1/5。1932—1937年

---

① 《查办开平矿案奏折》,1910年油印本;《开平矿务切要案据》1910年铅印本;均藏于天津图书馆。
② 《支那省别全志》第18卷"直隶省",第27页。
③ 《唐山文史资料》第16辑"开滦",第41页。
④ 魏子初:《帝国主义与开滦煤矿》,神州国光社1954年版,第150页。
⑤ 天津社会科学院历史研究所编《天津海关十年报告(1922—1931年)》,《天津历史资料》第5期,1980年,第65页。
⑥ 李述主编《开平区志》,天津人民出版社1998年版,"大事记",第6页。
⑦ 开滦矿务总局编《开滦煤矿概况》,出版地不详,1946年版,第1页。

的年产量基本维持在500余万吨。①

表3-1 1934年5月开滦各矿每日/每年产量

单位：吨

矿名	日产量	年产量
唐山	2400	792000
马家沟	2100	693000
林西	4000	1320000
赵各庄	5700	1980000
唐家庄	3500	1155000
总数	17700	5940000

资料来源：《开滦煤矿调查报告书》，作者及出版地不详，1934年版，第35~36页。

开滦各矿中煤质不一，唐山与林西两矿所产煤炭质地较好，唐家庄次之，赵各庄、马家沟最劣。矿务局方面不但将同一矿区所产煤炭互相混合，而且将五矿所产煤炭完全混合出售，即将优质煤炭运销至竞争激烈的市场，如上海、中国香港以及美国、日本等地；接近矿区或无竞争之处以劣质煤充数或优劣混合出售。尽管顾客往往指定购买唐山矿区的产煤且自行转运，但不知矿务局暗中已将他矿劣质煤混合。② 这也是后来开滦矿务局与北宁路局引发争端的一个"导火索"。下面仅将1934年1—4月份由古冶站及开平站运至唐山矿场交卸的煤炭数量列表于下，以窥其混合销售之一斑。

表3-2 1934年1—4月份古冶站运至唐山的煤炭数量

单位：吨

月份	总额	商煤		路煤		
		开滦矿	普通商	售煤处	车房	南厂
1月	22651	15416	2665	2109	—	2461
2月	25977	16511	2810	3494	—	3162

---

① 《天津海关十年报告（1922—1931年）》，《天津历史资料》第5期，1980年，第65页；《开滦煤矿概况》，第1页；中国第二历史档案馆编《中华民国档案资料汇编》第五辑第一编，"财政经济"（六），第481页；《开滦北宁交涉之经过》，《申报》1931年4月5日。
② 《北宁铁路沿线经济调查报告书》，第1768页。

第三章 京奉铁路与近代工矿业的发展

续表

月份	总额	商煤		路煤		
		开滦矿	普通商	售煤处	车房	南厂
3 月	20529	10614	4481	3606	20	1808
4 月	21270	10921	5128	941	292	3988

注：古冶运来之煤为赵各庄、林西、唐家庄所产，除林西与唐家庄外，赵各庄之质地亦劣。
资料来源：《开滦煤矿调查报告书》，第44页。

表3-3 1934年1—4月份开平站运至唐山的煤炭数量

单位：吨

月份	总额	开滦矿局	普通商人
1 月	4277	2458	1819
2 月	8384	6546	1838
3 月	4993	3828	1165
4 月	5321	1876	3445

注：开平运来之煤为马家沟所产，质地甚劣。
资料来源：《开滦煤矿调查报告书》，第44页。

开滦煤矿距离港口甚近，占有地理上的优势；且各矿场内及码头均敷设岔道与京奉铁路干线相连，计有马家沟支线5公里，赵各庄支线5公里，林西支线3公里，唐家庄支线3公里；秦皇岛车站至秦皇岛码头3公里，又于塘沽及天津东站备置私用岔道，① 从而保证煤炭的灵活调运。从1918年起，开滦煤炭的产量急剧增加，年产量突破400万吨，其中运抵秦皇岛的煤炭超过200万吨；但因"单轨路上深感调度不易"，② 开滦矿务局遂向京奉铁路局提出唐榆段间添设双轨的建议，路局以此向矿务局提出要求：改订运价、订定调车费、担保经费及利息等。③ 后经双方妥协达成协议，1921年4月，京奉铁路局向"中英公司议借英金五十万镑，天津通用银圆二百万元"④ 作为经费。同年6月工程开建，1923年夏工程完竣并开始投

---

① 《北宁铁路沿线经济调查报告书》，第1770~1771页；《开滦煤矿志》第二卷，第419页。
② 《北宁铁路沿线经济调查报告书》，第1771页。
③ 《交通史·路政编》第7册，第117页。
④ 《交通史·路政编》第7册，第124页。

入营运。① 这是煤炭运输的需求直接导致铁路扩建的有力证明。开滦矿务局又因路局运煤车辆缺乏，运输时有梗阻，于是自行购置机车、煤车及守车租与路局使用，前后共计有机车18辆，40吨煤车600辆，守车20辆，并订明专门做运煤之用。② 这些车辆每年能从开滦各矿运出400万吨煤炭，③约占开滦煤产总数的70%—80%，④ 其余的煤炭需由路局方面加拨车辆以资运送。但是，路局方面提供的车辆常有变动，由此间接制约了开滦煤矿的发展："无如历年因该局车辆缺乏以及不克按期加拨规定车辆，实为本局营业发展上之一极大困难。假如路局能担保供给车辆历久不变，则本局尚可设法将每年所出之煤斤增至700万吨，并可从容销售云。"⑤

随着煤矿产量的增加、铁路和港口设施的改建，开滦煤炭的销路和市场不断拓展。1930年代，开滦煤炭除在矿区所在地销用一小部分外，其余均自矿场装车后径直由北宁铁路西运至塘沽、平津一带销售，主要供应工业生产及家庭取暖之用；或者东运至秦皇岛再由煤轮转运外埠，如上海、烟台、汉口、牛庄、旅顺、营口、香港、新加坡、吕宋、印度南洋、菲律宾及美国、日本等处。唐榆双轨建成后，秦皇岛港的煤炭吞吐和出口能力大为提升，以致其成为开滦煤炭出口体系的重心。1929—1933年间由北宁铁路直接卸入秦皇岛港出口的煤炭平均每年约为270万吨，约占开滦全年产额的二分之一，其中还未包括矿务局在该港预存的大量煤炭。⑥ 同为开滦煤炭重要出口基地的塘沽港的煤炭输出量约为秦皇岛港的五分之一。运往天津东站的煤炭只及秦皇岛港的十分之一左右（见表3-4）。矿务局为办理营业事务，在总局营业部下设两大经理处，一为北方经理处，经销

---

① 交通部秦皇岛港务局铁路运输公司铁路史编委会编《秦皇岛港铁路运输发展史（1891—1992年）》，海洋出版社1993年版，第34页。
② 《北宁铁路沿线经济调查报告书》，第1771页；天津社会科学院历史研究所编《天津海关十年报告（1922—1931年）》，《天津历史资料》第5期，1980年，第65页。
③ 《天津海关十年报告（1922—1931年）》，《天津历史资料》第5期，1980年，第65页。
④ 丁长清：《开滦煤在旧中国市场上的运销初探》，《中国经济史研究》1988年第3期，第123页。
⑤ 《中华民国档案资料汇编》第五辑第一编，"财政经济"（六），第481页。
⑥ 开滦矿务总局编《开滦矿务总局一览》，出版地及时间不详，第15页。

津、平、塘沽及山东一带；一为上海经销处，经销上海及长江流域各地，福州、厦门、广东、香港及华南沿海一带；唐山至山海关一带，由唐山或秦皇岛的售品处经销。[1] 在这种意义上而言，"开滦是在不断发展生产的基础上逐步改善交通运输，才开拓出广大的国内外市场的"。[2]

表 3-4 1929—1934 年开滦各矿运出煤焦吨数

单位：吨

到达站	秦皇岛		塘沽		天津东	
类别	煤	焦炭	煤	焦炭	煤	焦炭
1929 年	2876666.26	10861.54	202166.33	1161.58	197513.40	934.86
1930 年	2819834.03	25176.22	452507.95	2628.38	230869.79	3081.38
1931 年	2594836.13	16346.73	420688.63	1825.94	280753.19	1065.96
1932 年	2850398.78	10603.26	455805.60	152.40	365054.53	1003.91
1933 年	2387642.47	6669.48	473657.19	1053.64	330800.40	1288.50
1934 年*	1293600.77	3001.98	124210.15	39.00	132077.91	738.66

注：*1934 年度的统计只包括 1 月至 6 月的数字。
资料来源：根据 1929—1934 年度开滦各矿运出煤焦吨数表整理，参见《开滦煤矿调查报告书》，第 48~53 页。

开滦煤矿建设所需的窑柱、机械等生产设备亦经由京奉铁路运入。仅以窑柱一项为例，1937 年前，开滦五矿的支柱大半用柳、杨、松、桧 4 种木料，共计需三四百万余根。其中一些由日本进口，约占总量的 24%；[3] 其余部分来自矿区附近各县及北戴河等地方。滦县建昌营、澈河桥、双山子一带，每年有 17000 余吨木料由该路的滦县站运至唐山、开平、古冶，再转运至开滦各矿区；[4] 产于北戴河车站附近各地的木料也由该站运至古冶，每年有 1300 余吨。[5]

---

[1] 《北宁铁路沿线经济调查报告书》，第 1768 页；《开滦煤矿调查报告书》，第 44 页。
[2] 丁长清：《开滦煤在旧中国市场上的运销初探》，《中国经济史研究》1988 年第 3 期，第 132 页。
[3] 《北宁铁路沿线经济调查报告书》，第 1765 页。
[4] 《北宁铁路沿线经济调查报告书》，第 1241~1242 页。
[5] 《北宁铁路沿线经济调查报告书》，第 1547 页。

表 3-5　1937 年前开滦煤矿木料来源

单位：吨

站名	品名	产地	产量	销地	路运量
滦县	木料	滦县、迁安	20000	古冶、开平、唐山	20000
	木料	迁安		开滦矿区内	30000 余
石门	木料			唐山等各矿窑柱	2000
安山	木料			开滦矿	200—300
昌黎	松木	昌黎	8000	唐山	4000
山海关	杨木	昌黎北山	700	唐山、开平、古冶	400
	榆木	昌黎北山	500	唐山	300
	柳木	昌黎北山	800	唐山、开平、古冶	400
	木柱	昌黎凤凰山	700	古冶、开平	700
张家庄	窑柱	张家庄	2000	唐山、古冶、开平	2000
北戴河	木料	北戴河	2000	唐山、开平	2000 余

资料来源：《铁道部第三届铁路货品展览北宁馆专刊》，"林产"，第 10~13 页、"商业"，第 14~15 页。

经过数十载的经营，开滦煤炭基本上形成以京奉铁路为运输"骨干"，以秦皇岛、塘沽为吞吐"尾闾"的格局。不论销于京津唐一带，抑或运至港口再转运他埠，开滦煤炭均"多维北宁铁路是赖"。[①] 当然，开滦煤炭也有一部分经由内河水路运送，甚至在某些特殊的情况下，如铁路运输中断或运输能力下降时，内河水路的运量会相对地出现增长。以"煤河"为例，1921—1931 年的十年间，通过该河运送的煤炭数量总计约为 100 余万吨，平均每年约为 10 万吨。在遇到战争的年份，通过该河的煤炭运量较平时则有明显增加。不过，内河水路的运送数量和速度无法和铁路运输比肩，它只是作为后者的一种补充。总之，京奉铁路是开滦煤炭运输的极其重要的路径，而且对于其销售体系和市场格局的形成具有重要意义。

京奉铁路不仅是开滦煤炭的重要运输路径，而且是开滦煤炭的重要主顾。该路用煤向由开滦煤矿供给，价格也较同种煤炭为廉。1931 年九一八事变之前，路局每年消费开滦煤炭在 30 万吨左右。此后该路重蹈"一分为

---

① 《天津海关十年报告（1922—1931 年）》，《天津历史资料》第 5 期，1980 年，第 65 页。

二"的覆辙，北宁铁路管辖的只有关内段，导致煤炭消费量大为缩减。由于开滦煤矿不能按时接济路局用煤，路局乃改为唐山以东用开滦煤，唐山以西向井陉及大同煤矿采购。具体情形如表3-6、表3-7所示：

表 3-6　1930—1935 年北宁铁路购煤数量及价值统计

年份	购煤吨数	价值（元）	年份	购煤吨数	价值（元）
1930	309167.45	2236212.15	1933	120171.82	741501.26
1931	344262.95	2271676.77	1934	124480.51	688877.25
1932	141362.30	736022.12	1935	119322	638874.50

资料来源：参见北宁铁路 1930—1935 年各年度会计统计年报。

表 3-7　1933 年北宁路购煤数量及价值统计

类别	购煤吨数	每吨价值（元）	共计价值（元）
开滦一号末煤	92172	3.75	345645.00
开滦二号块煤	51120	4.00	204480.00
开滦机车块煤	97344	4.50	438048.00
井陉原煤	92496	4.05	374608.80
大同原煤	39000	3.00	117000.00
总计	372132		1479781.80

资料来源：《北宁铁路沿线经济调查报告书》，第 1773 页；《开滦煤矿调查报告书》，第 106 页。

该路购用开滦煤炭的用途，大致可分为三种：机车用煤，供给全路各机务段机车之用，约占总数的 40% 有余；工厂用煤，供给各机厂锅炉之用，约占总数的 5.5%；售煤处用煤，供给全路员工自行购买之用，约占总数的 54%。[1] 例如，1933 年该路各处用煤数量分别为各机务段用煤 144049.43 吨，各机厂用煤 18445.00 吨，售煤处共用 189638.00 吨，该年全路共计用煤 352132.43 吨。[2] 路用煤炭的运输，规定在唐山矿厂或古冶车站交货，在各矿厂与古冶车站间的调车手续，由矿务局办理，路局不另收

---

[1]《开滦煤矿调查报告书》，第 106 页；《北宁铁路沿线经济调查报告书》，第 1773 页。
[2]《开滦煤矿调查报告书》，第 107 页。

费；由唐山矿厂与唐山车站间的调车手续，由路局办理，但需矿务局付费。①

京奉铁路在购买及支配开滦煤炭的过程中存在着各种损耗。一是盗窃频发。路用煤炭因看守不良致使被盗窃，一年之中尤以秋、冬两季损失较巨。窃煤之人多为监守自盗。沿路的下级员工、警役暗中取用，甚至有的盗卖路煤，路局每年损失之数实属不菲。据开滦矿务局运输处长调查，路局在唐山、古冶二处每年因监守自盗而损失煤炭至少有21500余吨。② 为防止盗窃煤斤，路局采取了一些对策，但收效甚微。二为缺斤短两。以前对于路用煤炭，路局向不自行过磅，开滦方面得以乘机取巧，以少报多，以致路局每年所受短磅损失亦非浅鲜。1934年6月4日调查显示，唐山工厂用煤由开滦开来煤车四辆，纯煤重量应为74.98吨，实际短亏4.79吨；唐山售煤处用煤由矿务局运来三车，纯煤重量应为75.42吨，实际竟少3.81吨。短磅比率平均约为7.5%。6月5日，古冶机车房用煤由开滦开来三辆，短磅3.03吨；唐山机车房用煤由矿务局开来煤车一列，实亏1.63吨，竟超过总数1/10以上。③ 1933年，该路向开滦矿务局订购的煤炭数量为240636吨，若照以上的比例计算，路煤每年所受短磅的损失实为18047余吨，每年损失金额为73630.616元。④ 三是以次充好或掺杂使假。路局与矿务局原定合同规定矿务局应将唐山、唐家庄、林西三处所产机车块煤供给该路。然而，矿务局常以赵各庄的劣质煤运至唐山矿场，掺和机煤蒙混装运，致使路局蒙受重大损失。1933年1—5月底，由赵各庄运至唐山矿场的劣质煤数量为34066吨，均掺杂于机用块煤之内，以次充好，供给路用；马家沟矿的劣质煤也常由开平运至唐山夹杂混售，为数甚多，⑤ 甚至有在路煤之中混入石块及在路用机车块煤与二号块煤中掺和煤末的现象，由此导致路局每年损失约为5万余元。⑥ 总之，路用煤炭的各种损失除在短期内无法证实及零星窃取而无从计算外，盗窃、短磅、混杂劣质煤及石

---

① 《北宁铁路沿线经济调查报告书》，第1773~1774页。
② 《开滦煤矿调查报告书》，第112页。
③ 《开滦煤矿调查报告书》，第117~119页。
④ 《开滦煤矿调查报告书》，第120页。
⑤ 《开滦煤矿调查报告书》，第119页。
⑥ 《开滦煤矿调查报告书》，第121~122页。

块、煤末等四种，致使路局每年损失总计为 21 万余元，① 殊为可观。

无论开滦矿务局供给路局消费之煤，抑或外运商用之煤，均赖京奉铁路运送，故而煤炭（包括焦炭）成为该路货运的大宗。如 1930 年，该路的煤炭运量为 5062817 吨，占全年大宗货物（矿、农、林、畜产品及制造品）运量 7196089 吨的 70.4%；1931 年煤炭运量为 5105369 吨，占全年大宗货运总量的比重为 63.4%；② 1932 年上半年的煤运平均约占货运总量的 69.7%（见表 3 - 8）。该路的煤炭运量也存在淡季与旺季的差别。③ 从运煤的收入方面而言，情形却有所不同。1930 年该路的煤运进款为 1614189 元，占全年大宗货物营业收入 15516344 元的 10.4%；1931 年的煤运进款为 7691465 元，占该年大宗货运进款 19992248 元的 38.5%；④ 1937 年前的煤运收入约占货运总收入的 40% 有余。⑤（见表 3 - 9）可见，尽管煤炭的运量在京奉铁路的货运中占有举足轻重的地位，但从营业收入上而言，"铁路运输矿产品之收入实并不如运输他种货物为丰也"。⑥

京奉铁路的煤运中并非只有开滦一项，亦有由京绥、京汉铁路经丰台站过轨联运至天津的煤炭。不过，这些联运至津的煤炭量非常有限。如 1934 年、1935 年的数量分别为 523050 吨和 644926 吨，⑦ 与开滦煤炭运量相差甚远。故而，开滦煤炭在该路货运中的主体地位始终无法撼动。

表 3 - 8　1932 年上半年北宁铁路煤运占全线货运比重

单位：吨

月份	全线货运吨数	全线运煤吨数			煤运占货运之比例（%）
		开滦	其他	合计	
1 月	718966	438239	68223	506462	70

---

① 《开滦煤矿调查报告书》，第 122 页。
② 《北宁铁路月刊》第 1 卷第 5 期，1931 年 5 月，"统计"，第 1 页；《北宁铁路月刊》第 2 卷第 7 期，1932 年 7 月，"业务"，第 1 页。
③ 《中华民国档案资料汇编》第五辑第一编，"财政经济"（六），第 481 页。
④ 《北宁铁路月刊》第 1 卷第 5 期，1931 年 5 月，"统计"，第 1 页。
⑤ 《北宁铁路沿线经济调查报告书》，第 8 页。
⑥ 翁文灏：《路矿关系论》，第 4 页。
⑦ 根据 1934—1936 年历月"丰台站运出联运煤斤吨数比较表"统计所得，参见《北宁铁路月刊》第 4、5、6 卷各期。

续表

月份	全线货运吨数	全线运煤吨数 开滦	全线运煤吨数 其他	全线运煤吨数 合计	煤运占货运之比例（%）
2月	549590	348459	51010	399469	73
3月	677739	453892	47665	501557	74
4月	644951	412564	32615	445179	69
5月	665372	381142	51970	433112	65
6月	599145	361959	57105	419064	70

资料来源：《为奉令趁兹夏季多拨车辆以利国煤运输自应遵办由》（1932年8月12日），中国第二历史档案馆藏，档案号：215-350。

表3-9 1929—1934年北宁铁路开滦煤运收入情形

单位：元

年份	本路所收开滦煤焦运费（A）	本路客货运进款共计（B）	本路货运进款（C）	A/B（%）	A/C（%）
1929	5519460.90	22443016.14	12358461.34	24.59	44.66
1930	5246185.75	37763401.62	20532884.93	13.89	25.55
1931	5659574.60	40577888.75	24661029.90	13.95	22.95
1932	6697534.85	21864676.03	14887467.94	30.63	44.99
1933	5076632.95	19492831.60	13212311.47	26.04	38.42
1934	6009424.75	22299493.14	14496385.50	26.95	41.45

资料来源：《北宁铁路沿线经济调查报告书》，第1772页。

京奉铁路的煤运量、煤运收入及各自所占比重的不对称性，主要是由于低廉运价所致。该路与开滦煤矿均有英国资本的投入且历史渊源颇深，路局为开滦矿务局运煤订有低廉的专价；开滦矿务局也"礼尚往来"，以低于市场价格的煤炭供给路局消费。这在双方间已是一种约定俗成的惯例，即所谓："路矿相辅而行，欲求两利之方，宜有兼全之道"。[①] 双方的第一个运价合同于1901年5月18日签订。庚子之役后，英国借口关内外铁路有英国资本的关系而成立铁路管理处，铁路总工程师金达和联军武官

[①] 《议复运煤减价办法折》（宣统元年三月二十九日），载沈云龙主编《近代中国史料丛刊》第14辑，"路政"，第1598页。

麦瑞路等与开平煤矿公司总工程师胡佛，约定了一个每吨/英里 1 分钱（等于每吨/公里 0.625 分）的特许运费率，并规定铁路每月运费不足 2 万元时，矿务局按 2 万元支付铁路局；每月运煤费如达 2 万元时，铁路须将其中两成（即 4000 元）扣交矿务局。① 1905 年，铁路总办梁如浩鉴于此合同使铁路受亏甚巨，遂与开平矿务局总经理那森重订运煤车价合同："烟煤运费在五十英里以内每吨每英里银圆一分五厘，在一百五十英里以内则银圆一分二厘，在一百五十英里以外则银圆一分一厘"；而"唐山售煤与（予）京奉，则唐山高块每吨煤价六元，林西高块每吨五元，唐山煤末每吨三元二角五分，林西煤末每吨三元；较之市间唐山煤价高块每吨十一元一角五分、煤末六元九角，约计仅得五折。"② 1910 年 12 月 10 日，京奉路局与开平矿务局再订合同，规定运费率保持不变，但"凡铁路可通之处，矿务公司应允不将煤斤由胥各庄河道载运前往"，③ 以及不得将此运价率适用于他矿；对于路局用煤规定："唐山最好火车头用块煤每吨五元，林西最好火车头用块煤每吨四元，唐山末煤每吨三元，林西末煤每吨二元五角"。④ 1912 年开平、滦州两矿合并为开滦煤矿后，前订合同继续发挥效力。1923 年 5 月，开滦矿务局同意改订运费合同，即"由矿区至秦皇岛、塘沽、天津东站者按普通价减 22.5%，运至其他各站者减 15%，矿用材料减 15%"。⑤ 1926 年 9 月、1931 年 6 月，双方两次签订运输及购煤合同（关于 1931 年改订合同的过程参见本章第二节）。⑥ 1935 年 1 月 1 日，双方就改订运煤合同及争议各案进行新的协定：规定整车烟煤由矿区所在之铁路各站，运至北平区各站每吨每公里价率为 1.15 分；运至天津东站、总站及西站的价率为 1.26 分；运至塘沽、新河的价率为 1.25 分；运至秦

---

① 《交通史·路政编》第 3 册，第 2100 页。
② 《议复运煤减价办法折》（宣统元年三月二十九日），载沈云龙主编《近代中国史料丛刊》第 14 辑，"路政"，第 1601 页。
③ 《交通史·路政编》第 3 册，第 2102 页。
④ 《交通史·路政编》第 3 册，第 2103 页。
⑤ 《交通史·路政编》第 3 册，第 2106 页。
⑥ 《特派陈廷均等为改订开滦运输及购煤合同委员会委员共同审核以利进行》（1930 年 8 月 25 日），中国第二历史档案馆藏，档案号：215—1058；《译开滦矿务局为总理陈局长函》（1931 年 6 月 8 日），中国第二历史档案馆藏，档案号：215—1057。

皇岛及秦皇岛煤场的价率为 1.00 分。① 矿务局虽在运费上享有优厚的价率，但须担保路局每年烟煤运费总额，不得少于 500 万元；如不能达到此数，矿务局须以现金补足之；若因非人力所能抵抗制止之天灾事变，致矿务局运煤减少时，其 500 万元的保额，得按比例核减；至于整车焦炭由矿区各站运至塘沽、秦皇岛两站，则按路局普通铁路负责整车价率，减收 10%，如按不满整车运输烟煤或焦炭，则仍照路局不满整车运价核收运费。② 总之，路局与开滦矿务局之间的运输及购煤合同在内容上虽屡有增减和变化，但其运价和运率始终较他种货物为低。以 1930 年该路每吨货物平均进款比较，以煤炭为主的矿产品每吨平均进款为 130 元，每延里进款为 0.018 元；农产品每吨平均进款为 592 元，每延里进款为 0.019 元；畜产品每吨平均进款为 731 元，每延里进款为 0.0443 元；③ 从中似乎容易理解上述不对称性的症结所在，也不难明了路矿之间的互惠。

尽管路局给予开滦煤炭的运费已然低廉，但与内河水路或海路的运费相比，仍属昂贵。1930 年代，北宁铁路实行递远递减的运费原则，即路程愈远者，每公里的运费愈低，如此每吨公里的运价最高者为 0.01513 元，最低为 0.00542 元。"煤河"的运煤费用为每吨公里 0.007 元；海路运费每吨公里一般在 0.5 分以下。开滦自己拥有一个船队，每吨公里运费只 0.1 分多。④ 华北地区其他煤矿的产煤由于运输方式的复杂和路程较远，运输成本明显高于开滦煤炭，以致它们在天津及长江中下游地区的销价无法与开滦煤炭竞争。尽管日本煤由于较低廉的生产成本和运输价格能在上海市场占有较大的份额，但由于某些非经济因素的影响，也无法与开滦煤炭相匹敌。可见，开滦煤炭能在上海及华南地区具有相当的竞争力实有赖于"水道运费低廉之利"。⑤

---

① 《北宁铁路沿线经济调查报告书》，第 1771 页。
② 《改订开滦合同及交涉各案》（日期不详），中国第二历史档案馆藏，档案号：215—1071；《北宁铁路沿线经济调查报告书》，第 1771~1772 页。
③ 《北宁铁路月刊》第 1 卷第 5 期，1931 年 5 月，"统计"，第 2 页。
④ 丁长清：《开滦煤在旧中国市场上的运销初探》，《中国经济史研究》1988 年第 3 期，第 128 页；或参见〔澳〕蒂姆·赖特《中国经济和社会中的煤矿业（1895—1937）》，丁长清译，东方出版社 1991 年版，第 113 页。
⑤ 《北宁铁路沿线经济调查报告书》，第 1780 页。

总而言之，京奉铁路与开滦煤矿自始即为"共生"关系，彼此相互倚赖。该路的始端因开平煤矿的创办而修建，并在与该矿的相互促进中而延展和改建。开滦煤炭为该路货运的主体，约占大宗货运量的三分之二左右；尽管该路给予开滦煤炭的运价向来低廉，但由于运量巨大，后者仍成为铁路营业收入的重要来源。路局用煤几乎完全倚赖开滦煤矿的供给。另一方面，开滦煤矿位于京奉铁路的中枢路段，并有岔道与该路干线相连，交通甚为便利。因而，开滦煤炭的运送、销售及市场格局等均依靠该路"予以莫大之助力"，[①] 尤其它能在长江中下游及华南地方占有一席之地，更有赖于该路及秦皇岛港等交通设施的改进及运价的低廉。总之，开滦煤矿营业得以日趋发达且称雄一时，在很大程度上要归功于京奉铁路的助成。无论京奉铁路抑或开滦煤矿，对于对方的发展均具有生死攸关的影响和意义，它们之间相互依赖、相辅相成，成为路矿关系的基调和核心。

第二节　京奉铁路与开滦煤矿的"斗争"

——以 1931 年、1935 年的路矿交涉为例

京奉铁路和开滦煤矿彼此依赖，故路矿关系的正常与否对于双方而言都具有切身的利害影响。缘此，双方签订了一系列的运价及购煤合同，以保证煤炭由铁路运输的快捷、低廉及路用煤炭的可靠供给。这些合同的有效期限长短不同，基本上每隔几年签订一次，以协调彼此之间的利害关系。从内容上看，彼此优待是这些合同共同的主旨。但是，路矿双方毕竟是两个不同的经济实体，具有各自的经济利益。对于开滦煤矿而言，它总是试图维持尽可能低廉的特定运价，以减轻运输成本，占据广阔的市场，获取更大的利润；路局方面同样需要维系或增加自己的营业利润。这种对于各自经济利益的追求注定在路矿之间会存在不同程度的争执或冲突。

1901 年 5 月 18 日，由侵华联军控制的关内外铁路与被英商骗占的开平矿务局之间订定第一个运煤运货合同，给予矿务局低廉的特定运价。1910 年，京奉铁路局总办卢祖华因开平矿务局售与京张、津浦两路煤价均

---

① 《北宁铁路沿线经济调查报告书》，第 1771 页。

较京奉路为廉而致函矿务局，要求取消前项合同，另订办法。① 后经迭次磋商，矿务局终于同意重订合同：煤炭运价丝毫未变，路用煤炭的价格有所降低，同时规定"凡矿务公司将车辆延迟起卸逾三十点钟之久"，即按所"订明之延期费用补偿铁路"。② 这项条款成为日后引燃双方纷争的"火种"。1923 年 5 月，京奉铁路局与开滦矿务局签订新的合同，给予彼此的条件更为优厚。③ 然而，这并不意味着双方关系的亲密无间，一些悬而未决的问题已在双方之间造成裂痕并不断扩大，直至演化为 1931 年近乎彻底的决裂。

1926 年 9 月，京奉铁路局与开滦矿务局再次订立合同，有效期截至 1931 年 6 月 30 日。根据该合同第十一条的规定，路局应于合同到期的九个月之前通知开滦矿务局，另行商定新合同，原定合同期限届满时，即行取消。于是 1930 年 8 月底，北宁铁路局委派陈廷均、常计高、周贤颂、胡国钧等为改订开滦煤矿运输及购煤合同委员会委员，共同负责即将新订合同的事宜。④ 同年 9 月 5 日，该委员会召开第一次会议，讨论减让运价和路用煤炭供给问题。12 月 17 日召开第二次会议，对改订开滦公司内应修正的煤质成分、支线费、延期费等问题进行了分组审议。1931 年 1 月 7 日召开第三次会议，讨论了运输加价、秦皇岛减价、延期费、煤斤供应等五项问题，并形成了初步的草案。⑤ 1931 年 2 月 2 日，北宁铁路局派总稽核处长陈廷钧、材料课长谭金钟前往开滦矿务局先行接洽，主要针对煤炭供应价格应比他路为廉的问题进行讨论。开滦矿务局却有意延宕，以不合作的表态作为回应。3 月 9 日，北宁铁路各相关课处主要人员组成开滦交涉委员会，与开滦矿务局展开正式交涉。

翌日，北宁铁路局致函开滦矿务局，对于后者的答复表示不满，并将当时亟须解决的各项悬案开列于下：车辆延期费、煤价、唐山路房、

---

① 《交通史·路政编》第 3 册，第 2101 页。
② 《交通史·路政编》第 3 册，第 2102 页。
③ 《交通史·路政编》第 3 册，第 2106 页。
④ 《特派陈廷均等为改订开滦运输及购煤合同委员会委员共同审核以利进行》（1930 年 8 月 25 日），中国第二历史档案馆藏，档案号：215—1058。
⑤ 《北宁铁路各次会议纪要》（日期不详），中国第二历史档案馆藏，档案号：215—1057、215—1058。

第三章　京奉铁路与近代工矿业的发展

唐山迁移路线及租用塘沽岔道合同等，其中以车辆延期费及煤价两项最为紧要。关于车辆延期费一项，原是路局为增加车辆运转效率、多收运费而采取的一种于路矿双方均有裨益的举措，不过它并非该路营业的正项收入，其计算方法是以延迟时间的长短和煤运吨数的多寡而平均计算之。见表3-10。

表3-10　1927—1930年开滦矿务局拖欠北宁路局延期费总额

单位：元

期别	时限	金额
第一期	1927.1—1928.4	356000
第二期	1928.5—1929.5	138800
第三期	1929.6—1930.5	143900
第四期	1930.6—1930.12	161900
第五期	1931.1—交涉解决之日	—

资料来源：《开滦悬案交涉解决办法及办理经过情形概略》（1931年6月19日），中国第二历史档案馆藏，档案号：215（全宗号）。

关于煤价一项，开滦煤炭除供京奉铁路采购外，也供给津浦路北段消费。前因津浦路先后积欠开滦煤款达10余万元之多，开滦矿务局曾以拒绝供应为要挟，于是，津浦路请求开滦方面对于欠款略为酌减即可付清，后者允准。京奉铁路局依据与开滦矿务局签订的互惠协定，要求对于该路煤款援引上例减价，即自1924年起，应比照津浦路煤价而返还京奉铁路局的多收款额共约80万元。[①] 然而，开滦煤矿方面认为对津浦铁路的减价只是一种清理旧欠的不得已的办法，其他购主不能援例办理，遂拒绝了路局方面的要求。北宁铁路局认为这是对其予以歧视。这种歧视及矿务局的故意拖延伤害了路局的"感情"，激起该路员工的义愤。于是，路矿双方关于这个问题渐生龃龉和恶感。北宁铁路局不仅要求索取开滦矿务局拖欠的车辆延期费，而且要求消除对它的歧视，至少在煤价上应与津浦铁路一视同仁。1931年3月11日，路局又致函矿务局，声明不宜再给予矿务局运输

---

① 《北宁路对开滦局煤运交涉顿恶化》，《盛京时报》1931年4月4日；《煤荒问题真象如此》，《大公报》1931年3月28日。

上的各种便利，矿务局自行购置且租予路局的机车和货车也被路局以损坏过多、急需修理为由而停驶。①

面对北宁铁路局的这些要求和措置，开滦矿务局继续采取拖延的方法，直至1931年3月中旬才对上述要求进行答复：对于延期费一项提出异议，并声称须要请示伦敦的董事会，否则不能表示意见。3月26日，路局致电矿务局，同意它得到伦敦董事会的请示后再行答复。28日，矿务局来函主张延期费、煤价及唐山塌陷房屋的赔偿等三项问题应迅速解决，并且寄望由第三方出面仲裁解决，同时会商整理矿务局机车办法并早日驶行。然而，路局态度颇为强硬，复函声明只要偿清积欠运费，便可立即恢复运煤，而且明确表示运煤乃双方之间直接交易，无第三方调停之必要。② 开滦矿务局又采取针锋相对的策略。3月20日，开滦矿务局北方售品处在报纸上发布紧急启事："兹因平辽路（即北宁铁路，笔者注）运输发生困难，敝处对于订户之煤预料不能全数供给，不得已对订户经常所需吨位惟有酌减，同时自仍努力于可能范围内尽量供给。……除家用煤的零星用煤照常供给外，所有未订合同诸君如蒙惠购暂时只得谢绝"，③ 并且将煤炭售价提高，颇有故意造成煤荒的意图。尽管后来开滦矿务局北方售品处的负责人对限售和涨价进行了解释，但外界纷纷猜测开滦煤矿方面无疑是想借此作为压迫路局的手段。④ 路矿之间的交涉愈呈剑拔弩张之势。

北宁铁路局与开滦矿务局之间的争执日形严重，在短时期内无望获得解决；它们之间的对峙，不仅使双方的损失超过路局索取的款额，而且引起各方的不安和忧虑，可谓"城门失火，殃及池鱼"。路局拒绝照常代运开滦煤炭，并不意味着该煤的完全停运，只是每日代运的煤炭数量有限而已。⑤ 但是，这对于依赖开滦煤炭供给的天津、上海及长江中下游地区而

---

① 《译甘博士律师事务所致北宁铁路局局长函》（1931年5月6日），中国第二历史档案馆藏，档案号：215—1056。
② 《路矿争执仍在僵持，开滦主仲裁解决》，《大公报》1931年3月29日；《北宁开滦争执未决》，《申报》1931年3月30日；《开滦北宁路矿纠纷》，《申报》1931年4月22日。
③ 《开滦售品处紧要启事》，《申报》1931年3月20日。
④ 《煤的问题》，《大公报》1931年3月24日；《开滦矿与北宁路之斗争》，《大公报》1931年3月27日。
⑤ 《煤的问题》，《大公报》1931年3月24日。

言,煤运几乎等同于断绝,将会引发严重的煤荒。作为中国北方工商业中心的天津,工业和居民用煤几乎完全仰赖开滦矿务局的供给。自军阀混战结束以来,北宁铁路力行整顿,煤炭来源可靠、运送顺畅,故而各厂家大多存煤甚少。然而,1931年3月之后,煤炭来源近乎断绝,天津的储煤量逐日锐减,进而导致煤价上涨。一般商民既遭煤炭缺乏之苦,又受煤价高昂之累,左支右绌、叫苦不迭。煤荒的"症状"已然隐现。① 随着路矿交涉的进一步恶化,天津的煤炭进一步缺乏,较之往年因受军事影响而形成煤荒的情形尤为严重,在经济及社会中酿成莫大的损失和恐慌。同样,依赖开滦煤炭的上海及长江中下游一带也"在劫难逃"。与天津相似,上海用煤有一大部分来自开滦煤矿。1931—1934年间开滦煤矿每年向上海输送的煤炭均超过100万吨,约占各地输往上海煤炭总量的1/3有余,远较其他各矿为高。② 况且,运往上海的开滦煤炭主要是供给各个工厂企业消费,故其对经济的打击尤为严重。1931年3月25日,开滦矿务局在上海的售品处宣布无限期地停止零售,工厂也按照逐日定量办法与售品处订立合同。同时,往返于上海与秦皇岛间的运煤轮船仅有三艘,只及往昔的十分之一左右。③ 因此,不仅开滦矿务局在上海的营业受到其与北宁铁路局的争执的牵累,而且煤炭的匮乏对于上海等地工业生产而言无疑是釜底抽薪,因为煤炭是工业生产的动力源泉。煤炭的供应紧张导致一些工厂企业"甚或有不能维持只得歇业也,将一切工人遣散以致失业"。④ 可见,这次煤荒的主要症结不是生产环节的不足,而是流通环节的中断,即路矿之间的争执造成铁路运输煤炭的停滞,导致煤炭不能正常供应,从而造成工业生产和居民生活的紊乱并引发严重的社会恐慌。

面对煤炭供应难以为继的困境,一些商家迫于无奈只得向国内其他煤矿及日本煤矿按照全价购买煤炭,致使耗用增多,生产颇受影响。另有许多商家或同业公会纷纷致函铁道、实业两部或北宁铁路局,恳请加拨运煤

---

① 《煤荒问题真象如此》,《大公报》1931年3月28日。
② 《港口—腹地和中国现代化进程》,第317页。
③ 译自《华北明星报》1931年3月25日。
④ 《英国泰晤士报登载"北宁路与开滦发生争执应请仲裁"一节经编译课呈奉》(日期不详),中国第二历史档案馆藏,档案号:215—1056。

车辆,以解燃眉之急。例如,冀东的丰润、玉田、宝坻酒窖公会联合致函北宁路局谓:"此三县为高粱酒、砖瓦产出之区,此种实业境内共有 400 余处之多,但每处皆不能无煤工作,三县所有之煤皆取之于唐坊、田庄两车站。因此恳请每日于唐坊、田庄两站各拨装 200 吨之车皮,则敝会同业不致有因缺煤歇业之虞。"① 天津、唐山等地的商号或公会也呈请路局拨车运送开滦煤炭(见表 3-11)。在上海及长江中下游地区,1931 年 3 月 24—27 日间,先后有芜湖明远电气公司致电北宁铁路局,谓煤炭缺乏不能照常供给,电厂势将停工,倘改用外煤,成本势必加大且国货销路又将疏远,因而请求路局设法拨车装运开滦煤炭运至芜湖,以维持地方的稳定。② 无锡县商会致函路局,谓该处各工厂向赖开滦供给煤炭,现来货缺乏,请速拨车辆运煤来无锡,以维工人生计而保地方治安。安庆省会电灯工厂、江阴县商会、苏州电气有限公司等也致函路局请求拨车运煤以资接济。此外,上海天章纸厂、龙章纸厂、阜丰面粉公司、恒丰纱厂、利泰纱厂、大生纱厂、立德油厂、中国水泥公司、华商上海水泥公司、华丰搪瓷厂、中华煤球公司、章华毛绒厂等数家企业致电实业部请迅饬运输开滦煤炭,③甚至大英烟草公司也因煤炭缺乏而有将要关闭之虞,如此将累及万余人失业。④

表 3-11　1931 年各商请拨车转运开滦煤一览

请运商号商人姓名	驻在地点	请运吨数	运往地点	用途	来函日期	附注
济通公司等十三家	天津	每日 350 吨	天津	烧窑	4 月 8 日	
煤业公会代表	唐山	—	滦县	售卖	4 月 17 日	
泰昌砖瓦公司等 4 家	天津	每日 500 吨	天津	烧窑	4 月 17 日	

---

① 《丰润、玉田、宝坻酒窖公会敬启示》(1931 年 4 月 21 日),中国第二历史档案馆藏,档案号:215—1056。
② 《芜湖明远电气公司致电北宁路局请求设法拨车装运开滦煤来芜以维持地方治安》(1931 年 3 月 24 日),中国第二历史档案馆藏,档案号:215—1054。
③ 《上海机制国货工厂联合会电》(1931 年 3 月 25 日),中国第二历史档案馆藏,档案号 422(4)—750。
④ 《大英烟公司来函请设法代运开滦煤斤》(1931 年 4 月 29 日),中国第二历史档案馆藏,档案号:215—1056。

续表

请运商号商人姓名	驻在地点	请运吨数	运往地点	用途	来函日期	附注
德盛窑业厂	天津	每日100吨	天津	烧窑	4月20日	
庆善公司	唐山	共200吨	唐山	烧窑	4月20日	此系古冶水碴
明记煤栈	天津	—	汉沽	专售窑业、烧锅	4月21日	
胥各庄河头商会	胥各庄	—	胥各庄	—	4月21日	
三益栈等六家	古冶	—	滦县、北戴河间	特运	4月22日	
华光贸易公司	天津	每日50吨	天津	工厂用	4月23日	
商人王世俊	天津	450吨	天津	售卖	4月27日	此系古冶水碴
于家泊等三村代表刘孟圃	胥各庄	400吨	胥各庄	燃烧	4月28日	此系黑水碴面
丰润县河头商会	河头	—	胥各庄	售卖	4月29日	
振兴木厂	古冶	300余吨	汉沽	烧窑	4月29日	此系古冶水碴
福盛合	林西	—	唐山、山海关间	特运	5月11日	

资料来源：《各商请拨车转运开滦煤一览表》（日期不详），中国第二历史档案馆藏，档案号215—1056。

因煤炭供给严重紧缺而在天津、上海等地引发的煤荒，不仅给当地的工业生产造成巨大的损失，而且影响到数十万民众的日常生活。由此可见，路矿交涉的恶化所造成的社会影响是多么严重。面对诸多工厂、商号、同业公会的吁求及煤荒窘况，设法救济煤荒便成为当务之急，而维持救济的主要责任不可避免地要由北宁铁路局来承担。① 1931年4月初，路局与华北工业协会、正丰及井陉两矿召开煤价联络会议，预备运送大同、井陉、正丰等矿的煤炭以救济津埠煤荒；4月5日，路局向"满铁"订购抚顺煤炭以充作路用之煤，后又与平汉铁路局订立"攻守同盟"，由平汉、北宁路运送井陉煤炭至津沪，但不得代运开滦煤炭。② 例如，1931年4月20日，由平汉路石家庄站挂回北宁路的煤炭计车四列共2800吨，分别是

① 《煤荒问题》，《大公报》1931年3月23日。
② 《北宁开滦煤潮方兴未艾》，《盛京时报》1931年4月8日。

正丰煤矿公司由丰台运至塘沽 700 吨，通成公司由丰台运至塘沽 700 吨，井陉矿务局由丰台运至天津东站 700 吨，正丰煤矿公司由丰台运至天津东站 700 吨；北宁路局代挂开滦煤车至秦皇岛约为 3063 吨；永利制碱公司、华兴同、镇兴、永孚、瑞信等商号共运 1170 吨，共计 4233 吨。4 月 21 日由平汉路石家庄挂回该路的煤炭计车一列，共 700 吨，即井陉矿务局由丰台运至天津东站 700 吨；由北宁路代挂开滦煤车至秦皇岛者 2073 吨，永顺、永增、昌记、同义和等商号共运 280 吨，总计共为 2353 吨。4 月 22 日由平汉路石家庄挂回该路商煤计车三列，共 2100 吨。通成公司由丰台运至塘沽 700 吨，井陉矿务局由丰台运至天津东站 700 吨，正丰煤矿公司由丰台运至天津总站 700 吨。北宁路代运开滦煤炭至秦皇岛的数量为 3108 吨。永德、华兴同、瑞信、永盛全、聚兴、福盛和等商号运煤 380 吨，总计为 3488 吨。① 依此推算，井陉、正丰两矿装运来津之煤每月约在 3 万吨以上。此外，每日尚有大同、门头沟两矿的少量煤炭经由丰台站联运至天津、塘沽等处。但是，如此数量的煤炭对于天津来说只是杯水车薪，天津的煤荒没有缓解的迹象。1931 年 4 月 27 日，铁道部致函北宁铁路局，除对路局与开滦矿务局的交涉表示支持外，并严饬平汉、平绥、津浦、胶济各路，尽量拨车装运各路沿线煤矿的产煤以接济各地之用。在铁道部的支持和平汉等路的协助之下，北宁铁路不遗余力地运送井陉、正丰等矿的煤炭。然而，由于北宁铁路原先扣占的他路车辆已先后奉令交还，租用开滦的机车、货车为合同所束缚而只能运送开滦煤炭，不得移运他矿煤炭，且因金银比价的变动，东北出口的大批粮豆多舍弃南满铁路而改由北宁及东北地方铁路运送，以致北宁铁路的"机力愈益支绌"，② 只得勉强抽拨多数列车转赴平汉路运输井陉、正丰两矿煤炭。可见，尽管北宁铁路在救济煤荒上全力以赴，但囿于车辆供不应求而收效甚微，却"为他矿煤斤逐渐进入天津市场提供了契机"。③

北宁铁路局与开滦矿务局的争执同时刺激了"收开"动议的复萌。

---

① 以上数据均为北宁铁路运输处呈报，1931 年 4 月 21、22、23 日。
② 《南京铁道部部长次长钧鉴奉》（1931 年 4 月 15 日），中国第二历史档案馆藏，档案号：215—1056。
③ 《开滦矿与北宁路之斗争》，《大公报》1931 年 3 月 27 日。

"收开"即所谓收回开平煤矿,此议由来已久且屡经波折。20世纪前十年间,清政府两次"收开"均告失败。① 1912年6月,开平、滦州两矿正式签订《开滦矿务总局联合办理正合同》,其第17条规定自该合同签订之日起十年后,滦矿有权利将开平公司全产,由两方商定公道价值购回。1923年4月,北洋政府直隶实业厅根据该合同的相关规定,询问"收开"事宜。随后在各方呼吁下,"收开"活动屡次在国内掀起波澜。1923年4月26日,天津《新晚报》刊登了一篇题为《收回开滦煤矿之第一声》的文章,呼吁急宜将开平煤矿全部收回。② 1926年,杨文恺职掌农商部时,筹议将其收回;翌年,张景惠领衔农业部时也拟收回。但由于开滦矿务局中、英方代表的极力抵制和滦矿方面的消极行事,以致"收开"活动屡次夭折。1931年4月、5月间,随着路矿争执的激化,"收开"的呼声再次高涨。铁道部曾饬令滦矿公司迅速备价赎回,否则将取消其采矿权。全国煤商联合会及其他机构也纷纷致函中央政府,恳请由政府将开滦煤矿收回。③ 实业部也曾与财政、铁道及交通各部商洽收回办法,"当前有利于中国产煤事业之最良方法为将开滦矿局英人所占之股完全购回,如此非但中国可得有一与抚顺煤矿相等之煤产,即中国对于法权之恢复亦可稍进一步也"。④ 5月7日,北宁铁路工会致函路局请求收回开滦煤矿以保国权;5月9日,开滦矿务局总工会接受各矿会员大会的议决,定于5月11日执行怠工以示对开滦停工的抗议,并支持政府收回开滦煤矿。⑤ 这样,路矿之间的交涉被视作"打倒帝国主义之一种"⑥ 行为而抹上一层超经济的色彩。不过,此次"收开"只是路矿争执的"副产品",或者"只为一种恐吓及压迫手段"⑦ 而已。

---

① 《唐山文史资料》第16辑"开滦",第42~46页。
② 《唐山文史资料》第16辑"开滦",第51页。
③ 《开滦北宁交涉之经过》,《申报》1931年4月5日。
④ 《论开滦煤矿之争执》,译自《北平导报》1931年4月25日。
⑤ 《开滦矿业总工会为收回开滦矿权愿作政府后盾宣言》(1931年4月20日),中国第二历史档案馆藏,档案号:215—1056。
⑥ 《煤荒问题》,《大公报》1931年3月23日。
⑦ 《英国泰晤士报登载"北宁路与开滦发生争执应请仲裁"一节经编译课呈奉》(日期不详),中国第二历史档案馆藏,档案号:215—1056。

尽管铁道部和北宁铁路局采取调运他矿煤炭以纾解津、沪等地的煤荒，且以"收开"为手段试图迫使开滦矿务局就范，但并未收到理想的效果。天津、上海及长江中下游地区煤炭匮乏的现象并未从根本上得以减轻和改善。来自各个商号或工商协会团体请求拨车运煤济苦的电函纷至沓来。1931年5月初，上海中华工业总联合会暨全国商业联合会等致电铁道部，迫切声称上海工厂因开滦煤炭不济而改购日煤，不仅使日煤乘机渔利，而且损耗甚巨，故而速请将北宁铁路与开滦煤矿之间的悬案早日解决。铁道部面对日益棘手和失控的事态而坐立不安。5月9日，铁道部饬令北宁铁路局迅速设法尽量运输他矿煤炭以接济南北市面，不得稍有间断；12日，铁道部再次致函该路局，除重申训令之外，还强调即使减少他项货运也在所不惜，并不得以车辆不敷使用为借口。同时，铁道部电令平绥、平汉、津浦等路尽量拨车装运沿线煤炭；13日，铁道部再发"庚电"，要求北宁铁路运输处尽量输送该路沿线及联运他矿煤炭以图接济市场。北宁铁路局于翌日迅即做出回复，声明为救急天津煤荒，已拨派车辆赴平汉路装运井陉、正丰等矿煤斤，并与该两矿及通成公司订定每月各摊运1万吨，按规定价额出售。①

正当铁道部和北宁铁路局竭尽全力地设法转运他路沿线煤炭之时，路矿之间的交涉却峰回路转。1931年5月中旬，北宁铁路局长高纪毅因公赴南京，开滦矿务局总经理杨嘉立恰巧亦在此地。双方在外交部部长王正廷及实业部矿政司司长的居间调停下，恢复了中断近两个月之久的交涉，并表明各自的主张。关于煤价一节，矿务局方面愿意捐助款项作为路员俱乐部及员工住房的建筑费用，以解决煤价待遇不同的问题；车辆延期费主张由双方核对账目，磋商款额；其余各案也力求公平的解决。②高纪毅返津之后，即请开滦矿务局选派代表来路局详谈。路局委派总稽核长陈廷均及会计处副处长常计高等负责与矿方接洽，并由运输处对历年车辆延期费账目详加考核。后经多日磋商，双方确定由矿务局

---

① 以上各电函均见中国第二历史档案馆所藏档案，档案号：215—1057。
② 《陈复开滦交涉案近日办理情形》（1931年5月23日），中国第二历史档案馆藏，档案号：215—1057。

第三章　京奉铁路与近代工矿业的发展　　　　　　　　　　　　　　　　　　　167

缴付 120 万元以作为完全清结，其余各问题也达成相应的解决办法。经铁道部核准后，双方于 1931 年 6 月 6 日签订协定，① 并约定自当年 6 月 30 日现行运煤合同期满后，将另订新的运煤合同，自 7 月 1 日起实行。② 至此，北宁铁路局与开滦矿务局的争执终于烟消尘散，双方冰释前嫌，重归于好。

　　1931 年 6 月，以政府要人的居间调停为契机，北宁铁路局与开滦矿务局的争执随即平息并就新合同的签订进行磋商。同年 8 月 4 日、6 日，北宁铁路局连续召开两次会议，主要讨论和报告了与开滦矿务局商讨煤价、煤质的问题，并确定新合同未订定之前以维持现状为主。截至 11 月底，路局又先后召开了十数次会议，分别就路用煤炭价格、整车运价、站务费、火砖（瓦）运价、延期费等问题进行了反复研讨。③ 1931 年 12 月 29 日，经铁道部核准，路矿双方签订正式合同，包括运煤合同及其附件、延期规则及费率、供给煤斤合同及附件、供售北宁路局机车块煤的说明书等项。④ 此次订定的合同有效期为三年，至 1934 年 12 月 31 日期满之后，双方同意将此合同自 1935 年 1 月 1 日起继续有效，截至 1937 年 12 月底为止。同时，双方进行正式商谈之前，开滦矿务局为抵制井陉煤炭在天津的竞销，提出减低运率以维护销售市场的要求。北宁铁路局为保障收入起见，则提议由矿务局每年缴纳运费 500 万元作为担保。经过数次协商后，双方意见仍未趋于一致，新的争执再度出现，焦点就是担保每年煤炭运费须达 500 万元一项。

　　1935 年 7 月 6 日，双方针对改订运煤合同及其他各案进行谈判，并初步达成运输烟煤合同草案及其附件。然而，双方在运费总额的担保条件上又发生分歧。关于运费总额的担保条件规定了运费总额以一年为限以及事变解释及其限制。因事变减少担保运费款额的计算方法：即任何一年期内

---

① 《本路二十年六月份工作报告》，《北宁铁路月刊》第 1 卷第 6 期，1931 年 6 月，"工作报告"，第 1~3 页。
② 《译开滦矿务局为总理陈局长函》（1931 年 6 月 8 日），中国第二历史档案馆藏，档案号：215—1057。
③ 《北宁铁路各次会议纪要》（日期不详），中国第二历史档案馆藏，档案号：215—1060、215—1061、215—1062。
④ 《北宁铁路各次会议纪要》（日期不详），中国第二历史档案馆藏，档案号：215—1062。

路局载运矿务局煤炭，由各矿至北平与山海关间各站按照商定的运率核算，如路局所收运费总额不足 500 万元，其不足之数应由矿务局补缴；矿务局按照特定运率应付路局运费以及按照此项担保所应补缴款项的总数，不超过按照路局普通运率减少百分之十时全年应付的运费总数。此项矿务局对路局所担保的运费收入如遇非人力所能抵抗的事故以致妨碍路局运煤时，应照附件所开办法比例核减。① 具体示例如下：依据该项担保条件，在一年的有效期内缴给路局的 500 万运费为准，每月、每日由北宁路运送开滦各矿煤斤的通常数量分配如表 3 - 12 所示：

表 3 - 12　每月、每日由北宁路运送开滦各矿煤斤的数量分配

月份	所运吨数	每日所运吨数
1	275000	9000
2	225000	8000
3	300000	9500
4	325000	10500
5	350000	11500
6	350000	11500
7	375000	12000
8	375000	12000
9	375000	12000
10	375000	12000
11	350000	11500
12	325000	10500
合计	4000000	—

资料来源：《改订开滦合同及交涉各案》，中国第二历史档案馆藏，档案号：215 - 1071。

若遇任何事故如罢工、水灾、变乱、暴动、战争等以致矿务局减少出煤或阻碍运煤，应立即通知路局要求减少所担保 500 万元的款项，其应减少之数根据表 3 - 12 并按下列办法计算：（1）遇有上述非人力所能抵抗的事故时，应由上表所约定的产量减去该月份内实运之数；（2）次月份所运

---

① 《改订开滦合同及交涉各案》（日期不详），中国第二历史档案馆藏，档案号：215—1071。

的煤炭如有超过约定数量时，应于按照第一条所算少运之数内将多运之数减去；（3）按照第一与第二两条核算少运的净数每吨应按洋 1.20 元计算，并得于担保运费 500 万元项下照数扣除。譬如：9 月份间有一矿罢工 30 日，在此期内约定所运煤炭为 375000 吨，而实运吨数仅为 295000 吨，即该月间因非人力所能抵抗的事故所少运煤炭为 8 万吨。倘若 10 月份路局能增运煤炭而矿务局亦能预备增运之数，以致 10 月份实运吨数为 425000 吨，较该月份约定所运数量 375000 吨多运 5 万吨。两个月份相互减扣后，9 月份因非人力所能抵抗的事故所少运的吨数计为 3 万吨，按每吨洋 1.20 元核算，3 万吨煤炭计为洋元 36000 元，由担保运费 500 万元项下扣除，则应缴的运费实为洋元 4964000 元。另一方面，对于路局因非人力所能抗拒的力量而致使其不能提供足够的车辆时也做出相应的规定，如上表 3 月份约定运量为 30 万吨，每日计需 20 吨车 500 辆方能满足运输；路局不能如数供给车辆时，矿务局可依规定将该月份约定运量按比例核减而将所差运费自担保总额 500 万元内扣除。

1935 年 9 月 4 日，"开滦担保条件会议"在北宁铁路局的大客厅举行。会上开滦矿务局代表提出新的要求，即变更担保条件的原则：年缴运费总额超过 500 万元时，按改订运率计算；如不足 500 万元时，按普通运率减 10% 计算；但如因天灾、事变致使不足 500 万元时，仍须按改订运率计算。该项要求不仅是担保方法上的改易，而且意味着担保条件在原则上的根本动摇，若此开滦矿务局将处于完全有利的地位。9 月 7 日，双方再次进行磋商。开滦方面宣称已将所拟办法电达伦敦董事会请示。① 10 月 4 日上午，双方继续商谈，分歧的焦点仍集中在关于担保条件的原则上。路局坚持要求担保费 500 万元的主张，矿务局却要求按照普通运费减少百分之十的办法收费，并要求路局对于开滦煤矿给予特权保护，即对他矿煤炭的运价不得低于开滦煤炭，然后再谈担保的问题。路局认为矿务局所提要求是本末倒置，担保与减价原是双方相互优待的行为。因为有了担保才能有减价，有了减价才能有担保，而担保为合同的核心问题，其他为手续问题。矿务

---

① 《为复蒸电开滦案该局电伦敦请示尚未得复之到即当赶速办理乞鉴察》（1935 年 9 月 11 日），中国第二历史档案馆藏，档案号：215-1070。

局方面对此予以驳斥：一旦本方担保了500万元的运费总额，而路方不予以保护，那么山西大同等地按照递远递减的运价率运至天津的煤炭，其售价必较开滦煤炭为廉，这将对向来几乎独占天津市场的开滦煤炭构成严重的竞争和威胁，路局的担保条件无疑将形同虚设。况且开滦煤矿在北宁路沿线，路局对于该矿有"天然"的保护义务。总之，开滦矿务局千方百计地要求路局给予切实的保护以作为商谈担保条件的前提。若欲矿局承诺500万元之担保，则路方必须设法使路外各矿在北宁线之运率不得再低于矿方新运率，要么只按改订运率计算运费而取消担保。另外，如果矿务局不能运足500万元之时，那么实际的煤运量应按照普通运价减10%的办法收费。开滦矿务局的这些主张既要路局实行减价，又想担保开滦营业上不受他矿竞争的影响，与前述担保原则相比已大相径庭。其后，开滦矿务局又横生枝节，要求路局对于他矿煤炭运至天津的运率须与路局给予开滦煤炭的改订运率保持一定的差数。如果路局欲减低他矿运价，那么矿务局将享有减价的优先权。[①]

面对开滦矿务局的出尔反尔和非分之想，北宁铁路局针锋相对、据理力争，认为减价即为保护，因为开滦煤炭的成本会随着运价的减低而降低，如此自然可以畅销。路局所能保护开滦者只有减价一途，别无他法；至于递远递减的运价率是政府明令规定的一种政策，对于任何煤矿均一视同仁，开滦煤矿当然可以享受这一政策的优待，在平汉、平绥、津浦等路沿线地方倾销。然而，实际情况却与此相反，开滦煤炭不可能在平汉、平绥等路销售，原因在于开滦煤质不佳和成本过高。例如，井陉煤炭在北平销售以后，再将剩余煤炭运到天津以低价倾销的方式同开滦进行竞争；开滦煤炭在天津低廉销售之后，却不能运至平汉路销售，否则会亏蚀不少。所以，开滦煤矿的确需要一种保护，尤其在天津这样的市场对保护的需求更为迫切。由于路矿之间存在极强的互赖性，所以路局对于开滦营业可能出现的衰落不可能坐视不管，而且路局对于保护开滦煤矿已尽到很大的责任，即开滦煤炭在运价上已较他矿占有较大的优势。至于在其他的方面，

---

① 《为陈报开滦代表提议担保条件情形由》（1935年10月4日），中国第二历史档案馆藏，档案号：215-1070。

路局也是无能为力，故而不能将保护责任完全委诸铁路方面。①

虽然路矿之间关于担保条件的分歧依旧，但此次会议之后双方还是对运煤合同草案进行了改拟，即在前述草案的基础上进行适当的增补，其中担保办法一项由路局参照矿务局的提议做出了一定的让步和修改。于是，双方的分歧逐渐弥合。1935年10月26日上午，双方签订正式合同，包括运输烟煤合同18款，以及运费总额担保办法、付款及结账办法、车辆延期规则及费率、普通六等货整车运价报表、现行经由丰台联运至天津东站及塘沽站烟煤运价表等五个附件合同。所有合同未载事件经商定彼此以换函方式证明承认与合同具有同等效力，并呈请铁道部核准实行。② 10月28日，铁道部电函北宁铁路局，认为该项合同"尚无不合，应即照准"。③

此次新订运煤合同呈现出两个明显的不同之处：一是合同名称已改为运输烟煤合同，范围较前狭隘，对于北宁铁路运输他矿煤炭不会产生阻碍。就合同整体而论，除减收烟煤运费外，路局原有权益有增无减。二是已往历届北宁铁路局与开滦矿务局订立的运煤及购煤合同，均以中文、英文作为正式合同文字并由双方共同签署，但此次新订合同在条文内规定以中文为主，另附英文译本，倘遇字义不同时，均以中文为准。从这些不同之中似乎可以领略到隐含在新订合同背后的弦外之音。总之，1935年路矿之间关于每年担保500万元运费的争执，历时半载，会商多次，几经争持，直至双方最后妥协。由于此项担保办法实为创新之举，并无前例以资参考，而且开滦矿务局鉴于1930年代来自他矿的竞争及市场的不景气，不免会多有顾虑和屡生异议。于是，试图通过改易或取消担保办法以维护其销场。北宁铁路局以担保办法关系该路每年收入甚重，除遇有天灾、事变等非人力所能抵抗制止或路局方面供给车辆因发生意外事故而导致不能敷用，依规定得将其担保款额比例核减外，其他原则不肯做丝毫的动摇。最

---

① 《北宁铁路管理局开滦矿务总局会商运煤合同条文暨运费总额担保办法非正式会议记录》（日期不详），中国第二历史档案馆藏，档案号：215-1071。
② 《北宁铁路管理局开滦矿务总局会商运煤合同条文暨运费总额担保办法非正式会议记录》（日期不详），中国第二历史档案馆藏，档案号：215-1071。
③ 《为修改运输烟煤及供给煤斤合各合同并附件等业奉部电核准函告查照由》（1935年10月29日），中国第二历史档案馆藏，档案号：215-1071。

后，双方只能以彼此的提议为参照而相互妥协，并签订新合同。

这次争执虽不如双方在1931年的争执那样激烈，但其结果和意义同样不可轻视。新订合同中，路局在通过给予开滦煤矿运价优惠以辅助和维持其原有市场的同时，也实现了自己的目标——对于国产煤炭出口运价的增减、购煤合同以不增买价而能得成分较优的煤炭、订购多寡可以自由主张、订购他矿煤焦不受限制等，从而在很大程度上摆脱了开滦矿务局在以往合同中设置的各种束缚，为其后实行国煤负责运输扫除了障碍。另一方面，新合同中的担保办法既有缴纳运费500万元的要求，又有确保运煤数量的规定。如果照此实行，那么500万元运费的担保不啻名存实亡，因为北宁铁路若能运足规定数量，虽无担保条文也能得到500万元的收入；如果运额不足，即使有担保条文也须按比例扣减。这对于开滦煤炭的运送而言无疑增加了一层保障，而路局每年运费500万元的担保却减少了几分稳固。

1931年和1935年北宁铁路局与开滦矿务局的两次争执，展现出路矿关系的另一种内涵。双方在1931年的争执，不仅使各自的营业受到不同程度的损失，而且对天津、上海及长江中下游地区的工业生产和社会生活造成较为严重的冲击。对于开滦矿务局而言，铁路运输是其生存和发展的命脉，"尽管其中有一部分可由河道输出，但较之由铁路之便利与迅速，诚未同日而语"。[①] 开滦煤炭虽为北宁铁路货运的大宗，营业收入上却不占绝对重要的地位，而且北宁铁路可以运送他矿煤炭以缓解路局用煤之需，所以路局的损失相对较轻。但是，路矿之间的彼此依赖不容许它们走向彻底的决裂，在适当的时机总会先有一方提出妥协，然后以签订合同的方式加以解决。1935年双方争执的过程和结局几乎与此雷同。总之，路矿争执的根源在于它们对各自经济利益的追逐和维护，但这些争执无法对双方的互赖关系构成实质性的挑战或破坏，它们只是双方整体关系中一些或大或小的波澜而已。另外，当时高涨的民族主义情绪渗入并影响了路矿争端，并赋予其几丝政治意味。

通过北宁铁路与开滦煤矿间互赖和互争的描述和分析，我们对于它们

---

① 王余纪：《北宁铁路之黄金时代》，第122~123页。

第三章　京奉铁路与近代工矿业的发展

之间的复杂关系有了一个较为完整和清晰的认知。作为一种现代化的交通工具，铁路对于煤矿的生产、运输、销售等环节均有重要的影响。煤炭是一种笨重且平均单位价值低的商品，除了在矿区附近的市场之外，运输成本在衡定煤炭最终的市场售价时占有很大的权重，甚至是决定性的因素。凭借快速而便捷的铁路运输可将煤炭源源不断地运至沿线销售或经由港口转运他处。尽管华北一些地区拥有较为发达的水运系统，但这些水路的运速低且具有明显的季节性，虽然水路的运价较铁路低廉，却不能弥补其在运量、速度及季节变化方面的缺陷。因占据有利的地理位置，且凭借铁路给予的优惠运价，开滦煤炭的市场售价具有他矿煤炭无可比拟的优势和竞争力，这是它在天津、上海等地占有举足轻重的市场份额的原因。另外，1931年和1935年的路矿争执从反面证明了铁路运输及其运价对于开滦煤矿的重要意义。总之，铁路运输对于开滦煤炭的运销具有格外重要的意义，进一步言之，"不同煤矿公司的命运大多是由它们所依赖的铁路的情况来决定的"。[①] 至于铁路与煤矿选址和布局间的关系仅通过北宁铁路与开滦矿务局的个案研究还无法得出普适性的结论。

中国近代煤矿业的创办和发展是近代铁路诞生和发展的原始动力之一。铁路是煤矿的主要消费者之一。如在1930年代，铁路机车用煤大约需要230万吨，铁路工厂和辅助企业的需用量大约为机车用煤的20%，总的消费共约280万吨。[②] 铁路对于煤矿的依赖性还体现在煤炭是铁路货运的大宗和营业收入的重要来源，尽管运煤收入占铁路总收入的比例与煤炭运量占该路货运量的比例存在一定幅度的差距。由上可知，北宁铁路与开滦煤矿之间的互赖是双方关系的主轴和核心，事实上，它们在很大程度上是在彼此的相互需求、相互促进中而发展的，也在一定程度上映射出近代中国的"经济变革不是某一方面单独进行的，而是各方面互相依靠共同进行"。[③]

1931年和1935年的路矿争执展现了双方关系的另一面。路矿以追求各自的经济利益为基点，必然会产生纷争。然而，经济利益这只无形而有

[①] 〔澳〕蒂姆·赖特：《中国经济和社会中的煤矿业：1895—1937》，第146页。
[②] 〔澳〕蒂姆·赖特：《中国经济和社会中的煤矿业：1895—1937》，第73页。
[③] 周谷城：《中国近代经济史论》，复旦大学出版社1987年版，第26页。

力的手在"危急"时刻将它们再次推向合作。其实双方对彼此间的依赖心知肚明，相互争持或拖延不决的后果只能是两败俱伤，甚至殃及其他。因此，双方虽时有吵闹，但日子还是要过下去的。总之，纵观路矿双方的历史可知，它们之间既相互依存，互惠互利——这是双方关系的"基调"和"主音"；又时起纠纷，彼此争利——这是双方关系的"插曲"或"协奏"。它们共同谱写了路矿之间错综复杂的"交响曲"。

第四章 京奉铁路与沿线城市的近代化

　　城市或集镇是社会劳动分工与商品经济发展的产物，它们首先是物资和人员的集散地，需要有便利的运输条件。因而，交通是城市或集镇兴起和繁荣的一个先决条件。作为一种现代化的交通工具，铁路在修筑之后，为使其能充分发挥集散功能，势必要在沿线某些条件优良的地点建设不同等级的车站及相应的配套设施，以满足沿线货物、旅客在不同地点间的集散和流动。车站的规模、性质、分布密度、客货流量与流向等都成为影响沿线城市形成和发展的重要因素，其结果是铁路枢纽城市的形成、新兴城镇的崛起或促进原有城市的进一步发展等。[①]

　　交通方式的变革，尤其是铁路的修建及其网络的形成，对近代中国许多区域的城市化进程产生了直接且重要的诱发和促动作用。以华北地区为例，传统时期的华北城市系统和交通网络是内陆型的，与主要的驿路和运河运输相吻合。交通和城市首先作为政治控制的工具和手段而存在，它们的结合构成了"大一统"王朝的网络和节点。[②] 19世纪中叶，天津开埠成为传统的华北城市向现代转型的契机；20世纪初期，华北地区铁路网络的初成，加速了这种转型的进程。同时，一些原有城市因与铁路的关联疏松而渐趋衰落。这样，以沿海通商口岸城市为重心的近代华北区域城市体系最终形成。这可以说是近代华北区域城市变动的一般历程。另一方面，铁路对近代华北区域城市变动的影响因自然、政治、经济、文化等诸多因素

[①] 武伟、宋迎昌：《论铁路干线对沿线地区经济开发的影响》，《经济地理》第17卷第1期，1997年，第94页；谷中原：《交通社会学》，第208~210页。

[②] 王旭、黄柯可主编《城市社会的变迁：中美城市化及其比较》，中国社会科学出版社1998年版，第95~96页。

的介入而表现出不同的程度和模式。① 石家庄、郑州等铁路枢纽城市是铁路直接影响的产物，尽管它们为数不多，但在近代地方城市体系的构建中具有非常重要的地位；天津因铁路的开通而"如虎添翼"，获得了进一步的发展；秦皇岛、塘沽等城镇是受到铁路通车设站的"赐予"而发展成为一定规模的城镇和商业运输中心；唐山、阳泉、焦作等是因铁路的开通、沿线矿产资源的开发和利用而形成的新兴工矿业或工商业城镇……总之，铁路在近代华北区域城市变动过程中的作用和表现形态呈现出多样和复杂的特性。

京奉铁路在近代华北铁路网络中居于主干地位，对处于其"吸引范围"内的北平、天津、唐山、秦皇岛、新民、锦州、奉天等城市或市镇的发展产生了积极的推动作用。② 不过，这种作用的实现机制及复杂性仍需加以深入探讨。下文将分别对天津、唐山、秦皇岛等城市进行个案考察，以展现京奉铁路在这些城市的变动及城市体系的重构中如何发挥作用。

第一节 天津

作为中国北方重要的港口城市，天津位于华北平原的东部，"地当九河津要，路通七省舟车，……当河海之要冲，为畿辅之门户"，③ 水陆交通之便利与地理位置之重要自不待言。明清之际，天津因"其重要的地理位置以及国内商品流通地域和流通规模的扩大"，④ 逐步发展成为北方重要的漕运中心和转运地。1860年，天津被迫开埠通商，成为近代中国开放的前沿；其后，在进出口贸易的增长、华北铁路网络的形成、现代工商业及金

---

① 熊亚平：《铁路与华北内陆地区市镇形态的演变（1905—1937）》，《中国历史地理论丛》2007年第1期，第73~81页。
② 王先明、熊亚平：《铁路与华北内陆新兴市镇的发展（1905—1937）》，《中国经济史研究》2006年第3期；熊亚平：《铁路与华北内陆传统工商业市镇的兴衰（1905—1937）》，《河北大学学报》（哲学社会科学版）2006年第5期；《铁路与华北内陆地区市镇形态的演变（1905—1937）》，《中国历史地理论丛》2007年第1期；等等。
③ （清）李鸿章：《畿辅通志》卷六十八，"舆地略二十三·关隘二"，河北人民出版社1989年版，第95页。
④ 张忠民：《前近代中国社会的商人资本与社会再生产》，上海社会科学院出版社1996年版，第49页。

融业的成长等因素的推动下,天津逐步成为近代中国北方的重要交通枢纽和工商业、金融业中心,在近代华北诸港中独领风骚。天津为京奉铁路与津浦铁路的交会点,车站有三:京奉铁路的天津东站、天津总站及津浦铁路的天津西站。各站均为联运站,北循京奉铁路可至北平,再转平汉、平绥两路;南经津浦铁路以接胶济、陇海、沪宁各路;东可出山海关以赴日、俄。故而天津实为华北铁路运输的中心之一。① 近代天津城市的发展和繁荣在一定程度上是因华北铁路的相继开通而促成,尤其与京奉铁路的关联最为密切。下面仅从近代天津陆向腹地的拓展、进出口贸易的繁荣及城市景观的改变等方面予以考察。

依据现代港口经济学的观点:港口是海运与内陆运输和内河运输最为方便的连接点,其腹地可以分为陆向腹地(hinterland,或称之为经济腹地)与海向腹地(foreland),二者具有互补性。港口的内陆腹地,即通常意义上的腹地,是指"以某种运输方式与港口相连,或港口产生货源或消耗经该港口进口货物的地域范围"。② 港口腹地的大小不仅与港口所在的区位有关,也与港口同内地之间的贸易和运输联系的紧密程度相关,特别是如果没有一定的运输方式将港口与某个地区连接起来,则该地区就不可能成为港口的腹地,两者之间只能是孤立的单独体。按照上述现代港口学的定义,作为近代中国北方重要港口的天津,其陆向腹地是指天津港主要出口货物的货源基地和进口货物的销售市场,可以分为直接经济腹地与交叉经济腹地。③ 腹地范围的大小,主要取决于天津与其他地区的贸易关联度和交易量的多寡,以及交通运输条件的优劣。腹地范围的广狭及交通方式的优劣,在一定程度上决定了近代天津港集疏货物的流向与数量,也决定了它的规模与地位。

开埠之前的天津,地处"九河下梢""河海要冲",自然区位与水陆交通得天独厚,以转运贸易为主的商业传统沿袭已久。其国内贸易的基本格局是:一为海运,即与东南沿海和辽东地区之间进行的以粮食、杂货为主

---

① 《北宁铁路沿线经济调查报告书》,第1004~1005页。
② 邹俊善主编《现代港口经济学》,人民交通出版社1997年版,第15页。
③ 天津市地方志编修委员会编《天津通志·港口志》,天津社会科学院出版社1999年版,第393页。

的贸易,"尽管从南而来的商品中,偶尔也出现一些来自海外的洋货,但为数甚少";① 一为河运,即以海河水系和蓟运河水运为主体的水路交通体系,主要包括南运河、子牙河、大清河、北运河及海河等。同时,天津通向周围地区的道路有大小数十条,主要干路有北平道、山东道、保定道、山海关道、大沽道、塘沽道等六条。② 这些道路的路面被黄土覆盖,每届雨期则泥泞难行,交通迟缓,对于商业而言少有利用的价值。来自偏远内地的驼队也承担了一定的输送任务,但其运量极其低微。可见,开埠之前的天津即是水陆两途的辐辏之区,以海河水系和蓟运河水系为主体的内河运输是其进行商品集疏和贸易拓展的主要纽带和依托。即使开埠之后,铁路尚未开通之前,这些内河水运依然是天津与腹地间商品流通的主要方式。总之,内河水运成为构建天津传统的陆向腹地的决定性因素,据此确定的腹地范围包括南运河、子牙河、大清河、北运河、蓟运河甚至滦河等流域及相应的地区——河北省全部、山西省东部、山东省西北部、河南省北部及辽宁省南部的一些地区,面积约达 225000 平方公里。③ 不过,有着悠久商业传统的天津实际上从属和辅助于京师,因为如果没有防卫京师和转运漕粮、盐斤的需要,天津的区位优势将无法充分发挥。所以,华北地区乃至全国最大的集散和消费中心依然在北京。故由是而言,"就开埠前的天津而言,其真正意义上的经济腹地相当狭小"。④

开埠通商之后,天津的对外贸易渐趋活跃,进出口贸易的数值与结构均出现了新的动态。但是,天津的陆向腹地范围并未突破传统腹地的"窠臼"。进口方面,"天津虽系中国销纳洋货最多之口岸之一,但殆皆取于上海",⑤ 另有极小部分来自香港,与欧美国家的直接贸易则数量甚微。由此可知,它的经济职能仍是以转口贸易为主。出口方面,天津的土货贸易总值虽有迅速的增长,但数量与规模均较有限,平均不及天津贸易总额的十

---

① 庞玉洁:《开埠通商与近代天津商人》,天津古籍出版社 2004 年版,第 58 页。
② 〔日〕早川录铳编《北支那案内之天津要览》,天津要览发行所 1927 年版,第 592 页。
③ 李华彬主编《天津港史》古、近代部分,人民交通出版社 1986 年版,第 170 页。
④ 吴松弟、樊如森:《天津开埠对腹地经济变迁的影响》,《史学月刊》2004 年第 1 期,第 97 页。
⑤ 天津市社会科学院历史所、天津市档案馆编《津海关年报档案汇编》上册(1865—1888),吴弘明译,1993 年版,第 2 页。

分之一。在进出口商品结构中，以棉织品、洋广杂货为主的进口货物量与日俱增，其他如砂糖、玻璃、火柴、煤油等的运入量也逐年上升，但所占比重甚小。这些进口洋货之"大半为直、晋两省所得"，如每年进口外洋棉货，"其一多半为在沪之天津代理商以及晋商所购"。[①] 出口方面，生产原料及土特产品的输出量持续增加，尤以棉花和药材为大宗；至于皮张和驼绒等土货由于路途遥远、税厘繁重及陆路运输的落后，在天津开埠初期的出口商品结构中的地位简直"不值一提"。[②] 直至实行内地子口税三联单制度后，外商摆脱了清政府税收的约束，皮毛的出口数量才日益引人注目。例如，1869 年实行三联单制度的前一年，驼绒出口仅 300 担；1874 年的出口量为 3100 担以上；1880 年增至 16442 担；1888 年达 24473 担。[③] 虽然皮张和驼绒的数量和地位愈加重要，但不能据此轻易地将西北地区划属天津的陆向腹地。

开埠初期，天津与陆向腹地间的水路几乎没有任何明显改善。一些内河的枯水期较长，冬季冰冻无法通航，河道深浅、宽窄不一，且时有淤塞，尽管偶有疏浚，但收效甚微。这些均制约着天津与陆向腹地间商品贸易的发展。总之，铁路开通之前，虽然船只、大车或驮畜等传统运输方式的利用率不断提高，但天津的陆向腹地基本上没有超越其传统腹地的范围，它与腹地间的经济联系"依然处于一种相对松散和单薄的状态"。[④] 直至 20 世纪初期，以天津为中心的近代华北铁路网络的初成才使这种情况发生实质性的改变。

1881 年，为便利开平煤炭的输送而修建了唐胥铁路。由于这段铁路运程极短，且"所开新河历年浅阻"，以致"兵商各轮欲多购煤而运不及……"。[⑤] 为满足津埠及各兵轮用煤起见，铁路实有向天津展筑的必要。然而，这并非易事。为了达到这个目的，李鸿章以加强海防为名，经海军

[①] 《津海关年报档案汇编》上册（1865—1888），第 20、26 页。
[②] 《津海关年报档案汇编》上册（1865—1888），第 8 页。
[③] 《津海关年报档案汇编》上册（1865—1888），第 158、197、252 页。
[④] 吴松弟主编《中国百年经济拼图：港口城市及其腹地与中国现代化》，山东画报出版社 2006 年版，第 203 页。
[⑤] 宓汝成编《中国近代铁路史资料》上，载沈云龙主编《近代中国史料丛刊续编》第 40 辑，第 127、126 页。

衙门奏请将修至芦台的铁路续接至大沽，再将大沽至天津的铁路"逐渐兴造"。[1] 这一奏议很快得到了清廷的批准，1888年津沽铁路告成。至此，开平煤矿所在的唐山与天津间得由铁路贯通，即为唐津铁路。从交通方式变革的意义上说，1888年应当被看作是天津历史上进步的一年，在"这些进步的迹象中，开平至天津铁路之开通是为主要特点"，"在这人烟稠密之区，其众多道路皆由本埠伸及四方，而本埠又为该地区之唯一销场"，如果铁路继续延建，那么"有关天津贸易前程似锦之预言，即可认为信而有征矣"。[2] 其后，唐津铁路再由两端分头展筑，1894年由天津至山海关的津榆铁路完工，它的开通使得天津有了第一条与陆向腹地相连接的铁路，对于天津的货物集散以及便利腹地交通均产生了十分深远的影响。1897年，天津经丰台至马家堡的铁路开通，致使天津与京师的联系愈加便捷与紧密。1907年，屡经展筑的京奉铁路正式建成和定名。该路不仅将"北京和天津两个华北最大的城市联在一起，并把海河水系、滦河水系和关外的辽河水系连成一体。这条铁路与上述各水系横向相交，正好弥补了这几条水系互相平行无法相通的缺陷，使华北传统的水路交通通过铁路连成一气，极大地提高了天津的经济地位"。[3] 同时，它成为沟通直隶与东北地区的重要孔道：在京奉铁路建成之前，直隶与关外的贸易运输主要是通过海路进行；京奉铁路通车之后，直隶与东三省之间的海路运输逐渐让位于铁路运输。可见，京奉铁路的开通"把富庶辽阔的关内外地区同天津港口连接起来"，[4] 这对于天津陆向腹地向关外的进一步延伸具有不言而喻的意义。

同一时期，华北其他各路也相继开通。1906年京汉铁路全线通车，该路为"南北干线之首成，……行经三省，由华北而达华中，物产丰盈，莫与伦比"，[5] 可将直隶、河南的大宗农产品运至天津。1909年正太铁路正

---

[1] 宓汝成编《中国近代铁路史资料》上，载沈云龙主编《近代中国史料丛刊续编》第40辑，第131页。
[2] 《津海关年报档案汇编》上册（1865—1888），第253~254页。
[3] 陈克：《近代天津商业腹地的变迁》，《城市史研究》第2辑，1990年，第91页。
[4] 董坤靖等编《天津通览》，人民日报出版社1988年版，第141页。
[5] 铁道部全国铁路沿线出产货品展览会编《中华民国国有铁路平汉沿线物产一览》，1934年5月，"弁言"。

式开通,① 山西丰富的煤炭资源及大批粮棉等得以陆续转运至京津地区。同年8月竣工的京张铁路"因能将津地大宗出口之绒、皮货、生皮等由蒙古运津利便之故",② 故而对于天津的出口贸易大有裨益。特别是其于1923年1月展筑至包头后,再由包头通过黄河上游的水路可直达甘肃,这使蒙古、陕甘乃至新疆的畜产品出口成为有利可图的交易,对于天津的出口贸易可谓"锦上添花"。1911年津浦铁路通车,尽管运营伊始因廉价的海运而使津浦路北段的营业处于亏损状态,但它改善天津以南方面的运输能力则不容否认。至此,京奉、津浦、京汉、京张及正太等铁路相继修成并彼此连通,基本构成一个以天津为运输节点的华北铁路网络:由北京至奉天的京奉铁路使得华北与东北这两个毗邻的区域的联结更加紧密;由北京至汉口的京汉铁路将华北与长江中游流域加以沟通;由北京至张家口及后至包头的铁路将华北地区的直隶、山西与陕甘、蒙古、新疆等部分地区连成一片……在这些铁路延及的广阔区域中,天津无疑成为一个重要的货物转运中心。需要指出的是,京奉铁路在这个铁路网络中居于总纲的地位,因为京汉、京张、正太等铁路运津的货物均需在丰台站卸下换车,再经京奉铁路运至天津,因而京奉铁路实为控扼这些铁路的"咽喉"。1906年海关贸易报告中对此有着十分贴切的描述:"维相辅本埠商务畅旺者,计有五路:如京榆、京汉、正太、道清、京张等是也。该路运土货出内地,运洋货入内地销售。缘京榆铁路经行津地,故各地甚赖与该路相连同,则自与本埠商务联系,该路可谓之先锋也。"③ 正是以京奉铁路为先锋的近代华北铁路网络的初成改变了传统的交通方式,极大地促进了天津的陆向腹地不断向华北内陆及更广袤的地域拓展。京奉铁路开通的第二年(1908年),天津的陆向腹地包括直隶、山西省的全部,山东的三分之一,河南的五分之一,陕西、甘肃、新疆各为二分之一,满洲的十分之一及蒙古之全部,

---

① 正太铁路即正定府至太原府之简称,因为本路原定由正定府至太原府,后因滹沱河桥梁工程巨大,建筑费用不菲,遂为节省经费起见改由石家庄为起点,故路名与实际不符。参见正太铁路管理局编《民国二十二年份正太铁路会计统计年报》,1933年,第1页。
② 天津市社会科学院历史所、天津市档案馆编《津海关年报档案汇编》下册(1889—1911),吴弘明等整理,1993年版,第164页。
③ 《津海关年报档案汇编》下册(1889—1911),第163页。

面积约 2027369 平方英里（约合 782867 平方公里），占全国总面积的 8.13%，人口为 67137835 人。① 1911 年，属于天津陆向腹地范围的省份是"直隶、山东的部分地区，山西、河南与甘肃等地在内的约 22260 平方公里的地区；同时，也包括蒙古在内，那末总面积就达到 1889860 平方英里，估计人口约为 122044850 人"。② 1923 年京绥铁路展筑至包头后，天津陆向腹地再次拓展，"河北、山西、察哈尔、绥远及热河、辽宁等省都成为它的直接市场圈，山东、河南、陕西、宁夏、甘肃、吉林、黑龙江诸省的一部分划归它的势力范围以内"；③ "总面积达 200 多万平方公里，占全国国土面积的 1/4 以上，涉及人口一亿多，比 20 世纪初的天津腹地扩大了一倍"，④ 几乎囊括了北方的大部分地区。此时的天津已成为"满、蒙、直、豫、山、陕、甘、新物产之总出纳地，世界货殖之一大灌输场"。⑤

随着开埠通商、对外贸易的发展，尤其是交通方式的变革，天津的陆向腹地经历了一个持续而明显的拓展过程。20 世纪初期华北铁路网络的形成是其中最为关键的促进因素。铁路出现之前，内河水路成为划定天津陆向腹地的主要依据，以船只为主的传统运输方式限于河流的地理因素和空间布局的不可变动性，使得其陆向腹地的规模得以固定化，或者说很难拓展至更大的空间，故而，天津与其陆向腹地间的经济联系发展较为缓慢。20 世纪初期，华北铁路网络的建成，成为衡量天津陆向腹地范围的新依据。它的出现不仅缩短了天津与其陆向腹地的空间距离，促进了两者间的人员、货物及信息的集散与交流，而且突破了以内河水运为主的运输方式对于天津陆向腹地的"瓶颈"制约，导致了其范围向华北内陆的更深处乃至西北、蒙疆的广大地域延伸。从这种意义上说，20 世纪初期华北地区"交通革命"——以天津为集散枢纽的铁路网络的形成是其陆向腹地拓展

---

① 〔日〕日本中国驻屯军司令部编《二十世纪初的天津概况》，侯振彤译，天津市地方史志编修委员会总编辑室 1986 年版，第 269 页；罗澍伟主编《近代天津城市史》，中国社会科学出版社 1993 年版，第 452 页。
② 许逸凡译《天津海关十年报告书（1902—1911）》，《天津历史资料》第 13 期，1981 年，第 33 页。
③ 李洛之、聂汤谷：《天津的经济地位》，南开大学出版社 1994 年影印版，第 2 页。
④ 罗澍伟主编《近代天津城市史》，第 452 页。
⑤ 白眉初：《中华民国省区全志》第一册，北京求知学社 1924 年版，"直隶省志"，第 14 页。

第四章 京奉铁路与沿线城市的近代化

乃至整个城市化进程中一个具有重要意义的"分水岭"。

近代天津陆向腹地的拓展，在一般情况下意味着其进出口贸易的增长及商业的繁荣。这主要表现在进出口商品贸易数额的增加、商品种类和结构的变动以及商品流向的改变等方面。以京奉铁路为先锋的近代华北铁路网络对于这些方面的变化同样发挥着重要的推动作用，从中也可窥知该路与近代天津城市发展的关系。

开埠通商后，天津的对外贸易开始出现持续而平缓地增长。铁路渐次修通之后，这种发展态势有增无已。如津榆铁路通车的1894年，天津的进出口总值达44277054关平两；京奉铁路开通的1907年，其贸易总值达96778966关平两；1911年贸易值达116536648关平两。[①] 天津的进出口贸易总值在17年中增加了1.5倍有余，较之1880年的21668434关平两增长逾四倍。民国时期，这种增长的趋势仍在延续，步伐却逐渐减慢，且因受到其他因素的影响或干扰而时常出现波动。例如，1912年天津的进出口贸易总值为102238118关平两，1916年时仅为113020399关平两，1924年复增至251695599关平两；[②] 12年中仅增加近1.5倍。其后十数年间屡有跌落，直至1937年七七事变前仍未恢复至1924年的水平。上述统计数字表明，自天津开埠至1930年代中期，天津的进出口贸易以19世纪末20世纪初为分界点，大致划分为两个时期：前期的发展态势较为平缓，进口货物总值与出口货物总值均不断增加，可视为天津对外贸易的起步阶段。19世纪、20世纪之交，以京奉铁路为先锋的华北铁路网络初步形成，在很大程度上导致天津对外贸易的发展速度与前相比呈现出明显加快的趋势，可称为天津对外贸易的"黄金"时代。这一时期天津对外贸易的另一个显著特征是天津直接贸易港地位的确立。天津开埠后，进出口贸易虽然不断发展，但其直接进出口贸易额在全国并不占有重要地位。以1894年为例，该年天津的直接进口额仅占全国进口总额的2.81%，直接出口额仅占全国的0.27%，[③] 几乎处于无足轻重的地位。与此同时，通过天津的转口贸易一

---

① 《天津通志·港口志》，第305~306页。
② 《天津通志·港口志》，第306页。
③ 罗澍伟主编《近代天津城市史》，第193页。

直居于主导地位。这种状况在 1905 年前后逐渐发生逆转：该年天津的直接贸易额首次超过转口贸易额，直接输入商品值占输入总值的 52.07%，经由上海输入商品值占输入总值的 47.93%。翌年，天津直接进口额占全国直接进口总额的 15.90%，直接出口额占全国出口总额的 5.90%,[①] 比中日甲午战争以前有了长足的进步。因而，从直接进出口贸易的角度而言，1905 年天津正式脱离对于上海的依附地位而成为华北地区名副其实的（直接）贸易中心。

表 4-1　1904—1906 年天津进口商品货值

单位：关平两

年份	直接输入商品值 金额	直接输入商品值 占输入总额比重（%）	经由上海输入商品值 金额	经由上海输入商品值 占输入总额比重（%）	输入商品价值总额
1904	16256651	44.13	20583859	55.87	36840510
1905	31463208	52.07	28966465	47.93	60429673
1906	40102558	61.51	25095998	38.49	65198556

资料来源：罗澍伟主编《近代天津城市史》，第 366 页。

此外，20 世纪初期天津港口贸易地位的提高还体现在其在华北六港——天津、烟台、青岛、秦皇岛、龙口、威海卫中不可撼动的牢固地位，即便在 1920—1930 年代依然如此。如表 4-2 所示，天津港在华北地区对外通商的六港中直接进出口贸易值始终占有一半以上，甚至三分之二强的份额，不愧为近代华北地区贸易港口的翘楚。

表 4-2　1902—1936 年天津直接进出口商品货值

单位：关平两

年份	华北六港直接进出口贸易值	天津港直接进出口贸易值	天津港所占比重（%）
1902	41852949	24569675	58.7

[①] 依据《1906 年进出口货物统计表》计算所得，参见苑书义等《艰难的转轨历程——近代华北经济与社会发展研究》，第 213 页。

续表

年份	华北六港直接进出口贸易值	天津港直接进出口贸易值	天津港所占比重（％）
1903	39017734	21703072	55.6
1905	65471637	41922114	64.0
1911	73340668	41220500	56.2
1913	102997834	59495246	57.8
1919	157524046	94489258	60.0
1928	286358029	194629733	68.0
1931	329274033	198053323	60.1

资料来源：《天津通志·港口志》，第301页。

表4-2显示出1900—1930年代间天津进出口贸易数额与结构方面的变动趋势。天津港的贸易值在增长，尽管其步伐有快有慢，进口与出口贸易值都呈直线上扬，并于1905年完成从转口贸易为主向直接贸易为主的转换。这充分表明天津与世界市场的联系程度愈加紧密。其中，铁路运输条件的日渐便利，对天津进出口贸易的进展发挥了较大的促进作用，"先前，货物一直由骆驼、大车或木船运至本埠。这种运输方式不可避免的会迁延时日，并且有遭受损失的可能。现在，只有从产地到最近的火车站一段仍采用这种旧的运输方式，到车站后就由火车转运天津了，这样，节省了许多时日，而且大大地减少了风险"，[1] 故而"运货便利，出口贸易之腾振不无由来"。[2] 华北铁路网络的形成带来了天津陆向腹地的极大拓展，进而导致天津进出口贸易的繁荣，故而，华北铁路网路的形成、天津陆向腹地的扩展与进出口贸易繁荣之间形成一种环环相扣的"传动"关系。如果没有前两个条件的铺垫和支撑，天津进出口贸易的繁荣将无法想象和实现。另一方面，从深层意义上而言，天津进出口贸易的进展也反映了天津陆向腹地卷入国际市场的程度和速率。

[1] 许逸凡译《天津海关十年报告书（1902—1911）》，《天津历史资料》第13期，1981年，第31页。
[2] 《津海关年报档案汇编》下册（1889—1911），第199页。

20世纪初期华北铁路网络的初成在一定程度上导致天津进出口商品种类与结构出现较为明显的变化。经由铁路进行集疏的商品种类逐渐增多，其中输出货物主要有棉花、皮张、羊毛、猪鬃、蛋品、草帽辫等，几乎占天津年均出口商品总值的50%以上，并于1920—1930年代形成了以西北的皮毛与华北的棉花为大宗出口商品的格局。输入货物中除棉织品、煤油、五金、糖、卷烟、机器外，又增加粮食、染料、人造丝、火柴、水泥、棉花、面粉及其他日用品等。追溯大宗出口货物的来源、理清主要进口货物的分销，以及这些商品的运输方式，对于理解京奉铁路在天津进出口贸易增长中的作用和意义大有裨益。例如，西北的皮毛贸易因铁路开通其出口种类及数量突飞猛进。天津开埠之初，西北和蒙古地区的皮张、驼绒等运至天津的数量甚微，价值极小；1870—1880年代，由于国际市场对这些农畜产品的需求日益旺盛，它们的出口量和贸易值节节攀升。尤其在华北铁路网络形成之后，西北的皮张、毛绒源源不断地运至天津，成为天津出口商品中的"佼佼者"。当京绥铁路延伸至包头后，天津与西北及蒙古地区的经济交流得到进一步的加强，皮张和绒毛的出口量更为可观。例如，1912—1921年10年间的平均出口量保持在256000担，1921年的出口量甚至高达403000担。① 又据1919年度塞北关的报告：归化一地在该年"输出羊皮九十余万张，牛马皮次之；羊毛九百八十余万斤，驼毛二百余万斤"。② 1922—1931年天津皮毛的"出口总值约为25400万关平两，几占出口贸易全数货值四分之一"。③ 产自西北及蒙古各地的羊毛，先向张家口或包头集中并经过简单的梳捡、加工后，经平绥或正太路运至丰台，再转由京奉铁路运到天津；其余一部分也可运至通州，再经北运河南运天津。河北及山东两省所产羊毛经平汉运至丰台，再转京奉铁路或直接由津浦路运至天津，或经德州入南运河而至天津。锦州吸纳热河的羊毛几乎全由京奉铁路

---

① 吴弘明译《天津海关十年报告书（1912—1921）》，《天津历史资料》第13期，1981年，第52页。
② 白眉初：《中国民国省区全志》第一册，"绥远特别区域志"，第13页。
③ 天津市社会科学院历史研究所编《天津海关十年报告（1922—1931）》，《天津历史资料》第5期，1980年，第46页。

直运天津。驼绒、皮张的运送路径几乎与羊毛的运送如出一辙。[1] 然而，1931年九一八事变后，由于热河市场的丧失、察哈尔贸易的缩减以及对蒙古辐射力的减退，天津的皮毛来源受到较大的削减或分流，[2] 但它依然维持了其作为北方皮毛运销体系中的终端市场的地位。

棉花出口量的大幅增长是天津出口贸易的另一个显著特色。近代华北铁路网络形成之前，天津腹地的棉花种植尽管历史较久，但产量有限且多为本地销用，故而其出口长期处于低迷的状态。从直隶、山东的部分地区、河南、山西出口棉花的数量不曾超过4000担。铁路网初具规模后，1909年棉花出口达25128担，1911年增至387441担。[3] 1912年后，由于华北纺织工业的日益发展以及国内其他地方和日本等国对原棉需求的逐渐旺盛，华北的棉花种植获得了很大的发展，天津的棉花出口量也是"水涨船高"。1912—1921年间，天津原棉的年平均出口量为345000担；[4] 尤其1921年的出口共计454898担，占全国棉花出口609481担的64%。[5] 1920—1930年代，华北植棉事业更为发达，尤以河北省为最，该省每年平均产额约为300万担，经天津出口的为668000担，其余售于天津各纱厂及邻省各地。[6] 另外，河南、陕西甚至新疆的少量棉花也运至天津进行交易。这些省份运至天津的棉花，距离较远的依靠火车，临近河川的利用民船，近距离的使用大车运输。这三种运输方式之间既互有竞争又彼此合作，如产自山西中南部的棉花，大部分用马车载至榆次车站，沿正太铁路至石家庄转平汉铁路，再转京奉铁路运到天津。陕西或河南部分地区所产棉花，有些向北渡过黄河经山西而续运天津，其运输路线与山西棉花基本相同；有些则装火车沿陇海铁路抵郑县，再沿平汉铁路转京奉铁路运抵天津。[7] 从

---

[1] 参见李洛之、聂汤谷《天津的经济地位》，第36~37页。
[2] 野中時雄編『北支那港灣事情』滿鐵天津事務所調查課、1936、58頁。
[3] 许逸凡译《天津海关十年报告书（1902—1911）》，《天津历史资料》第13期，1981年，第31页。
[4] 吴弘明译《天津海关十年报告书（1912—1921）》，《天津历史资料》第13期，1981年，第52页。
[5] 李华彬主编《天津港史》古、近代部分，第157页。
[6] 天津市社会科学院历史研究所编《天津海关十年报告（1922—1931）》，《天津历史资料》第5期，1980年，第53页。
[7] 吴松弟主编《中国百年经济拼图：港口城市及其腹地与中国现代化》，第207页。

1918年开始,新疆产的部分棉花,先用骆驼驮运到甘肃,通过黄河水运到包头上岸,然后用马车或骆驼运至绥远改装火车(1923年后直接从包头装火车),再沿京绥铁路至丰台倒换京奉铁路而运至天津。其他地区的棉花由集散地或经水路、或由火车等直接运至天津。

表4-3 1921—1930年内地棉花运至天津数量及其运输方式比较

单位:担,%

年份	火车 数量	占比	民船 数量	占比	大车 数量	占比	合计 数量	占比
1921	496554	78.1	125760	19.8	13076	2.1	635390	100
1922	724514	76.7	215185	22.8	4468	0.5	944167	100
1923	715959	74.6	230165	24.0	13671	1.4	959795	100
1924	381616	68.8	159255	28.7	13815	2.5	554686	100
1925	464388	43.9	574845	54.4	18137	1.7	1057370	100
1926	73055	7.7	841809	89.1	30283	3.2	945147	100
1927	227064	18.4	956669	77.6	48693	4.0	1232426	100
1928	304238	25.1	846465	69.8	61732	5.1	1212435	100
1929	64779	12.5	421867	81.7	29909	5.8	516555	100
1930	167040	18.8	682812	77.0	37565	4.2	887417	100
合计	3619207	40.5	5054832	56.5	271349	3.0	8945388	100

附注:天津常关在1931年6月因厘金的废止而裁撤,故1931年以后之统计未列入。
资料来源:根据南满洲铁道株式会社调查部编《北支棉花综览》,日本评论社1940年版,第308页的表格改制;方显廷:《天津棉花运销概况》,天津南开大学经济研究所1934年版,第10页。

除了这些大宗出口的农、畜产品外,集运至天津的重要商品还有粮食、煤炭、木材及煤油等多种。这些货物或为天津当地销用或再运销内地,或转运出口,它们的运送均不同程度地倚赖以京奉铁路为核心线路的近代华北铁路网络。例如,天津输入粮食的路径甚多,大致包括民船、火车、大车及轮船四种,[①] 并依此分为西集、北集和河坝三个粮食市场(斗

---

① 《津埠粮食交易状况(续):运输路径和粮食种类》,《益世报》1928年1月11日。

第四章　京奉铁路与沿线城市的近代化　　　　　　　　　　　　　　　　　　　　189

店市场、河坝市场、丁字沽市场）。① 由海路轮运至天津的粮食均在河坝市场交易，由民船、火车、大车等运来的粮食多汇集于西集、北集两处。其中由京奉铁路运来者在北集进行交易。以上各种运输方式中，除轮船外，民船与火车居于最重要的地位，尤以民船运输为最多。1920—1930 年代，由于水旱频仍，御河及西河流域的粮食产量较前减少，代之源源而来的是产自东北地区及京绥沿线的高粱、小米、玉米、豆、粟等食粮，由此导致天津粮食的运送路径渐趋于铁路方面。据直隶商品陈列所调查显示，1922 年通过常关输入的米麦杂粮共计 7814126 担，其中由火车运来者占 58.8%，由民船运来者占 39.9%，其余由大车运入；冬季封河时，主要依靠铁路、大车运送。② 铁路运送以天津为中心，可分为北铁路、东铁路、西铁路，北铁路是指京奉铁路的北京至天津段而言，京汉铁路沿线的新乡、卫辉以北及京绥铁路沿线所产的粮食均先运至丰台，再转由京奉铁路运至天津，其中尤以来自京绥铁路沿线的粮食居多。东铁路即京奉铁路由天津至奉天一段，东北的高粱、小米、春麦等由此路输入。西铁路即津浦铁路，安徽、江西、湖南、江苏的稻米和皖苏北部及山东所产的小麦、玉米、芝麻、豆类等，均经此路运入。③ 其后，由于时局不靖、路线梗阻、运费增加等因素的影响，大部分粮食转由民船运送。例如，1936 年天津粮食的需求量约为 384287 吨，④ 经由民船运送者约占 73%，铁路约占 20%，大车只占 3.5%。⑤ 然而，河坝市场仍然主要依靠铁路运送，即经由北宁及平绥两路运来产自东北、平绥沿线及内蒙古部分地方的高粱、玉米、小米等粗粮。以玉米为例，1936 年天津粮食市场中玉米的交易额为 300000 石，约合 23250 吨，河坝市场即占交易总数的 48%，主要来自东北的锦州、大凌河、石山、海城等地方。⑥ 由上可知，北宁铁路在维系天津粮食的集运中

---

① 《津埠粮食交易状况：交易市场及斗店业务》，《益世报》1928 年 1 月 8 日；李洛之、聂汤谷：《天津的经济地位》，第 147 页。
② 《津埠粮食交易状况（续）：集津米粮种类》，《益世报》1928 年 1 月 13 日。
③ 《津埠粮食交易状况（续）：陆路运输情形，外国米麦来源》，《益世报》1928 年 1 月 12 日。
④ 李洛之、聂汤谷：《天津的经济地位》，第 146 页。
⑤ 李洛之、聂汤谷：《天津的经济地位》，第 147 页。
⑥ 李洛之、聂汤谷：《天津的经济地位》，第 147、148 页。

发挥着至为关键的作用。

煤炭是运至天津的另一种重要商品，主要供应当地工业生产和家庭消费之用。1888年津沽铁路告成后，开平煤矿所在的唐山与天津间得由铁路连通；开平煤炭可经由该路迅速运抵天津，不仅满足北洋海军舰只、天津机器局甚至南方各机器局的煤炭需求，而且使煤炭成为天津重要的出口商品。这对于近代天津的出口贸易具有划时代的意义。1930年代初，天津的煤炭消费量年均为百万吨有余，为中国第二位的煤炭消费地，同时维持着天津作为中国第二工业都市的地位。[①] 天津的煤炭来源地主要为河北省，约占运至该市总数的90%以上，具有压倒性的比例；其余来自山西、河南两省。例如，1933年和1934年，来自河北省的煤炭分别为1007616吨、1011009吨，分别占运至天津总量的90.4%、93.5%；山西运至天津的煤炭量分别为55565吨、69875吨，仅占运至天津总量的9.6%、6.5%。[②] 天津消费的煤炭中，开滦煤炭占一半以上。如1931年开滦煤炭占天津消费用煤的78%，1932年为84%，1934年下降至57%。[③] 开滦煤炭占有超过半数的市场份额，与其距离天津较近和北宁铁路给予的较廉运价密不可分。煤炭是一种笨重且平均单位价值低的商品，运费往往成为决定其市场价格的关键因素，所以除非有特殊的情况，距离较近的煤矿占有较大的优势。开滦煤矿距离天津只有155公里，除门头沟矿外，远较华北其他各矿为近；运费价格也较其他各矿为廉。例如，运费占开滦煤炭在天津市场售价的比例为36.5%，距离远且需经过复杂的运输路线而运至天津的阳泉煤，运费占其市场价格的69.8%，故而运销至天津的煤炭要以开滦为主。华北各矿的煤炭凡经由铁路运输者，或者由北宁铁路直接运达，抑或经平汉、正太、平绥等路运至丰台站后，再经由北宁铁路运津（见表4-4）。可见，北宁铁路对于天津所需煤炭的供给和运销而言至为重要。

[①] 李洛之、聂汤谷：《天津的经济地位》，第170页。
[②] 李洛之、聂汤谷：《天津的经济地位》，第171页。
[③] 根据《天津煤的来源及其数量表》计算所得，参见李洛之、聂汤谷《天津的经济地位》，第171页。

第四章 京奉铁路与沿线城市的近代化

表4-4 1934年天津市场煤的价格构成

煤矿名	输送距离（公里）	矿山原价及诸费（元）	运费价格（元）	运费占比（%）	诸税（元）	煤价（元）	输送经路
开滦	155	3.55	2.37	36.5	0.57	6.49	北宁路
井陉	443	2.70	5.97	60.3	1.23	9.90	正太路、平汉路、北宁路
门头沟	166	3.70	2.96	39.1	0.92	7.58	平门支路、北宁路
阳泉	470	2.00	7.46	69.8	1.23	10.69	正太路、平汉路、北宁路
正丰	443	2.90	6.14	59.8	1.23	10.27	正太路、平汉路、北宁路
房山	161	3.73	3.63	43.8	0.92	8.28	门齐路、平门支路、北宁路
大同	500	2.50	6.73	64.3	1.23	10.46	平绥路、北宁路
临城	470	2.50	7.08	67.4	0.92	10.50	平汉路、北宁路

资料来源：李洛之、聂汤谷《天津的经济地位》，第172页。

以京奉铁路为主干的近代华北铁路网络的形成极大地调动了华北、西北、蒙古地区供给出口商品的潜力，并为之提供了相对便捷、安全的运输方式。"先前，货物一直由骆驼、大车或木船运至本埠。这种运输方式不可避免地会迁延时日，并且有遭受损失的可能。现在，只有从产地到最近的火车站一段仍采用这种旧的运输方式，到车站后就由火车转运天津了，这样，节省了许多时日，而且大大地减少了风险"，[1] 由此促进了以皮毛和棉花为代表的大宗农、畜产品向天津的集运，导致了20世纪前期天津"出口贸易之腾振"[2] 以及进出口货物种类和结构的变动，诸如粮食、煤炭等重要商品在天津市场上的流通也部分倚赖京奉铁路的运送。总之，近代华北铁路运输系统的形成，不仅密切了天津与其陆向腹地间的经济联系，将各个层级市场中的洋行、买办、商人、农民、牧民等联结在一起，而且

---

[1] 许逸凡译《天津海关十年报告书（1902—1911）》，《天津历史资料》第13期，1981年，第31页。
[2] 《津海关年报档案汇编》下册（1889—1911），第199页。

维系着天津城市工商业的发展和居民的日常生活。①

京奉铁路的通行在一定程度上带来了天津城市景观的改变和工商业的发展。天津具有现代意义的城市建筑，起步于水陆交通设施，诸如码头、栈房、道路、桥梁、车站等的修建，以及洋行、银行、邮局等商业经营或服务机构的设立。其中，与京奉铁路直接相关的主要是车站的设立、铁路货场的开放及北宁公园的修建。

天津东站是京奉铁路全线中唯一的大站。它始建于1886年，1888年10月正式运营，当时只有站线两股、站台一处、简陋公事房数间。随着天津近代工商业的发展，该站很快便不能满足需要，于是将车站向西南约500米处（即季家楼、火神庙两村附近）迁移重建，并于1892年投入使用。因其地处海河东岸的老龙头地区，故俗称老龙头火车站。1900年，新建车站毁于八国联军侵华的战火；《辛丑条约》签订后，在毁弃的车站旧址上重新修复并开通使用，1911年定名天津东站。② 1930年代，该站"上可通连各河而达内地城镇，下可交通海外及青岛、上海各埠……交通极为便利，客货运输均称繁忙"。③ 该站设备较为完备，车站方面有站台、风雨棚、天桥、厕所、候车室、食堂等；货场方面有仓库、地磅及岔道等设备；此外尚有水泵、花车厂、存车厂及机车房等。该站货场分为东西两处：东货场与沽河相接，办理水陆联运极为适当；西货场到达的货物较运出的货物为多，到达的货物多为棉花、羊毛、煤炭、沙土等大宗，运出货物仅有转销于上海、济南的棉花、羊毛等。④ 由于天津为华北工商业的中心，以至"各地货物咸集于此，或出口或转销，本地及进口货物亦均由此转运各处，故本站货运之盛，为全路冠"。⑤ 例如，1932—1934年间，该站整车货运量分别为435975.26吨、416964.95吨和371087.00吨；不满整车的货运量分别为19174.17吨、16760.88吨和24413.17吨。⑥ 客运方面，由于天津为

---

① 〔美〕关文斌：《描绘腹地：近代中国通商口岸和区域分析》，刘海岩译，《城市史研究》第13~14辑，1997年，第3页。
② 天津铁路分局路史编辑委员会编《津铁分局之最》，1992年，第4~5页。
③ 《北宁铁路沿线经济调查报告书》，第746~747页。
④ 《北宁铁路沿线经济调查报告书》，第747页。
⑤ 《北宁铁路沿线经济调查报告书》，第750页。
⑥ 《北宁铁路沿线经济调查报告书》，第752页。

华北的重要都市，各界人士往来频繁，故而其客运同样居于全路各站之首。出发旅客年约 70 余万人。1932—1934 年间的客运量分别为 767386 人、769163 人和 706942 人。① 天津东站"业务之繁剧，过境贸易之兴隆"② 由此可见一斑。

天津东站的东货场是近代中国开放商埠中最早建设的铁路货场，俗称老龙头货场，几乎与天津东站一同诞生。第二次鸦片战争结束后，清政府被迫开放天津为通商口岸，随着商埠的建立，西方列强从海上运来大批的倾销商品，汇集紫竹林租界码头，加之天津近代工业的发展对煤炭的需要量与日俱增，于是，总理海军事务衙门会同直隶总督李鸿章等决定在天津海河沿岸的东季家楼与火神庙两村之间修建铁路货场。货场于 1886 年动工，两年后建成使用并正式取名为老龙头货场。它距离海河码头仅百步之遥，商人运货堪称便利；它与当时各种官商企业相距不远，便于这些企业从货场接收由唐山运来的煤炭及建筑材料。此外，路局还将铁路货场出租给各商家，收取一定的租金。由于兴建老龙头货场，购买和征用了季家楼和火神庙两村的房屋和土地，考虑到两村村民的生活，铁路当局准许两村村民就地充当脚夫以维持生计，不准外方游民在此承揽搬运业务。不过，这里曾多次出现村民因搬运业务而发生的争执，脚行间的相互倾轧、搬运工人同官府及封建把头的斗争也不断上演。③

1918 年，京奉铁路管理局准备将车站货场进行迁移，"查铁路货场，本系各商公共卸货之所，从前允许各货栈于货场中租地卸货，原为分别地段避免争执起见，不图历时既久，遂因看货人栖止之故，而各自建筑小屋，并于屋外支棚建篱，货物堆积，不能如规定之时间卸清，几成囤货之栈，使后来货物往往无地可容。天津商况日益发达，客货逐年增加，上年冬间，因货物堆满无法起卸，不得已暂行停止丰台、唐山两处输来之货，以待疏通"，④ 要求于 1918 年 3 月 15 日之前一律拆房迁货。天津转运商业

---

① 《北宁铁路沿线经济调查报告书》，第 748~750 页。
② 吴弘明：《试论京奉铁路与天津城市的发展》，《城市史研究》第 15~16 辑，1998 年，第 190 页。
③ 《津铁分局之最》，第 17~18 页。
④ 《关于车站货场迁移之函知》，《益世报》1918 年 3 月 8 日。

公会向商务总会投递说帖，谓京奉铁路局因扩充货场地段，阻碍栈商营业，并电请交通部函达京奉路局派员与各商家订定日期面谈，以便货场迁移问题早日解决。① 1920年4月，京奉铁路局就要求改良货场的问题再次致函天津总商会，"本局现因运输日繁，货物拥挤，拟将东站货场、货仓设法改良，以期疏通车务，利便商人"。② 1930年初，北宁铁路局为便利货商、积极筹备铁路负责运输起见，欲将向来杂乱无章、由商家租用的东站货场加以整理，以便达到路、商两利的目的，并限自2月1日起，于三个月内迁移腾清。转运商会再三请求缓迁，以免租商受损，并希望另行指定合适地点以便迁移。后经路局实地查勘，详加规划，将东站货场全场划分为三大区域：靠近铁路方面的地段为仓库区；中部地段为露天货场区；近河地段为商租区，所有货商租地存货，以近河区域为限，其原在甲、乙两地租地各商，可就近迁移于近河商租区内，仍按原租面积分配。另外，该路对于全路各站货场订有租地存货专卖规定，且对于东站货场原租地各商的迁移也订定了善后办法数条，要求限于1930年11月11日以前一律迁移，所有在租用地段内堆存的货物，以及私自建筑的小房屋等，一律搬迁完竣。③ 1932年，北宁铁路局为维持平民生计、繁荣地面起见，又将该站地道外郭庄子余地一段，整饬平整，修筑道路，辟为市场，以使附近小贩有所归宿，不致再像以往那样紊乱。该市场面积约为11220平方米，分号出租，除警所、厕所及空地外，共计划为195号，所有地号及余地，均系按月收租，每一平方米，每月仅收租价2角，但在沿地道外大街两旁的特殊地点不在此例。至于场内地号以外的余地，由路局划作游艺场及饭馆之用，也按面积的大小收租。自路局公布招租章程后，承租者颇为踊跃，并按章填写保单及请求书，连同押金在规定期限内送缴到路局，并定于6月30日齐集市场内实行抽签，用以分配承租人的占用租地。④

位于京奉铁路上的另一车站是天津总站。它初名天津新站，创设于

---

① 《函请会议迁移货场》，《益世报》1918年3月12日。
② 《铁路局征求改良货场》，《益世报》1920年4月15日。
③ 《北宁路实行整理东站货场》，《益世报》1930年11月4日。
④ 《北宁路在车站开辟市场》，《益世报》1932年6月2日；《北宁路繁荣市面计划，地道外市场将开幕》，《益世报》1932年7月2日。

1903年，距离天津东站仅4.3公里。它的修建是出于时任直隶总督袁世凯一人的主张，因为之前他出入天津均须在天津东站上下车，该站位于俄国租界内，俄方禁止武装扈从随行及鸣放礼炮。袁世凯倍感难堪，遂以"天津停车场（指天津东站）接近租界，诸多障碍"为由，决心"添设停车场于河北"，[①] 加之"晚近紫竹林对面老龙头车站，其渐形发达的转运业，将有不少业务转归新立之始发站，因该处较近土货贸易之中心"。[②] 于是，他札饬天津道另修车站，指定由金刚桥往北开一直线，径抵铁道，限当年竣工。开辟的直线称为大经路（现今的中山路），修成的车站是为天津新站（现今的天津北站）。1911年，京奉铁路与津浦铁路在此联轨，因一站联结两路，遂改称为天津总站。[③] 不过，京奉铁路拥有该站的产权和管理权，"为求各站设备一致起见，均由本路置办，修养维持工作，亦由本路负责，仅将一部分站屋及站台租与津浦，每月收以相当租金，……成为两路之公共车站"。[④] 该站的设备较天津东站简陋，货场位于其西南角，可装卸货物数千吨，仓库、地磅、水泵及货物站台均未设置。货运方面，该站无水陆联结的便利，货运业务不能与天津东站抗衡。整车货物以粮食为多，1932—1934年间的运量分别为5396.75吨、12605.50吨和29378.50吨；零担货物为数甚少，同期的运量分别为2390.43吨、2975.05吨和7409.90吨。[⑤] 客运方面同样较天津东站逊色不少。由于它地处河北一带，而河北之繁华仅赖京奉路局和市属各机关，距离商业中心及住宅区较远，附近村庄在该站乘车者也为数寥寥，故其客运并不十分发达。1932—1934年间出发的旅客人数分别为176295人、174698人和183836人，只及同期天津东站的五分之一有余。[⑥]

天津新站的建成和大经路的开辟，导致河北新区一带的面貌逐渐发生改观。1903年初，袁世凯批准了《开发河北新市场章程十三条》，在海河

---

① 李天佑：《天津铁路史概况》，天津铁路分局办公室1984年版，第181页。
② 《1902年天津贸易报告》（Tietsin Trade Report），第50页，转引自吴弘明《试论京奉铁路与天津城市的发展》，《城市史研究》第15~16辑，1998年，第191页。
③ 《津铁分局之最》，第5页。
④ 《北宁铁路沿线经济调查报告书》，第743页。
⑤ 《北宁铁路沿线经济调查报告书》，第746页。
⑥ 《北宁铁路沿线经济调查报告书》，第744~745页。

与新站之间规划建设新区。① 之前，该地以金家窑、小关、锦衣卫桥为中心，已形成人烟较为稠密的居民点。大经路西侧仅沿河一带有窑洼、堤头两个居民集中点，其余往西、往北都是淮军义地，乱坟重叠，一片荒凉。根据天津道呈奉袁世凯批准的河北新区规划，淮军义地后来一律迁葬清除。从大经路起往西，依次开辟出南北方向的二、三、四、五等经路（即现今的二马路、三马路、四马路等）；东西方向从南至北依次按天、地、元、黄、宇、宙、日、月等划成纬路。当时，新设立的政府机构如直隶学务公所、劝业公所、谘议局、审判厅以及造币厂、劝工陈列所等大都建在河北新区。民国时期，该区也一直是政府机构的所在地。一些新式学堂如北洋工艺学堂、北洋女子师范学堂、直隶水产讲习所等以及近代文化设施如博物院、植物园、公园等，也集中设立在该区。② 此外，经营房地产的商人意识到新站建成后，周围地区将大有发展前途，于是争相向天津县承租义地，兴建住房，出租牟利。自庚子事变拆城后，天津人口日益增多，原有城里和四关的房屋已不敷用。新站建成后，河北各经纬路上大批房屋竣工，既解决了房屋供求问题，也繁荣了河北一带的市面。总之，从袁世凯的北洋新政到民国初期，河北新区逐渐发展成为天津的政治、文化中心。不过，由于该站距离水路码头较远，而位于海河边的码头是进出口货物的集散中心，并与天津东站连成一气，吞吐了大量的货物，以致天津总站的货源较少。因而天津总站始终未能成为天津主要的交通枢纽和货物集散地，也无法改变城市经济与交通的空间结构。

天津东站的落成不仅成为运至天津的各种货物的重要集散地，而且也是天津步入近代工商业城市的重要景观和标志。铁路货场的开办不仅便利了货物的及时运送及路局收入的增加，而且促进了以车站为中心的周边地区商业的繁荣。天津总站的设立带动了以其为中心的河北新区的规划和发展，它的规划布局"完全采用了通过租界传入的欧美近代城市的空间模式"，③ 不再是中国传统城市空间结构的翻版。尽管该区逐步发展成为天津

---

① 刘海岩：《空间与社会：近代天津城市演变》，天津社会科学院出版社2003年版，第88页。
② 刘海岩：《空间与社会：近代天津城市演变》，第89页。
③ 刘海岩：《空间与社会：近代天津城市演变》，第88页。

的政治、文化中心，但由于某些因素的牵制，它在经济方面鲜有长足的进展。

为便利埠内商品的贸迁，天津还修建了多座钢架桥梁。1888年，随着津沽铁路的通车建成金华桥，同年建成第二座钢桥——金钟桥；1902年老龙头钢桥落成，其后，金钢桥、金汤桥也相继竣工。[①] 这些新型结构的钢桥，均采用近代建桥技术和材料修建而成，不仅造型美观，而且极大地便利了人员的往来。该路还在天津开办了中国第一个铁路公园——北宁公园（即宁园）。它位于天津北站以北，前身系袁世凯委派周学熙选址筹办的种植园。1907年开湖建园，名曰"鉴水轩"。1929年4月，奉系军阀的代理人高纪毅莅任北宁铁路局长后，为使铁路员工能有一个游览之地以放松精神，增其乐群敬业的思想，萌发建一铁路公园的设想。恰好北宁铁路局与开滦矿务局多年积累的经济纠纷案获得解决，路局得到开滦煤矿退赔款50万元，用作改良铁路员工设施，除在北宁铁路局址附近规划铁路医院、员工宿舍、公共娱乐场所外，还准备工料，购地建园。在距离路局不远处有种植园旧址即最初的"鉴水轩"，占地200亩，略具山水形胜。其后经与河北实业厅协商，北宁铁路局出价4万元将其购买并加以修葺，于1931年7月开工，翌年9月竣工，并借取诸葛亮的名句"宁静以致远"而命名为"宁园"，同时暗含"北宁铁路公园"之意。该园面积约57公顷，水面面积约占三分之一，它沿袭中国古典园林的建筑手法，叠山理水，花木亭阁错落其间。该园的兴建引起了当时社会各界的观注和赞赏，并力促其成。后又承毗邻的河北第一博物馆转让馆址，加之铁路空余之地而扩充园址，共得400亩，遂使公园规模扩大，成为一座闻名全国的铁路公园。其后，北宁铁路局委派傅邦杰充任所长后，对该园大加整理，并计划扩充面积，将其附近的空地收买或租借，扩充花卉、庭园树苗圃，及果树蔬菜园等；改建壮观的前门，加扩西园门内的人行道，增设电灯；园内布置新式运动器具的儿童游乐场；添筑游泳池、喷水塔、运动园、玻璃温室等。[②] 总之，

[①] 吴弘明：《试论京奉铁路与天津城市的发展》，《城市史研究》第15~16辑，1998年，第191页。

[②] 《北宁路整顿宁园》，《益世报》1935年8月6日。

宁园自开辟之后，几经拓建，以至吃喝玩乐，应有尽有，成为天津游赏和消夏的胜地，也为天津浓醇的都市气息中增添了缕缕情趣。

19世纪和20世纪之交，交通方式的变革导致天津进出口贸易的增长，从而促进了货栈业、金融业等为进出口贸易提供服务的新式商业机构的兴起和发展。以货栈业和转运公司为例，天津的货栈业在19世纪末20世纪初兴起，早期的货栈业仅有4家，即1890年开业的锦泰栈（1905年改名为锦记栈）、1894年开办的大兴昌栈、1906年营业的同和兴货栈和1912年开办的交通货栈。① 它们均坐落于火车站和沿河码头附近，经营者多无丰厚资金，最多亦仅一二万元而已。其业务范围主要为外地客商代销、代购和转运货物，从中收取一定的佣金和手续费。1920—1930年代，货栈业逐渐被市场所注视，经营者如雨后春笋般涌现，"从事货栈业的商号达90余户，从业人员达3200多人"；② 且规模渐备，资力增厚，资金由三五万元至一二十万元不等，成为"土产业销售货品于国内外之承转机关"。③ 这些货栈以河东特别二区、特别三区及意租界最为集中，主要因这些地方交通较为便利，陆路接近天津东站，水路接近海河，出口商与货栈交易颇为相宜。总之，这些货栈均有码头及身后的铁路相依，以便运送。另外，转运公司也是与铁路运输紧密相关的行业，是"处于铁路与客商之间，专门承揽客商货物，以公司名义向铁路报运并负完全责任的一种商业"。④ 第一家铁路转运公司于1903年在天津东站成立，翌年因其营业渐佳，"信用创立，遂集合铁路员司数人，组织合兴货栈于天津老车站旁，专为客商转运货物，并负全责。为北宁铁路转运业之嚆矢，亦为我国转运业之滥觞"。⑤ 1934年前后，天津有资本雄厚的转运公司70余家，营业范围甚广，除代客向铁路托运外，更有兼办河运及汽车运输者。它们主要分布在特二区、特三区、北宁路东货场、意租界、法租界等，其中近15家经营转运京津间

---

① 庞玉洁：《开埠通商与近代天津商人》，第104页。
② 庞玉洁：《开埠通商与近代天津商人》，第104页。
③ 薛不器：《天津货栈业》，时代印刷所1941年版，第28页。
④ 刘金泉：《中国铁路转运公司》，载《铁路问题研究集》第1册，国立交通大学研究所北平分所1936年版，第14页。
⑤ 刘金泉：《中国铁路转运公司》，载《铁路问题研究集》第1册，第15页。

的各项杂货，如春生和、华记、荣庆等；其他各公司转运来自平绥、平汉、津浦方面的杂货。① 铁路举办负责运输后，转运公司稍受影响，仍可维持营业，"盖运商深得客商信任，彼此间有密切之关系，客商虽多耗费，亦所愿也"。② 由于许多货栈业多兼营转运事宜，故而，转运公司与货栈业之间互有重叠，没有明显的界线。由此可见，货栈业和转运业的兴盛与铁路的关系至为密切。

由于京奉铁路与华北其他各路的相继开通，天津成为水陆交通的要冲，原料的供给及制造品的内销均为便利，从而促进了天津近代工业的崛起与发达，特别是刺激了诸如面粉、纺织、化工等近代民族工业的发展。其中，京奉铁路是这些企业原料、能源供给或产品运销的重要路径。例如，天津渤海化学工业公司年需煤三四千吨，由公司直接向开滦或井陉两矿购买，均由该路运输；所需石灰石产于唐山、石门、北戴河、秦皇岛等处，年需5000吨，由石商交由该路运送。永利制碱公司年需石灰石7万吨，由该路从唐山、皋家店等地开采、运回；煤炭年需5万余吨，购自开滦及大同煤矿，由该路运输；所需的硫酸钡和来自井陉的货品由平汉铁路转该路运抵。③ 天津出产的面粉以北平与唐山为主要销场，这两个城市与天津之间，均有该路通达，从而吸引一部分面粉经由该路运送。此外，京奉铁路还是决定天津近代重要工业企业区位分布的重要因素。如1927—1937年间，天津共有包括面粉、火柴、纺织等在内的17家较大企业，除了久大盐厂和永利碱厂因须靠近原料产地而建于远离市区的塘沽沿海外，其他15家企业都设于市区近郊；除一家火柴厂外，其余14家企业均建在主要河道沿岸，多数厂址选择既紧靠河道又接近火车站的位置。由此可见，决定这些较大企业的区位分布因素中，首要条件之一是运输的便利。1920~1930年代的天津，是铁路和水路运输并重的时代，故而这些企业的最优区位应是靠近火车站和河道、码头。总之，对于这些较大规模的企业而言，运输的便利即通达性成为企业选址和布局的关键因素，甚至决定着

---

① 《北宁铁路沿线经济调查报告书》，第974~977页。
② 《北宁铁路沿线经济调查报告书》，第974页。
③ 《北宁铁路沿线经济调查报告书》，第875、881页。

企业的命运。例如，1921年建立的裕和面粉公司，因为所选厂址水陆交通均不方便，没几年便亏累倒闭。①

京奉铁路还在一定程度上促进了天津城市功能的转化和地位的提升。前近代时期，天津是作为漕运中心和以转运贸易为主的城市而存在，即使拥有得天独厚的内河水运，但传统交通方式的落后以及传统陆向腹地的相对狭小还是限制了天津城市功能的转化和发展。开埠之后，天津的城市性质由内生型逐渐向开放型的外贸港口城市转化，尤其以京奉铁路为先锋的华北铁路网络形成后，这种转化的节奏得以加快，很大程度上超越了天津仅仅是商品集散、转运中心的传统功能，打破了传统的以政治职能为主、经济职能为辅的城市格局，使其成为"以工业为基础、金融业和商业发达的具有先进的交通通信的近代开放型城市"。② 另外，外国洋行的买办和代理人被派往广阔的陆向腹地，负责运输天津与腹地间来往的货物，使天津不仅成为这些腹地的出海口和区域贸易的中心，而且成为更大的世界市场体系中的一个区域性集散中心。尽管对外贸易时常起伏不定，天津的这种中心地位依然被不断发展的铁路运输体系所加强和维系。③

作为近代中国北方最重要的港口城市，天津的城市变动历程与京奉铁路有着不解之缘。铁路开通之前，"作为总督府的所在地，而且是李鸿章居住地的天津成为铁路宣传的中心"。④ 京奉铁路开通并与华北其他各路形成初步的铁路运输体系后，天津不仅成为京奉与津浦两路的交会点，而且是华北铁路运输的中心。⑤

以京奉铁路为先锋的华北铁路网络的初成，极大地促进了天津陆向腹地的拓展、进出口贸易的繁荣及商品种类和结构的变动，从而加强了天津作为港口城市的集散功能和近代中国北方工商业和金融业中心的地位。这是近代天津城市功能转化和地位提升的标志和结果。同时，火车站、钢桥

---

① 孙冰如：《解放前天津的面粉工业》，《天津文史资料选辑》第42辑，1988年，第196页。
② 罗澍伟主编《近代天津城市史》，第433页。
③ 〔美〕关文斌：《描绘腹地：近代中国通商口岸和区域分析》，刘海岩译，《城市史研究》第13~14辑，1997年，第17页。
④ 〔英〕雷穆森：《天津——插图本史纲》，许逸凡、赵地译，《天津历史资料》第2期，1964年，第40页。
⑤ 《北宁铁路沿线经济调查报告书》，第1004~1005页。

及北宁公园的建立或是成为天津货物集散的重要结点，或是带来城市景观的明显改变。该路在一定程度上促进了以货栈业、转运公司等为代表的服务业的兴起和发展，并成为决定城市工业企业选址及区位布局的关键因素之一。总之，近代天津城市的进步与繁华，在很大程度上是由京奉铁路所促成，"赖有此线，天津与腹地的联系得以增强，腹地的范围从而扩张……赖有此线，天津的进出口贸易日增月盛，转而带动工商业蒸蒸日上……赖有此线，天津的近代文明才得以沿路散播"。① 另一方面，该路在促使天津"有望成为华北众星拱月的工商总部"② 的同时，自身也获利丰厚，因为"无论何条铁路，凡涉及天津内地贸易者，终须归于京奉铁路"。③ 概言之，京奉铁路与天津的城市发展间相辅相成、相互促进："天津赖本路联络内地，恃海运交通各国，因地势之利，渐臻发达……本路营业亦以之为中心，非偶然也。"④

第二节 秦皇岛

作为近代华北地区另一个重要的港口城市，秦皇岛以其华北唯一的不冻港和煤炭出口基地的"形象"而受人瞩目。它原属直隶省临榆县，居于京奉铁路的中段，至北平、奉天的距离相差无几。⑤ 在辟为商埠之前，它"荒凉一片，只有帆船停泊，栈房三两，代卸粮盐而已，并无住户……"。⑥ 1870—1880年代，开平煤矿在唐山创办并持续发展，产量日增。开平煤炭输出主要依靠唐津铁路运抵天津消费或经塘沽出口，但是，"塘沽码头时常拥挤，装载不便，每至冬令封河，未能工作"，⑦ 且大沽口因荒于疏浚而

---

① 吴弘明：《试论京奉铁路与天津城市的发展》，《城市史研究》第15~16辑，1998年，第181页。
② 吴弘明：《试论京奉铁路与天津城市的发展》，《城市史研究》第15~16辑，1998年，第191页。
③ 吴弘明：《试论京奉铁路与天津城市的发展》，《城市史研究》第15~16辑，1998年，第189页。
④ 《北宁铁路沿线经济调查报告书》，第1175页。
⑤ 松年：《华北港口参观记（续）》，《国闻周报》第8卷第33期，1931年8月24日，第3页。
⑥ 1929年《临榆县志》卷五《舆地编》，第17页。
⑦ 魏子初：《帝国主义与开滦煤矿》，第208页。

时常淤塞，吨位较大的船舶无法直接驶入，只得在口外抛锚。如果依靠驳船倒运，势必增加成本，延误到货日期，不利于市场竞争。这对开平煤矿的发展构成一种潜在的制约，因而，寻觅自然条件优越、地理位置适中的新港口以弥补塘沽港的不足便愈加迫切。同时，与开平煤矿相伴而生的唐胥铁路不断向关外延展。1894年津榆铁路通车，并在秦皇岛的汤河设站，以至该路几乎横贯整个秦皇岛沿海地带，为日后秦皇岛的开埠奠定了坚实的基础。此外，中日甲午战争之后，清廷为"兴复海军""振兴商务"起见，决议寻找可资利用的良港。在上述各种情势之下，拥有冬季不结冰的独特优势、位置适中且交通便利的秦皇岛，逐渐受到清廷及开平矿务局的青睐。

1896年春，清政府委派开滦煤矿督办张翼负责勘测秦皇岛沿海港湾及设立码头的选址等事宜。经过复勘审视后，决定由开平矿务局英籍雇员鲍尔温（G. W. Baldwin）等先行试建简易木质码头，并以津榆铁路公司的名义筹集资金，将秦皇岛一带地基及沿海的金山嘴、北戴河海口等平地、荒滩抢先购买；① 翌年经清廷批准，秦皇岛作为天津的辅助港，在冬季开始接递来自上海等地的文函包裹及少量旅客并逐渐成为定例，而且当辽河结冰时，运入东北的大宗洋货或东北出口的杂豆也有一部分经此中转。② 经过津榆铁路往来于秦皇岛的商旅也日益增多，开放的时机已经成熟。于是，1898年3月26日总理衙门奏请清廷："兹查直隶抚宁县属北戴河至海滨之秦皇岛，隆冬不封；每年津河冻后，开平局船由此运煤，邮政包封亦附此出入，与津榆铁路甚近。若将秦皇岛开作通商口岸，与京榆铁路相近，殊于商务有益。"③ 至此，秦皇岛正式自行开辟为通商口岸。同年6月10日，开平矿务局在秦皇岛设立"开平矿务局秦皇岛经理处"，会同津海关直接办理秦皇岛开埠事宜，并独自代理秦皇岛地亩，垫借外资扩大港口规

---

① 黄景海主编《秦皇岛港史》古、近代部分，人民交通出版社1985年版，第139页。
② 《津海关年报档案汇编》下册（1889—1911），第74、139、151页。
③ 《总署奏请将直隶秦王岛地方开为通商口岸片》，天津市档案馆存《天津海关 IX7 号卷》，随总第2353号，转引自高祝捷、王晓艳编《秦皇岛开埠纪事》，出版地不详，1998年版，第23页。

模,对外经营煤炭出口及其他营运业务。① 1899 年,自汤河火车站至港口码头长约 4.8 公里的单线竣工,"'官督商办'的开平矿务局矿区和官办的津榆铁路以及秦皇岛港自备自营之铁路一起,组成了煤炭出口及其他货物进出口的重要环节"。② 1901 年秦皇岛正式设立海关,作为津海关的分关并受其监督。1904 年 10 月,开平矿务局决定开放港口,在秦皇岛经理处增设营业部,经办港口内外贸易运输业务。③ 这成为秦皇岛进出口贸易发展的重要契机。其后数十年间,在开平矿务局的锐意经营下,港内码头、铁路、堆场、机械设备、通信导航及其他附属设施等陆续添建、扩建,以致秦皇岛成为近代华北地区的又一重要港口城市。

近代秦皇岛港的崛起与清季洋务运动中工矿和交通事业的发展密切相关,开平煤矿的发展和津榆铁路的开通无疑是最为有力的促进因素。开埠之后,在开平矿务局的苦心擘画下,港口的基础设施和运营管理渐趋完备。在京奉铁路的联络中,以煤炭出口为主的各种贸易日新月异,使秦皇岛发展成为冀东地区和辽西走廊的一个货物集散中心。可见,开平矿务局与京奉铁路在秦皇岛港的开筑与发展中相辅相成、无分轩轾。对于该港进出口商品的集散而言,京奉铁路的作用无疑更为显要,它是秦皇岛港集疏货物的命脉,对其沿海地区工商业、农业、旅游业及城市空间格局的变动等均发挥了不可忽视的作用。

由于开埠初期只是作为天津的辅助港,所以秦皇岛分关的贸易统计归入津海关之内,故 1897 年至 1905 年间没有专门的记录。不过,从有关该港口的碎片式的描述中,还是可以发现它的进步。其后,津海关贸易关册中对秦皇岛港的进出口贸易额及关税收入始有专门的记载。④ 从海关贸易统计中,可以发现秦皇岛港进出口的货物,几乎 90% 以上是通过京奉铁路与港区铁路的运送来实现。鉴于港区铁路是秦皇岛港口的私产,因而下文仅对京奉铁路在秦皇岛港崛起与发展过程中的作用进行

---

① 高祝捷、王晓艳编《秦皇岛开埠纪事》,第 28 页。
② 交通部秦皇岛港务局铁路运输公司铁路史编委会编《秦皇岛港铁路运输发展史(1891—1992)》,海洋出版社 1993 年版,第 28 页。
③ 王庆普主编《秦皇岛港口志》,大连海事大学出版社 1996 年版,第 352 页。
④ 《津海关年报档案汇编》下册(1889—1911),第 167~168 页。

考察。

京奉铁路贯穿秦皇岛沿海地带,是联结港口与其陆向腹地的交通要道。开埠初期,"营口与天津贸易懋迁悉假道秦皇岛为中转,而该岛所以能转货于两港者,唯赖京奉铁路而已"。① 其后,该港同样依靠京奉铁路,源源不断地输出以煤炭为大宗的货物,并输入一些洋广杂货。可见,秦皇岛港的进出口贸易是受京奉铁路之赐而渐趋繁荣,这反过来也推动了京奉铁路的改建与新建。路港间的这种相互促进在秦皇岛港的煤炭出口方面得到最为明显的体现。该港开埠初期,由于开平煤炭年产量有限及津榆铁路局对于开平矿务局开辟秦皇岛为港口一事的掣肘,经由津榆铁路运至该港出口的煤炭数量并不多。1903年由该港出口的煤炭共计20余万吨,比上年多77000吨。② 随着滦州煤矿的创办和开平各矿产量的增加,经秦皇岛港运至南方和国外的煤炭急剧增加。例如,1908年煤炭出口量为239570吨,1910年增至413758吨,1912年为467452吨,1915年达1295121吨,③数年之间增长了4倍有奇。1912年1月,开平矿务局和滦州矿务局合组为开滦矿务局之后,借助京奉铁路的运送,秦皇岛港输出煤炭的数量日众,几乎占港口年均货物吞吐量的80%以上,由此奠定了它作为一个以煤炭输出为主要职能的港口城市。

由于经由秦皇岛出口的煤炭数量迅速增长,以致京奉铁路汤河站的原有线路已不能满足煤运增长的需要,特别是由码头至汤河火车站的"专用线"过长,每月维护和运行的费用不少。为此,开滦矿务局于1915年3月向京奉铁路局提出修改唐榆铁路的计划。双方讨价还价之后,京奉铁路汤河站改线南移,即废弃汤河站,线路南移至港口附近,增设南大寺站与秦皇岛站,使港口与京奉铁路干线的距离缩短约5公里。④ 该项改线工程于1916年9月1日正式通车,且"铁路局更用力大之机车,现在货车载重较

---

① 吴弘明:《试论京奉铁路与天津城市的发展》,《城市史研究》第15~16辑,1998年,第193页。
② 《津海关年报档案汇编》下册(1889—1911),第131页。
③ 参见1908—1915年的《秦皇岛口华洋贸易情形论略》。
④ 秦皇岛市政协文史资料研究委员会编《秦皇岛文史资料选辑》第四辑,1990年,第28页。

第四章 京奉铁路与沿线城市的近代化

前能多至百分之四十至五十之量,使开滦局由矿区至本埠运煤之事易而且捷"。① 是年经秦皇岛出口的煤炭达 1317513 吨,价值 5118420 两,较前年大有进步。② 另一项重要的工程是 1921 年铺设京奉路唐榆段复线工程。1919 年,开滦煤炭的产量急剧增加,年产量达 420 多万吨,运抵秦皇岛的煤炭超过 200 万吨,以致运煤加车太多,往来错车经常延迟。为此,开滦矿务总局向京奉铁路局提出修建唐山至山海关双轨计划。1921 年 4 月,京奉铁路局向"中英公司议借英金五十万镑,天津通用银圆二百万元"③ 作为经费,于同年 6 月动工;1923 年夏工程完竣并投入运营。"唐榆铁路是我国第一条复线铁路,它的建成,改善了秦港煤炭等集疏港条件,使港口吞吐量大幅度增长,1922—1931 年,煤炭累计出口 2600 万吨,比 1912 年至 1921 年增长近一倍。"④ 另外,开滦矿务局以长期租赁的方式,向京奉铁路提供了 600 辆 40 吨的煤车、12 辆制动式有篷车皮和 18 辆机车。这些车辆每年能从开滦各矿运出 400 万吨煤炭。⑤

表 4-5 1910—1925 年秦皇岛港输出煤炭一览

单位:吨

年份	出口总量	输往国内		输往国外	
		总量	其中上海	总量	其中日本
1910	413758	—		—	63021
1911	440181	318755	—	121426	94899
1912	467452	316191	—	151261	106160
1913	817521	481460	317460	336061	—
1914	1490951	706784	476298	784167	489619
1915	1296626	761244	432310	535382	约 245000
1916	1307513	842580	532775	464933	—

---

① 《中华民国五年秦皇岛口华洋贸易情形论略》,1917 年 2 月 27 日,第 235 页。
② 《中华民国五年秦皇岛口华洋贸易情形论略》,1917 年 2 月 27 日,第 237 页。
③ 《交通史·路政编》第 7 册,第 124 页。
④ 黄景海:《秦皇岛港的腹地与交通》,《秦皇岛文史资料选辑》第四辑,第 28 页。
⑤ 天津社会科学院历史研究所编印《天津海关十年报告(1922—1931)》,《天津历史资料》第 5 期,1980 年,第 65 页。

续表

年份	出口总量	输往国内		输往国外	
		总量	其中上海	总量	其中日本
1917	1442465	746939	567946	695526	—
1918	1419931	597783	385565	822148	446543
1919	2074982	1244989	约 788493	829993	约 394246
1920	2294078	1286223	约 857482	1007855	约 503900
1921	约 2294110	约 1541023	约 1150000	约 753087	311763
1922	1373250	—	—	—	—
1923	2420029	—	—	—	—
1914	1716416	—	—	—	—
1925	1649011	—	—	—	—

资料来源：黄景海主编《秦皇岛港史》古、近代部分，第 236 页。

秦皇岛港以输出开滦煤炭为主，其价值年均约占出口货物总值的 80% 以上。相较而言，国内外杂货的进口和冀东、辽西土特产品及工业品的出口则大为逊色。从这种意义上说，煤炭输出量的增减在很大程度上左右着该港进出口总值的变动，京奉铁路的畅通与否是影响煤炭输出量的重要条件。因而，以煤炭输出量的变化为依据即可衡量京奉铁路对于秦皇岛港贸易变迁的重要意义。当京奉铁路处于正常状态之时，开滦煤炭可以源源不断地运抵秦皇岛出口，该港的出口贸易值得以增长；一旦京奉铁路因某种原因出现梗阻而导致开滦煤炭无法外运时，该港的贸易将受连累而出现下降。例如，1922 年第一次直奉战争期间，自 5 月 25 日至 6 月 21 日间京奉铁路运输完全停滞，矿区煤炭无法输出，导致秦皇岛港该年煤炭输出量较上年锐减近 93 万吨，出口总值下降了 600 余万元。[①] 1924 年 9 月爆发第二次直奉战争，"京奉路开始往东输运军队，本埠赖以运载大宗出口货、唐山秦皇岛间之货物，运输陡然停止。后此两月余，自开滦矿厂运来之煤斤，为数寥寥，无足道及，时届岁杪，铁路运输，虽有一部分恢复，而运到之煤，亦不过占有平时百分之十五"，[②] 进出口总值基本与 1922 年持平。

---

① 黄景海主编《秦皇岛港史》古、近代部分，第 232 页。
② 《中华民国十三年秦皇岛口华洋贸易情形论略》，1925 年 2 月 28 日，第 28 页。

1926—1930 年间，军阀之间的频繁战争致使京奉铁路与港口的交通联系时常中断，有时达数月之久，以致煤炭运输不畅，秦皇岛港的贸易额也随之下降。1931 年 1 月，京奉铁路局因提高运价与开滦矿务局发生龃龉，进而引发路港之间的激烈争端。路局采取了抵制运输开滦煤炭的措施，从而造成严重的煤荒，直至 4 月下旬，在矿务局勉强答允路局的要求后，铁路运输才得以恢复。这次争执拖延近三个月之久，秦皇岛港煤炭输出量因此大为缩减，港口贸易货值也相应下跌。

除开滦煤炭之外，柳江、长城两矿的煤炭也通过与秦皇岛相连的支路运至该港输出：柳江煤矿在 1915—1925 年间累计由该港输出 80 万吨，长城煤矿 1923—1925 年累计由该港出口 5 万吨。[①] 此外，1910 年之后包括水泥、缸砖、玻璃等工业品的输出逐年增加。例如，1913—1917 年间经由秦皇岛港出口的启新洋灰公司水泥"共达 147 万桶，年均 29.4 万桶"，"另有该公司生产的耐火砖等都是港口的可靠货源"。[②] 农产品中以花生的输出为大宗。产自滦县、昌黎等县附近的花生，经过品质鉴定后，"由买商将货装由火车运至秦皇岛开滦矿务局内"，[③] 然后销往欧洲各国。1923 年花生出口量为 182250 担，[④] 1925 年达 194000 多担，[⑤] 1933 年出口 600 余万公斤，1934 年增至 940 余万公斤。[⑥] 杏仁、山梨、黄豆、高粱等也是该港输

---

① 支路其一为连接柳江矿区与秦皇岛之间的柳江轻便窄轨铁路，全长 22.5 公里，始建于 1915 年秋季，翌年 7 月竣工通车。1916 年 9 月京奉路南移以后，柳江煤便租用已被开滦废弃的汤河至矿区的支线路基，使铁路延伸到秦皇岛。1923 年该矿又在秦皇岛站西面约 1.5 公里处建筑一跨线桥，跨过京奉铁路，在耀华玻璃厂西邻设一新车站，并在这里设立新煤场。该支线备有机车 5 辆，煤车 104 辆，大大方便了柳江煤的外运。另一支路为长城轻便窄轨铁路，由长城矿区至秦皇岛。1923 年 7 月筹办，并于 1924 年竣工，全长近 34 公里；在秦皇岛车站东北 4 公里处筑一跨线桥，跨越京奉铁路抵达开滦矿务局煤场附近的长城煤场，沟通了长城矿区与秦皇岛港的联系。该矿购置机车 5 辆，煤车 70 辆，以为运煤之用。这两条支路除运煤外，兼售客货票。参见王庆普主编《秦皇岛港口志》，第 102 页；《秦皇岛之近况》，《中外经济周刊》第 220 期，1927 年 5 月 21 日，第 6～7 页；天津社会科学院历史研究所编印《天津海关十年报告（1922—1932）》，《天津历史资料》第 5 期，1980 年，第 66 页。
② 《秦皇岛港口近代史图志》，第 43 页。
③ 《秦皇岛花生出口概况》，《大公报》1927 年 3 月 28 日。
④ 王庆普主编《秦皇岛港口志》，第 352 页。
⑤ 黄景海主编《秦皇岛港史》古、近代部分，第 230 页。
⑥ 《北宁铁路沿线经济调查报告书》，第 5 页。

出的大宗农产品。其中杏仁每年出口有 10 余万公斤。[①] 进口货物方面，主要包括面粉、纸烟、布匹、煤油等生活日用品，多由京奉铁路运销锦州、朝阳、赤峰、抚顺等地。例如，1937 年前该港每年从上海等地输入面粉数万吨及洋布数千吨，均由该路运至滦县、唐山、安山、昌黎、留守营、山海关等站销售。[②] 五金、色敏土、机器、木料、矿木等也是该港输入的大宗商品。[③]

表 4-6　1904—1930 年秦皇岛海关贸易货值统计

单位：海关两

年份	进口		出口		复出口	内地贸易	
	由外洋	由通商口岸	往外洋	往通商口岸		入内地	出内地
1904	883563	5976493	66582	3246020	13255	—	—
1905	2095577	16930354	294000	2739959	208811	2066157	72282
1910	2547612	6038683	763571	2474146	326474	5067144	19690
1915	1803403	3059144	2327144	3514971	94720	3437141	21305
1920	2501459	3669346	4605211	6490715	55915	3258367	52235
1925	3181751	3629939	3330950	7210124	11713	2231630	95342
1930	5833986	5834425	4148580	15981518	65735	4570703	79150

资料来源：《秦皇岛市志》第五卷，第 561 页。

秦皇岛港口贸易的一个显著特征是进出口商品价值的不稳定性和商品结构的单一性。尽管京奉铁路是秦皇岛港商品集散的"生命线"，但它对秦皇岛港口贸易的推进力度又相对有限，一个重要的原因是秦皇岛港陆向腹地的狭窄。开埠之前，该港的周边地区多是荒凉之地，"其间并无大埠，故货物就近并无销路"。[④] 开埠之后，它的生意渐有起色，但其"专系作本地生意及附近该口之大城镇永平府、滦州、丰润、昌黎、抚宁、山海关等

---

① 徐珂：《秦皇岛指南》，商务印书馆 1921 年版，第 11 页；（清）陆绪声：《京奉铁路旅行指南》，第 151 页；《北宁铁路沿线经济调查报告书》，第 5 页。
② 《秦皇岛市志》第二卷，第 354 页；《北宁铁路沿线经济调查报告书》，第 1555 页。
③ 白眉初：《中华民国省区全志》第一册，"直隶省志"，第 26 页。
④ 魏子初：《帝国主义与开滦煤矿》，第 208 页。

处";① 每届辽河封冻期间，辽西"走廊"的进出口货物也经由秦皇岛港转运。② 虽然秦皇岛在逐步发挥其集散功能，但由于它介于天津与营口之间，山海关以北为营口贸易所吸引，唐山附近又多属天津的贸易范围，故其陆向腹地的范围只限于冀东地区和辽西"走廊"的狭长地带，正如时言：秦皇岛"势力的伸张，在关内达滦州、昌黎、永平、丰润，关外达到锦州附近"。③ 1921 年 5 月京绥铁路通车，该港的陆向腹地拓展至河北省的西北部乃至山西省的部分地区；1923 年京奉铁路锦朝支线通车，其腹地又向东北延伸至朝阳、赤峰、北票等地区。另外，该港的腹地资源以煤矿业为主，农业和其他副业的占比不大。除唐山的开滦煤田外，还有辽西煤田和当地的石门寨煤田等。其中石门寨煤田同开滦煤田一样，是秦皇岛港的重要经济腹地之一。总之，由于地理环境的限制及天津和营口港的竞争，即使有京奉铁路及其他支线的连接，秦皇岛港的陆向腹地范围也没有出现明显的拓展，仍是"限于山海关、锦州附近及朝阳、赤峰一带"的极狭区域内。④

清同治以前，秦皇岛一带人烟稀少，僻静荒凉，"只有帆船停泊，栈房三两，代卸粮盐而已，并无住户"。⑤ 1883 年始有人烟聚落。⑥ 1894 年津榆铁路通车之时，它依然没有明显的发展，只是"显示着一个建筑海港的最适当的沿海地点"。⑦ 两年后，开平矿务局抢先在此圈占地亩，进行港口建设规划。1898 年 6 月，开平矿务公司于此设立秦皇岛经理处，有条不紊地展开筑港工作。1899 年自码头至京奉铁路汤河站的铁路建成。1900 年后各国均驻兵于此，往来逡巡，俨然各国的要塞地带。⑧ 1901 年秦皇岛海关及工部局设立，⑨ 又在海关附近建立起邮局和警察所。此后，因开平公司秦皇岛经理处设立营业部、新的栈桥码头投入使用以及在此设立南非华工

---

① 《津海关年报档案汇编》下册（1889—1911），第 151 页。
② 《津海关年报档案汇编》下册（1889—1911），第 151、139 页。
③ 《二十世纪初的天津概况》，第 243 页。
④ 白眉初：《中华民国省区全志》第一册，"直隶省志"，第 26 页；《秦皇岛之近况》，《中外经济周刊》第 220 号，1927 年 5 月 21 日，第 4 页。
⑤ 1929 年《临榆县志》卷五《舆地编》，第 17 页。
⑥ 《秦皇岛市志》第一卷，第 107 页。
⑦ 〔英〕肯德：《中国铁路发展史》，第 83 页。
⑧ 松年：《华北港口参观记（续）》，《国闻周报》第 8 卷第 33 期，1931 年 8 月 24 日，第 3 页。
⑨ 《津海关年报档案汇编》下册（1889—1911），第 106 页。

移民补充站的缘故，几年间有数万工人涌入该岛，生意日渐兴隆，常住户有三四百家，[①]为外来船舶及人员、筑港工人和出国华工等提供生活服务的商铺、饭店、防疫医院、高级员工住宅及休闲、娱乐设施等陆续出现。同时，日人在此设立松昌、三菱洋行，修建了横贯东、南山的东山道和沿码头的开平昌道，并与1916年京奉铁路改线后的秦皇岛火车站相连。道路两旁相继出现英美烟草公司、美孚煤油公司及德士古栈房、怡和洋行及货栈。中国商人也相继租用开平公司的土地，兴办了一批为轮船服务的客货栈房，如开平昌、吉盛兴和玉记等，还专门建立了广东会馆和山东会馆。[②]至此，秦皇岛的城市街区初具雏形。总之，1916年京奉铁路改线之前，秦皇岛的城市空间格局是以港口码头为中心，沿着连接港口的街道而扩展。

1916年，京奉铁路废弃汤河站，增设南大寺与秦皇岛两站，拉近了与港口码头的距离，使该港进出口贸易愈加繁荣，"土客洋旅杂居遂增数千户"；[③]并在"本埠街市及近铁路之处，大兴土木，其建筑内有西式及半西式之房数座、大客栈一处及局势较阔之市面若干处，矗起街心与街外。此足征铁路之来不久将使本口发达，商务一新可期而待也"。[④]于是，以京奉铁路为界，秦皇岛分为两个形态明显不同的城区：京奉铁路以南方圆几十里为商埠区，"统归矿局管辖，非经许可，不准国人在内营业，对所有营业，复有随时取缔之权，几与各国租界向埒"。[⑤]在开滦矿务局的控制和经营之下，商埠区的规模日益扩大，面貌逐渐改观。除了开滦矿务局所属的事务所、堆栈、煤厂、小工房、贮水池、修机厂、电灯房、避暑别墅外，还建有海关堆栈、防疫医院、职工宿舍、学校等。商埠区内的主要街道两旁林立着众多的洋行、客栈和饭店。此外，京奉铁路机务段及其职工宿舍、秦皇岛桥梁厂及货场等也设立于此。1920—1930年代，商埠区内又开办了耀华玻璃厂及其工人住宅区、数家英人经营的硝皮厂；柳江和长城煤

---

① 〔英〕肯德：《中国铁路发展史》，第84页；《秦皇岛港口近代史图志》，第44页。
② 黄景海主编《秦皇岛港史》古、近代部分，第211页。
③ 1929年《临榆县志》卷五《舆地编》，第18页。
④ 《中华民国五年秦皇岛口华洋贸易情形论略》，1917年2月27日，第240页。
⑤ 松年：《华北港口参观记（续）》，《国闻周报》第8卷第33期，1931年8月24日，第3页。

矿也分别于路南设小火车站和堆煤厂等。① 这些使得商埠区的市面更为繁荣，逐渐成为秦皇岛港的经济重心。京奉铁路北侧为中国管辖的街市区，该区紧邻铁路线，面积不及矿区街市的五分之三。1927年时，街市区渐呈四方形，长、宽均不足一里，辟有朝阳街、菜市街、西前街、西长安街、正街、南前街等大小十余条街道，尤以正街、南前街、朝阳街一带为商店集中之处，房屋建筑甚密。该区内设有警察署、屠兽检验分厂、捐务处、商务会、邮政局、统捐征收局、临（榆）抚（宁）乐（亭）三县纸烟特捐局等公共机关及扶轮学校、高级小学校等。② "虽有警署负责治理责任，而路政不修，污秽遍地，娼妓甚多"。③ 可见，1916年改线后的京奉铁路，逐渐成为决定秦皇岛城市格局的空间坐标。总之，在秦皇岛城市空间格局的形成中，港口码头和京奉铁路发挥着并驾齐驱的作用，正是在它们的共同驱策下，秦皇岛才由一个寂静无闻的海边"寒村"，发展成为近代华北地区较为重要的港口城市。

  人口数量的增加是衡量一个城市发展水平的关键指标。1898年秦皇岛开埠之后，人口逐渐增多；至1907年时，该处人口总数不过1600人。迄民国初年，冬季最繁盛之时则约6000人。1916年京奉铁路改线及1923年唐榆段复线竣工之后，秦皇岛的水陆交通愈加便利。这不仅促进了该港进出口贸易的增长，而且促使城市人口不断增加，商业日臻繁荣。1916年，人口骤增至近千户，7000余人；1925年，增为3500多户14900余人；次年秋季再增至4026多户17001人；1937年以前，秦皇岛人口达6285余户33983人。④ 此外，尚有驻留于此的外国军队及人员；码头上的装卸小工均在开滦矿务局所设的小工房内居住，增减无定，冬季最繁忙时，至多三四千名。⑤

  秦皇岛南临渤海，为水陆交接的要隘，所以该站的客运甚为繁忙。旅

---

① 《秦皇岛之近况》，《中外经济周刊》第220号，1927年5月21日，第2~3页。
② 《秦皇岛之近况》，《中外经济周刊》第220号，1927年5月21日，第2页。
③ 松年：《华北港口参观记（续）》，《国闻周报》第8卷第33期，1931年8月24日，第3页。
④ 《秦皇岛之近况》，《中外经济周刊》第220号，1927年5月21日，第2页；伊藤武雄『冀東地區十六各縣縣勢概況調查報告書』1926、344頁。
⑤ 《秦皇岛之近况》，《中外经济周刊》第220号，1927年5月21日，第2页。

客除来自附近各村镇者外，还有日韩商旅及美国游历团等均在秦皇岛登岸，改搭京奉铁路的火车前赴北平、天津、唐山及山海关各地。[①] 另外，大量山东、河南、河北等地的农民与客商时常经此地中转往来东北各地。仅1924年1月至4月间的统计显示，由京奉线通过秦皇岛车站北行的旅客达5万人；[②] 1934年前后，来往旅客每年平均有14万人以上。

表4-7 1905—1920年秦皇岛人口统计

年份	家庭（家）	个体（人）	商店（家）	雇员（人）	煤矿公司苦力（人）	总人口（人）
1905	79	299	252	1655	1078	3032
1906	198	707	172	772	675	2154
1907	197	750	183	830	560	2140
1908	270	1001	162	963	703	2667
1909	295	1005	168	909	953	2867
1910	314	1071	172	915	831	2817
1912	548	2906	145	743	1200	4849
1913	583	3174	151	726	1200	5104
1914	683	3088	148	711	1670	5469
1915	855	3375	155	746	1800	5921
1916	990	4006	175	834	2000	7217
1917	1115	4324	187	893	2000	7217
1918	1268	4597	182	870	2400	7867
1919	1573	6128	184	908	2400	9436
1920	2065	9333	217	996	2500	12829

资料来源：熊亚平《铁路与华北乡村社会变迁（1880—1937）》，博士学位论文，南开大学，2007年，第179~180页。

京奉铁路唐榆段的改线和新建，促进了秦皇岛城市商业的发展，特别是转运货栈业的兴盛。1916年，京奉铁路改线完成伊始，在车站附近就出现了一些货栈；至1934年，秦皇岛的转运公司已有七家，即同发长、万合祥、天成栈、同益栈、同盛栈、源记公司及德兴栈。其中，同发长历史较

---

① 《北宁铁路沿线经济调查报告书》，第1554页。
② 转引自黄景海主编《秦皇岛港史》古、近代部分，第235页。

久、资本最丰,地址在车站以北的交通街。在其转运的货物中,运入者为各种杂粮,运出者为花生、山梨及大葱等。据1934年统计,该栈全年的转运量包括由陆路进口杂货约350吨、粮食约100吨,由水路经此中转的粮食约1500吨。其往年收入向以办理转运业务收取的费用为多,后则因关外转运路线断绝而仅能勉强支撑。天成栈也在车站附近,资本1000元,专包销柳江煤砟,每年千余吨。同益栈的地址与同发长相同,资本1000元,专运花生,数量占该港花生总量的80%。同盛栈在铁道南缸砖马路,资本2000元,所办事项与同益栈相似。此外,还有位于铁道之南的开平昌及敦孚等,只是代客买卖而不办理转运业务。① 这些转运公司或货栈均集中于车站附近,可视为铁路的"寄生"产业,与铁路之间兴衰相关。

　　清季时期,秦皇岛已有私商40家,涉及粮行、杂货、客栈、洋广绸缎、烟卷、药铺、货栈、干鲜货、油坊等15个行业,并在各地设立商务分会,隶属于天津商务总会。② 至1934年前后,商铺增至350余家,涉及35个行业,主要包括土产粮业28家、广货11家、面粉2家、火柴8家、杂货10家、棉花8家、烟酒19家、水果13家等。③ 这些店铺主要集中在开平昌街、西前街、朝阳街、南前街及铁道南等。④ 另外,随着京奉铁路的通车、秦皇岛被辟为商埠以及进出口贸易的发展,沿海地区及铁路沿线城乡各地的工农业也获得了一定程度的发展,集市贸易由县城逐渐扩展至周边乡村。1920—1930年代,仅临榆县城内、外大小集市共43处;秦皇岛街市区内从东大街至朝阳街一带的商业区已是"三八为一集期",包括柴炭、鲜果和银钱粮市。⑤ 1933年之后,由于战事的摧残,这些集市渐趋衰退。

　　由于秦皇岛与北戴河间有铁路相连,且柳江支线的终点也在京奉铁路附近,通过这些铁路可以出游海滨及内地,故而秦皇岛与北戴河海滨的关系也颇为密切。前文已述及京奉铁路开通和运营带动和促进了北戴河旅游的发展,在此不再重复。不过需要说明,1917年海滨支路筑成后,来往旅

---

① 《北宁铁路沿线经济调查报告书》,第1678~1679页。
② 《秦皇岛市志》第五卷,第10、84页。
③ 《北宁铁路沿线经济调查报告书》,第1679~1680页。
④ 《北戴河海滨导游》,第35~37页。
⑤ 《秦皇岛市志》第五卷,第12页。

客除游览避暑外,赴该地经商者也日渐增多,故而该地商业渐形发达,建筑日多。北平、天津、青岛、上海等地大商家的分号及其他商店次第开设,招徕营业。可见,北戴河海滨支路的修建,不仅直接便利了行旅,而且间接促进了当地商业的发展。另外,到北戴河海滨消夏避暑者以外国人居多,占十分之七八;暑期一过,他们大都返回原处,该地商业也随之"落潮"。总之,该路与北戴河地方的发展之间关系密切,"设非北宁铁路连通其地,吾恐今日之海滨,仍草莱未辟也。是则海滨与北宁铁路诚相得益彰矣"。①

总之,秦皇岛港的崛起和发展是铁路与港口相互结合的典型代表。1894年津榆铁路的开通,为它的发迹奠定了基础。随着这条铁路的延展,它由只在冬季作为天津的辅助港而逐步向独立的港口方向转变,成为冀东地区和辽西"走廊"的货物集疏地和经济中心。同时,该路对秦皇岛港城市空间格局的演变以及商业经济的发展,也发挥着重要作用。从这种意义上说,秦皇岛港是"因本路而开辟","其受赐予于铁路更不待言"。② 另一方面,京奉铁路从秦皇岛港的进出口贸易中获益不菲,促进了铁路自身的扩建和改进。与同样位于京奉铁路上的港口城市——天津相比,秦皇岛港的崛起和发展对于该路的依赖更为强烈;并且,由于秦皇岛港陆向腹地的狭窄,以致该港的贸易结构呈现出相对的单一性和脆弱性。质言之,路港之间唇齿相依、休戚与共。

第三节 唐山

与天津、秦皇岛等沿海港口城市不同,唐山是随着开平煤矿的创建和京奉铁路的通行,由一个默默无闻的村庄逐步成长为一个著名的工矿业城镇。因而,它时常被援引为一个因铁路带动沿线矿产资源开发而促使新兴工矿业城镇形成和发展的典型案例。以往学术界对唐山城市的研究集中于对其崛起产生重要影响的几个早期现代化大型企业的个案研究以及革命斗争史、工人运动史等,尤其关注开滦煤矿在唐山近代工业体系的形成及其

---

① 《北戴河海滨导游》,第18页。
② 《北宁铁路沿线经济调查报告书》,第18页。

市政建设中的促进作用。① 尔后一些学者在探讨铁路与华北内陆市镇形态演变的关系时，对京奉铁路与唐山城市变动的关系进行了较为详细的论述，将其确定为所谓的唐山模式，并描述和归纳了这种模式的形成动因、发展阶段及主要特征，进而揭示出近代新兴工矿业市镇变动的基本路径——在铁路与矿产资源结合形成的动力的推动下，形成城镇并经历形态的演变。② 不过，这种模式在一定程度上掩盖了铁路在新兴工矿业城镇形成与发展中的作用机制和表现形态，需要予以补充和深化。

唐山地处冀东平原，北倚燕山余脉，南临渤海湾，东望山海关，西望京津，周围矿产资源丰富。清同治年间，它只是隶属于滦州开平镇的一个名曰乔头屯的荒僻乡村，"居民除务农外，多从事采煤及烧窑业"；③ 且沿袭土法，产量不丰，利润微薄。1876年，直隶总督李鸿章委派上海轮船招商局总办唐廷枢到直隶开平一带勘察煤铁矿物情况，拉开了开平矿务局创办的帷幕。开平煤矿采用先进的近代技术设备采煤，资金雄厚，又有国外工程技术人员的支持，首次使凿井、掘进、采煤、通风等形成系统工程，并率先在提升、通风、排水等环节上使用了以蒸汽为动力的机械设备。开平煤矿的开凿和生产为中国近代采煤业起到了示范作用。它改变了几千年的传统手工采煤方式，带来了煤炭开采方式的巨大变革，而且打破了该地古老的村落形态，为这里带来了近代工业文明的曙光。

为解决煤炭的运输问题，开平矿务局于1881年修建了我国第一条标准轨距的铁路——唐胥铁路，它的开通不仅实现了开平煤的机械化运输，而且揭开了近代中国铁路运输的新时代，进而带动了铁路和机车制造的发展。1882年在其东端建成唐山火车站（今建国路市场东南侧），包括正线、装卸线各一条和十余间站房，专营唐山至胥各庄间以煤炭为主的客货运输，成为中国第一个从事客货运输的火车站。1907年，因采煤地基塌陷而

---

① 冯云琴：《开平煤矿与唐山城市的崛起》，《河北师范大学学报（哲学社会科学版）》2006年第5期，第125~130页；阎永增：《开平矿务局与唐山近代工业体系的初步形成》，《经济论坛》2003年第22期，第95~96页。
② 熊亚平：《铁路与华北内陆地区市镇形态的演变（1905—1937）》，《中国历史地理论丛》2007年第1辑，第76~78页。
③ 《唐山之经济近况》，《中外经济周刊》第213号，1927年5月28日，第1页。

将原车站西移1公里,建立新火车站,即今唐山火车站。① 至1934年,唐山站成为唐山车务段内的最大车站,其设备极为繁复,新站专供办理旅客运输之用,站台、天桥、岔道、候车室、办公室等设备一应俱全,因而其客运甚为繁盛。

唐胥铁路修筑期间,开平矿务局在胥各庄建立了唐胥铁路修理厂,成为近代中国铁路机车车辆工厂的嚆矢。该厂初期仅有40余名工人和数间简陋的厂房,车床以手摇为动力,以检修机车和车辆为主要任务。三年后,矿务局在唐山西马路占地400余亩,把修理厂从胥各庄迁到唐山,并更名为唐山修车厂。1886年,唐山修车厂被开平铁路公司收买,实行厂矿分管。1899年又在铁道南面购地400亩另建新厂(俗称南厂),1903年建成,原修车厂陆续迁入新址。1907年京奉铁路贯通后,又更名为京奉铁路唐山制造厂,生产能力为年产机车10辆、客车30辆、货车400辆,是当时中国年生产能力最大的铁路工厂。② 随着铁路的延伸与运量的增加,工厂的规模与设备水平不断扩大与提升,职工也日益加增,在京奉铁路的附属企业中首屈一指。该厂早期的产品,除供京奉铁路使用之外,还供给京张铁路和京汉铁路芦保段使用。据1909年统计,上述三条铁路的使用车辆中,有369辆客车、3168辆货车在唐山工厂制造。1912年,南京临时政府设立交通部后即要求:"京奉、吉长、京张三路所用各种车辆,皆在唐山工厂制造";翌年,交通部又提出:"唐山工厂制造的客车,质量不低于从法国、比利时购买的同类车,而头等车造价较外购低13%,三等车造价低40%,要扩大唐山工厂的造车能力、减少利益外流。"③ 1927年前后,该厂"内容规模甚大,使用工人三千名","该路一切机车悉由该厂自行制造,并兼代修理该路各项机车"。④ 1930年代初,在全国国有铁路系统中,它已是"规模最大、人员最多、设备最好、技术最精、唯一能制造、修理各

---

① 河北省唐山市地方志编纂委员会编《唐山市志》第一卷,方志出版社1999年版,"大事记",第26页。
② 《唐山市志》第一卷,第26页;阎永增:《开滦矿务局与唐山近代工业体系的初步形成》,《经济论坛》2003年第22期,第96页。
③ 政协唐山市委员会编《唐山名厂》,红旗出版社1997年版,第46页。
④ 《唐山之经济状况》,《中外经济周刊》第213号,1927年5月28日,第5页。

种机车、客车和货车的工厂"。① 从这种意义上说，该厂的修建和发展不仅是唐山工业文化的一种象征，而且使唐山成为京奉铁路的"技术总部"。

为解决铁路技术人才短缺问题，北洋官铁路局总办吴调卿经北洋大臣王文韶批准，于1896年创办了铁路学堂，聘请英国人史卜雷（E. Sprague）教授为总教习，校舍原在山海关，名为"山海关北洋铁路官学堂"。1900年，八国联军中的英、俄军队侵占山海关，校舍被俄军强占，学堂被迫停办。1905年5月，督办铁路大臣袁世凯以"铁路为交通要政，条理繁重"为由，命令关内外铁路总局着手恢复铁路学堂，并选定滦州开平镇原开平武备学堂为校址。同年8月决定在唐山建校，10月于唐山西郊征地190多亩建立校舍。此后数十年内，该校先后更名为"唐山路矿学堂""唐山铁路学校""唐山工业专科学校""交通大学唐山分校""第二交通大学""交通大学唐山土木工程学院"及"唐山工程学院"等。② 作为近代中国最著名的高等工科院校之一，它为我国培养了大批的专门人才，如竺可桢、茅以升、林同棪、赵祖康等。可见，它的创办和发展既是唐山工业发展的产物，又为唐山工业发展增添了一抹浓重的科技色彩。

为便于车辆及行人通行，铁路桥梁也相继修建。1881年在唐山矿南门附近修建双桥里铁路桥，1889年建双桥里京山铁路桥。③ 1892年，当铁路向东延伸到滦河畔，修建跨河桥梁便成为当务之急。由于修桥工程极为艰险，清政府聘请的英、德、日外籍工程师知难而退。中国工程师詹天佑勇承重担，采用了气压沉箱法建成桥墩，并使滦河大桥按期竣工。它是近代中国第一座大型铁路桥梁，并成为唐山城镇工业发展进程中的一个重要标志。1935年11月15日，北宁铁路开工改建滦河铁桥，1937年竣工；旧桥并未拆除，而是作为公路交通联络之用。④

唐胥铁路的修建、展筑及其附属企业或事业的创办，不仅带来了唐山交通运输事业的革新及城镇景观的初步形成，而且极大地促进了开平煤矿

---

① 《唐山名厂》，第46~47页。
② 张树云主编《近代唐山风云录》，花山文艺出版社1994年版，第24~25页。
③ 王克勤：《唐山城市建设志》，天津人民出版社1992年版，第292页。
④ 《北宁路重建滦河桥》，《路向》第2卷第8期，1936年4月16日，第252页；《滦河桥基础工程大部将完竣》，《铁路杂志》第2卷第11期，1937年4月，第131页。

规模的扩张和产量的增加。唐胥铁路开通后,"运煤之车络绎于途,产煤之区开采不竭,且煤质既佳而价值又廉,销路极为繁盛",而且"向本肃萧"之该处"现已成为大市落矣"。① 1888 年该路通车至天津后,"石灰产销骤行猛增"。② 在开平煤矿和京奉铁路的共同拉动作用下,其他"各大小工厂先后成立,突飞猛进"③。1889 年,开平矿务局创办了当时全国最大的细棉土厂,即后来的启新洋灰有限公司。该厂距离唐山车站仅有 2 公里,厂内铺有铁轨,直通京奉铁路。1920 年代初期,每年由唐山站运出洋灰约为 100 万至 150 万桶。④ 此外,其原料购置多仰赖于京奉铁路。该厂的主要附属企业——启新瓷厂创办于 1924 年,是中国第一家使用成套机械化设备、采用近代工业管理方法生产陶瓷的工厂,生产的卫生器皿、铺地缸砖、电气磁料等产品也通过该路运销各地。缸窑业由唐山往东而沿京奉铁路分布,并以该路为界分为西缸窑、东缸窑;所产缸粗瓷器、砖瓦水管及日用陶瓷等经京奉铁路行销至东三省、山东、河北各地方,尤以东三省销量最多。经营此业的商号或货栈有三合局、瑞生局、全顺局、永兴局、全信局、永成局等。其所用之原料石膏则自山西太原经京绥、京奉铁路转运而来。⑤ 唐山华新纱厂位于徒河东岸,有专用岔道直通唐山车站,长度为 1250 英尺(约 381 米),其所购用的棉花及出产的货品多经该路运入或输出。例如,1934 年运到唐山站数量计有纱 4300 件、布 8000 件,共重 1703 吨;旺季每月平均运出 160 吨,淡季每月平均运出 80 吨;运达车站为天津及前门两站,再分别转运平汉、陇海、津浦沿线各站销售。⑥ 至 1920—1930 年代,唐山已有大小厂矿数十家,"以开平煤矿、铁路工厂、启新洋灰公司和华新纺织厂四大企业为骨干,包括若干能源、水泥、交通运输、纺织、陶瓷、耐火材料、机械在内的唐山近代工业体系初步形成"。⑦

---

① 《开平近闻》,《申报》1882 年 2 月 28 日。
② 白眉初:《中华民国省区全志》第一册,"直隶省志",第 35 页。
③ 陈佩编《唐山市事情》,新民会中央总会 1940 年版,第 46 页。
④ 《北宁铁路沿线经济调查报告书》,第 1214 页。
⑤ 《唐山之经济近况》,《中外经济周刊》第 213 号,1927 年 5 月 28 日,第 12 页。
⑥ 《北宁铁路沿线经济调查报告书》,第 1217、1248 页。
⑦ 闫永增:《开滦矿务局与唐山近代工业体系的初步形成》,《经济论坛》2003 年第 22 期,第 95 页。

由于自身的条件和历史的机遇，唐山随着中国现代化的启动而崛起，并发展成为中国北方重要的新兴工矿业城镇。开平煤矿在洋务运动急需煤炭的历史机遇下应运而生，成为唐山近代工业体系的先声和源头。它的创办和发展，带动了交通运输事业的发展，即唐胥铁路的修建和展筑及其附属企业或事业的创设。铁路的进步反过来使煤炭的运输能力大为提高，从而促进了开平煤矿的进一步发展。煤矿与铁路相得益彰、相互促进，为唐山的水泥、陶瓷、纺织、机械等相关工业提供了难得的机遇和巨大的动力，最终促使唐山由一个荒僻村庄迅速崛起和发展成为"烟突林立，铁路四达，顿呈工业发达之相"① 的新兴城镇，由此奠定了其在中国近代工业化进程中的重要地位。

与唐山近代工矿企业和交通事业的发展相伴而行的，是其人口的增加、商业的繁盛、城镇空间格局的变动和范围的拓展，从而构成了近代唐山城镇的基本形态。清同治年间，唐山只是一个"阖村烟户只十八家"②的小村落。开平矿务局创办前夕，也仅有居民数十家。③ 随着开平煤矿的创办，来自广东的技术人员和来自河北、山东等地的矿工人数不断加增。铁路通至天津后，"开平矿务局使役的工人，从二千五百人立即增为三千五百人。与铁路使役的工人合在一起，约为一万人。附近的百姓因此而得生路，这不能不是交通机构发达所带来的福利"。④ 1912 年，开平、滦州两矿合组后，矿工多达万人以上。1920 年，开滦矿区工人增至 19000 多人，其中 30% 为里工，大多是来自周边乡村的居民；70% 为外工，主要来自山东、河北南部地区，亦有来自河南者。⑤ 至 1920 年代末，唐山"居民约廿五万人，强半属于工界"。⑥ 此后，随着唐山工业的进一步发展及商业

---

① 《昌黎北戴河汉沽调查报告（续）》，《直隶实业丛刊》第 1 卷第 7 期，1923 年 7 月 25 日，第 6 页。
② （清）徐润：《徐愚斋自叙年谱》，载沈云龙主编《近代中国史料丛刊续编》第 50 辑，台北文海出版社 1978 年影印版，第 76 页。
③ 《唐山商务分会申述该镇兴起原因及保甲善政》（1912 年 11 月 27 日），载天津市档案馆等编《天津商会档案汇编（1912—1928）》，天津人民出版社 1992 年版，第 449 页。
④ 《二十世纪初的天津概况》，第 52 页。
⑤ 《唐山市志》第一卷，第 789 页；《开滦煤矿志》第二卷，第 137～138 页。
⑥ 柴森林：《唐山的过去、现在、将来》，《河北省立第四中学校校刊·唐山号》，天津义利印刷局 1930 年版，第 53 页。

的繁盛，城镇人口出现激增。1926 年秋季时，城镇户数共为 10342 户，47623 口，其中以客户为最多，计有 9985 户，44853 人，几乎占城镇人口的 94%；本地住户 305 户，2534 人，仅占 6% 而已。[1] 1935 年底，中外居民已达 77864 口，其中开滦煤矿的劳动者约 5 万人，几乎占全市人口的大半。[2] 可见，唐山近代工矿企业的发展吸引着其周边地区及山东、河北等外地的人口不断向唐山流动与集中。总之，工矿企业的发展、交通运输的便利以及人口的增加为近代唐山商业的兴起与繁荣创造了条件。

前近代时期的唐山本无城镇商业可言，仅有"居民百余户，人口不足两千，有商号数家，均系小本经营"，[3] 并在村落设有集市，以农历每月四、九为集日，届时各村农民前来赶集，进行交易，"销售无几，极为冷落"。[4] 随着开平煤矿及其他企业的创办和发展及唐胥铁路的开通和展筑，这些工矿业产品及冀东各县物产的运销渐以唐山为集散地，特别是为这些企业员工服务的饮食及日用百货行业日渐兴起和发达，使唐山成为货物云集、商旅骤增之地。至 1920 年代，唐山交易最大者首推烟煤、焦炭、洋灰、砖瓦、陶瓷、器皿、棉纱、杂粮等，棉花、花生、干鲜果品等交易亦不少，[5] 多经京奉铁路运销外埠或海外。冀东各地的农副产品也多汇集于此后再转运他处。例如，韩城新军屯出产的苇席由胥各庄及唐山站装车运销东三省，每年由唐山运出百余车，约 2000 吨。[6] 进口货物以杂粮、面粉、布匹、纸烟、木材、杂货为大宗。输入的面粉均在天津购买，由津上船运至塘坊，再由塘坊装火车运至唐山，或在天津面粉公司买妥后，即交由公司代为装上火车直接运唐。[7] 1927 年前，唐山每年要从他处输入杂粮 30 万—50 万石，其来源分东路货即由奉天输入者，西路货是由京津输入者，其中以东路货为最多，大多由京奉铁路运来。此外，唐山所需碱、洋

---

[1]《唐山之经济近况》，《中外经济周刊》第 213 号，1927 年 5 月 28 日，第 1 页。
[2]《北宁铁路沿线经济调查报告书》，第 1247 页。
[3] 政协唐山市委员会文史资料委员会编《唐山文史资料》第 15 辑《昔日唐山》，1992 年版，第 86 页。
[4]《唐山文史资料》第 15 辑《昔日唐山》，第 86 页。
[5]《唐山之经济近况》，《中外经济周刊》第 213 号，1927 年 5 月 28 日，第 2~3 页。
[6]《唐山之经济近况》，《中外经济周刊》第 213 号，1927 年 5 月 28 日，第 3 页。
[7]《北宁铁路沿线经济调查报告书》，第 1260 页。

第四章　京奉铁路与沿线城市的近代化　　221

烛、煤油等日用品大都或全由该路输送。①

在城镇商业中，生活服务及日用百货行业的发展较为明显。"门市以布匹、茶食、杂货、粮店、油酒等商业最为发达，其专供工人日用饮食娱乐等事之小本经营，尤为繁盛。"② 1894 年，刘凯元开设的同成号成为唐山首家规模较大的商号。该商号借助津榆铁路之便，从天津购进洋广杂货，运至唐山销售；又开设隆义粮栈，该栈有南北两号——南隆义栈在新火车站，北隆义栈在老火车站。两栈比邻火车站，便于运送粮食。其后，五金商店、粥铺、绸布庄、照相馆、杂货店、熏鸡店、猪肉铺、蔬菜店等相继开设。③ 随着这些行业的发展，唐山涌现出数个规模较大的商号，尤以隆字、永字和瑞字三大商号最为著名，尤其隆字和瑞字商号的开办和发展，与唐山近代工矿业和交通运输业的发展有密切关系。

随着众多商号的开设与发展，为维护自身利益，商会的成立便成为商界的普遍要求。1901 年趁清政府推行"新政"之机，唐山商界共议并报政府批准，成立了唐山镇商会。其后商会几易其名，1929 年称为河北省唐山商会，1938 年 1 月唐山正式建市后，称为唐山市商会。同时，商号的增多和行业的发展，也促成了同业公会的诞生。一些较大规模商号的所有人纷纷挤入商会或同业公会的领导机关。例如，隆字号创办人刘凯元及永字号创办人刘统一曾先后担任唐山商会会长。由此可知，商会和同业公会的成立，是近代唐山商业发展的重要体现，也是商界领袖发展商业、维护同业利益的重要活动舞台。④

1920—1930 年代，唐山已成为初具规模的工业城镇，也是冀东一带重要的物资集散地。此时来往客商日益增多，铁路以北商号林立，拥挤不堪，商人摆摊售货开始向铁路以南即"小山"一带的旷野地区转移。1934 年，大千房产股份有限公司在临近老车站的"小山"上修建了"大世界"商场，商场建有相互连通的东西两楼：东楼开设了大戏院、电影院及百

---

① 《北宁铁路沿线经济调查报告书》，第 1268~1269 页。
② 《唐山之经济近况》，《中外经济周刊》第 213 号，1927 年 5 月 28 日，第 3 页。
③ 《唐山文史资料》第 15 辑《昔日唐山》，第 107~108 页；刘建亚、苑玉成主编《唐山市商业志》，中国人民大学出版社 1992 年版，第 46~48 页。
④ 闫永增：《试论近代唐山商业的兴起和发展》，《江苏商论》2006 年第 2 期，第 164 页。

货、服装、食品等30多个摊点;西楼开设了饭庄、皮影院、评剧院等。多家旅馆、饭馆、澡堂在附近地方陆续开业。这样,以"小山"为中心,向四外辐射形成了唐山的商业和娱乐区。[①] 1934年前后,唐山较大的旅馆计有5家,分别为裕丰、经州、北洋饭店及交通、远东两旅馆,它们均分布于新、旧车站及"小山"附近。客栈共有8家,分别为悦来、大通、天泰、长发、双盛、四合、双发等,均分布于新车站周边。[②]

唐山商业中与铁路紧密相连的还有货栈业。由于工矿业的发展致使工人数量激增,该地自产粮食不敷食用,需要从外地大量输入,所以粮栈成为唐山货栈业中的一个重要构成类型。1927年,唐山新旧火车站附近计有"粮栈10家,均兼营货栈业。其中以隆义栈、瑞信栈、永恒栈等3家资本为最大,每年运到唐山之布匹、杂货价值在200万元以上。除在本地批售外,并转销附近各乡镇"。[③] 另外,该处的批发商"以瑞生成号为最大,专售绸缎、布匹,每年营业多至50万元"。[④] 1934年前后,该处的货栈有20余家,其中隆义栈、瑞信栈、永德栈3家仍以运销米粮为主,所购米粮可销至唐山周边七八十里以内的地方;其他粮店均向以上三栈转买。仅就隆义栈一家而言,其所经营各业:高粱来自山西,约销出4万包,合计4000吨;黑豆来自京绥沿线及廊坊落垡,约售出3万包;小米来自廊坊落垡一带,约销出2万包;绿豆及芝麻来自山西,约销出1万包;芦席来自附近各地,有二三十车,多转销关外;酒曲每年运出150吨;毡鞋每年运销关外的数量为载重20吨的货车40辆。[⑤] 其他货栈如新明货栈、公成煤栈及北玉兴等甚至有岔道直达唐山车站,转运货物极为便利。

近代唐山商业的发展是以满足工矿区的消费为主旨,特别是与工矿企业员工相关的服务业迅速兴起,有力地促动了近代唐山商业的繁盛。同时,铁路的开通为这些工矿业产品、农副产品及日用消费品的输出或运入

---

① 《唐山文史资料》第15辑《昔日唐山》,第109页;刘建亚、苑玉成主编《唐山市商业志》,第49~50页。
② 《北宁铁路沿线经济调查报告书》,第1269~1270页。
③ 《唐山之经济近况》,《中外经济周刊》第213号,1927年5月28日,第3页。
④ 《唐山之经济近况》,《中外经济周刊》第213号,1927年5月28日,第3页。
⑤ 《北宁铁路沿线经济调查报告书》,第1270页。

提供了通畅的运输渠道，改变了商品的流向，使唐山成为冀东地区物资的重要集散地和商旅云集之所，同时加强了唐山与国内市场乃至国际市场的经济联系。可见，近代工矿业与铁路运输的结合是促进唐山商业繁盛的重要因素，如唐山著名的隆字与瑞字商号的创办与发展均是以服务工矿区为旨归，以经营粮食、杂货等生活用品起步，其栈房多设在唐山新火车站或老火车站的紧挨或邻近之地，以沾铁路运输之便利；旅馆、客栈、货栈等行业的分布与栈房的布设也相雷同。可见，铁路在唐山近代商业中心的转移和重构中发挥了重要的作用。总之，京奉铁路不仅成为近代唐山商业分布的空间"坐标"或依据，而且是其商业繁盛的保证。

近代工矿业与铁路运输的紧密结合，促使唐山形成了以工矿业为主、商业为辅的经济格局，并使其迅速成为冀东地区的工商业重镇，即使丰润、滦县等县城也望尘莫及。另一方面，唐山城镇商业的发展对周边城镇的经济造成了不同程度的侵夺，进而导致了冀东地区的政治和经济中心的转移。例如，距离唐山仅18里的稻地镇，近代以前曾有过辉煌的历史。鸦片战争后，洋广杂货的输入，使该镇的手工业不断受到冲击，商店关闭歇业。民国时期，该镇商业更受唐山商业的侵夺而无从发展，"稻地商业的萧条，自在必然之中了"。① 又如榛子镇，在民国年间因军阀混战，洋货趁机大量涌入，加之京奉铁路沿线经济的崛起，致使古镇日渐凋敝，店铺相继倒闭。② 倴城镇在1929年以前最为繁盛，当时加入商会的商号即有48家、钱桌180多家。1930年后歇业者日多，市况渐趋衰落。至1937年初，仅剩商号10余家，钱桌全已关闭。③ 开平镇商业不振的原因，与其他各镇相同，即受地方不靖、花会滋扰以及唐山、马家沟商业侵夺的影响。④ 随着唐山周边的传统商业城镇出现了不同程度的衰退，唐山的商业迅速成为后起之秀，逐步取代卢龙和开平而成为冀东地区新的经济和文化中心。同时，唐山的商业对于天津有着紧密的依附性。这不仅是因为唐山许多工矿

---

① 政协唐山市委员会编《唐山名镇》，红旗出版社1997年版，第127页。
② 刘建亚、苑玉成主编《唐山市商业志》，第299页；《北宁铁路沿线经济调查报告书》，第1447页。
③ 《北宁铁路沿线经济调查报告书》，第1446页。
④ 《北宁铁路沿线经济调查报告书》，第1449页。

企业的总部设于天津,如开滦矿务局、华新纱厂等,而且各工厂的原料供给和产品销售也大多依赖天津。如开滦矿务局的煤炭,主要供应天津,或由塘沽及秦皇岛出口;启新洋灰公司产品运天津消费或者转销他处;启新瓷厂的釉土和颜料、纱厂所需棉花均大多由天津供应;唐山每年输入的粮食、面粉、杂货等生活日用品中的绝大部分也来自天津。故而唐山素有"小天津"之称。①

近代工矿业与铁路交通的出现与发展,促进了唐山城镇人口的增加及商业的繁盛,致使唐山的街市及空间范围不断扩展,城市景观与结构亦有所改观。唐山原为荒凉乡村,开平矿务局成立的翌年,乔头屯正式建镇,始成聚落。随着开平煤矿的发展及唐胥铁路的延展,带动和刺激了矿区周围其他工业、商业的兴起,促进了唐山早期街道、镇容的形成。由于开平煤矿最初雇用的工人多来自广东和山东,他们以同乡关系聚居在一起,遂形成广东街和山东街。开平矿务局为方便矿工的日常生活,在矿务局和车站之间建房售货,附近的乡民及外来商贩也向东局子、老车站一带云集,摆摊售货。经过一段时间后,这些商贩为求经营上的便利,纷纷于此搭棚建屋,扩建门面,逐渐形成东局子街、老车站街、兴隆街、乔屯大街。以商品聚散或交易种类命名的街道也相继出现,即鱼市街、粮市街、柴草市街、北菜市街等一批早期街道。这样,以开平矿区为中心的厂矿、商店、居民、市政等所建的房屋连成一片,街道纵横,四通八达,形成了唐山早期的城镇面貌。② 在这些街道上,众多商号相继涌现,包括粮食、绸缎、中西药、五金、染料、饮食、理发、旅栈等行业。至 20 世纪初时,唐山城镇形态已初具规模。沿着京奉铁路的街市东西长约 10 里,铁路以北的街市最为繁盛,商贾云集,杂货店、饭店、布铺、钱庄、酒房、油房等鳞次栉比,药材商亦有数家。交通大学、铁工厂、巡警局、矿务局、中国医院、矿务局养病院、铁路工厂学校、新开市街等,檐瓦重叠,甚为壮观,其繁盛程度在内地县城之上。③

---

① 白眉初:《中华民国省区全志》第一册,"直隶省志",第 35 页。
② 刘建亚、苑玉成主编《唐山市商业志》,第 49 页;《唐山文史资料》第 15 辑《昔日唐山》,第 98~99 页。
③ 白眉初:《中华民国省区全志》第一册,"直隶省志",第 36 页。

20 世纪初，唐山成为冀东各县农副产品的集散地，来往商旅与日俱增，于是，在新老车站之间铁路两侧，竖起铁栅，栅栏中间留下三个道口，即南道口、北道口和老道口。这样，以铁路及道口为界将唐山分为路北、路南两区。由于路北发展较早已是店铺林立、房屋丛集，所以城镇空间只得向铁路以南扩展。起初，只有一些小本商贩及艺人在路南卖货或演戏。其后，小饭馆、小旅店、小戏院、妓院及以粮栈为主的大型商号等相继出现。随着路南商业的发展，许多本镇和外县豪绅富户，纷纷来此开设商号，商店建筑、民房增多，使"小山"西南的主要街道——便宜街、东新街、新立街等相继形成。同时，唐山街市向路南的扩展逐渐深及紧邻的村庄，这些村庄的街道随着唐山街市的拓展而逐渐连接起来，成为唐山城镇的一部分，尽管各个街道仍隶属于它们原有的村屯，但它们与便宜街、新立街等共同构成了唐山路南区的基本街市。[①] 由上可知，唐山街市的形成与扩展是围绕开平矿区与唐山新老车站而渐次展开的。1896 年以前，街市主要集中在矿区和老车站之间，主要街区在矿场北部广东街的东部，沿着老车站的附近发展。1907 年车站南移改为新火车站后，街市又沿原来工人居住区的道路越过该车站向路南发展，并形成新的街区，从而奠定了城镇空间格局的基本形态。可见，京奉铁路实为唐山城镇空间布局与结构的形成和重构的主轴线之一。

随着近代工矿业和交通运输业的创办和发展，唐山逐步走向城镇化。至 1920—1930 年代，唐山初步形成了以开滦煤矿、京奉铁路唐山制造厂、启新洋灰公司及华新纺织厂为骨干的工业体系，商业、金融、邮政电信、教育文化等也随之兴起和繁盛。且其人口数量不断增加，城镇功能日趋完善，对周边农村经济的辐射作用逐渐增强，已经具备建市的规模。1925 年，北洋政府计划在唐山设市未果；1928 年，唐山设市的建议再度"浮出水面"，但由于受到南京国民政府颁布的《市组织法》的制约而未获成功，其仍归滦州管辖，附近村庄的归属也未有变动。1931 年，经过唐山特种公安局报请河北省政府批准，将原属滦县的乔屯、城子庄、石家庄、雷子

---

① 刘建亚、苑玉成主编《唐山市商业志》，第 50 页；《唐山文史资料》第 15 辑《昔日唐山》，第 100 页。

庄、马家屯、佟庄和原属丰润的郭谢庄、陈谢庄、宋谢庄、王谢庄、达谢庄、老谢庄等 12 村划为唐山管辖范围。1938 年，伪冀东防共自治政府明令唐山建市，市区范围扩大，东至税务庄，西至大袁庄，南至大夫坨，北至高各庄，增加了周围 30 个自然村及广东大街、粮市街、新立街、便宜街、乔屯大街、沟东大街等 170 条街巷，面积约 74.75 平方公里，市区面积仍约 21 平方公里。1939 年 10 月，伪北京临时政府明令准予唐山正式成立市政机构，由伪河北省公署直接管辖。1940 年又将附近的山西刘庄、铁匠庄等 18 个村庄划归唐山市。同时，包括前 12 个村庄在内的所有辖区的警务、税务、教育等，全部由市政府接管。唐山市彻底脱离滦县而成为一个完整的市政实体。①

在近半个世纪的时间内，唐山由一个默默无闻的乡村迅速崛起和发展成为近代华北的工业重镇，可称之为近代中国城镇化过程中的一个奇迹。唐山的城镇化发轫于开平煤矿的创办和经营，并随之带来交通事业的变革。在煤矿与铁路的共同促动下，水泥、陶瓷、纺织等近代工业得以创办和发展，烧窑、石灰等传统民间工业获得复苏或重生，同时导致城镇人口的激增和城镇商业的繁盛。可见，工业是唐山这座城镇发展的主脉，这是它有别于中国传统城镇的最鲜明的特质，也是其体现近代意义的关键。总之，开平煤矿在唐山城镇化进程中居于首要地位，是唐山近代工业体系形成和城镇化的端点和原始动力。京奉铁路在唐山的设站及其附属企业的创办和发展，不仅使唐山拥有便捷的交通条件，便利了工矿企业原料及产品的运送和销售，对于唐山近代工业体系的形成乃至城镇化进程也起到了支撑和加速的作用。

京奉铁路对于近代唐山空间结构与功能的形成和变动具有重要的意义。在空间结构方面，传统城镇通常是以地方权力的衙署为中心、依照固有的模式而建造。它一般呈方形，街道纵横垂直，中央是地方最高统治机构的所在地，周围坐落着不同规格的府第和庙宇，这些公堂、府第和庙宇

---

① 唐山市地名办公室编《唐山市地名志》，河北人民出版社 1986 年版，第 8 页；张树云主编《近代唐山风云录》，第 4 页；《唐山文史资料》第 15 辑《昔日唐山》，第 90~91 页；《唐山市概览》，1942 年 8 月，转引自南开大学历史系、唐山市档案馆编《冀东日伪政权》，档案出版社 1992 年版，第 125 页。

第四章 京奉铁路与沿线城市的近代化　　　　　　　　　　　　　　　　　　　227

无时不在彰显着政府的权威与尊严以及对这种"秩序"的服从。城镇的四围则建有高大的城墙，这种城镇形态表现出一种特有的对称性和封闭性。唐山的空间结构与此截然不同。从外部形态而言，唐山城镇在形成与早期发展中体现出明显的不规则性，居民区、矿工住宅区及京奉铁路机车厂等均以矿区和铁路为坐标而分布，形成相对较为独立的小块状。其后，启新洋灰公司、德盛窑厂等围绕矿区与车站不断向外扩展，街市及居民区主要是越过铁路向路南的自然村落发展，从而形成铁路穿越和分割市区的情况，由此形成了"街市包围矿厂，铁路分割市区"[1]的格局。可见，唐山城镇的空间结构经历了由相对独立的"小块"逐步拓展为一个整体性的"团块"的演变过程，尽管在这个"团块"内部存在着不同程度的差别。同时，这种空间结构也使唐山比传统城镇呈现出较大的开放性。

　　从城镇功能而言，唐山是由一个传统村落发展而来，缺乏传统政治因素的支撑，也不如沿海通商城市那样能够强烈地感受到外部的刺激，因而，它的经济职能明显地强于其政治功能。京奉铁路的通行在增强唐山经济的可达性和集散功能的同时，又必然会对其周边城镇经济造成一定的侵夺或削弱，这种异动使唐山逐渐成为冀东地区的经济和文化中心；另一方面，通过该路的连通，唐山与天津之间形成紧密的经济依存。质言之，京奉铁路在很大程度上成为唐山空间结构和城镇功能的坐标或指南，并使这座新兴的工矿业城镇体现出与传统城镇迥然不同的特质。

　　通过考察京奉铁路与天津、秦皇岛、唐山等城市化历程可知，该路开通运营对其沿线区域的城市变动进程产生了不同程度的作用或影响。以京奉铁路为主干的华北铁路网络的初成，促进了天津的陆向腹地迅速向偏远而广袤的内陆地区拓展，密切了天津与其陆向腹地间的经济关联，在一定程度上加速了天津与其腹地间的经济一体化的进程。这种经济依存的加强反过来促进了天津进出口贸易的兴盛，巩固和提升了天津作为中国北方首要港口城市的地位和功能。同时，天津东站和新站的设立，不仅为城市景观增添了浓厚的现代气息，而且以车站为中心、以铁路货场为平台，成为商品集散的重要节点，在一定程度上导致了城市商业格局和空间布局的

---

[1] 董鉴泓主编《中国城市建设史（第二版）》，中国建筑工业出版社1989年版，第237页。

调整与重构。因而，京奉铁路对于近代天津城市的进步与繁荣，起到了强有力的促进作用。

作为近代华北地区另一个重要的港口城市，秦皇岛在许多方面不能与天津相提并论，然而，京奉铁路在该港开放和发展过程中的作用更为显著和重要。铁路不仅是这个港口崛起的重要推动力之一，而且是其集疏货物的"生命线"，并成为其城市空间格局的轴心，因而，秦皇岛对于铁路的倚赖更为强烈。正是因为有了铁路在该港的横贯而过，它作为北方不冻港的价值才得以实现，才能成为开滦煤炭的重要输出地，以至奠定了它今日的港口地位和功能。故而，说秦皇岛港因铁路而生似非夸大之词。另一方面，京奉铁路运输的物资，绝大部分是以天津、秦皇岛为起点或者终点，所以，这两个港口进出口贸易的发展、设施的完备、车船接运的及时与便捷等，在不同程度上受制于该路的营运状况，反过来，两港口的发展也直接影响到京奉铁路的营业收入及路线建设等。总之，京奉铁路在天津与秦皇岛两个港口城市变动历程中的促进作用不言而喻，尽管这种作用的程度、方式存在着一些差异，但路港之间唇齿相依、荣衰与共，殊为密切。

唐山是因煤炭资源与铁路运输相结合而发展起来的新兴工矿业城镇。对于这样一个性质较为单一且独特的城镇而言，京奉铁路在其崛起和发展进程中的突出贡献是便利开滦煤炭的外运以及促进开滦煤矿的发展，而开滦煤矿的发展带动了其他企业的创办，以及京奉铁路唐榆段复线工程的建设，复线工程的建设反过来进一步促进了开滦煤矿和其他企业的发展。正是在开滦煤矿与京奉铁路的良性互动下，才有唐山工矿业的发展、交通的便利、人口的增加、商业的繁盛、街市的扩展及与外界经济联系的加强，使其成为冀东地区"经济活动的聚集点，人员、物资、信息、能量交换的结节点"，[1] 并对周边城镇经济构成了一定的挑战和侵夺。在城市空间结构方面，唐山也在一定程度上因受铁路的影响而体现出有别于传统城镇的一些特征。总之，开滦煤矿是唐山得以崛起和发展的原始"引擎"，京奉铁路对于维系这架"引擎"的运转乃至整个城镇的"新陈代谢"，均具有重

---

[1] 武伟、宋迎昌：《论铁路干线对沿线地区经济开发的影响》，《经济地理》第17卷第1期，1997年，第94页。

要的意义。

京奉铁路的通行不仅对于上述这些城市或城镇的变动发挥着积极的作用，而且将它们串联在一起而形成新的城市经济带："它以天津为中心，以唐山周围的工业和秦皇岛的港口转运贸易为北翼……并通过铁路、河流联系在一起，形成较为密切的经济网络。"① 同时，这些城市或城镇之间形成了一个层次较为分明的城市体系。其中，天津是华北地区最重要的通商口岸和消费市场，也是其陆向腹地的土特产品的终端市场和进口货物向陆向腹地运销的起点，它无疑处于主导地位。唐山、秦皇岛在经济上是服务与倚赖于天津的中级城市或城镇。例如，开平矿务局的创办与发展，在很大程度上倚赖于天津市场的消纳；开平矿务局和启新洋灰公司均在天津、秦皇岛设有办事处和煤场、货栈，这些企业的工矿产品主要经由天津和秦皇岛两港运销外埠或海外。秦皇岛港从天津冬季的辅助港逐步走上独立发展的道路，但与天津的经济联系依然不减。以该港大宗出口的花生为例，产自滦县、昌黎之花生向例转运天津与洋商交易出口，冬令之时才改由秦皇岛转运出口。后来商家发现，花生产地距离秦皇岛较天津为近，由秦皇岛出口既可缩短时期，又可省水脚运费，但"行市定议在津地磋商，仍需寓居津埠接洽一切，双方买卖交易规则系于津地将货价、交货日期商妥之后，又买商方面遣经验收货人员至该产地……将花生品质鉴定后，由买商将货装由火车运至秦皇岛开滦矿务局内，由矿务局代发收条，卖商即持该条到津，按所标明斤秤包数，核计价银，向买进洋行取付"。因而，"津地花生营业既转移于秦皇岛方面，而津市所赖以不呈枯寂状况者则为仅交货款"，② 即秦皇岛成为花生的出口地，天津是这些出口花生的结算中心。另一方面，随着工矿业和铁路运输的发展，唐山、秦皇岛逐渐成为冀东地区城乡经济交会之处和进出口商品的集疏中心，在进出口货物的运入或输出中起着接力作用，从而加强了天津与其陆向腹地之间的经济联系。总之，天津、秦皇岛与唐山之间形成了一个相互维系、互为补充的层级性的城市体系，而这个城市体系的一个主线非京奉铁路莫属。

---

① 董丛林主编《河北经济史》第三卷，人民出版社2003年版，第309页。
② 《秦皇岛花生出口概况》，《大公报》1927年3月28日。

第五章　京奉铁路与近代华北乡村经济的变动
——以冀东地区为例

在传统农业部分地向现代农业转化的过程中，交通运输的重要作用及其机制在诸多农业经济理论中已得到充分、深入地论证，即运输的革新将导致运费大幅度降低和运输时间大为缩短，农业产量的增长、商品化程度的提高及区域化或专业化生产的形成等，甚至有观点认为在技术条件不变的条件下，农产品产量和出口的增长的决定性因素是交通运输条件。① 然而，经验理论与历史事实之间时常存在着一定的差异或错位，或曰处在不同的历史时期和社会情境中，交通变革对于农业经济的作用和意义会有不同程度的差别，因而，审视铁路与近代中国农业发展之间的互动关系时不能简单地平移或套用这些理论，而应是在这些理论的指导下进行实证性的研究，以求尽量接近事实的原貌。另外，中国"各地土宜和气候不同，其农作物因之而异。但天然环境之外，人为的环境，亦极关重要"，其中"商品作物的种类和所占土地使用的比例，实与人为环境——交通情形及运销组织——有极大关系"。② 因而，选择那些与交通关系至为密切的农作物种类进行具体地分析才能使研究更具有说服力。

以农业为本的近代华北乡村社会的变迁或转型，是一个多维度的、非均衡的、动态的演进过程，它的表现形态千差万别，引发原因多种多样。其中，交通方式的变革是一个重要的因素，它在近代华北农村经济变迁中

---

① 吴昊：《交通运输与农业发展》，经济科学出版社2007年版，"前言"，第2页。
② 陈伯庄：《平汉沿线农村经济调查》，交通大学研究所1936年12月，第15页。

第五章　京奉铁路与近代华北乡村经济的变动　　　　　　　　　　　　　　　231

的影响或作用，已在不少学者的著作中得到了不同程度的论证。① 然而，一些问题仍有待更为细致、深入的考察。下文即以京奉铁路作为考察民国时期冀东地区乡村经济变动的"变量"，着重探讨铁路在该地区农业、乡村手工业以及城镇商业发展中的具体功用，从而揭示铁路与冀东地区乡村经济变迁间的互动。之所以选择冀东地区，是因京奉铁路从该地区横贯而过，地区内的绝大部分县份均属于该路关内段的"吸引范围"，与铁路存在着或密或疏的经济关联。这为考察铁路与其"吸引范围"内的乡村经济变迁的关系提供了一个适宜的空间平台。

第一节　京奉铁路与冀东地区植棉业的发展

近代冀东地区的农业生产较为发达，是华北地区重要的粮食产地之一，农作物包括高粱、玉米、小米、棉花、小麦、豆类等，尤以高粱、玉米、小米的种植最为普遍，产量亦丰。② 例如，1924—1929 年间，顺义、密云、三河、宝坻、遵化、滦县、丰润等冀东各县的玉米产量年均超过 30 万担。③ 即使如此，该地区仍属于传统的缺粮区，本地的粮食生产无法满足当地民众的消费，需由关外或其他地方运入大量粮食。因而，粮食作物似乎不宜作为冀东地区农业发展的代表。有鉴于此，本书选择在近代冀东乃至华北农业中占有重要地位的经济作物——棉花作为考察对象，来探讨京奉铁路在冀东地区农业发展中的作用。

华北地区植棉的历史较为悠久，早在明清时期即为我国重要的产棉区域之一。近代以降，华北的植棉业获得了进一步的发展，尤其是民国时期，在工业需求的刺激、植棉政策的鼓励、华北交通方式的变革等多种因素的共同作用下，④ 华北植棉业的规模呈现出迅猛的增长态势，尽管其间

---

① 从翰香主编《近代冀鲁豫乡村》，中国社会科学出版社 1995 年版；乔志强主编《近代华北农村社会变迁》，人民出版社 1998 年版；〔美〕黄宗智：《华北的小农经济与社会变迁》，中华书局 2000 年版；郑起东：《转型期的华北农村社会》，上海书店出版社 2004 年版；等等。
② 《北宁铁路沿线经济调查报告书》，第 7 页。
③ 从翰香主编《近代冀鲁豫乡村》，第 291 页。
④ 刘洁、李立涛：《近代河北植棉迅速发展原因探析》，《河北大学学报（哲学社会科学版）》2005 年第 4 期，第 80~84 页。

曾有短期的波动。① 华北植棉业向以河北省为翘楚，该省的植棉业自民国以来延续了长期增长的态势。例如，1914年该省棉花种植面积为4124千亩，原棉产量为3373千担；之后几年间却略有下降。1924—1929年间，该省的棉田面积增至7410千亩，1931年则扩至9265千亩。然而，棉花产量因单位面积产量的下滑没有出现相应的增加。② 1919—1933年间，河北省的棉田面积年均约占全国棉田面积的11.8%，原棉产额年均占全国总产量的14.8%。③ 可见，民国时期河北省植棉业的发展主要归因于植棉面积的大幅增加，使其成为全国重要的棉产区之一。

河北的棉花生产通常分为三大区域，均以流经产区的河流命名之——西河区、御河区及东北河区。④ 西河区位于河北省中部和西南部一带，主要分布在大清河、滹沱河和滏阳河等流域。这个棉区包括70多个县，棉花产量占全省棉花总产量的60%左右。御河区位于河北省南部的南运河流域，范围包括20多个县，其棉产量占全省总产量的17%左右。⑤ 东北河区是以天津为中心的北运河、金钟河及蓟运河等河流的总称，主要包括17个县份，⑥ 该区又可分为东河区及北河区。东河区即蓟运河、滦河流域各地，主要包括迁安、昌黎、滦县、玉田、丰润、宁河、宝坻等县；北河区即北运河流域，包括顺义、怀柔、密云、通县、永清、蓟县、宝坻、香河、大兴、固安、武清、安次、宁河及天津等县。此外，军粮城、北塘、汉沽、芦台沿海一带也辟地植棉。⑦ 据表5-2，1933—1935年，东北河区的棉花年产额在30万担左右，相当于全省总产量的14%左

---

① 〔美〕黄宗智：《华北的小农经济与社会变迁》，第129~132页。
② 许道夫编《中国近代农业生产及贸易统计资料》，上海人民出版社1983年版，第203页。
③ 方显廷：《天津棉花运销概况》，南开大学经济学院经济研究所1934年版，第3页。
④ 曲直生：《河北棉花之出产及贩运》，社会调查所1931年版，第2页；傅勤先：《天津棉花之产销状况（一）》，《国货研究月刊》第1卷第5期，1932年10月，第60~62页。
⑤ 复旦大学历史地理研究中心主编《港口—腹地和中国现代化进程》，齐鲁书社2005年版，第303页。
⑥ 这些县份分别是天津、固安、大兴、宛平、通州、平谷、香河、丰润、玉田、武清、安次、永清、昌黎、宁河、滦县、乐亭及宝坻，参见天津中国纺织建设公司编《棉花概念》（中纺公司原棉训练班讲义），1949年版，第17页。
⑦ 《北宁铁路沿线经济调查报告书》，第1716页；陈天敬、吴光明：《河北省东北河区域棉业调查报告书》，实业部天津商品检验局1932年10月刊行，第3页。

右;① 其中，尤以东河区的丰润、北河区的武清的棉田面积最广，如1930年，丰润、武清的棉田面积分别为18万和11.5万亩。②

表5-1 1933—1935年河北省各产棉区域、种别、产量比较

单位：担，%

区域	种别	1933年 产量	占比	1934年 产量	占比	1935年 产量	占比	平均值 产量	占比
西河区	美棉	215497	14.92	394565	13.91	426533	19.69	345532	16.08
	中棉	531145	36.76	1578288	55.65	1313554	60.63	1140996	53.09
御河区	美棉	172577	11.94	305227	10.76	49398	2.28	175734	8.18
	中棉	279324	19.33	243356	8.58	38342	1.77	187007	8.70
东北河	美棉	162080	11.22	304338	10.73	313888	14.49	260102	12.10
	中棉	84289	5.83	10353	0.73	24732	1.14	39791	1.85
小计	美棉	550154	38.08	1004130	35.40	789819	36.46	781368	36.36
	中棉	894758	61.92	1831797	64.60	1376628	63.54	1367794	63.64
合计		1444912	100	2836127	100	2166447	100	2149162	100

资料来源：《北支三省棉作地带、species、类别、缲棉生产表》，参见南滿洲鐵道株氏會社調查部編『北支棉花綜覽』日本評論社、1940、13~14頁。

以上仅是对河北省植棉业发展状况和分布格局的粗略勾勒，并为考察京奉铁路与冀东地区植棉业发展的关系提供了一个整体背景。如前文提及，该路穿越冀东地区，与其关内段的"吸引范围"大致叠合，东北河棉区大体上又与冀东地区相吻合，因而，东北河棉区即可等同于该路关内段"吸引范围"内的产棉区域。通过分析该路在东北河区植棉业发展中的作用，即可从中窥知铁路与冀东地区农业发展之间的关系。

京奉铁路的开通是东北河区植棉面积和产量增长的重要促动因素之一。铁路出现以前，东北河区的植棉业虽有一定的发展，但其出产基本是

---

① 南滿洲鐵道株氏會社調查部編『北支棉花綜覽』日本評論社、1940、10頁；另据记载显示，该区在1933—1935年间的平均年产量为16万担，参见叶笃庄《华北棉花及其增产问题》，第32页，转引自从翰香主编《近代冀鲁豫乡村》，第148页。
② 陈天敬、吴光明：《河北省东北河区域棉业调查报告书》，第3页；傅勤先：《天津棉花之产销状况（一）》，《国货研究月刊》第1卷第5期，1932年10月，第67~70页。

以供给家庭消费为主,即使有作为商品的棉花存在,也大多限于本地市场内流通。铁路开通之后,棉花生产的形势开始发生改变,加之国内外纺织工业的发展导致棉花需求量的增加,于是一些村庄纷纷转向种植棉花。如在"满铁"调查的村庄中,"米厂村就因受新修铁路所打开的新的商业网的刺激,而转向棉花种植",其出产的棉花"售予铁路线上的胥各庄(位于该村以北十公里)和唐山,然后再由铁路运往天津及东三省"。① 1920—1930年代,棉花的市场需求更为强劲,价格也随之高涨,植棉成为较之其他作物更为有利可图的生产,例如,此时河北省每亩田地种植棉花的纯收入几乎为谷类每亩纯收入的两倍。②"植棉之纯益既远胜于他种农作物,结果必渐引起农民侧重种植棉花之趋向",③ 同时,由于各级政府及棉业团体的积极倡导和扶持,东北河区的棉花种植面积和产量均呈现较大幅度地增长,尽管其间因世界经济危机的冲击而出现一定程度的波动。

表5-2　1927—1935年河北省东北河区棉花种植面积

单位:亩

年份	1927	1928	1929	1930	1931	1932	1933	1934	1935
滦县	80000	86000	55000	70000	77000	85000	75780	185000	170000
丰润	60000	67000	65000	65000	70000	180000	190480	214800	320000
玉田	25000	28000	20000	30000	35000	40980	10800	52000	55000
宝坻	9000	12000	—	14000	14000	4000	8500	56500	157500
乐亭	—	—	15000	20000	20000	18000			
昌黎	—	—	—	—	—	50000	45000	120000	165000
武清	—	—	—	—	—	150000	218500	178500	145500

---

① 〔美〕黄宗智:《华北的小农经济与社会变迁》,第139页。
② 《河北省每亩田地种植棉花或谷类所获纯利比较表》,载天津社会科学院历史研究所编《天津海关十年报告(1922—1931)》,《天津历史资料》第5期,1980年,第53页。另据1934年"满铁"对通县附近棉花与其他作物收支情况的比较显示,棉花(陆地棉)每亩的收益为1.612元,而高粱(与大豆混种)每亩净亏2.270元,玉米(与大豆混种)每亩净亏1.548元,小麦、粟每亩净亏1.480元,参见南滿洲鐵道株氏會社調查部編『北支棉花綜覽』日本評論社、1940、280頁。尽管各统计之间存在着不同程度的差异,但从各种农作物的每亩收入及损益的情况比较而言,相对其他农作物,种植棉花的收益丰厚甚至最大。
③ 方秋苇:《华北棉花之前途》,《新中华》第3卷第22期,1935年11月25日,第13页。

续表

年份	1927	1928	1929	1930	1931	1932	1933	1934	1935
永清	—	—	—	—	—	11000	20500	23500	73500
安次	—	—	—	—	—	7520	5700	54000	44000
固安	—	—	—	—	—	4800	31500	39100	51000
大兴	—	—	—	—	—	46300	51150	95000	95000
宛平	—	—	—	—	—	7870	8050	9004	25200
通州	—	—	—	—	—	8500	10800	36000	65000
三河	—	—	—	—	—	4000	4500	4000	6000
平谷	—	—	—	—	—	9200	7500	18000	15000
香河	—	—	—	—	—	67450	40000	89500	45000
宁河	—	—	—	—	—	2100	8500	25000	30000
天津	—	—	—	—	—	650	800	118600	196200
抚宁	—	—	—	—	—	42500	—	4600	25000
临榆	—	—	—	—	—	—	—	450	1000
卢龙	—	—	—	—	—	—	—	—	36000

注：同一县份的个别年份之间的数额比较悬殊，其中的原因基本上是两个：一是棉花价格及金融比价的剧烈波动导致种植面积的大幅缩减和扩增；一是水旱灾害、虫害的发作次数和严重程度对棉花种植面积起伏的影响。

资料来源：《表（二）A：河北省各县棉作面积》，参见南满洲铁道株氏会社调查部编『北支棉花综览』日本评论社、1940。

表5-3　1927—1935年河北省东北河区棉花收获量统计

单位：担

年份	1927	1928	1929	1930	1931	1932	1933	1934	1935
滦县	22000	30000	14000	11500	19610	26000	32964	19110	34000
丰润	22000	25000	21000	10700	16270	100800	97259	57996	38400
玉田	8000	8200	5900	2660	5096	15990	1720	11648	9900
宝坻	2000	2500	—	1390	3234	570	1184	14980	23100
乐亭	—	—	3100	3820	3976	32205	40656	9720	1632
昌黎	—	—	—	—	—	1672	1615	1964	30420
武清	—	—	—	—	—	33750	63775	51320	30578
永清	—	—	—	—	—	3300	4687	7065	7052
安次	—	—	—	—	—	1970	1366	20736	11264

续表

年份	1927	1928	1929	1930	1931	1932	1933	1934	1935
固安	—	—	—	—	—	7830	8012	10286	10487
大兴	—	—	—	—	—	13800	11908	25020	29450
宛平	—	—	—	—	—	2334	1673	3520	6997
通州	—	—	—	—	—	2275	2149	10800	23595
三河	—	—	—	—	—	805	911	935	1328
平谷	—	—	—	—	—	2152	1575	5616	3412
香河	—	—	—	—	—	1960	6144	22169	11075
宁河	—	—	—	—	—	530	3829	7500	5770
天津	—	—	—	—	—	154	187	36258	41472
抚宁	—	—	—	—	—	9913	—	732	4410
临榆	—	—	—	—	—	—	—	76	166
卢龙	—	—	—	—	—	—	—	—	7564

资料来源：《表 D：河北省各县缲棉收量》，参见南滿洲鐵道株氏會社調查部編『北支棉花綜覽』日本評論社、1940。

棉花种植面积的扩大势必会对其他农作物造成不同程度的侵占，从而导致该地区农作物的种植结构出现相应的变化。据 1930 年代北宁铁路局的一个调查显示，冀东"各县农产以高粱、玉米、小米为最普遍，产量亦较丰，余则为小麦、豆类"，[①] 然而，植棉业亦被大力提倡，乡民也以其获利较多而趋向种植，以致棉田面积在所有农作物种植面积的占比日益提高。如 1930 年代中期，丰润县米厂村棉花种植面积的比例达 31%，仅次于高粱的 44%；玉田县龙窝村棉花种植的比例甚至高达 54%，超过高粱比例 29% 的近乎一倍；丰润县东鸿鸭泊棉花种植的比例为 20%，高粱的种植比例仅为其一半。[②] 棉花种植的较高比例是这些村庄能够成为高度商业化村庄的显著标志，但像这样的村庄在冀东地区毕竟属于少数。因此，整体而言，棉花种植比例的提高，并未对于该地区农业生产的基本形态和种植结构产生根本性的影响或改变。

[①] 《北宁铁路沿线经济调查报告书》，第 7 页。
[②] 〔美〕黄宗智：《华北的小农经济与社会变迁》，第 324 页。

京奉铁路是东北河区棉花外运的重要路径之一。民国以降，随着新式棉纺织业在天津的勃然兴起及国际市场的强烈需求，原先多在产地市场流通的棉花逐渐变为一种重要的输出商品，即多数棉花运至天津供给当地纱厂消费或转运他埠及国外。这些棉花采取的运输路径各有不同，火车、大车、民船及驮运等运送方式皆有。例如，"东河区各县所产之棉，除玉田县所产者由大车运至河头装船，或自窝洛沽装船，其余如昌黎所产者，多在安山、石门站装车，运往天津或唐山；滦县所产者在滦县及坨子头站装车；丰润县所产去唐山者，直接用大车拉运，运津者多在胥各庄或唐坊站装车，或装船，沿开滦煤河或蓟运河运津"。① 北河区各县出产的棉花，"固安县所产者用大车运津；香河县所产者夏用船、冬用大车运津；平谷县所产者由驮运至古北口外及北平；其余如宛平县所产者多在黄村、魏善庄、安定三站装车；大兴县所产者在永定门外装车；安次及武清县所产者多在落垡及杨村站装车，均由铁路运往天津，杨村临北运河，船运者数量亦属不少"。② 由上可知，东北河区的棉花采用何种交通方式运至天津，主要依据其距离天津的远近和是否拥有便利的水路或铁路运输。其中经由铁路运输的棉花，大多先集运至铁路沿线各站，如滦河的胥各庄、北运河的杨村等，然后再由火车转运天津。③ 然而，由于统计资料的缺失，暂时无法对京奉铁路在东北河区棉花外运中的比重进行细致的定量分析，但对于1920年代华北内陆棉花运至天津数量及其运输方式的考察将在一定程度上有助于明了东北河区棉花运送的梗概。

表5-4　1921—1930年内地棉花运至天津数量及其运输方式比较

单位：担，%

年份	火车 数量	火车 占比	民船 数量	民船 占比	大车 数量	大车 占比	合计 数量	合计 占比
1921	496554	78.1	125760	19.8	13076	2.1	635390	100

---

① 《北宁铁路沿线经济调查报告书》，第1719页。
② 《北宁铁路沿线经济调查报告书》，第1719页。
③ 方显廷：《天津棉花运销概况》，第10~11页；金城银行总经理处天津调查分部编《天津棉花运销概况》，第11页。

续表

年份	火车 数量	火车 占比	民船 数量	民船 占比	大车 数量	大车 占比	合计 数量	合计 占比
1922	724514	76.7	215185	22.8	4468	0.5	944167	100
1923	715959	74.6	230165	24.0	13671	1.4	959795	100
1924	381616	68.8	159255	28.7	13815	2.5	554686	100
1925	464388	43.9	574845	54.4	18137	1.7	1057370	100
1926	73055	7.7	841809	89.1	30283	3.2	945147	100
1927	227064	18.4	956669	77.6	48693	4.0	1232426	100
1928	304238	25.1	846465	69.8	61732	5.1	1212435	100
1929	64779	12.5	421867	81.7	29909	5.8	516555	100
1930	167040	18.8	682812	77.0	37565	4.2	887417	100
合计	3619207	40.5	5054832	56.5	271349	3.0	8945388	100

注：天津常关在1931年6月因厘金的废止而裁撤，故1931年以后之统计未列入。

资料来源：根据《内地棉花输入天津按所用运输工具分配表（民国十年至十九年）》改制，参见方显廷《天津棉花运销概况》，第10页。

由表5-4可知，1921—1925年，经由铁路运送的棉花一度占到天津棉花来源的78.1%，是最主要的运送方式。1926年后，由于政局动荡，铁路运量急剧减少，其比例骤降至7.7%，船运反陡增至89.1%。1927年后，铁路所占比例虽有所回升，但仍未超过30%。可见，1921—1930年，由铁路运至天津的棉花所占的份额呈逐年降低的趋势，水路所占的比重却出现相对的增加，并逐渐超越铁路运输而成为内地棉花运津的主要交通方式。同时，大车运输的份额也有些微的增加。1931年以后，东北河区棉花的运送渐以铁路代替船运，因为棉花交易行情时常发生剧烈地变动，虽然运费增加不少，但能使输运时间缩短，从而获得较多的交易和赢利机会。[①]
1920—1930年代，铁路较民船的运输优势日益丧失的主要原因除了兵戈扰攘之外，尚有棉花价格的日益升高、市场供求的剧烈变动以及铁路运输费用的相对昂贵等。由于民船的运输费用要低廉得多，农民和商贩为了节约成本，自然会倾向于选择运费低廉的水路运输，尽管水路的速度要相对缓

---

① 李洛之、聂汤谷：《天津的经济地位》，第192~193页。

慢且承担更大的风险。总之，水路在棉花运输中始终占据了较大份额。①这个结论也可由河北三个棉产区均按其河流系统命名而得到印证，即所谓的西河区、御河区及东北河区，"这些名词足以显示依赖河流运输的旧体系的延续"。②故整体而言，华北地区大部分棉花运至天津需要倚靠传统水路和现代铁路的结合。

东北河区棉花既以京奉铁路为重要运送路径之一，棉花（籽）便成为该路货运中的一种大宗商品。该路在东北河区内的主要运棉车站有安山、石门、滦县、胥各庄、唐坊、通县、永定门、落垡及杨村等。③由于本区内各县棉花产量和外运数量的多寡不一以及水路的竞争等因素的影响，各站起运棉花的数量多少不等，其中"有系大宗运出者如落垡、杨村、唐坊、胥各庄、石门、安山等站；有仅系少数零担起运者，如黄村、魏善庄、安定、滦县等站"。④滦县虽然棉花产量较高，但大部分由唐山华新纺织厂吸纳，故经由铁路转运量较少；昌黎、丰润、宛平、安次等县所产大多由铁路运津。譬如，1935年前后，永定门站运出棉花1257000斤，主要吸收大兴县属南苑一带出产的棉花，该棉在产地压籽后，均用大车运至该站，大多由转运商运至天津或再转海路至上海；⑤落垡站运出棉花主要来自安次及武清两县境内所产，每年经铁路运出数量约400吨，棉籽850吨，运销地点为天津，部分再转销上海；⑥杨村站运出的棉花产自武清县境内的杨村镇附近各地，由于距离车站甚近，所以这些棉花及棉籽均由该站运出，年均约运出棉花700吨，棉籽2115吨；⑦胥各庄站发送的棉花主要产自丰润县属的宣庄、稻地、小集等，其中宣庄、黄各庄两处均盛产棉花，每年运到该站的数量共840万斤，均由本路运销天津，或转销上海，旺运

---

① 野中時雄編『河北省棉產概況（民國二十四年度）』滿鐵天津事務所、1936、39頁。
② 〔美〕黄宗智：《华北的小农经济与社会变迁》，第135页。
③ 《北宁铁路沿线经济调查报告书》，第1716页。
④ 《北宁铁路沿线经济调查报告书》，第1719页。
⑤ 《北宁铁路沿线经济调查报告书》，第1719页。
⑥ 《北宁铁路沿线经济调查报告书》，第1720页；陈天敬、吴光明：《河北省东北河区域棉业调查报告书》，第18页。
⑦ 《北宁铁路沿线经济调查报告书》，第1721页；陈天敬、吴光明：《河北省东北河区域棉业调查报告书》，第18页。

时期由八月至翌年五月，每月平均可运出 480 吨，淡运时期为六月至七月，每月平均运出 100 吨；① 石门、安山两站每年运出棉花分别约为 800 吨和 1000 吨。② 另外，产自平汉、正太、陇海各路沿线的棉花也先运至丰台站，再换乘京奉路车运至天津。③ 可见，东北河区出产的棉花除一部分被当地的纺织工业吸收或运销东北外，其余大部分均运往天津或再转销他处。这不仅标志着棉花市场范围的扩大，而且意味着其商品化程度的提高。如 1930 年代中期，该地区棉产中的 49%、收集量的 70% 由天津吸纳。由此可以推断，东北河区棉花的商品率肯定会高于 70%。④ 这在一定程度上要归功于京奉铁路的运力。

东北河区的部分棉花由京奉铁路各站起运至津，于是在一些车站的所在地或铁路与水路的交会地点，形成了以棉花集散和转运为功能的中级市场，并与棉花的原始市场和终端市场共同构成一个层级分明的棉花运销体系。棉花的原始市场（初级市场）即遍布于产棉区的乡镇集市，它们大都分布在棉花生产集中的县镇或村落中，主要是以定期集市为多。此外，还有在棉花收获时期增开的临时性集市，如"每逢棉花采摘季节，一些大的村落几乎都有棉花村市"。⑤ 定期集市的间隔日期不等、范围大小不定，参加者多为 5—10 里内的居民，县城的集市范围相对较广；各集市交易的物品并不仅限于棉花，但产棉区集市的棉花交易颇为发达。⑥ 农民生产的棉花，一般是在集市出售或由棉花贩运商、经纪人等直接收购，为中级市场提供原棉。例如，杨村等处五日一集，农民在集日将所收棉花运至就近市场，自由销售，极为便利。⑦ 可见，以集市为核心的棉花原始市场的构成要素为卖方（棉农）、买方（轧花店或棉花商贩），在二者之间存在着买卖

---

① 《北宁铁路沿线经济调查报告书》，第 1722 页；陈天敬、吴光明：《河北省东北河区域棉业调查报告书》，第 7 页。
② 《北宁铁路沿线经济调查报告书》，第 1726 页。
③ 方显廷：《天津棉花运销概况》，第 10 页；《北宁铁路沿线经济调查报告书》，第 1727 页。
④ 李洛之、聂汤谷：《天津的经济地位》，第 30 页。
⑤ 刘克祥主编《清代全史》第十卷，第 508 页。
⑥ 曲直生：《河北棉花之出产及贩运》，第 88 页；《北宁铁路沿线经济调查报告书》，第 1708 页。
⑦ 河北省棉产协会：《河北省棉产调查报告》，1936 年版，第 17 页。

的中间斡旋者——经纪人。轧花店一般只是进行轧棉工作,商贩既可作中介商人、抑或拥有一定数量的轧花机。总之,他们都有着共同的利益追求。此外,丰润县的小集、玉田县的窝洛沽等集市的棉花交易同样发达,也可视为棉花贸易的原始市场。①

集中于原始市场的棉花或经过轧制、分类、打包,或直接由民船和大车运至胥各庄、杨村等中级市场。这些中级市场基本上位于京奉铁路的车站附近或铁路与河道交会之处,因占据特殊的中心地位和极其便利的交通运输条件而成为棉花的集散中心。例如,胥各庄为该路之一站,铁路及水运皆为便利且附近有唐山华新纺织厂,故其成为东河区棉花的集散中心。1930年代中期,该市场计有棉花店7户,主要包括大有恒、永和栈、华兴同、东兴和、和聚长、吉成号等,尚有贩运商数十户,主要收集丰润、滦县出产的棉花,年均收集量为15万—20万担,一部分由马车运至唐山华新纺织工厂销售,其余依靠火车或民船运至天津市场。杨村的交通条件几乎与胥各庄一样优越,它也是该路之一站,且距离北运河码头甚近,故而成为东北河区棉花的集散中心。其棉花主要来源于武清、宝坻和香河等县,本地出产的棉花主要由大车从杨村直接运至天津。该市场的棉花店仅有2家,冬季棉运繁忙时可增至七八家,其中以三合成为最大。不过,天津商人来该镇"坐庄"收买棉花者也不少,打包后即由火车载运至津,然后售于津市各纱厂。②该路的又一车站——落垡为新开辟的棉花中级市场,大有取代杨村之势。此处有棉花店数家,尤以同盛公(该店有轧花机150架,打包机3架)、华昌为大;经过轧制、打包的棉花均由火车运津售于各纱厂,或转运至大连、上海等处。③总之,棉花店和贩运商是中级市场上最为活跃的主体,棉花店的性质如同天津的棉花货栈,主要业务为代客收买棉花,从中收取一定的佣金,或者直接收买棉花出售。④中级市场的贩运商与原始市场的棉花商贩的性质相同,只是其势力更为强大,各地棉

---

① 曲直生:《河北棉花之出产及贩运》,第88页。
② 《北宁铁路沿线经济调查报告书》,第1025页;陈天敬、吴光明:《河北省东北河区域棉业调查报告书》,第18页。
③ 陈天敬、吴光明:《河北省东北河区域棉业调查报告书》,第18页。
④ 曲直生:《河北棉花之出产及贩运》,第90~91页。

花店的住客常以此种人居多。虽然他们游移不定，却能够使各地的棉价大体上趋于持平。① 因而，棉花店和贩运商因职能的不同而在业务上有合作的关系。但面对现实利益，它们之间也存在着一些竞争和纠纷。此外，胥各庄和杨村同为京奉铁路沿线的棉花中级市场，但它们的市场容量和发展程度不同。这主要取决于它们各自覆盖的棉花产区面积的不同及其与天津之间的流通规模的大小。

经过中级市场的过渡之后，东北河区棉花最终被运至终端市场——天津。天津是华北最大的棉花市场，河北省各棉区所产的棉花大部分由这里吸纳、转运或出口；另外，来源于山西、陕西及河南部分地区的棉花亦经由平汉、正太、陇海、京奉铁路联运津。② 终端市场的运销过程较之原始市场和中级市场简单，即卖方基本上为天津的棉花货栈，买方为当地的纺织工厂或外国洋行。处于两者之间的中介者，即经纪人俗称"跑合"，他们"本身多无资本，其资格亦无一定之限制，决不能以自己名义做买卖。其惟一之任务，即在撮合买卖双方成交，成交之后，可得货价2.5‰的佣金"。③ 随着棉花货栈与纺织工厂或洋行之间直接交易的增多，"跑合"在棉花市场中的机能丧失殆尽，不再成为棉花收购过程中的必要因素；剩余的"跑合"在天津这个终端市场中也只是苟延残喘而已。在天津棉花市场中占据主体且为棉花交易的唯一场所的是棉花货栈。1907年之前，天津并没有专营棉花的货栈，随着运至天津棉花数量的日增，专营棉花的货栈应运而生，即"自西河花开始出口后，乃有此项商栈之成立也"。④ 民国时期，随着河北省植棉业的迅猛发展，棉花货栈蜂拥而起。1912年时棉栈仅有6家，1919年时较具规模的棉栈增至20家，1930年时达到最高峰，1931年之后日渐衰落；1930年代中期又稍有起色，如在1935年棉栈计有84家。⑤ 这些棉栈中资本多者数万元，少者仅千元，主要业务包括为代棉客及棉店代理人办理内地棉花运津之一切手续，如纳税、检验、报关等，

---

① 曲直生：《河北棉花之出产及贩运》，第91页。
② 《北宁铁路沿线经济调查报告书》，第1727页。
③ 《北宁铁路沿线经济调查报告书》，第1709页。
④ 《天津棉业调查》第三编，《天津棉鉴》第1卷第6期，1930年6月，"引言"。
⑤ 《天津棉花运销概况》，第19页。

所有费用均由棉栈预为垫付；另为资金的通融，即棉栈以已经成交或尚未成交的棉花作抵押，贷款给资金匮乏的棉商。此外，一些棉栈还兼营仓库事宜，以经营杂粮及皮毛等为主要业务的货栈也以经营棉花为附属营业。①棉栈的收入因其业务性质的不同而各有差异，"普通者为佣金收入、贷款利息、仓库存储费及由棉花市价涨落之获利等，资本弱小之棉栈，亦有向银行或仓库通融款项，转贷棉客，借博余利；或由仓库费中收取余润以益收入，佣金现按卖价 1.5% 收取，内中六分之一或卖价的 2.5‰ 付给跑合，以为报酬"。② 这些棉栈的团体组织为天津市棉业同业公会，由天津各棉栈或内地棉客组成，1935 年前后共计有会员 38 家，其宗旨为维持同业的公共利益及矫正营业上的弊害。③ 天津市场的棉花交易除由棉栈代办外，尚须倚赖于报单行、牙税局、商品检验局、仓库、打包公司、运输公司、保险公司及银行等机构和公司。④ 总之，棉栈可谓多位一体的商业组织，它"既是货栈，又是棉商，并兼有专业银号的性质，是终点市场上重要的组织者和桥梁"，⑤ 是整个棉花交易链中不可或缺的一环。

通过东北河区棉花由产地运至天津的整个交易过程的概述可知，整个运销体系或市场结构呈现出明显的层级性，即以集市为依托的原始市场、以集散为职能的中级市场和以消费或出口为目的的终端市场，分别由棉农、经纪人、棉花店、棉花贩运商和棉栈等要素构成，此外，尚有报关行、打包公司、检验局、仓库、保险公司等附属机关参与其间。这些不同的要素在棉花运销体系中处于不同的地位，发挥不同的功能。棉农作为棉花的生产者，一般在集市出售棉花或由轧花店、棉花贩运商收购，为中级市场提供原棉；天津作为华北棉花的主要吸纳地——供给当地纺织工业消费或者转运他埠及出口，是棉花的终端市场；棉花集散中心的中级市场成为联结原始市场和终端市场的纽带。同时，棉栈大多集中于终端市场，棉

---

① 《北宁铁路沿线经济调查报告书》，第 1710 页。
② 《北宁铁路沿线经济调查报告书》，第 1711 页。
③ 《北宁铁路沿线经济调查报告书》，第 1711 页。
④ 《北宁铁路沿线经济调查报告书》，第 1711～1714 页；《天津棉花运销概况》，第 18～19 页。
⑤ 张利民：《试论近代华北棉花流通系统》，《中国社会经济史研究》1990 年第 1 期，第 80 页。

花店、贩运商等聚集于中级市场,棉农散布于原始市场。这样,原始或中级市场将棉农和棉花收购者结合起来,终端市场将棉花货栈与纺织工厂及外国洋行连接起来。① 可见,整个棉花运销体系的联络主要是倚赖于棉花货栈、棉花店和贩运商,具体的交易流程为棉农—经纪人(小贩)—轧花贩—棉花店—棉花货栈—跑合—纺织工厂(洋行)—洋行账房—出口。需要指出的是,这些市场要素之间并非"泾渭分明",而是彼此之间存在着不同程度的"兼容"。例如,有的棉农自备轧花机,自行对原棉进行加工后贩运到棉花店,有的甚至兼营棉花店、贩运商、轧花店等各种业务;处于终端市场的棉栈也多自行派人进入原始市场与棉农直接进行交易,通常分为常设或临时两种性质的收购人(俗称"坐庄"或"外庄");棉民与轧花店之间的小贩与作为中介的经纪人之间的职业身份也没有截然的划分,后来甚至出现了集棉花买、卖于一身的棉花运销合作社。总之,棉栈、棉花店及贩运商等在棉花运销体系中的位置和彼此的关系并不层次分明和"中规中矩",而是在基本的市场层级和职能定位中存在着或多或少的争夺和侵越。

另一方面,这样一个棉花运销体系将棉农和世界市场紧密地联结起来,棉花的需求及价格基本上完全依赖于世界市场的行情而定,从这种意义上说,棉农受到世界市场的支配和控制,对国内外市场的依赖程度日益加深。此外,棉花从生产者手中转移至纺织工厂或出口的整个运销过程中,体现着浓厚的传统色彩。它的交易手续极为复杂,介入机构过于臃肿,中间商及各种捐税的榨取盘剥层出不穷。例如,中间商的各种费用大致占棉价的比例为:经纪人,1%—1.3%;跑合,0.2%—0.3%;洋行华账房,2%;棉花店,2%;棉花货栈,1%。② 捐税方面,主要有棉花牙税、公益捐、棉花店营业税及附加捐等,其他如掺水、夹带杂物、度量衡不统一、检验官吏的不公正等均对棉花运销产生了不小的阻碍。由于中间环节和苛捐杂税的盘剥,棉农、纺织工厂及洋行的利益均受到侵损,不断激起它们进行直接交易的愿望。1932 年厘金裁撤、常关取消后,棉商与纺

---

① 傅勤先:《天津棉花之产销状况(二)》,《国货研究月刊》第 1 卷第 6 期,1932 年 11 月,第 76~96 页。
② 野中時雄編『北支棉花ちすゐの考察』滿鐵天津事務所調查課、1936、70 頁。

织工厂之间时有直接收运的情形，尽管这种现象并非普遍，但这种倾向使传统的棉花运销系统面临着可能崩溃的危险。

　　1930年代中期，河北省为了推广和鼓励植棉，成立了由河北省政府、冀察政务委员会经济委员会、华北棉产协会、北宁铁路局等多家行政和事业单位组成的棉产改进委员会，并在各地设立分支机构和农事试验场等，积极开展引进和推广良种、改进栽培技术、防治病虫害等业务以推动植棉业的发展。其中，北宁铁路局为了推广植棉和增进货物运输起见，于1935年在通县创办了棉作试验场，进行棉花品种的培育、改良和推广以及其他相关业务。该试验场的营业和管理由北宁铁路局负责，技术人员却由东亚产业协会委托"满铁"派遣，担任技术指导和顾问工作。双方的合作使该场在棉种改良、病虫防治等技术方面取得了一定的进步。1937年7月之后，该试验场因战事的影响而陷于一时的停顿。之后，北宁铁路局再度向"满铁"提出技术援助的请求，后者在该年年底新派8名技术人员协助进行工作。1938年7月1日，北宁铁路局与"南满铁路北支事务局"均移交北京铁路局总务处管辖；翌年2月，通县棉作试验场进行了改组并扩充，业务范围由初期的棉花培植和推广扩增到一般农作物、林业、病虫害等方面，成为更具规模的农业试验场。"华北交通会社"成立以后，它进一步沦为殖民机构在当地进行产业"振兴"的试验机关。

　　1920—1930年代，东北河区植棉业的发展是多种因素交互作用的结果，京奉铁路的通行是其中一个重要的促进因素。它的开通在一定程度上导致棉花种植面积的扩大和生产量的增加，这些棉花经由铁路或水路源源不断地运至天津，在市场中及时且顺利地实现交易，从而促进了棉花商品率水平的提高。同时，铁路与水路的结合导致东北河区棉花的分布格局呈现出较为明显的地域化倾向，棉花的种植多分布在铁路附近，或存在于河流的沿岸，即"在易于达到的地方（乃就低廉运输而言的）"。[①] 可见，京奉铁路对于该地区植棉业的发展规模和深度均具有重要的促进作用。

　　京奉铁路对东北河区棉花的运销体系和层级性市场的形成起到了至关重要的作用，因为它在便利棉花外运的同时，必然会带来棉花流通方向的

---

① 马札亚尔：《中国农村经济研究》，陈代青、彭桂秋译，神州国光社1934年版，第529页。

相应变化，使一些拥有便利交通的地点成为棉花的集散中心或中级市场。这些中级市场的共通之处是它们均为铁路的站点，而且临近河流或码头，水陆交通极为便利，但它们集散棉花数量的多寡需视其周边地区棉花的产量而定。同时，这些中级市场将棉花的原始市场和终端市场加以衔接和沟通，形成一个层级结构的棉花运销体系。可见，铁路的通行在一定程度上丰富了棉花运销的市场结构，市场分工也较为专业和明确，因而具有一定的现代化含义。而且，铁路对于这个市场结构的稳定和顺畅发挥着重要的维系作用。另一方面，这种层级性的市场在很大程度上是对传统棉花运销体系的承续，具有浓厚的传统色彩。换言之，铁路虽然促进了东北河区植棉业的发展及其市场结构的变动，但它并没有对旧有的运销体系形成实质性的冲击或突破；相反，旧有的运销体系反而借助铁路这种现代化的交通工具而得到存续，甚至巩固和强化。事实上，这种运销体系虽然相对完备，但它是阻碍近代中国棉业发展的重大障碍。因为棉花交易的大部分利润被铁路运费或中间商人的盘剥而占据，农民出售棉花所得的实际收入被大为压低，进而影响了农民的生产和生活。可见，市场结构或曰农业制度的改良或革新是近代中国农业由传统向现代转型的关键，尽管铁路毫无疑问地促进了农作物商品化水平的提高及市场结构的变动，但它无法实现对于传统市场结构的彻底抛弃和革新。这既是近代冀东地区农业转型过程中的必然现象，也表明作为一种现代化的交通工具，铁路在这个转型过程中的作用存在一定的局限性。

第二节　京奉铁路与冀东地区手工业的发展

京奉铁路不仅对冀东地区的农业发展提供了很大的助益，而且对于该地区的乡村手工业或加工工业产生了积极的作用。铁路的开通不仅便利了乡村手工业所需原料及产品的运销，而且扩大了产品的市场范围，促使冀东地区的乡村手工业呈现新的变化或发展，"主要表现在部分传统手工业生产项目持续发展和若干种新兴手工业部门的兴盛两个方面"。[①]

---

① 《港口—腹地和中国现代化进程》，第 307 页。

棉纺织业是冀东地区乡村手工业的支柱性产业之一。早在清乾嘉时期，该地区个别县份的棉纺织业已较为发达，并运销他处。例如，滦州布"用于居人者十之二三，运出他乡者十之七八"；乐亭布"本地所需一二，而运出他乡者八九"。① 近代以降，随着大量洋纱、洋布等向华北内地市场的日益渗透，华北地区的棉纺织业遭受了较为沉重的打击。清末民初，随着铁路的开通及市场的刺激，冀东地区乡村棉纺织业再度兴旺。据北宁铁路局的调查显示，该路关内段"吸引范围"内的织布工业较其他工业为盛，"沿线各县镇庄村农户莫不视为重要之家庭工业"，② 宝坻、玉田、香河、滦县、抚宁、遵化六县农家妇孺几乎全都纺织土布，前三县大多购买天津或唐山各纱厂出产的十六支或二十四支粗纱，再织成各种粗细布匹；后三县多以中国本土棉花，用土法即人力木制纺车纺成线纱，再行织成布匹。据调查每年产700万匹有余，除销于当地市场外，大多由布贩运销热河、东三省、察哈尔、绥远及蒙古各地。③ 民国时期，河北玉田县开始使用机纱织布，1920年代全县共有布机1万多张，生产布匹以窝洛沽、林南仓两地为聚集地，通过铁路运销东北和北口、西口；最盛时期，每年外销7万件左右（每件30—40匹），约250余万匹。④ 滦县农民用小黑籽棉织成土布，年产约140万匹，其中60%—70%的布匹销于关外，农户赖以谋生者达万余户。⑤

冀东地区最为著名的织布区，是宝坻及其毗邻的香河等县，这是华北地区三个乡村织布业中心之一（其余两个为高阳、定州）。清末民初，这些县份的乡民逐渐改用铁轮机。1917年后，宝坻织布业开始兴盛，全县一、四、五、八、九各区的村庄，已有80%的农户从事织布业，计有铁轮织布机6000架以上，尤以新集镇及县城四郊为最盛，每年共计生产永机布约10万件。⑥ 1924年，宝坻县永机布生产日益衰落，年产只有5万—6万

---

① 转引自丛翰香主编《近代冀鲁豫乡村》，第340页。
② 《北宁铁路沿线经济调查报告书》，第11页。
③ 陈天敬、吴光明：《河北省东北河区域棉业调查报告书》，第3页。
④ 《北宁铁路沿线经济调查报告书》，第1329页；孙润芳：《近百年玉田土布生产概述》，《唐山文史资料》第6辑，1989年版，第125页。
⑤ 陈天敬、吴光明：《河北省东北河区域棉业调查报告书》，第7页。
⑥ 《北宁铁路沿线经济调查报告书》，第1076~1077页。

件；大尺布却逐渐畅销，年产 10 万件，行销东三省、四平街、公主岭、长春、哈尔滨等地，甚至宁夏等地亦有少量销往。香河县因毗邻宝坻，土布业亦颇为发达。乡民多利用农闲时期从事织布，1935 年前后的年产量约为 2500 万匹。① 整个织布区的土布销路可分为东、西、北三路。行销西路的土布均先用大车运至通州，再由铁路运往其他各地；行销北路之货多用大车载至林南仓各栈房，口外客商即在栈房内购买；销于东路的布匹，由水路运至胥各庄，再由该处装上火车运往各地。②

1931 年九一八事变爆发后，华北局势日趋动荡，宝坻土布业随之陷入衰落的境遇。1932 年伪满洲国成立后，在山海关设置关税壁垒，对关内输往东北的土布征收苛税。例如，1933 年伪满洲国对宝坻土布征收"进口税"，每包（34—40 匹）17.55 元，宽城县又加征印花税每包 4 元，合计每匹布增加成本 5 角有余，以致宝坻土布无法与日货竞争，逐渐丧失了东北市场。③ 1933 年初，日军侵占热河，占据长城各口，宝坻土布的热河市场随之关闭。东北和热河市场的丧失对于宝坻棉纺织业无疑是致命的打击，因为宝坻土布市场的 90% 在热河及东北地区。其后，宝坻土布不得不转而拓展西北市场，输往甘肃、陕西、绥远等地的数量激增。然而，该县土布的销量依然无法和 1931 年之前相提并论。这个曾经盛极一时的织布中心就此日渐凋零。

表 5-5　1923 年、1933 年宝坻棉纺织品主要市场的输出量变化

单位：匹

销场		热河	东北	西北	河北	总计
销量	1923 年	3302693	680000	246000	360000	4588693
	1933 年	706610	20400	792000	90000	1609010
增减率		-79%	-97%	+222%	-75%	-65%

资料来源：方显廷《由宝坻手织工业观察工业制度之演变》，《政治经济学报》第 4 卷第 2 期，1936 年 1 月，第 305 页。

---

① 《北宁铁路沿线经济调查报告书》，第 1046 页。
② 《北宁铁路沿线经济调查报告书》，第 1079~1080 页。
③ 方显廷：《由宝坻手织工业观察工业制度之演变》，《政治经济学报》第 4 卷第 2 期，1936 年 1 月，第 313 页。

猪鬃业是冀东地区著名的新兴加工工业之一，几乎完全集中于丰润县胥各庄镇及其附近村庄。猪鬃原本不是手工业产品，1860年以前，大多被视为废弃之物，或充作农田肥料。① 光绪初年，在世界市场强烈需求的驱动下，猪鬃迅速成为天津的大宗出口商品之一。1881年唐胥铁路开通后，胥各庄因沾铁路及"煤河"运输之便，以及猪鬃加工业高额利润的引诱，猪鬃加工作坊、代销代购猪鬃的货栈如雨后春笋般地纷纷涌现，甚至连猪鬃加工业的发祥地王禾庄也望尘莫及。数年之后，原本默默无闻的胥各庄已是商号、栈房、钱铺栉比的商镇。20世纪初，由于帝国主义为重新瓜分世界而积极扩军备战，猪鬃一时成为重要的战备物资，于是胥各庄的猪鬃出口量剧增。那些未经加工的猪鬃须先运至丰润县胥各庄等地，经过洁净、分等与重新打包后，再运至天津出口。② 于是，胥各庄发展成为新兴的猪鬃加工和集散中心，辐射范围包括周围数十里的村庄。1912年前后，胥各庄及其附近村庄共有猪鬃加工场130个左右，工人达3000余人；初级加工后的产品，由胥各庄用火车运至天津，然后再转轮船出口。③ 1913年，该地出口的猪鬃约占天津出口总量的70%，价值四五千万美元。④ 第一次世界大战期间，国际贸易受到严重冲击，胥各庄的猪鬃加工业随之遭受重创，工场大多赔累倒闭，货物积压，工人失业，形势一片萧条。1918年第一次世界大战甫告结束，猪鬃再次成为国际市场上的抢手货，胥各庄的猪鬃加工业重获生机并迅猛发展，仅在该地即有20余家规模较大的加工厂和货栈相继开业，周边乡村的大小加工工场比比皆是，不计其数。1929年，随着世界贸易的消沉，猪鬃的出口也趋于萎缩，至1930年代，胥各庄每年加工猪鬃仅为2万箱，每箱重82.5斤，约合16500担，几乎占到全国猪鬃出口的1/4。⑤ 1937年前，该地经营此业者不下50余家，主要包括复生

---

① 张惠民：《丰南县猪鬃加工业发展简史》，《唐山文史资料》第6辑，1989年版，第50页。
② 许逸凡译《天津海关十年报告书（1902—1911）》，《天津历史资料》第13期，1981年，第33页。
③ 《港口—腹地和中国现代化进程》，第310页。
④ 张惠民：《丰南县猪鬃加工业发展简史》，《唐山文史资料》第6辑，1989年版第54页。
⑤ 天津社会科学院历史研究所编《天津海关十年报告》，《天津历史资料》第5期，1980年，第46页。

庆、永茂祥、隆兴广、信合成等家；各厂有工人十余名至百余名不等，胥各庄、河头两镇以此为生者共计 5000 余人。① 由此可见，胥各庄的猪鬃加工业完全受到国际市场行情的支配。

丰润县猪鬃加工业仅是对杂乱的猪鬃进行整理，即鬃商将购来的乱鬃运至胥各庄后，即交予加工作坊进行洁净、梳理：按其长短分别扎成小束，然后置于木箱中，装运至津出售。猪鬃来源除产自本县及附近各县外，还有其他来路：一为北口货，即沿长城一带的出产，品质平常；二为西口货，即平绥、平汉沿线各地所产者，品质较次；三为关外货，俗称东货，系东三省各地所产者，品质较佳。② 猪鬃的运销方式，或由京奉铁路胥各庄车站装车运至天津、或由开滦"煤河"装船运津出口。但购买者多为外国洋行，它们均倾向于铁路运送而不愿经由水路。③ 猪鬃的交易情形，大都交由天津的货栈代办，包括大义栈、复生庆、聚东、志诚栈等四家，几乎垄断了整个天津的猪鬃市场。猪鬃交易多不由经纪人往来撮合，而由客商派人每日分往各出口洋行进行交易，买卖商妥后由货价中提留1%作为佣金。鬃商除代客买卖猪鬃外，自行经营者也不少，并兼营皮毛、干果及棉花等货物，故营业范围较他业广泛，并且其信用昭著，深为出口洋行所信任。然而，由于猪鬃加工业受到国际市场需求的影响，所以盈亏无定，倒闭者不少。④ 总之，以国际市场的需求为原动力，以便捷的铁路和水路交通为依托，胥各庄逐步成为京奉铁路沿线一个重要的猪鬃加工业基地。

冀东地区分布较为广泛的另一种手工业为芦席业。芦席的用途为围囤、铺炕及堆垛，因受到原材料的限制，该业多集中于湖泊周围或河流两岸，即丰润县新军屯、玉田县林南仓及宁河县芦台等地，产品以东三省为主要销场。在京奉铁路开通之前，该地的芦席先经滦河、蓟运河等运至天津，再经海路运至营口等地。铁路开通后，部分芦席改由铁路运销。例如，1935 年前后，宁河县苇席业分布于芦台镇四乡大小薄庄（距芦台车站

---

① 《北宁铁路沿线经济调查报告书》，第 1374 页。
② 《北宁铁路沿线经济调查报告书》，第 1375 页。
③ 《北宁铁路沿线经济调查报告书》，第 1375 页。
④ 《猪鬃业调查》，《益世报》1936 年 4 月 5 日。

4.5 公里)、大小尹庄（距芦台车站 6 公里)、大小洋庄（距车站 2.5 公里）、米厂等处。每年出产芦席约 6 万片，折合约 400 吨。由芦台经北宁铁路运至沿线雷庄、滦县、安山、昌黎、留守营、北戴河各站。其中，运至雷庄 40—50 吨，滦县 100 余吨，安山 50 余吨，昌黎 150 余吨，留守营 40 吨，北戴河 50—60 吨。① 丰润县芦席产地为丰台镇、新军屯、韩城、齐家屯、林南仓等及其附近村庄，经营此业者达数百户之多。每逢旧历集期，乡民将织好的芦席运至集市出售，外来商人即来此收买。交易完成后先存于货栈之内，再行运出。如丰润县的丰台镇经营收买的席栈有两家，均自行收买芦席后再运销各地。1935 年前后，每年经由胥各庄车站运出新军屯所产芦席 60 万公斤，韩城所产 50 万公斤，齐家屯所产 10 万公斤，东丰台所产 20 万公斤，林南仓所产 70 万公斤……共计约 2100 吨；运达车站为山海关，再倒车转销东三省。此外，有些芦席则销至昌黎、滦县、秦皇岛等处者，但为数不多。② 不过，芦席更为重要的运输路径是经蓟运河船运至塘沽，再转海道运往关外。这不仅因水路的运价远较铁路为廉，而且受铁路对于芦席计量收费方式的影响，即铁路对于芦席采取打尺计费的办法，席商因此吃亏不少，所以大多采用水路输送。东北沦陷之后，冀东地区的芦席业出现衰落。例如，1931 年九一八事变之前，丰润县出产芦席约有 60% 销往东三省，1932 年伪满洲国成立后对该项商品征收重税，以致运销关外的芦席数量锐减，仅占总产量 20%。玉田县的芦席业也遭遇了同样的厄运，事变之前每年运销东北的芦席有 60 万—70 万领，1932 年后因关税繁重而销路断绝，导致全县产额由以往的 80 余万领降至不足 20 万领。③ 芦席业衰退之严重由此可见一斑。

　　俗称"烧锅"的酿酒业也是几乎遍布冀东地区各个村镇的传统加工工业之一。该业均以高粱为酿制原料，出产的烧酒以供应本地消费为主，余皆经由火车或民船运至平津等地。生产的麦麹在 1931 年九一八事变前，多经由京奉铁路运销热河及东北各地，以供当地烧锅制酒及酿造醋酱之用。④

---

① 《北宁铁路沿线经济调查报告书》，第 1185 页。
② 《北宁铁路沿线经济调查报告书》，第 1195、1387 页。
③ 《北宁铁路沿线经济调查报告书》，第 965～967、1330～1331、1387 页。
④ 《北宁铁路沿线经济调查报告书》，第 1871 页。

以制曲业历史悠久且颇为发达的丰润县为例，该县的烧锅规模较大，计有17家之多，每年产酒约250万斤。各烧锅的资本由数千元至二三万元不等，原料高粱多为本县各镇附近出产，倘遇歉收或外地售价低廉时也由东北地方购入，平绥铁路沿线的高粱通过联运也时有运至该县。①通县、武清、安次、宛平、滦县、蓟县、香河等县的烧酒产量也较丰，均在百万斤左右（见表5-6）。各县出产的烧酒数量多寡不一，销售市场也存在着一定的区别。其中有的仅在当地及附近各村镇销售，有的能兼销至外县及平、津两市。运输方法或由铁路，或用大车，或用驮力及脚踏车，"凡烧锅之设于铁路车站附近者，有时因雨后道路泥泞，大车不便载运则由铁路输运，如武清县落垡及安次县廊坊二镇之烧锅均由本路落垡及廊坊两站起运至北平及天津"。②尽管各县外销的烧酒由铁路转运者为数不少，不过，经由该路魏善庄、安定、万庄、廊坊、落垡、豆张庄、开平、雷庄、坨子头、滦县等站起运的烧酒每年不过百万斤。大部分烧酒不经由铁路运送，或以铁路运价较大车为昂贵——如廊坊至前门每篓酒的大车运费为1.9元左右，铁路运价及装卸等费在内则达2.1元—2.2元；或因酒篓回空时，铁路仍须缴纳运费，大车却是免费；或因烧酒的产地距离销场甚近而无须交由铁路运送；或以其产地距离车站过远而不宜经由铁路装运，或以运酒每次数量不多及酒贩为避免缴纳丰台酒类入境税捐而不由铁路运送；或以农家秋收之后，大车闲暇争相压价揽运。总之，这些缘由共同导致了烧酒的运送多舍弃铁路而采用大车运送。即使铁路方面减低运价，烧酒运量很难出现明显增长。1932年7月起，北宁铁路新颁行的货物分等表规定，酒类由三等改为二等，运价提高。然而，烧酒运量并未因此而下降，如1933—1935年间的运量分别约为91万、95万和59万公斤（1935年为1—10月份的统计量），"其所以如是者，盖酒贩本不得已而由铁路装运，既系不得已，当然不致减少。故在铁路立场而言，实无减价减等之必要"。③

---

① 《北宁铁路沿线经济调查报告书》，第1377~1378、1872页。
② 《北宁铁路沿线经济调查报告书》，第1876页。
③ 《北宁铁路沿线经济调查报告书》，第1877~1878页。

表 5-6　1931 年冀东各县酿酒业统计

县份	家数	资本值（千元）	原料 年需量（千斤）	原料 总值（千元）	出产 年产量（千斤）	出产 总值（千元）	销场
遵化	41	62	200000	1000	300	130	本地
滦县	39	800	7800	312	2340	468	本县
昌黎	7	100	1000	120	420	63	本县
丰润	30	240	1300	—	2500	500	本地
乐亭	4	40	800	60	320	80	本县
武清	13	100	8000	350	2000	400	本县、平津
玉田	5	48	400	14	42	6.5	本县
香河	5	120	2800	85	850	300	本县、平津
蓟县	8	80	3000	9	400	125	本县、北平
三河	8	400	6000	400	3800	650	本县、平津
宝坻	5	420	40000	90	1000	200	本县、平津
抚宁	5	30	200	25	130	32.5	本地
卢龙	4	16	10000	120	2000	400	北平

资料来源：河北省实业厅视察处《河北省二十年份实业统计》，1934 年 8 月，第 7~9 页。

冀东地区著名的乡村手工业还有迁安的造纸业。1861 年，当地人李显廷开办首个纸张加工作坊，1913 年扩建为半机械化的"显记纸厂"，由此揭开了迁安造纸业兴盛的序幕，纸张成为"该县大宗之出产"。[①] 有关调查显示，1925 年"县城附近 10 里以内之村庄，造桑皮纸者居半数，除大造纸厂 10 余处外，其余均系家庭小办，男女合作，贫家专赖以为生，富家亦视为副业。"[②] 其中规模较大的造纸厂雇佣工人少者 30 余人，多者达 80 余人，如华兴、中和、公胜等 3 家。[③] 1930 年，全县计有大纸厂 20 余处，毛头纸房 600 余处，海纸房 100 余处，即谓滦河左右，比比皆是，成为远近

[①] 高春芳：《论制纸工业（续）》，《直隶实业丛刊》第 2 卷第 7 期，1924 年 7 月 25 日，第 2 页。

[②] 《迁安县劝业所呈报工业种类及调查情形》，《直隶实业丛刊》第 3 卷第 2 期，1925 年 2 月 25 日，"记事"，第 10 页。

[③] 《迁安县劝业所呈报工业种类及调查情形》，《直隶实业丛刊》第 3 卷第 2 期，1925 年 2 月 25 日，"记事"，第 10 页。

闻名的"北方纸乡"。① 迁安纸张以毛头纸为主,仿高丽纸或小包装纸次之,其销路甚广,尤以东三省、热河及北京为最多。② 1931 年九一八事变后,迁安造纸业因关外关税壁垒及市场丧失的打击而日趋衰落。③

随着棉花种植业和交易的发展,为其服务的轧棉业和打包业日益兴旺,尤以丰润县的宣庄、胥各庄、河头等镇为盛,这些地点均毗邻产棉区域,又处于水陆交通的要冲。天津、唐山的棉纺织业发达时期,这些村镇的轧棉业的营业状况颇为可观。轧棉厂约分两种,即轧花兼扎包者和轧花而不扎包者,例如,胥各庄镇兼营轧花及扎包业,有大有恒、中和栈、东兴合、庆生合、华兴同、信泰昌等 6 家;专门从事轧花业的有义和栈、复兴泉、复生庆、东升永等,专门轧花去籽,运出时交扎包厂代为扎包;专门从事扎包业者以永和栈为最大,专代没有扎包设备的轧花厂进行包扎。④ 宣庄中兼营轧花和扎包者,有同顺和、振兴顺、聚合永、福庆成、庆顺兴、集成号、同鑫号、昌记等 8 家;专门从事轧花者共有 50 余家,以义成记、久增号规模最大。⑤ 这些经过轧制和打包的棉花运至唐山,均直接用大车装运;运至天津,为赶行市起见,大部分经由铁路运输,且因棉花怕湿,由河运不甚相宜。⑥

冀东地区的土窑业也相当发达,大部分集中在滦县境内,例如,集中于开平车站附近的陶瓷业者共 40 家,每家拥有窑数为 2—6 座,每家资本少则 1 万元,多至 3 万元;洼里站、古冶站附近经营陶瓷者各有一家,分别为玉成砖窑厂、集成公司。⑦ 窑厂出产以盆、瓦、罐、缸管等粗瓷为主,尽管它们无法和规模较大的窑厂如启新磁厂、德胜窑厂的出品相媲美,但仍然拥有广泛的销路。例如,1934 年前后,开平站每年运出火砖约 1 万

---

① 1931 年《迁安县志》卷十八《物产》,第 10 页。
② 高春芳:《论制纸工业(续)》,《直隶实业丛刊》第 2 卷第 7 期,1924 年 7 月 25 日,第 2 页;迁安县劝业所呈报工业种类及调查情形,《直隶实业丛刊》第 3 卷第 2 期,1925 年 2 月 25 日,"记事",第 10 页。
③ 《北宁铁路沿线经济调查报告书》,第 1479 页。
④ 《北宁铁路沿线经济调查报告书》,第 1383~1384 页。
⑤ 《北宁铁路沿线经济调查报告书》,第 1383 页。
⑥ 《北宁铁路沿线经济调查报告书》,第 1385 页。
⑦ 《北宁铁路沿线经济调查报告书》,第 1916、1919 页。

吨、缸碗约 4000 吨，大多经由铁路运送，其中大部分销往长春、哈尔滨，约四分之一运至北平，仅有少量输往热河；洼里站每年运出缸管、炉瓦等约 700 吨，由本站运至天津东站转销南市一带；古冶站每年运出的缸及缸管数量约为 850 吨，其中运至胥各庄 410 吨、滦县 55 吨、秦皇岛 180 吨、山海关 100 吨，或再由铁路倒车运往东北，或经由开滦"煤河"运至天津及蓟运河流域各地。① 然而，1931 年九一八事变后，因关外税收奇重，火车不能直达关外即须在山海关倒车，同时因受同业竞争及品质不求改进的影响，关外销路远逊于前而呈日趋衰退之势。另外，京奉铁路沿线各县居民，以烧制砖瓦为业者也属不少，但其产量有限，多不外销。由于陶瓷器皿为该路唐山、开平等站的大宗货运种类，路局为提倡援助起见，除对开滦窑厂、启新磁厂的产品实行专价运输外，对一般客商订有特价办法：普通砖瓦、洋灰砖瓦、瓷器、亮面砖瓦、粗缸等，自唐山、开平、洼里、古冶至各站，按五等货普通价五六折计算，以整车报运为限。②

1931 年九一八事变之前，借助于京奉铁路的便捷运送，冀东地区无论传统的抑或新兴的乡村手工业都呈现出不同程度的发展，乡村手工业产品的流通数量及市场范围得以增长或扩张，一些行业甚至开始突破传统的家庭作坊式的生产，向规模化、专业化的经营转变，从而在铁路车站所在地或铁路与水路交会之处出现了一批新的手工业生产或加工中心，并且与国际市场发生紧密的经济关联。当然，京奉铁路并非这些手工业产品运送的唯一路径，也不是这些手工业获得发展的唯一缘由，市场的需求才是更为核心和关键的因素，但冀东地区乡村手工业的发展足以证明铁路在其中具有的重要功用。

第三节 京奉铁路与冀东地区商业的发展

京奉铁路的开通，不仅便利了冀东地区棉花、花生、水果等农产品以及棉布、猪鬃、芦席、纸张等手工业品的外运，而且有助于该地区乡村所

---

① 《北宁铁路沿线经济调查报告书》，第 1918~1920 页。
② 《北宁铁路沿线经济调查报告书》，第 1921 页。

需各种生活用品的输入，从而使冀东地区城乡之间及其与外部之间的商品贸易日趋活跃和繁盛，商品的交易空间逐渐向铁路车站所在地或紧邻铁路的地区转移和集中，冀东地区的商业格局和市场结构由此呈现相应的变动。

冀东地区属于传统的缺粮区，每年需由产粮丰富的东北地区运入大量的高粱、小米、豆类等食粮。民国时期，随着该地区植棉业的发展和近代工业及城镇化的兴起，它对于外运粮食的需求更为强烈，由此间接地刺激了其他地区粮食商品化的发展。譬如，盛产水果的昌黎县，粮食相当一部分依靠外地供应：米由秦皇岛运来，杂粮来自奉天，仅杂粮一项，最多时每年在30万担以上；① 卢龙、迁安一带，"因人烟稠密，虽值丰收，亦常缺粮"。② 近代新兴工矿业城镇——唐山的人口迅速增长，也增加了外运粮食的需求量。1920年代，每年输入的粮食仅杂粮一项即达30万—50万石，小麦、面粉等细粮尚未包括在内。③ 这些粮食主要来源于与冀东地区毗邻的辽西走廊及平绥、津浦铁路沿线地区，如胥各庄站转运的杂粮来自御河及平绥沿线，每年约15000吨，除绝大部分在当地销售外，余下的3000吨再转运至唐山、开平、古冶、滦县及留守营等，均在当地销售而不再转销。④ 昌黎站每年由东北及平绥、津浦等路运来高粱约2万吨；山海关站每年由关外运进红粮约5万吨，再转运该路沿线各站如滦县、留守营、唐山、安山等销售。⑤ 可见，冀东地区的食粮生产恒感不足，一些村镇的棉花种植在一定程度上加剧了食粮的紧缺感。然而，京奉铁路的通行及与平汉、平绥、津浦铁路的联运，使冀东地区不足的食粮可从邻近的东北产粮区或其他较远地区得以迅速、便捷地输入和补充。这样不仅满足了冀东地区的食粮需求，也促进了不同地区之间粮食的互相调剂，弥补了地区之间粮食生产的非均衡性，提高了粮食的商品化水平。诚然，冀东地区出产的粮食也在该地区内部进行流通和交易，只因缺乏详细、系统的统计资料，故很难对此进行恰当地描述和评估。

---

① 《昌黎之经济状况》，《中外经济周刊》第210号，1927年5月4日，第13页。
② 《滦县之经济状况》，《中外经济周刊》第216号，1927年6月18日，第21页。
③ 《唐山之经济状况》，《中外经济周刊》第213号，1927年5月28日，第3页。
④ 《北宁铁路沿线经济调查报告书》，第1198～1199页。
⑤ 《北宁铁路沿线经济调查报告书》，第1539、1560页。

除粮食之外，运入冀东地区的商品还有棉纱、煤油、火柴及其他杂货，基本上均由天津或秦皇岛转运而来。例如，冀东地区作为天津进口货物的消费者主要是以棉纱为大宗。据 1936 年统计，该地区消费棉纱 62973 包，约占天津进口纤维制品总量的 35%，居于内地的首位；本色棉布 232349 匹，占总数的 7%；加工棉布 109119 匹，占总数的 12%；人造丝 1518 匹，占总数的 1%；这些纺织制成品的价值约 17113 千元，占天津进口纤维制品价值总额的 18%。① 冀东地区消费天津进口棉纱的较高份额反过来也是该地区棉纺织业兴旺的佐证。煤油主要为亚细亚及美孚两公司的产品，均先由铁路运至唐山，销于该处及附近各村镇。② 唐山及附近各城镇乃至其下属各主要村镇商号，除大宗货品的采购，由较大商号直接派人赴天津办理外，余皆就近在唐山采买。其中由唐山向东运至滦县一带的货物，多经由京奉铁路运送；向西运至芦台一带的货物，虽有一部分先用大车运至河头镇，再经"煤河"转蓟运河运往内地，但经由铁路运送的亦不在少数。另外，由天津运至唐山及附近各县的货物，均由天津东站先运至该路唐山段内各站，再转运各地。故以商业地位而论，唐山在冀东地区堪居首位。③ 同样，位于该路天津段（枣林庄—汉沽共 16 站）内的落垡、豆张庄、杨村等是安次、武清两县的交通中心，这些县份的物产外销及日用品输入，如冷布、土布、酒、杂粮、棉花等无不仰赖铁路的运送，故其商业活动颇为活跃。总之，京奉铁路可将外地市场的制造品或其他商品运至冀东地区，该地区内各县的出产也可由铁路迅速运至销售市场；它不仅促进了冀东地区商品流通的规模和速率，进而导致该地区商业的活跃和发展，而且使内地乡村与世界市场的经济联结愈加紧密。

表 5-7 1931 年冀东地区各县大宗输出商品统计

县份	棉花 （斤）	花生 （石）	鲜果 （包）	干果 （斤）	桑条 （担）	羊毛 （斤）	猪鬃 （斤）	土布 （匹）
丰润	40000	8000000	—	—	—	—	—	—

---

① 李洛之、聂汤谷：《天津的经济地位》，第 43~44 页。
② 《北宁铁路沿线经济调查报告书》，第 1198、1219 页。
③ 《北宁铁路沿线经济调查报告书》，第 1516~1517 页。

续表

县份	棉花（斤）	花生（石）	鲜果（包）	干果（斤）	桑条（担）	羊毛（斤）	猪鬃（斤）	土布（匹）
遵化	—	400000*	5000000	30000	—	200000	—	—
乐亭	400000	—	—	—	—	—	70000	—
滦县	32200	32000*	—	—	44230	—	—	—
昌黎	—	200000	1600000	—	—	—	—	—
抚宁	—	3000000	1200000	—	—	—	—	—
迁安	—	400000	10000**	100000	3000000	—	—	—
蓟县	—	1000000	1200000	3100000	—	—	—	—
宝坻	—	—	—	—	—	—	—	15000000
玉田	—	—	—	—	—	—	—	—

注：* 花生类单位为石；** 鲜果类单位为包。

资料来源：河北省实业厅视察处《河北省二十年份实业统计》，1934年8月，第69~70、75页。

表5-8　1931年冀东地区各县主要输入商品统计

县份	粮食（石）	面粉（袋）	煤油（桶）	火柴（箱）	纸烟（箱）	纸张（刀）	布（匹）	煤炭（吨）	糖（斤）
丰润		200000	83000		5000		60000		21000（包）
遵化		200000	102000		3000	100000	200000		100000
乐亭	300000	200000	2000（斤）		2000		30000	1000000	
滦县	3000	19800	20000		5000				
昌黎	500000（袋）	200000	35000（箱）		2000		6000	20000	400000
抚宁	162000	47000	47000（箱）						
迁安		15000	20000	3000	3000		5000		
蓟县							3000		5000
宝坻		1000000				400000	50000		2000（包）
玉田		50000	3000（箱）	300000（包）		4000	50000		500

资料来源：河北省实业厅视察处《河北省二十年份实业统计》，1934年8月，第89~90、95~96页。

表 5-9　1931 年冀东地区各县土、洋货销售增减比较

单位：%

县份	土货（增+，减-）	洋货（增+，减-）	减增结果（增+，减-）
丰润	-5	+12	+7
遵化	+48	+35	+83
乐亭	+7	+69	+76
滦县	-5	+4	-1
昌黎	—	+15	+15
抚宁	+50	—	+50
迁安	—	—	—
蓟县	+5	+6	+11
宝坻	-17	+7	-10
玉田	-30	+6	-24

资料来源：河北省实业厅视察处《河北省二十年份实业统计》，1934 年 8 月，第 111~112 页。

上述是分县统计，各项产品的输入和输出中均包括了各个县份之间的流通，尤其是农产品的输出与输入，在各邻县之间的商品交易和调剂中大约占有不小的比例。不过，这些统计数字几乎完全可以看作冀东地区农业和手工业产品流通的近似状况，也不会影响对于这些县份商业情况的整体考察。

京奉铁路的通行直接导致了铁路沿线货栈业的兴旺。冀东地区输出或运入的各种货物大多先交由货栈保管，再由货栈向铁路报运，因而，货栈与铁路之间至为紧密。这些货栈依据经营或转运货物种类的不同而分为粮栈、棉栈、皮毛栈等类别，但绝大部分货栈是以一项业务为主而兼营他项，它们在冀东地区的商品流通中扮演着十分重要的角色。下面仅以货栈业颇为发达的胥各庄和山海关为例说明之。

清咸丰年间，胥各庄成为以猪鬃贸易著称的商业小镇。光绪初年，随着开滦"煤河"的开挖和唐胥铁路的修建，胥各庄的商业活动日益活跃和兴旺，于是，专为商业服务的货栈业应运而生。1900 年，该地第一个货栈——中和栈开办。民国以降，大有恒、恒丰栈、华兴同、合义栈等相继开业。[①]

---

① 朱继经：《我所了解的胥各庄货栈业》，载河北省政协文史资料委员会编《河北文史集粹》经济卷，河北人民出版社 1991 年版，第 306 页。

至1937年前，胥各庄车站经营货栈的商号即达40余家，临时营业的商号也有10余家。① 货栈经营的货物种类繁多，除大宗的粮食、棉花、猪鬃外，还有油料、芦席、缸磁、书画、木材、煤炭、鱼虾、蔬菜、水果、杂货等约15个种类。据胥各庄车站估算，1937年之前，货栈每年的运量为5.35万吨，其中一半以上在本站装卸，全由大有恒、中和栈、华兴同、合义栈等4家较大货栈承办托运业务。② 货栈的服务方式相当灵活，设专人负责客户的接送和食宿，主要业务是贩卖和转运各种货物。例如，胥各庄的棉栈商号有东兴合、和聚长、隆记、吉成号、华兴同、永和栈、大有恒等，前四家是自买自卖，后三家只代客收买转运。收买棉花的外来商号为中棉公司，它系中国银行所设，收买棉花委托栈商转运各地销售。③ 货栈经营的地域范围相当广阔，如中和栈的业务信息传递遍及东北、华北、华中、内蒙古等地区，甚至可以越出国界，接受天津进口而来的商品。大有恒、合义栈、华兴同等货栈专门铺有铁轨，由车站直接甩进或挂出装有大米、煤油或面粉的车皮，装卸货物极为便利。④ 因当时胥各庄、河头尚无现代金融机构，货栈之间为扩大生意、增加资金，除经常互相借贷外，还须以钱庄和银市为依附，借以周转资金。⑤ 另外，还有一种专门为客户代办运输及仓储业务的货栈，称为"转运货栈"，它的专业性很强，一般不负责代购代销业务，栈址的选择多注重于交通要道、"煤河"沿岸或火车站附近。一些往来商品的装卸、运输、存放、保管，全赖当时沿河两岸的转运货栈负责办理。⑥

山海关货栈业的兴起和繁荣同样与京奉铁路息息相关。20世纪初，京奉铁路建成后，关内外间虽有火车连通，但不能直达，所有过往旅客和货物均须在山海关换车和倒转，代客买卖、代办运输的货栈业由此诞生并逐步壮大。据统计，1933年榆关事变前，山海关共有大小货栈近500家，经

---

① 《北宁铁路沿线经济调查报告书》，第1207～1210页。
② 朱继经：《我所了解的胥各庄货栈业》，《河北文史集粹》经济卷，第307页。
③ 《北宁铁路沿线经济调查报告书》，第1722～1723页。
④ 朱继经：《我所了解的胥各庄货栈业》，《河北文史集粹》经济卷，第307页。
⑤ 朱继经：《我所了解的胥各庄货栈业》，《河北文史集粹》经济卷，第312页。
⑥ 朱继经：《我所了解的胥各庄货栈业》，《河北文史集粹》经济卷，第307页。

营货物运输、代客买卖、货物保管及包装等项业务,每年收入颇为可观。①该地货栈业的经营性质、业务方式及资金融通等均与胥各庄的货栈业相雷同,但由于山海关为该地各县与外地的物产交换之处,所以山海关的货栈业在业务和规模上更胜一筹。例如,该地货栈转运的大宗货物包括关内运往东北的杂货、芦席、年画、毡鞋、毡帽、纸张、线麻等生活日用品。由关外运进关内的大多为粮食、猪鬃、药材、牛皮等。运输量的大小与种类的多少,常随各个时期的社会形势及产量多寡而变化不定。② 这些货栈中以经营红粮者最具规模,主要有同茂、天泰、义盛长、裕通等。它们均开办于清末民初之际,资本少者 8000 元,多者 2 万元;员役少则 39 人,多则 61 人,共计 230 余人;年均运量为 26 万吨;其业务为代客办理京奉铁路沿线的高粱、芝麻、玉米、豆类的运输及代办报关及纳税等事宜。③ 由于货栈业多属于服务性质,自身经营的成分较少,以致其对客户有强烈的依赖。当客户多时营业兴旺,反之营业衰落。例如,京奉铁路建成伊始,客货运输不能直通,必须在山海关中转换车,货栈业应运而生并盛极一时。京奉铁路直通以后,货运可以直达,旅客也无须下车,这给山海关的货栈业务带来很大的冲击。不过,当时铁路运输的效率较为低下,承受不了众多的货物运输,等待装运的货物依然为数不少,以致货栈的业务虽有减少,但生意尚可勉强维持。1922—1924 年间,直、奉军阀两度在山海关交战,商民涂炭,交通阻滞,庆幸的是战争历时不久,货栈业在战火中尚能支撑。1931 年九一八事变后,市况顿呈萧条,山海关的货栈业从此一落千丈。裕通、天泰、同茂、升昌等虽未关闭,但生意萧条,收入无几。1932 年伪满洲国成立后,所有货运必须由山海关换车,检查甚严。这对于本已艰窘的货栈业而言,无疑是雪上加霜。1933 年榆关事件后,日军占据滦东地区,山海关的货栈业急剧衰落,近乎销声匿迹。④ 总之,货栈业是冀东地区商品集散和流通的重要机构和环节,它在很大程度上是因京奉铁路的开通和运行而迅速兴起和繁荣的。就这种意义而言,它可视为铁路的

---

① 苑书义、孙宝存、郭文书主编《河北经济史》第四卷,人民出版社 2005 年版,第 337 页。
② 王心溥、周显章、蔡金星:《山海关的货栈业》,《河北文史集粹》经济卷,第 302~303 页。
③ 《北宁铁路沿线经济调查报告书》,第 1560~1561、1677 页。
④ 王心溥、周显章、蔡金星:《山海关的货栈业》,《河北文史集粹》经济卷,第 304~305 页。

一种"寄生物",其兴衰与京奉铁路息息相关。

冀东地区各种货物的往来,多经货栈代办且一部分由京奉铁路运送,以致商品的流向势必向铁路沿线的一些地方靠拢和集中。于是,依傍于铁路的村镇享有"近水楼台"之利,商业能够获得优先发展,远离铁路地区的商业发展则相对缓慢和滞后,进而导致冀东地区内城镇商业重心的转移、更替及格局的重构。廊坊在铁路未开通之前,本为隶属于安次县的一个小镇,铁路于此设站后,因该地为安次、永清、武清三县的交通中心,旅客、货物均聚集于此,所以它成为该路平津段的主要车站,车站附近商肆栉比,繁盛情形大有凌驾于三县县城之上之势。① 原非繁荣的丰台镇因京奉、京汉、京绥铁路在此接轨之后,各路货物均在此倒装,所以该处货栈林立,市面称盛。虽然该镇货栈业因遭受1933年实行的货物负责联合运输的冲击而完全消灭,但其市面情形仍较距离铁路较远的城镇为繁荣。② 该路天津段的塘沽往昔仅以盐产著称,自京奉铁路将其辟为港口后逐渐发达,地位日益重要。③ 唐山段内的开平镇自古即为商业重镇,1888年唐山至天津的铁路开通后,附近和外地商人到开平镇做买卖者日益繁多,尤以经营烧锅、粮铺者最盛。民国初期,该镇商业日趋繁荣,日用生产必需品的销量日见增加,吸引各地的手工业品和农副产品积聚到开平镇倾销。当时开平镇的市场形势是"西达天津,北通口外,商贾辐辏,财货丰盈",故而流传着"拉不尽的开平粮,填不满的开平城"的谚语。然而,1919年后由于战乱的破坏,开平镇逐渐走向低谷。④ 铁路开通之前的古冶镇,仅是一个乡村集市,铁路在此经过后,古冶很快发展成为以商业为主、手工业为辅的大镇。1920—1930年代,该地规模较大的店铺有兴源泰、仁合泰、双泰成、复盛兴等18家,号称"古冶十八铺"。此外,该镇的酿酒业也十分发达,其规模和酒质均可与开(平)、稻(地)、倴(城)、榛(子镇)四大古镇的烧酒相媲美。⑤

---

① 《北宁铁路沿线经济调查报告书》,第716页。
② 《北宁铁路沿线经济调查报告书》,第716页。
③ 《北宁铁路沿线经济调查报告书》,第1175页。
④ 刘建亚、苑玉成主编《唐山市商业志》,第289~290页。
⑤ 刘建亚、苑玉成主编《唐山市商业志》,第178页。

上述各镇大都因受铁路之赐而日趋繁盛。然而，几家欢乐几家愁。有些城镇因与铁路关系较为疏远而日显衰落。位于北运河沿岸的通县县城，以往由天津至北京的行旅、货物均须经过此地，故其商贾如云，商业极称旺盛。自铁路开通后，天津运至北京的货物，尤其是旅客可由铁路直达，以致通县县城的商业远逊于往昔。① 塘沽港附近的北塘镇，地处蓟运河入海之处，渔产甚丰，商业较盛，自该路开辟塘沽港后，北塘镇便因陆运不便而日益丧失其地位。② 唐山附近的稻地、榛子两镇都曾是商业繁盛的古镇，民国时期的军阀混战、洋货大量涌入以及唐山、胥各庄的崛起和侵夺，使其商业日渐萧条。③ 种种事例表明，由于京奉铁路的开通导致了商品流向和交易空间的改变，一些因与铁路关系密切的城镇获得优先发展，另一些曾经依靠水路繁荣的城镇在铁路的竞争和冲击下则成明日黄花，甚至一落千丈。这些城镇的不同命运，不仅标示着铁路沿线成为城镇分布集中和商品交易活跃的地方，铁路也造成了冀东地区商业格局的变动和重构，加剧了地区内部商业发展的不平衡。总之，这些城镇商业的盛衰从正反两面证明了冀东地区商业的发展与京奉铁路之间存在紧密的因果关联。

另外，京奉铁路的开通在一定程度上促成了冀东地区市场结构的变动。"在传统社会中，市场的扩大受到交通条件的制约，运输成本的昂贵使大范围内的地域分工遇到困难，只有当分工带来的效益大于交易成本的增加时，这种分工才能被广泛地采用，否则人们只有尽可能地自给自足，避免通过市场。"④ 铁路开通之后，许多车站成为重要的商品集散市场，"周围及其附近形成新的市集，商行、分店、货栈、仓库、煤栈、客寓纷纷设立，年复一年扩大范围及营业"。⑤ 这些集散或中转市场的功能主要不是满足自身的消费，而是连接以集市和村镇构成的产地市场和天津这个终

---

① 《北宁铁路沿线经济调查报告书》，第 716 页。
② 《北宁铁路沿线经济调查报告书》，第 1176 页。
③ 刘建亚、苑玉成主编《唐山市商业志》，第 296～297、299 页。
④ 刘佛丁、王玉茹：《中国近代的市场发育与经济增长》，高等教育出版社 1996 年版，第 45 页。
⑤ 《德领胶州湾之地政资料》，第 37 页，转引自庄维民《论近代山东沿海城市与内地商业的关系：以烟台、青岛与内地的商业关系为例》，《中国经济史研究》1987 年第 2 期，第 93 页。

点市场之间的商品流通渠道。因而,这些集散市场具有较多的现代化色彩,是地区市场结构发生变动的重要标志。通过这样一个市场结构,冀东地区的物产如棉花、猪鬃等可由铁路沿线的集散市场中转至天津;天津进口的洋货如棉纱、煤油等经由铁路分销到内地农村。这在一定程度上改变了传统内地市场闭塞、内向的特性,并使内地乡村逐渐形成对于世界市场的依赖。总之,京奉铁路的开通运营打破了束缚该地区商业发展的瓶颈之一——传统交通运输方式的局限,使其商业不再局限于大量集市的较小单位结构内,而是形成"以天津为进出口市场中心向内地中转市场、专业市场、集散市场和产地市场辐射的新市场体系"。[1]

以上从近代冀东地区农业、乡村手工业及城镇商业三个方面的发展中,探讨了京奉铁路对于该地区乡村经济变迁的重要意义。尽管这些方面并不能涵盖乡村经济变迁的全部内容,也无法详尽地反映出该地区内部经济发展的参差不齐,但从中还是可以明了冀东地区乡村经济变迁的一些实况及铁路在其中发挥的具体功用。京奉铁路对于近代冀东地区乡村经济的变迁发挥了重要的促进作用。农业方面,铁路的开通,外界市场的扩大,靠近铁路及车站所在地方的农业种植大多转向获益较高的经济作物,铁路促进了这些作物种植面积的扩大、产量的增加及商品化程度的提高,进而促进了农业种植结构的变化或调整。同时,铁路的开通促进了农业生产布局的变动,促进了农业地域化、专业化的形成。一些农作物生产旺盛的区域多分布在铁路沿线,而远离铁路的地方,农作物的种植、运送和销售等均与铁路沿线地区有着不同程度的差异;相对于铁路沿线地区的农产品商品化程度较高而言,远离铁路地方的农业生产依然具有明显的自给自足倾向。不过,铁路的开通不是农作物商品化水平提高的原动力,而起到了一种加速作用。而且,农作物商品化水平的提高是一把"双刃剑",它一方面造成华北地区的自然经济出现不同程度的崩解,另一方面使华北农业感受到了某种威胁和冲击,因为这些农作物的市场不再局限于中国国内,而是受到国际市场的牵制。例如,1929 年的世界经济危机造成农产品价格的普遍下跌,与世界市场联系较为紧密的华北地区不可避免地被卷入经济恐

---

[1] 《港口—腹地和中国现代化进程》,第 311 页。

慌的旋涡，该地区的农业生产受到很大程度的冲击。当然，这些情形主要是针对经济型农作物而言，那些对于铁路运输的敏感性较弱的农作物，更多是采用民船或大车等传统交通方式。可见，铁路在不同种类的农作物商品化提高中的作用存在着一定的差异。冀东地区乃至华北地区的传统农业经济依然延续的事实需加以关注和正视。总之，京奉铁路是冀东地区农业由传统向现代迈进过程中的"加速器"，这种作用不容低估和质疑，尽管这种作用存在一定的复杂性和差异性。

京奉铁路的开通在不同程度上便利了冀东地区乡村手工业或加工业产品的运销，促进了这些行业的新生、复苏或繁盛；同时，部分地改变了商品的流向和交易空间，推动了城镇商业的发展及其格局的重构。铁路本身是一个商品流通、人员流动及商品集散地，它的开通必然会促进各种专业市场的形成，以及以重要车站为中心的商品流通中心的形成。这主要体现在铁路车站附近的商业城镇——它们的兴起和繁荣是商业经济发展的一个重要标志，它们的繁荣都"逃不出交通便利的原则"，且其规模的大小"亦和交通的便利成正比例"。[①] 商业活动向铁路沿线地方的倾斜使某些与铁路关系不密切的城镇失去了往昔的风采和地位。这是铁路对该地区商业发展产生促进作用的一种反衬，也是近代中国城乡经济转型过程中的必然现象。

与此相应，"各地物产能以迅速方法运销市场，则地方经济情况亦可愈臻于繁荣"。[②] 因而，冀东地区各地商业的盛衰和物产的丰歉对于京奉铁路的营运也产生重要影响，即该路某站经过的地带物产愈丰，该站的货运业务便愈繁忙，营业收入也随之增加。同时，铁路沿线商业繁荣的地方，商民的购买力一般较强，其附近车站的客货业务也必然会兴盛。唐山、古冶、开平、胥各庄、滦县、芦台等站附近各地物产较丰，商业较盛，故其客货业务较为繁忙，其余各站附近地方的物产和商业均形逊色，故其营业相对冷清。[③]

---

① 庄泽宣、邱璧光、潘凤韶：《集的研究——中国社会组织研究之一》，《中山文化教育馆季刊》秋季号，1936年9月，第885页。
② 《北宁铁路沿线经济调查报告书》，第1515页。
③ 《北宁铁路沿线经济调查报告书》，第1515、1517~1518页。

第六章　京奉铁路与近代东北移民

近代东北移民以其持续时间之长久、迁移规模之巨大、社会影响之深远而备受关注，成为东北地区乃至整个中国现代化进程中一个颇为引人瞩目的社会现象。它不仅是一种单纯的人口迁移，而且蕴藏着丰富且复杂的社会含义，即近代东北地区工农业的发展、交通体系的形成及社会文化的建构等诸多方面均与其存在着千丝万缕的关联，因而，它是东北地区现代化及近代中国移民史或人口史研究中的重要课题。

交通是大规模移民的先决条件。借助于现代化的交通工具，移民的速度和频率会大为加快。另一方面，交通在移民运动中到底发挥怎样的作用，往往不取决于移民的需求程度，也不取决于交通的存在质量，而是取决于交通网络的发达程度。[①]

近代以降，随着铁路在华北和东北地区的不断延展和彼此联结，以及轮船运输的日益发展，这两个区域之间的交通条件得到明显的改善，也为移民提供了快速、便捷且多样化的运送路径。京奉铁路是连接华北与东北地区的重要陆地交通，在两个区域各自的铁路系统中均占有重要位置。这种特殊的地理位置使其在近代东北移民的运送中发挥着重要作用，尤其在1920年代中后期的移民运动的高潮中，这种作用体现得更为明显。尽管一些著述已对此有所论及，但仍有一些问题需要更为详尽且深入的描述和探讨。本章拟在以往相关研究成果的基础上，着重探讨1920年代的东北移民运动与京奉铁路之间的互动关系，以期进一步明晰该路对于这场波澜壮阔的移民运动的贡献和意义。必须提及一点，京奉铁路只是近代东北移民运

---

① 谷中原：《交通社会学》，第13～14页。

动中的一个环节，它需与津浦、平汉、南满、中东及东北地方所属铁路通力合作才能使移民运动得以彻底的实现。故而本书在以京奉铁路作为考察对象的同时，亦会兼顾他路。

第一节　近代东北移民概况

　　近代向东北移民旧称"闯关东"，其传统由来已久。清顺治十年（1653），关内流民在《辽东招民开垦令》的鼓励和劝诱下陆续进入东北，此谓"奖励移民时代"；康熙七年（1668），清政府颁发《辽东招民授官永着停止》的法令，成为"禁止移民时代"的端绪，但移民出关依然络绎不绝。19世纪中叶，东北边疆危机日形严重，移民实边成为当务之急；清廷遂改弦更张，逐步废弛封禁政策，开放部分围场以供移民垦殖，东北移民进入"自由放任时代"。[①] 光绪朝后期，由于中日甲午战争的爆发和《辛丑条约》的签订，更为严重的东北边疆危机和沉重的财政负担接踵而至，为了应对此种局势，清政府决定对东北地区实行全面放垦，并采取免税、提供籽粮等补助措施，不遗余力地鼓励关内人民向东北地区移垦。至此东北藩篱尽撤，移民关外的政策枷锁彻底解除。

　　随着清政府废除封禁、倡导移垦的"东风"在关外渐次吹拂，近代东北移民运动泛起了层层"波澜"。1897年东清铁路（后称中东铁路）的兴修犹如巨石投入水中，激起了近代东北移民运动的第一个高潮。这条铁路是列强以铁路政策侵略中国的始作俑者，其干线以哈尔滨为中心，往西延至满洲里，向东接至绥芬河，另修从哈尔滨至旅（顺）大（连）的南满支路，全线共长2668公里。[②] 如此绵亘浩大的工程自然需要招募大量劳工，但线路沿途人烟稀少、劳力匮乏，以致铁路公司屡次征募不力，只得转赴关内招工。据记载，该铁路公司曾在天津、山海关等地设立招工处，应募者中除一部分是曾经参加修建关内外铁路的熟练工人外，"更多的是直隶、

[①]〔日〕满史会编著《满洲开发四十年史》，第492~494页。
[②]《铁道年鉴》第一卷，第1197页。

山东两省的破产农民以及从上海招募的技工"。① "开工时，中国工人不过1万人，1898年为2.5万人；1900年6月，全部参加筑路的中国工人已达17万人之多。"② 可见，"我国从事于这条铁路建筑的人数，实至可惊"。③ 正是数以万计的劳工用他们的血汗"浇筑"了这条钢铁之路，"一千五百余里之中东铁路，乃山东苦力所完成，亦非过言也"。④

当1897年中东铁路兴工之际，东北北部地区只有齐齐哈尔、呼兰、宁古塔等三处地方已开放殖垦，"其余铁路所经荒漠之地，皆为游牧部落所居"。⑤ 当1903年中东铁路建成通车后，大部分筑路劳工就地转入农业，同时"移来当地之人民因以繁多"，⑥ 由是铁路沿线人口骤增。可见，中东铁路使"东三省南北的交通既便，汉人之由南而北的也渐次加多，至于中东沿线的都市建设和大规模的工商设施，以及各地方的开发，也在在足使汉人得有发展之机会"。⑦ 另一方面，从整个东北区域观之，在中东铁路未修筑之前，东三省的人口不过二三百万，而1907年时东三省人口已达1445万人，⑧ 较之十余年前增长近5倍。"推其所以急速进步之原因，则中东路之功不可没焉。"⑨ 毋庸否认，中东铁路的修筑直接吸引了关内大批劳工出关筑路，且其开通为近代东北移民提供了新的交通方式和路径，便利了移民向东北北部地区的迁徙。由是而言，中东铁路"招致移民之能力更属于伟大也"。⑩

---

① 路遇：《清代和民国山东移民东北史略》，上海社会科学院出版社1987年版，第59页。
② 程维荣：《近代东北铁路附属地》，上海社会科学院出版社2008年版，第27~28页。
③ 朱家骅：《浙江移民问题》，出版地及出版时间不详，"第四编：对于移民东北的认识"，第18页。
④ 转引自王杉《再论20世纪20年代华北人民"闯关东"狂潮之成因》，《齐齐哈尔大学学报（哲学社会科学版）》2001年第5期，第2页。
⑤ 朱偰：《满洲移民的历史和现状》，《东方杂志》第25卷第12号，1928年6月25日，第15页。
⑥ 东省铁路经济实业事务局：《东省铁路与东省铁路之沿带区域》，商务印书局1924年版，第8页。
⑦ 朱家骅：《浙江移民问题》，"第四编：对于移民东北的认识"，第18~19页。
⑧ 东北物资调节委员会研究组编《东北经济小丛书·人文地理》，京华印书局1948年版，第3页。
⑨ 转引自楚双志、马平安《关于近代东北移民问题的几点看法》，《辽宁教育学院学报》1996年第2期，第25页。
⑩ 东省铁路经济实业事务局：《东省铁路与东省铁路之沿带区域》，第8页。

第六章　京奉铁路与近代东北移民

1905年日俄战争后，中东铁路支线自宽城子以南至大连、旅顺长762公里的线路让与日本。同时，日本将安东至奉天间军用铁路改为"专运各国商工货物铁路"，① 并且渐次开采矿山，设立工厂，发展产业。凡此种种，都要雇佣很多的中国人去做工。1907年建成通车的京奉铁路同样招募了大量移民出关充作路工。直至1911年，京奉铁路完全告竣，为近代东北移民增辟了新的快捷通道。1912年中华民国肇建以后，移民东北日益发达。除利源富饶的农林牧业外，东北地区尚有各种实业，足以招致工人，其中最显著者之一即为铁路。1920年代，东北地方当局投入巨额资金，掀起一个铁路建设的热潮。仅在1925—1930年间便相继修建了吉海（吉林—朝阳镇）、沈海（沈阳—朝阳镇）、呼海（三棵树—海伦）、齐克（齐齐哈尔—泰安）、洮索（洮安—怀远镇）等共长约900公里的铁路。② 这些铁路的修筑需要大量的新劳工，其中有相当大的一部分是从关内招募。譬如，1925年沈海铁路开工后，由于当地的修路工人颇少，不敷工需，"必倾向关内地方招用"。③ 该铁路公司委员于1927年赴直隶天津一带招募工人，并知照东北驻直隶各方军队，"遇有奉海铁路公司委员，在关内招运工人，带有标识者，免其征留，一律保护通行，以利路工"。④ 另外，奉天省也实行以工代赈的办法，并在直鲁两省灾民中抽调125000余人筑路。⑤ 这一时期大规模的移民涌入也在一定程度上助推了东北地方铁路的建设。例如，1927年移民规模达到波峰，总数不下百万人，"遂引起添设铁路以利交通之动议，盖欲开辟新地借以移民而利农事也"。⑥ 可见，移民运动的发展对于铁路建设形成一种"刚需"。

中东、京奉铁路及东北地方铁路的兴修犹如磁石吸引了数以万计的移民出关从事筑路工作——他们成为近代东北移民的一部分，成为推动近代东北移民发展的一股直接且重要的"动能"。就这种意义而言，近代东北

---

① 《铁道年鉴》第一卷，第1216页。
② 〔日〕满史会编著《满洲开发四十年史》，第198～200页。
③ 《奉张保护奉海路工》，《益世报》1927年4月27日。
④ 《奉张保护奉海路工》，《益世报》1927年4月27日。
⑤ 《大公报》1925年8月18日。
⑥ *Harbin District Annual Trade Report and Returns* (1927), p.1

移民的高潮迭起在一定程度上肇始并倚赖于东北诸多铁路的修筑。另一方面，作为现代化的交通方式之一，铁路开通运营无疑为移民东北提供了快捷的交通方式和通道。不过，铁路在近代东北移民运动中到底发挥怎样的作用，既取决于铁路自身的运营，也取决于移民的需求，更取决于铁路网络的发达程度及其与航运的衔接。大量关内移民出关筑路，使东北地方铁路的里程出现长足的进展。至1931年9月，东北地区铁路里程累计长达6226公里，[1] 与全国铁路相较，每100平方公里东北有铁路0.82公里，而全国仅有0.11公里，每一万人东北有铁路1.50公里，而全国仅0.28公里。[2] 东北铁路交通之发达在全国可谓首屈一指。其中，京奉铁路作为联结北京与东北的交通大动脉，是关内移民进入东北的重要的陆上途径，其位置和作用固不待言，但京奉铁路仅凭其一己之力，尚无法完全支撑大量移民的移徙。因为京奉铁路在关外只到奉天，移民继续北上仍需中东、南满或东北地方铁路的"接力"运送。因此，关内移民经由陆路进入东北各地主要由以京奉铁路为"承转"的东北各铁路通力合作而实现。总之，正是得益于这个相对快捷和畅达的铁路交通网络，"移居开垦，比较从前便利得多"，"关内移民事业的发展，自然得到不少的帮助"。[3] 铁路对近代东北移民的路径、规模、分布等产生了十分重要的影响，不仅重塑了近代东北移民的图景和格局，而且赋予后者崭新的含义和色彩。由是观之，"铁道的发展，使东三省发生了一个空前的大移民运动"[4] 亦非过誉之词。

在聚焦并探析京奉铁路与近代东北移民的关系之前，有必要简略勾勒和还原近代东北移民运动的图景以作为下文的分析背景。由于清季及民国初年东北移民数量未有系统的调查统计，故无确切数字以资稽考，只能从当时人口统计数据及零散资料加以估测和佐证。自1890年代清政府正式解禁东北移民之后，移民源源不断地进入日益扩大的放垦地区，以致东北地

---

[1] 〔日〕满史会编著《满洲开发四十年史》，第209页。
[2] 参见刘举、李营《浅析20世纪初至30年代关内移民与东北经济发展的关系》，《黑龙江科学》2005年第1期，第90页。
[3] 朱家骅：《浙江移民问题》，"第四编：对于移民东北的认识"，第19页。
[4] 莫萨尔：《东三省的经济发展与铁路》，《东方杂志》第25卷第3号，1928年2月10日出版，第45页。

区人口数量迅速增长。其中奉天（辽宁）省的人口由1862年的284万增至1908年的1100万，增长尤为迅猛和惊人。"扣除土著的自然增长，移民约有500万左右。"① 吉林、黑龙江两省的移民人数在同一时期内亦呈现较为强劲的增长。因此，"到清末，迁入东北的移民至少已有1300万"。② 中华民国成立以后，关内居民移往东三省者依然川流不绝。根据相关研究，1912—1923年间东北移民数量呈现稳中略升的轨迹，仅山东省每年移民东北者至少20万人。③ 1923年之后，较为确凿的统计数据开始出现在东北地区各个港口及南满、中东铁路当局的记录报告中——尽管这些数据之间不可避免地存在一定程度的差别。仅以南开大学社会经济调查委员会和南满洲铁道株式会社分别对1923—1929/1930年间东北移民人数的调查数据为例可知，1923年以后东北移民人数与年俱增，且增幅逐年加大，尤其在1927—1929年移民人数呈现井喷式增长，每年均达到100万人左右，较1926年增加近一倍，达到移民运动的顶峰。1930年移民人数出现拐点，降至1929年的60%，但仍较1926年为多。1931年九一八事变后，东三省被日本侵略者强占，东北移民人数骤减。这场在中国人口发展史上波澜壮阔的移民狂潮顿然平息。总之，整个1920年代，随着移民浪潮的起伏涨落，总计达600余万的移民（包括难民、苦力、垦民）从关内涌入了东北地区。④

表6-1 1923—1929年内地民众移入、出东北及留居人数统计

年份	移入 人数	移入 占比（%）	移出 人数	移出 占比（%）	留居 人数	留居 占比（%）
1923	341637	100	240565	70.42	101072	29.58
1924	384730	100	200046	52.00	184684	48.00

---

① 葛剑雄、侯杨方、张根福：《人口与中国的现代化（1850年以来）》，学林出版社1999年版，第152页。
② 葛剑雄、侯杨方、张根福：《人口与中国的现代化（1850年以来）》，第152页。
③ 路遇：《清代和民国山东移民东北史略》，第57页。
④ 叶绍纯：《我国国内移民与日人移满计划》，《南洋研究》第7卷第2期，1937年2月，第2~3页；钟悌之编《东北移民问题》，日本研究社1932年版，第43~44页。

续表

年份	移入		移出		留居	
	人数	占比（%）	人数	占比（%）	人数	占比（%）
1925	472978	100	237746	50.27	235232	49.73
1926	566725	100	323694	57.12	243031	42.88
1927	1050898	100	341599	32.51	709299	67.49
1928	1089000	100	578000	53.08	511000	46.92
1929	1046291	100	621897	59.44	424394	40.56

资料来源：南开大学社会经济调查委员会统计数据，参见钟悌之编《东北移民问题》，日本研究社1932年版，第43～44页。

表6-2　1923—1930年出关、入关及留居人数统计

年份	出关人数	入关人数	留居人数
1923	434689	338168	96521
1924	482470	285936	196534
1925	532770	257175	275595
1926	607352	314401	292951
1927	1178254	341599	836655
1928	938472	394247	544225
1929	1046291	621897	424394
1930	748213	512793	235420

资料来源：叶绍纯《我国国内移民与日人移满计划》，《南洋研究》第7卷第2期，1937年2月，第2～3页。

东北移民的数量虽然如此庞大，但是其来源却集中在山东、河北两省，此外，尚有一部分来自山西、河南。其中尤以隶籍山东者独占鳌头，约居移民总数的80%，次之为河北及河南人。[①] 1927—1929年间的东北移民中，"以出发于山东者为最多，约占全数85%；河北次之，约占12%；河南及其他只占3%至4%而已"。[②] 不过，需要指出的是，这种比例并不能

---

① 陈彩章：《中国历代人口变迁之研究》，《民国丛书》第三编（16），上海书店1991年版，第119页。
② 徐雍舜：《东三省之移民与犯罪》，《社会月刊》第1卷第4期，1929年，载李文海主编《民国时期社会调查丛编》人口卷，福建教育出版社2004年版，第315页。

直接"挪用"到经由京奉铁路进入东北的移民中。① 此时东北移民的迁徙基本循着三条路径进行,即山东东南一带之移民多由青岛渡海至大连,由大连搭乘南满车转赴长春、滨江等地;由营口上陆,然后或由南满支路(营口支路)赴长春等地,或由京奉路转入四洮路赴洮南一带;由京奉路出关,然后沿京奉路关外段及大通支线、南满、中东、四洮等路分散。②

东北移民浪潮的汹涌澎湃是多重因素或力量共同作用的结果。其中,原住地的推力(排斥力)与东三省的拉力(吸引力)的"耦合"颇为关键和重要。③ 1920 年代,华北地区的人地比例失衡的问题日益恶化,高利贷的剥削严重,农村家庭手工业受到外国经济势力的入侵而渐趋衰落;灾荒、饥馑、战乱接踵而至,匪患、苛捐交相煎迫,直、鲁两省人民困顿至极、难以为继,只得背井离乡,另谋生路。④ 例如,两次直奉战争造成的"颠沛流离者,不可胜计,故纷纷赴东三省以谋升斗而资生活"。⑤ 然而,与当时华北地区的水深火热、民不聊生相较,一关之隔的东北地区简直是充满诱惑的"人间天堂"。首先,在农业方面,东北的地域辽阔、土壤肥沃,租买地亩的价格较为公允,工资亦较华北为高。例如,1920 年代初,农业劳动者(构成东北移民的主体)在山东省每天挣 0.13 元,在山西省每天挣 0.14 元,而他们在奉天省的日工资却达到 0.42 元,在吉林省为

---

① 赵中孚曾著文指出:依据满铁对于进入东北移民的调查可以得出山东省籍者占绝对多数,但满铁进行的调查只选择了大连、营口两埠作为调查地点,山海关、安东等地则不在其内。这种在调查地点的选择上的倾向性强化了这种比例。就山东移民而论,大连及营口两埠的调查大致有可靠代表性,但河北、河南及其他华北省份的移民,多直接或转经京奉铁路进入东三省。所以至少在籍贯的统计上,大连和营口的调查不能涵盖整体的情形。参见赵中孚《一九二〇——一九三〇年代的东三省移民》,《中央研究院近代史研究所集刊》第 2 集,1971 年,第 340 页。
② 朱偰:《满洲移民的历史和现状》,《东方杂志》第 25 卷第 12 号,1928 年 6 月 25 日,第 17 页。
③ 社会学人口迁移中的"推挽"理论认为,人口迁移的原因或是由于逃避某种不满意的环境,或是由于追求改善个人生计的机会,即人口迁移是某种"推出"与"吸引"的复合体,它受不同地区自然环境和社会经济强烈反差的驱使,但其最根本、最内在的因素则来自经济因素,并能导致人们变更其居住的地区。参见廖正宏《人口迁移》,台北三民书局股份有限公司 1995 年版,第 94~97 页。
④ 其中还有移民复杂的个人动机的因素,但是当移民成为一种社会模式和集体行为的时候,相比之下个人动机就显得不那么重要,故本章对于移民的个人动机不论及。
⑤ 《京奉路将开小票车》,《铁路协会会报》第 160 期,1929 年 1 月 25 日,第 100 页。

0.36元。① 尽管"数年之后,河北省农工工资即因工人多移东北之影响而增至每年大洋20元,但比诸东北北部于农作最繁忙时,有时每昼夜即达大洋1元,仍相差甚巨"。② 其次,东北尚有各种实业,尤其是奉天省的工业化程度在东北地区首屈一指,最为显著的是采矿和铁路。这些工矿企业的兴起形成了对劳动力的大量需求,而东北当地劳动力供应不足的现状则导致了大批移民的流入。再次,山东、河北与东北之间的交通极为方便,陆有铁路,水有海运,且东北地方政权为扩充自身实力起见,采取铁路减免车价的优惠举措及其他各种方法,鼓励关内民众进入东北。加之劳工原籍的各种慈善团体的协济,也为移民进入东北提供了一定程度的支持。另外,由于与中央的相对隔阂,东北地方较为安谧,与兵连祸结的华北适成对比。而且,直隶、山东在地理位置与东北毗邻,在通商、交通及移民方面早已与东北存在持久而紧密的关联,移民可以通过这种传统的社会网络获得各种形式的援助,从而可以减少与东北地方的社会距离。③ 总之,1920—1930年代的华北,处于"齐颈深的水中的农民"在天灾人祸的交相驱迫下,只得在绝望和无奈中背井离乡,另觅活路。既与华北地区存在紧密的历史联系,又富有强烈吸引力的东北地区自然成为那些被故乡抛舍的农民的选择。从这种意义上而言,京奉铁路"所负最大之使命,即为每年由中国内地各省区,因兵水之灾而有之被难人民,转送至'满洲',作开垦移民之事业"。④

东北移民的规模和数量在急剧"膨胀"之时,也呈现了一些新的变化或特征。首先是移民定居率的提高。尽管山东等处的民众向有移居东北之传统,但他们仿佛成群结队的"候鸟",每年约在冰雪消融之时的3月、4

---

① 〔美〕罗纳德·苏勒斯基:《满洲的区域开发——本世纪20年代的移民劳动者与省官员》,王学良译,载《国外中国近代史研究》第16辑,中国社会科学出版社1990年版,第13~14页。
② 《北满之移殖与移民之搭运》,《东省经济月刊》第4卷第2期,1928年2月,第48页。
③ 参见〔日〕川锅诚一《入满打工的中国劳工问题》,邓嵩、萨殊利译,载《近代史资料》总108号,第165页;许仕廉《中国社会问题之一——中国人口问题》,商务印书馆1930年版,第98页。
④ 安瑞:《最近十年来京奉路客运营业之概况》,《中东半月刊》第3卷第7期,1932年4月16日,第12页。

月份齐赴东北,旧历年关之前(通常为 12 月至次年 1 月)又返回故里,以致"阳历 12 月与 1 月中返家的热闹正和 3、4、5 月出来时的拥挤相仿"。[1] 移民定期"回流"的原因不外乎气候、文化及社会心理——躲避东北冬季气候之严寒与对于中国传统年俗的重视和家庭团聚的渴望。[2] 可见,具有明显的季节性的移民在全体移民中占据主导地位,定居比例不高。然而,这种情况在 1920 年代前期开始发生变动。因为"有很大一部分人长期定居在满洲",[3] 故而直接导致移民定居数量及其比率与年俱增、显著攀升。这是从 1923 年开始发生的这次移民狂潮的一个颇为引人注目的变化和特点。

表 6-3　1923—1931 年间关内人口入、出东北人数

年份	入关人数	指数	出关人数	指数	居留人数	指数	定居率(%)
1923	341638	100	240565	100	101073	100	29.6
1924	384730	113	200046	83	184684	183	48.0
1925	472978	138	237746	99	235232	233	49.7
1926	566725	165	323694	135	243031	244	42.9
1927	1021942	299	341599	142	680343	673	66.6
1928	938472	275	394247	164	544225	538	58.0
1929	877706	257	483000	201	394706	390	45.0
1930	748213	219	488504	203	259709	257	34.7

资料来源:周春英《近代东北三省关内移民动态的分析》,《中国边疆史地研究》2004 年第 2 期,第 87 页。

由表 6-3 可以推算,1923—1930 年的 8 年间,进入东北的移民多达 535 万余人,其中定居者则有 264 万余人,几乎占移民总数的一半。特别是从 1924 年开始,移民的定居率明显提高,并持续到 1927 年出现峰值为

---

[1] 〔美〕Walter Young:《美报之华人满洲移民运动观》,《东方杂志》第 25 卷第 24 号,1928 年 12 月 25 日,第 51 页。

[2] 《我国内地人民移殖东省之情况》,《中外经济周刊》第 225 号,1927 年 8 月 20 日,第 3 页。另外,东北特别是黑龙江地区地处严寒地带,属于一熟作物区域,冬季农闲时间较长而无事可做,故移民多返回乡里。

[3] 章有义编《中国近代农业史资料》第二辑(1912—1927),生活·读书·新知三联书店 1957 年版,第 638 页。

止。其后各年的定居率出现回落。移民之所以长期或永久定居，一是由于移民大多是开垦新地，服务路矿及其他职业，性质较为稳定；二是因为当时华北天灾人祸炽烈，一些移民多"货其田庐，携其妻子，为久居不归之计"。① 总之，在规模如此庞大的移民中，虽有"相当部分也仅把东北视作暂居之地，但多数还是准备在此长期居留的"。② 另外，在移民中出现了更多妇孺的身影。从前移民奔赴东北，大都是单身出行的男性青壮年，"除了很难看到他们随身携带东西外，在他们之中几乎看不到妇女和儿童"。③ 然而，1923年以后众多移民已决心与故乡永别，携妻挈子，举家迁徙。以往那种普遍的"候鸟"般的往返变为"留鸟"式的定居。同时，交通部积极鼓励移民合家同行。1925年公布的内地工人、农夫及其眷属的乘车办法中，对于妇孺乘车费用给予更为优惠的减免。这些均导致了更多的妇孺加入到移民行列中。例如，"1925年，仅有妇孺移民15000名，取道大连以往满洲，约居由大连赴满洲移民总数的7%；1926年增为3万余名，约居由大连赴满洲移民总数的12%；1927年妇孺移民更多，东北沿铁路一带，随在见有移民之全家眷属，3、4、5月间，长春之候车室恒为移民之眷属及所带行李充塞至于极点"。④ 又据相关统计显示，1927年1—6月，"由山东、直隶两省经大连、营口、安东三海口暨京奉路一带，移来东省之人民约计65万名，内有17%为妇女"。⑤ 毋庸置疑，妇女和儿童在全体移民中的比例在1920年代中期呈现出明显的上行趋势。不过整体观之，移民中男性仍占压倒性比例。再次，从移民的职业构成上看，1927年以前内地移民多为城市及城郊的工矿业及其他事业所雇佣，"主要是在大连、营口、鞍山、抚顺、安东（丹东）、沈阳等城市、工矿区和铁路交通运输业从事笨重的体力劳动"，⑥ 务农者相对较少。1927年以后，移民渐多趋向农业领域，因为这些移民中很多原本即是耕农，加之中央及东北地方当局对于

---

① 章有义编《中国近代农业史资料》第二辑（1912—1927），第638页。
② 王旭、黄柯可主编《城市社会的变迁：中美城市化及其比较》，第79页。
③ 〔美〕罗纳德·苏勒斯基：《满洲的区域开发——本世纪20年代的移民劳动者与省官员》，第14页。
④ 《我国内地人民移殖东省之情况》，《中外经济周刊》第225号，1927年8月20日，第4页。
⑤ Antung (including Tatunggou) Annual Trade Report and Returns, (1927), p.6.
⑥ 宋则行：《中国人口·辽宁分册》，中国财政经济出版社1987年版，第41页。

垦荒事业的提倡和引导，他们移赴东北的目标就是意在垦殖，开垦的土地可以成为自己的"恒产"，他们大多携带眷属及农具以做长期定居打算便顺理成章了。据满铁、中东铁路及其他公共团体的调查可知，1927 年移民中"有 85% 志在农业，10% 为工者"；① 同年奉天省署对进入该省的移民调查显示，其中有 60% 被雇佣垦荒，30% 自垦其领照之地，其余 10% 从事其他劳动。吉林省的移民就业情形也大致相仿，其中有 50% 经公共团体之照顾而开垦荒地，40% 为佃农，其余 10% 为苦力。② 1927 年上半年进入东北的总人数为 63 万人的移民中，从事农业的为 45 万人，占移民总数的 71%。③ 最后，移民的地域分布出现了一些新趋向。1927 年以后前往东北的移民中，有 64% 进入北部地区，余下的 36% 进入南部地区。④ 1928 年上半年到东北北部的移民约 43 万，占该年移民总数的 60%。总体而言，1925 年以后移民人口中约有 70% 定居东北北部。⑤ 由此可见，1920 年代中后期的大部分移民是为东北北部之农业领域所定向吸纳。

第二节　铁路与近代东北移民的互动

铁路作为近代物质文明的先导和基础在 19 世纪末叶才登上东北的历史舞台。至 1920 年代末，以京奉、中东、南满及东北地方铁路为骨架的铁路网络架设在东北大地上，使东北地区的交通条件大为改观。尤其作为连接关内外的重要孔道的京奉铁路，无疑在 1920 年代的移民浪潮中扮演了重要角色。然而，京奉铁路开通初期并未对东北移民产生立竿见影的运输效能。1907 年，时任东三省总督的徐世昌奏请朝廷迅行迁民实边之策，请求减免轮船、铁路票价以利移民实边。但邮传部复议认为京奉、京汉各路"均系国家借款兴修，指路作抵，专恃行车进款以为拨本还息之需"，况且

---

① 朱偰：《满洲移民的历史和现状》，《东方杂志》第 25 卷第 12 号，1928 年 6 月 25 日，第 18 页。
② 王慕宁编译《东三省之实况》，中华书局 1929 年版，第 11 页。
③ 转引自范立君《"九一八"事变后东北地区华北移民动态的考察》，《史学月刊》2002 年第 4 期，第 110 页。
④ 陈彩章：《中国历代人口变迁之研究》，《民国丛书》第三编（16），第 120 页。
⑤ 赵风彩：《二十世纪初叶东北移民浅析》，《人口学刊》1988 年第 1 期，第 38 页。

"各路合同所载免价减价办法系专指赈粮、军械而言，若议迁民免价，无论进款减收应付为难，而核与借款合同亦多窒碍，恐外人有所借口"，[1] 从而予以拒绝。其后，对于请将遣犯家属及押解员役乘坐轮、车均行免费的奏议，同样被邮传部以相同的理由加以否决。[2] 1908 年，黑龙江省督署订定轮、车减价等办法招徕移民，"凡来江省之垦户，携有边垦招待所执照者，乘坐由烟台至营口的招商局轮船均减收船费，乘坐由哈尔滨至松花、黑龙两江之官轮及昂昂溪至齐齐哈尔之火车一律减收半费，所随眷口，概免收费"。[3] 结果移民不为所动、成效不彰。总之，虽然东三省督抚一心想为移民实边争取宽免川资，但邮传部对此顾虑重重，颇为淡漠。这种"剃头挑子一头热"的局面使京奉铁路未能对东北移民产生明显作用。虽然其后日趋紧张的边疆危机与愈加严重的财政困境，迫使清廷对移民实边的劝导和扶助的力度持续增大，但其目的是为抵制日、俄等对东北的侵入和缓解清廷财政拮据的应对之举，主要着眼于充实边防和增裕国库，充其量是"一种自我保护性的开发"。[4] 不可否认，清季进入东北的移民规模能够有所扩展，在很大程度上归功于 19 世纪末至 20 世纪初的中东及京奉铁路的修筑，因为它们的修建为来自关内的移民提供了大量的就业机会，成为清季东北移民增加的一个重要契机和初始动因。不过，它们在开通运营之后，尽管客观上为移民的进入提供了便捷的途径，却因"天时"未到而尚不能在移民的运送上大显身手。

及至 1920 年代，东北地区铁路网络不断加密成型，东北移民运动也高潮迭起。这两种现象在时空上的"同步"或"叠合"绝非纯粹的偶然或巧合，而是存在必然的关联和互动，在一定层面上成为阐释铁路与移民之间互动关系的一种依据。作为一种现代化的交通工具，铁路的开通意味着新的移民路径的开辟。这使得移民的迁徙路径和方式具有更多的选择性，进

---

[1] 《议复东三省总督奏移民实边请免轮路川资折》，载沈云龙主编《近代中国史料丛刊》第 14 辑，第 685～687 页。
[2] 《法部等会奏议复黑龙江遣犯实边折》，载沈云龙主编《近代中国史料丛刊》第 14 辑，第 879～889 页。
[3] 《盛京时报》1908 年 1 月 29 日。
[4] 王晓菊：《俄国东部移民开发问题研究》，中国社会科学出版社 2003 年版，第 249 页。

第六章　京奉铁路与近代东北移民　　　　　　　　　　　　　　　　　　279

而在一定程度上改变了移民传统的迁移势态。铁路出现之前，关内是以驿道和水路与东北相联络。1861年营口开埠之后，尽管作为近代交通工具之一的轮船有所渗透，但并未从根本上改变东北与关内的交通格局，所以移民迁徙东北的路线仍是传统的"闯关"（陆路）与"泛海"（水路）两个途径。由于山东半岛与辽东半岛隔海相望，经山东半岛赴东北节省时日且费用低廉，故移民大多选择渡海的方式。他们大都是步行到烟台、龙口、青岛、天津等港口，然后乘坐帆船或汽船等在东北之营口、安东、海参崴等处登陆。一部分的移民则从济南小清河乘坐民船至羊角沟，然后乘船抵达东北。① 陆路方面也不可小觑，由于清廷对于东北这块"龙兴之地"的格外重视，修筑了由北京、山海关、宁远、广宁至盛京的重要驿道（因清朝皇帝东巡时多走此道，故亦名御道），以便于北京与盛京之间的联系。虽然驿道的设立主要为实现政治和军事功能，但平时亦作为商贾和移民往来之通道。经由陆路之移民多来源于河北、河南及山东西北等地方。总之，铁路出现之前，迁居东北的移民要么徒步跋涉，要么扬帆过海，并且后者占有相当高的比例。

当东北地区的铁路网络基本形成后，关内移民进入东北有了新的路径和方式。在陆路方面，移民均先聚集天津，然后经由北宁铁路前往关外，即居于山东之西北部者，由津浦路之济南、德州等站，经由北宁铁路出关；居于河北省者，大多径直由北宁铁路前往关外；至于籍属河南者，多先聚集于郑州，复搭平汉车至丰台，再转北宁路出关。② 可见，京奉铁路在陆路方面占有举足轻重的地位。由于铁路的相对快捷，以及铁路当局采取减免车费的优惠举措，经由陆路的东北移民日见增加。1918年，山东、河北一带前往东北务工者约为35万人，其中从烟台出发者12万，从龙口出发者10万，从青岛出发者9万，从羊角沟出发者2万，乘胶济、津浦两路再转乘京奉铁路者仅为2万，③ 经由铁路者在全体移民中所占的比例约

---

① 周春英：《近代东北三省关内移民动态的分析》，《中国边疆史地研究》2004年第2期，第83页。
② 何廉：《东三省之内地移民研究》，《经济统计季刊》第1卷第2期，1932年，载李文海主编《民国时期社会调查丛编》人口卷，第334页。
③ 高劳：《山东之苦力》，《东方杂志》第15卷第7号，1918年7月15日，第23页。

为6%。1925年，京奉铁路因军阀战争而几乎完全用于军事运输，导致直、鲁移民多从海道前往东北，但在是年2月至6月，乘坐京奉路至奉天之移民共有17.5万余名。[①] 1926年，从山东、河北一带去东北的劳动力计50万，其中由京奉路去者13万，走陆路者已上升至30%。1927、1928年上半年经由京奉铁路进入东北之移民分别为135626人和150900人，分别占东北移民总数24%和26%。[②] 总之，1927—1929年间经由京奉铁路至奉天的移民，总计在60万人以上。[③] 尽管经由京奉铁路进入东北的移民呈现上升趋势，但经由青岛、烟台、龙口及天津等地乘船渡海者仍旧占大多数。移民进入东北的路径并未发生实质改变。

表6-4 1923—1929年移民人数按起程要埠分布统计

路径	人数	占比（%）
青岛	1233074	25.8
烟台	764996	16.0
龙口	662955	13.9
天津	720496	15.1
北宁路	1247497	26.1
其他	155717	3.3
总计	4784735	100

资料来源：何廉《东三省之内地移民研究》，《经济统计季刊》第1卷第2期，1932年，载李文海主编《民国时期社会调查丛编》人口卷，第335页。另据其他资料显示，该期移民中有31.7%由京奉铁路出发，22.9%从青岛出发，13.8%由烟台出发，13.7%由龙口出发，13.6%由天津出发，另有4.3%由其他地点出发。参见高乐才《近代中国东北移民历史动因探源》，《东北师大学报（哲学社会科学版）》2005年第2期，第32~33页，原文未注明出处。

移民多选择海路赴东三省者固然含有地理方面和传统惯性的缘由，对于那些靠近沿海口岸的移民而言，乘坐汽船无疑是最为合理的选择，但最

[①] 《我国内地人民移殖东省之情况》，《中外经济周刊》第225号，1927年8月20日，第3页。
[②] 赵中孚：《近代东三省移民问题之研究》，《中央研究院近代史研究所集刊》第四期下册，1974年，第656页；朱偰：《满洲移民的历史和现状》，《东方杂志》第25卷第12号，1928年6月25日，第17页。
[③] 何廉：《东三省之内地移民研究》，《经济统计季刊》第1卷第2期，1932年，载李文海主编《民国时期社会调查丛编》人口卷，第347页。

第六章　京奉铁路与近代东北移民　　281

重要的原因是海路的价格优势。海路移民中乘坐汽船者远比乘帆船和其他船只者为多，例如 1926 年由海路至大连之移民共计 254863 名，其中 80% 以上系乘坐汽船而往。① 经营此项生意之船只公司主要为大连汽船会社、政记公司、田中贸易会社及阿波共同船公司等。各公司关于船运之价格虽有协定，但对于载运大批的移民，却彼此跌价，竞争甚烈，如青岛至大连之普通三等舱位，定价日金 7 元，移民约仅收 2 元；从龙口或烟台起程，则更减为 1 元或 1.5 元；天津船价较为稳定，普通三等舱位收价日金 5 元，移民约收 2—3 元。② 在铁路方面，虽然京奉铁路局发售减价车票，但其费用仍较海路为多。如 1925 年移民及其眷属由天津东站军粮城、塘沽至奉天或营口者每票价 4 元，由大凌河至奉天者每票价 1 月 4 角。1928 年，男人购买由济南直达奉天的车票为每人 7.9 元；妇女不能买通票，只能买到天津，每人 1.9 元，到天津始换给免票。③ 可见，尽管铁路方面已然采取减价的优待办法，但其费用仍是海路的 2 倍甚至更高。对于那些本来就罗掘俱穷的贫困移民而言，只有典卖田产甚或儿女才能勉强凑足全家水路之川资，④ 更遑论乘坐火车。至于河南等地经由平汉、京奉之移民因有华洋义赈会及其他慈善团体的负责移送和接济需另当别论。可见，移民选取何种迁移路径，所需川资的多寡才是至为关键的因素，对于那些资金少得可怜或身无分文的移民而言，只能徒步而往或者是先乘车船后步行。总之，由于海路具有价格上的绝对优势，故而铁路在移民方面并没有替代海路之位置，尽管它具有水路和其他陆上交通方式无可比拟的优越性。

移民返乡的路径与出关路径却有不同，即移民回返之时以乘坐京奉路车者为多，而取道海路者渐少。例如，1925 年 10 月至 1926 年 2 月自东北回返之移民中经由京奉铁路者不及 20%。⑤ 1927 年一份关于移民返乡路线的统计数据则清晰表明，通过京奉铁路返乡的移民占比为 41%，这一比例

---

① 《我国内地人民移殖东省之情况》，《中外经济周刊》第 225 号，1927 年 8 月 20 日，第 5 页。
② 《我国内地人民移殖东省之情况》，《中外经济周刊》第 225 号，1927 年 8 月 20 日，第 5 页。
③ 《山东灾民之慰安与救济》，《大公报》1928 年 4 月 14、15 日。
④ 参见陈翰笙《难民的东北流亡》，《国立中央研究院社会科学研究所集刊》第 2 号，1930 年，第 19 页。
⑤ 《我国内地人民移殖东省之情况》，《中外经济周刊》第 225 号，1927 年 8 月 20 日，第 3 页。

在1928年上半年增长至44%，较同期经由大连返乡的移民多出1万余人。① 之所以出现这种情况，一是因为一些移民在工作一段时间后已有积蓄，故较有余资乘坐火车；一是由于南满铁路对于回籍移民并无减收车价的优待办法，故而移民经由陆路前往东北与回返之时的情形会有所差别。需要说明的是，上述关于铁路与海路这两种移民路径的对比及变化，不只是单纯地体现二者孰轻孰重，而是佐证1920年代东北移民狂潮的出现既得益于廉价的海路，又离不开快捷的铁路。总体而言，关内移民进入东北或返回故里的路径尽管更多地依赖火车、轮船或汽船等现代交通工具，并因此展现出现代化的形态和色彩，但这并未彻底打破和重塑近代东北移民路径的传统格局，反而使传统格局得到一定程度的强化。

铁路的出现意味着移民区域的扩展和空间流向的改变。铁路出现之前，由于自然环境和交通方式的制约，关内移民在到达东北后，几乎都停留在辽河沿岸，仅有极少数溯辽河而上以至松花江中游地带。"移居到满洲的流民，直隶人多选在辽西，山东人则选在辽河及其支流浑河、太子河流域，在那里建立了他们的第二故乡。"② 可见，彼时移民的空间分布是以辽河及其支流为依凭，移居范围集中在辽东及辽西地方的有限区域内。至1920年代，以京奉铁路为主轴的东北地方铁路网络基本形成，加之中东、南满两路的"协济"，关内移民的足迹几乎遍布广袤的东北北部地区。具体而言之，在北京和天津出发之关内移民，大多数均经京奉铁路直至奉天——东北地区最大的城市和铁路中心，然后在奉天挤上开往长春和哈尔滨的列车，或沿大通支线北进以达通辽，或经由四洮、洮昂、齐克等线进入黑龙江省境内，或经沈海、吉海、吉长、吉敦等线到达吉林东部。③ 由大连、营口上陆的移民多搭乘南满车转赴长春、滨江等地；或者绕道至奉天，再转至哈尔滨等地，如1927年出关移民达到巅峰时，大连车站每晨搭

---

① 参见赵中孚《近代东三省移民问题之研究》，《中央研究院近代史研究所集刊》第四期下册，1974年，第656、657页。
② 转引自〔日〕满史会编著《满洲开发四十年史》，第32页。
③ 金士宣：《中国东北铁路问题汇论》，天津《大公报》馆1932年版，第103页；《中国铁路问题论文集》，交通杂志社1935年版，第354页。

第六章　京奉铁路与近代东北移民

车至奉天之山东移民多达千余名之众;① 或者由京奉路换乘四洮路车而进入北部地区。② 至于其他移民因车费无着,只得沿着路轨步行前往长春,或者滞留在大连、营口、奉天等城市。由此可知,移民无论是乘船至大连或营口登陆,抑或乘京奉路车至奉天下车,多半均再乘南满路车至长春,而后转赴他处,所以长春成为关内移民的必经之地。如在 1924—1926 年,由大连进入长春的移民占该埠移民总数的比例分别为 50%、41%、53%,③其中尚未包括步行至长春者。营口的情况与此雷同。1927 年 1—6 月,移往东三省之移民共有 63 万名,其中约有 38.5 万余名乘车至长春,加上徒步而至者共计有 45.5 万人。④

表 6 – 5　1927 年 1—6 月在长春下车人数统计

单位：人

月份	1 月	2 月	3 月	4 月	5 月	6 月	合计
三等客车	39063	46738	102367	49047	25374	5943	268532
货车	1775	4808	47247	38680	17590	6756	116856
合计	40838	51546	149614	87727	42964	12699	385388

资料来源：王慕宁编译《东三省之实况》,第 7 页。

在这些移民中,往吉林方向者为 4 万人;往西方农安、扶余、大赉等处者为 3 万人;往哈尔滨方向者为 36.5 万人,约占进入东三省之移民总数的 57%。⑤ 而在到达哈尔滨的移民中,除约 12.5% 在该地下车外,另有 62.5% 赴中东铁路东部,剩余 25% 赴中东铁路西部。另据哈尔滨商会调查,往西部者为 3.7 万人,往东部者为 14.1 万人,远较进入西部者为多;而进入东北者中又有 10.1 万人分布在铁路沿线。⑥ 之所以如此,"盖以东

---

① 《十五年来山东人赴关外谋生之统计》,《大公报》1927 年 3 月 9 日。
② 朱偰:《满洲移民的历史和现状》,《东方杂志》第 25 卷第 12 号,1928 年 6 月 25 日,第 17 页。
③ 《我国内地人民移殖东省之情况》,《中外经济周刊》第 225 号,1927 年 8 月 20 日,第 9~10 页。
④ 王慕宁编译《东三省之实况》,第 6~7 页。
⑤ 王慕宁编译《东三省之实况》,第 7 页。
⑥ 王慕宁编译《东三省之实况》,第 11 页。

部沿线以交通便利之地,有森林可供采伐,便于耕作之垦地亦多"。① 1927年上半年流入东北南部的 27 万人中,在奉海铁路及其腹地的移民为 5.5 万人,约占 20.4%;四洮、洮昂沿线及其腹地的移民为 2 万人,约占 7.4%;京奉铁路及其腹地的人数极少;长春西方及西北方约 3 万人,约占 11.1%;吉长、吉敦沿线及其腹地的为 4 万人,约占 14.8%。② 进入东北南部地区的移民之所以较北部地区为少,主要因为东北南部地区的人口和土地开发已接近饱和的程度,生存压力较大。例如,京奉铁路在辽宁省境内所经过(自山海关至沈阳)之区域,总面积计为 6800 平方英里;以人口密度和农业发展而论,该区在东三省中可谓居于翘楚:人口密度为 343 人/平方英里,可耕地的利用率高达 92%,故北宁路虽于 1927—1929 年间移送移民至沈阳者,总计在 60 万人以上,但留居该路沿线者则为数甚少,统计尚不足 2000 人。在此区区 2000 人中,又多移居于新民及彰武两处。③ 可见,1920 年代中期之后,进入东三省的移民大都是经过奉天而径赴东北北部或吉林东部地区,"此固由交通之便利与其他资助之引诱,亦因南部容量有限,不复多能收纳也。"④ 特别是黑龙江省成为这一时期移民的主要归宿地,"近来内地——以直鲁两省为最多——出关开垦的移民多以黑省为目的地,每年入境的总数,常有二、三十万"。⑤ 这种趋势的出现是"由新建成的由呼兰至海伦,以及从昂昂溪往北的铁路所促成的"。⑥

1920 年代,随着东北地区铁路网络的拓展,移民以更大的规模、更快的速度向东北尤其是拥有广阔垦地的黑龙江省移动。他们无论是经由京奉铁路至奉天,抑或由海路至大连、营口等地上陆之后,多半再以长春为聚集地和中转站,最后像一柄扇的形状散布开去。事实表明,移民曾经主要

---

① 王慕宁编译《东三省之实况》,第 11 页。
② 王慕宁编译《东三省之实况》,第 8 页。
③ 何廉:《东三省之内地移民研究》,《经济统计季刊》第 1 卷第 2 期,1932 年,载李文海主编《民国时期社会调查丛编》人口卷,第 347 页。
④ 何廉:《东三省之内地移民研究》,《经济统计季刊》第 1 卷第 2 期,1932 年,载李文海主编《民国时期社会调查丛编》人口卷,第 343 页。
⑤ 朱家骅:《浙江移民问题》,第 141 页。
⑥ 章有义编《中国近代农业史资料》第二辑(1912—1927),第 638 页。

分布在辽河及其支流或松花江流域；此时铁路却已替代河流成为移民流动的新"路标"，铁路沿线或其腹地成为吸纳移民的主要区域，尤其是以中东铁路沿线为最。总而言之，铁路成为决定东北移民的空间流向和分布格局的最为关键的因素，从这种意义上说，铁路的修筑为近代东北移民搭建了一个空间框架，等待移民去填充它。

铁路方面订定和施行移民减价政策亦对移民运动至关重要。移民减价即"铁路对移殖之旅客票价照普通旅客票价，减少若干成，或竟至全免之谓"。[①] 它与铁路正常招徕旅客，推广营业的主旨和性质不同，可以说完全出于国家政治和社会现实需要而具有义务或"公益"性质——"铁路之移民减价，实为铁路对国家之义务，其核收之票价，亦不能以生产费为标准也。总之，铁路制造移民减价票，不能揆诸一定法则，应因事制宜，不失为移民之目的可也。"[②]

1922 年，交通部鉴于从前移民赴东三省，其眷属恒留在家中，颇有流弊之故，于是拟定移民眷属乘车减价办法。但因政局变动、交通梗阻，移民规定徒成具文，惜未实行。1925 年，为提倡移民垦殖起见，交通部特在京奉、京绥两路发售移民减价票，并公布相应的条例。就京奉铁路而言，以天津东站、军粮城、塘沽及大凌河站往奉天、营口者为限，准许移民及其家属乘车购用减价票，每人减收车费 4 元；在牛庄开河后，至营口的票价则减为每人 3 元，其减价期限由路局随时通告。大凌河至奉天者每人减收票价 1.4 元，大凌河至营口者每人减收票价 1 元，12 岁以下的孩童均免票。每人携带行李，大人以 20 公斤为限，孩童以 10 公斤为限，逾量照章核收运费；移民本身随带农具免收运费，但以 40 公斤为限，逾量亦需缴费。凡购用移民减价票者应向起始站站长报名，并由站长确定无蒙混者，填给证书，持往购票。凡持有移民减价票者不得于未抵到达站以前中途下车，违者将以三等客票票价扣除已减之移民减价票票价补收相差之数外，

---

① 戴世文：《满蒙垦殖与铁路运输（续）》，《北宁铁路月刊》第 1 卷第 5 期，1931 年 5 月，第 13 页。
② 李振声：《增加铁路营业进款方法之研究》，《铁路杂志》第 1 卷第 5 期，1935 年 10 月，第 85~86 页。

另照三等票价征收罚金。① 1926 年前，交通部又制定京奉、津浦、京汉、京绥四路运送大宗移民减费规则，票价按普通三等四成收现，较前定移民减价规则更为减轻。② 唯因规定以大宗人数为限，并须请由地方当局正式函商交通部核准，方能填发凭单饬运，故手续烦琐，收效甚微。③

由于移民对东北地方发展有切身之利，因而东北地方当局在移民减价政策的制定和实施上更为积极。例如，1925 年张作霖就任东北屯垦督办后，立即派员赴直、鲁招募难民到东北地区垦殖。是年 4 月 15 日，为奖励难民赴东北垦荒计，经函商交通部批准，特令京奉铁路发售减价车票。凡移民及其家属由天津东站军粮城、塘沽至奉天或营口者每票价 4 元，由大凌河至奉天者每票价 1 元 4 角，由大凌河至营口票价 1 元，随带农具免收运费。三日后，首批募自直、鲁的移民即由京奉铁路运送出关。1928 年春，奉天省署拟定招徕难民开垦荒地以为救济之举措，除饬令各县设立收容所随时收容外，并训令京奉、奉海、四洮等铁路局，所有直、鲁难民出关垦荒者经过各铁路时，均予以免费运载，借资安插。但京奉路局复函声称该路向有小工列车专为工人而设，减价运输两有裨益。若遵奉天省署训令完全免费运输，势必对铁路营收造成不小程度的影响，故而恳请奉天省署对于运输难民出关一事仍按前例减价售票。④ 1929 年 5 月 29 日，东北交通委员会公布《运送垦荒难民暂行章程》，明令交通委员会所属干支各铁路一律遵守奉行。其中规定"凡各地难民经由各路前往他处垦荒者，得由慈善团体或收容机关调查明确，开具人数并起程及到达地点，呈准各地方长官函请交通委员会转饬路局，按照普通三等票价，男子核收三成，女子核收一成五，现款运送，小孩在 12 岁以下者免费"。⑤ 而后，以北宁铁路

---

① 《京奉京绥铁路发售移民减价票规则》，《交通公报》第 858 期，1925 年 3 月 28 日，第 3 页；《京奉京绥两路发售移民减价票》，《大公报》1925 年 3 月 29、30 日；《我国内地人民移殖东省之情况》，《中外经济周刊》第 225 号，1927 年 8 月 20 日，第 5～6 页。
② 戴世文：《满蒙垦殖与铁路运输（续）》，《北宁铁路月刊》第 1 卷第 5 期，1931 年 5 月，第 20～21 页。
③ 金士宣：《中国铁路问题论文集》，第 355 页。
④ 《移民问题》，《大公报》1928 年 2 月 1 日。
⑤ 戴世文：《满蒙垦殖与铁路运输（续）》，《北宁铁路月刊》第 1 卷第 5 期，1931 年 5 月，第 22～23 页。

为中心，西四路（北宁、四洮、洮昂、齐克）与东四路（北宁、沈海、吉海、吉敦）于1929、1930年先后实行移民减价运送协定办法。如东四路协定办法中规定每年由3月1日起至5月15日止，自北宁铁路北平、天津、营口三站发售至吉海铁路烟筒山、吉林两站之移民联运减价票，其价按普通三等价票三成核收，其眷属妇女60岁以上的老人，4岁以上未满12岁的小孩，按普通三等票价一成五核收，眷属不许单独购票。同时，每年自11月15日起至来年1月15日止，由吉海铁路烟筒山、吉林两站发售至北宁铁路北平、天津、营口三站之移民还乡联运减价票，按照普通三等票价五成核收，未满12岁的小孩，按二成五核收。① 在移民减价票发售期间，若有必要，吉林、北平间应立即组织开行运送移民直通列车，运送移民。所需车辆，则由北宁铁路负责将20吨棚车改造代用。

由于京奉铁路及东北地方铁路对于移民实行减价优待，迫使日人在东北控制的铁路，尤其是南满铁路也实行特殊的移民减价政策。1918年，南满铁路订立移民自大连、营口乘车北行的减费办法，并于翌年正式施行。1925年，应东北地方当局请求，南满铁路对于移民运费再行酌减。以妇孺移民为例，起先妇孺移民乘坐三等车仅出普通三等车价的65%—70%，1927年后又减至50%。② 中东铁路为协助移民运送同样态度积极并一致行动。该路备有由长春北行的专车并将车价减收，"减价的范围从女乘客三等票减价15%到男乘客三等票减价30%和50%之间"。③ 1927年因乘客过多，所备车辆又不敷载运，行旅极称不便，贫寒之移民尤感困苦。是年4月底，该路又宣布年在60岁以上及10岁以下的移民一概免收车费。④ 南满、中东既定有减价章程，乘车移民数量随之增多。另一方面，南满、中东两路在移民的利害关系上甚为不同，因为1927年之后的移民大部分以东北北部地区为目的地，所以中东铁路受益颇多，南满铁路的"好处"相对

---

① 金士宣：《中国东北铁路问题汇论》，第105~106页；《中国铁路问题论文集》，第357页。
② 《我国内地人民移殖东省之情况》，《中外经济周刊》第225号，1927年8月20日，第5~6页。
③ 〔美〕罗纳德·苏勒斯基：《满洲的区域开发——本世纪20年代的移民劳动者与省官员》，第17页。
④ 《我国内地人民移殖东省之情况》，《中外经济周刊》第225号，1927年8月20日，第6页。

有限。相较而言，东北地区各铁路虽对移民车费一律减免，但南满铁路收费依然较高，特别是对于还乡之移民更无优待。① 总之，移民减价政策实为奖励移民出关垦殖的至为有效的方法，足以影响移民垦殖事业的进程。

京奉铁路局每年还对春季出关、冬季入关之小工施行特别的减价办法——小工票。所谓小工系指由津浦路北段沿线各站出关做工之工人，他们皆在每年春季出关佣工，在旧历年关前后入关返籍，属于候鸟式移民。② 为便利这些移民之往返、促进移民事业之发展与吸收移民的运送起见，京奉铁路局发售了一种移民专用车票，俗称小工票。它可供移民一家（8 口以下）使用。③ 自创办发售后，其数量每年均有增加：1922 年为 8304 张；1924 年为 21346 张；1926 年为 3358 张；1927 年为 42636 张；1928 年为 60184 张；1929 年为 85488 张；1930 年为 98201 张；1931 年为 55649 张。④ 京奉路局曾于 1923 年 4 月一度停止发售小工票，原因是"东来之移民过多，调查所得已十五、六万人，若再令任意而来，将来人数过多，谋生无计，非转于沟壑，即流为盗匪，所以勒令将小票车停止以示限制"。⑤ 1927 年移民狂潮出现后，小工票发售随之呈现激增，较之 1926 年增加 12 倍有余。又如在 1927 年 1—4 月间，在天津乘坐小工票车出关之移民共 36 万余人，即 1 月份为 40837 人；2 月份为 51546 人；3 月份为 149614 人；4 月份为 118712 人。⑥ 1928 年 4 月，据记者赴车站的调查报道，当时出关者仍甚拥挤，除一部分由青岛乘船出关外，余者由津浦路赴津，每日多辄数千，少则数百，均转乘京奉小工票车出关。⑦ 仅在 4 月 1—10 日中赴奉的移民为 40917 名，计 4 月 1 日为 3500 名、2 日为 4700 名、3 日为 3200 名、4 日为 6200 名、5 日为 2820 名、6 日为 9208 名……10 日为 1324 名，⑧ 其后

---

① 朱偰：《满洲移民的历史和现状》，《东方杂志》第 25 卷第 12 号，1928 年 6 月 25 日，第 20 页。
② 《北宁铁路沿线经济调查报告书》，第 2 页。
③ 《天津海关十年报告（1922—1931）》，《天津历史资料》第 5 期，1980 年，第 86 页。
④ 《天津海关十年报告（1922—1931）》，《天津历史资料》第 5 期，1980 年，第 85~86 页；金士宣：《中国铁路问题论文集》，第 272 页。
⑤ 《京奉路小车票停止原因》，《盛京时报》1923 年 4 月 21 日。
⑥ 《直鲁难民出关数目》，《益世报》1927 年 4 月 29 日。
⑦ 《出关难民访问记》，《大公报》1928 年 4 月 14、15 日。
⑧ 《最近十日内出关难民概数》，《益世报》1928 年 4 月 19 日。

每日赴奉者仍陆续不绝。至1930年，小工票的发售达到顶点，这主要是由于北宁路局对于移民实行更为优惠的特别减价，"凡由天津至营口，每人四元五角；其余由天津至关外各站一律三元五角；眷属及年在十二岁以下之子女，并准免费"。① 综计1931年九一八事变之前，乘坐小工票车的移民每年约在108300人以上。②

小工票发售办法以减低车价为原则，最初按普通三等票价减半核收，嗣后则一律改收5元，妇孺则完全免费。③ 由于进入东北的移民数量在1927年之后出现激增，导致小工票的营业收入反而较其他客运为多。这种情形已然与原定宗旨不符，况且因南满铁路对于移民实行特别减价的竞争，京奉铁路局遂将小工票价再行减低，"天津至本路关外各大站者，如沈阳、新民、通辽、大虎山、北票、锦县等，一律收3元5角。由天津至营口者，改收4元5角。所有小工之妻室及年在12岁以下之子女与小工同时起票者，概准免费运送。其妻室及子女应发特种车票，须注明免费字样，且须将本人所持小工票之号数注明于上，以便稽查，以防流弊"。④ 由于每年春季小工集中大批出关，所以此时发售廉价车票人数最多，寻常客车不能容纳，乃添挂铁篷车，附于客货车之后，或更开行小工专车。其办法由天津开行小工专车，挂车十数辆，至关外各大站，沿途摘下，分别开往各支线。卸空后再集合整列入关内，为第二批之运送。⑤

京奉铁路局不仅为小工的出关发售移民专票，而且对于他们的回返同样予以优待。"每年秋冬间，旅居关外之劳动者，皆作返里省亲之行。交通当局为体恤计，按年特开小票车，为间接救济之道。"⑥ 1914年9月，该路局为体恤冬季返回故里之移民，路逾千里，川费多艰，即在奉天、营口各站特别出售小工票，每票价2元，凡属贫困工人均可购票赴津。自从营口的河北车站发售小工票后，凡属以力谋食之小工籍直隶者均行回家，即

---

① 金士宣：《中国铁路问题论文集》，第273页。
② 《北宁铁路沿线经济调查报告书》，第2页。
③ 金士宣：《中国东北铁路问题汇论》，第104页。
④ 金士宣：《中国铁路问题论文集》，第356页。
⑤ 金士宣：《中国铁路问题论文集》，第356页。
⑥ 《筹开小票车》，《铁路协会会报》第171期，1926年12月25日，第55页。

素非小工而在此做小商贩者亦多贪省川资，搭赶河北站小工票辈旋赴关内，是以该站每早购票搭车之人颇形拥挤。1920 年代中期，京奉铁路局又于冬季加开移民还乡专用列车，其车票发售以沈阳、皇姑屯、新民、彰武、新立屯、大虎山、营口、锦县、沟帮子、义县、北票等站为起点，概以到天津为止，每张票一律收大洋 5 元，除每人携带行李小包外，不许私带任何货物。① 该项费用较出关之收费为高，且对眷属无免费之规定，以示不鼓励移民回返之意。移民还乡后在亲朋邻里间宣传、介绍关外垦荒或工作之情形，至翌年春便会招引乡人亲友大批出关，"年复一年的继续不断的在如此情形下由关内向关外大量移民，对于救济关内之难民出关，从事就业生产，并得均衡调节关内外疏密悬殊之人口，意义实甚重大"。②

与京奉铁路同步配合，津浦、胶济两路也发售性质相同的移民小工票。例如，自 1927 年 3 月起，山东灾民出关谋生者日益众多，平均每日可达 2000 余人，津浦路局于当月 16 日起发售小工出关乘车减价通票，以该路临城、滕县、兖州、济宁、泰安、济南、禹城、平原、德州、连镇、泊头、沧州等 12 站为售票地点，均售至京奉路营口或奉天为止，所有附收赈捐、河工捐、教育协款等项均一律免收。③ 这些由津浦铁路而来的小工，在天津总站下车后，即至站外灾民招待处之暖棚内休息，然后改乘京奉铁路的小工车出关。对于持有通票的移民可直接运赴奉天，其他移民均需在天津下车换票而后北往。④ 胶济铁路从前只由济南开行第 20 次列车作为运送移民的专列，但由于移民的增加不得不加开列车以应时需。列车自济南出发，经青岛联运直至大连的车费只需大洋 4 元。⑤ 河南省自 1927 年 5 月 7 日起开始向东北大批移民，至 9 月 17 日因天气转寒且路途发生阻碍而停止，此间该省灾民经平汉路先至丰台，然后登上北宁铁路的小工车出关，

---

① 金士宣：《中国东北铁路问题汇论》，第 105～106 页；《中国铁路问题论文集》，第 357 页。
② 王奉瑞：《东北之交通》，载沈云龙主编《近代中国史料丛刊续编》第 93 辑，第 49 页。
③ 《津浦将售小工票》，《大公报》1927 年 3 月 14 日。
④ 《出关难民人数之调查》《大批灾民赴奉》，《益世报》1928 年 3 月 21 日；《大批灾民过津》，《益世报》1928 年 3 月 30 日；《前昨两日过津灾民概数》，《益世报》1928 年 4 月 7 日；《灾民络绎不绝》，《益世报》1928 年 4 月 12 日。
⑤ 张振之：《人祸天灾下之山东人民与其东北移民》，《新亚细亚》第 2 卷第 3 期，1931 年 6 月 1 日，第 39～40 页。

先后共计 43 批，共计 35004 人。其中分布于黑龙江、辽宁各县及兴安屯垦区者共 32941 人，剩余 2063 人在中途下车，分散于热河的开鲁等县，或者亡故。① 不过，此次运送系由华洋义赈总会主办，呈请交通部函准，由平汉、北宁铁路免费运送。

京奉、津浦、胶济等铁路为便利移民出关谋生与回返故里，在春、冬两季分别开行小工出关减价票车与还乡减价专列，可使小工往来任便。从移民实边的角度而言，"非令出关难民永久居住，安心农垦不足以收开发富源、充实边防之效"。② 有鉴于此，东北地方当局曾拟将小工车入关者停驶，出关者照常，且予以免费联运，给予移民更多的便利和优惠；而对于回返者减低优惠力度，即相应地增加回程车费，以期移民长期留居东北。然而，很多移民因天灾及兵祸、匪患、苛税的交相煎迫，相率赴东；其初意本系短工性质，并无意于永久迁居。而各省灾民因生计所迫而无家可归，经由慈善团体分批遣送，办理移殖，固极相宜。但须有相当之机关为其策划安排，方不至流离失所。如旅平河南赈灾会等，曾来运往东省之灾民，不下数万人，皆系呈奉铁道部免费运送。出关谋生的小工与此等灾民的性质并不相同，如果强使他们冬季不回籍，又无事可做，必会麇集一处，漫无规制，于地方秩序有损无益。另外，每年开行小工车虽票价低廉，但因乘坐人数成千上万，以致北宁路实则获利不菲。换言之，这些小工实为京奉铁路的重要客源。假若出关者免费，进关者停驶，该项收入势将大为缩减，对铁路营业造成较大损失。因此，如若停驶小工之还乡专列而只开行出关之减价票车，于移民上有受制之怨言，于铁路上有莫大之损失，于实际上无丝毫之利益，其结果必将适得其反。③

京奉铁路局不仅为移民提供减价运送的优惠政策，而且为怜恤移民起见，在天津督署和警厅的主持下，该路局于河北新车站设立南满收容所，设置席棚及粥厂，施送稀粥；并有北五区警署派遣警察在彼维持秩

---

① 《豫省移民东省成绩良好》，《大公报》1929 年 10 月 19 日；《豫灾民散居东省各地之统计》，《大公报》1929 年 12 月 30 日。
② 《难民出关与东北开发》，《大公报》1928 年 4 月 2 日。
③ 金士宣：《中国东北铁路问题汇论》，第 106～107 页；《中国铁路问题论文集》，第 357～358 页；《难民出关与东北开发》，《大公报》1928 年 4 月 2 日。

序。① 这些移民能够得到一些简单的招待或资助，可是，他们的乘车待遇却十分悲惨，甚至常有生命之虞。因为京奉、津浦等各铁路局为移民提供的条件极为简陋，如开行之小工车"即普通之敞车，四面铁皮，上无遮盖"，②"内无座位之设置"③，甚至连草席都不备。"难民扶老携幼、拖儿带女，或蜷伏一隅，或倚立其间……"④ 车内往往拥挤异常，甚至有些人甘冒危险攀爬列车，希图搭载。路局对于这些敞车或铁棚车随便挂用，致使移民遭受日光逼射、风吹雨淋、昼夜气候变迁而罹病或死亡的现象司空见惯。仅择一例，1922年3月23日，狂风大作，春寒料峭，该路小工车于当日开至山海关，结果约300人冻毙而亡。⑤ 移民钱财被市侩诈骗及妇女、孩童被诱拐的事件也在途中时有发生。⑥ 在冬季还乡之时，北方天气异常寒冷，该路局对于小工车的防寒保暖问题根本无从顾及，沿途各站并无席棚粥厂及开水供应，以故移民中途历尽饥渴冻馁之苦，常有因冻而病而死者，真是苦不堪言。此外，小工车调度运行亦无明确规章及时刻。如车行至某一区段，将此等车甩下需候时甚久甚至隔日，再将此等车附挂于另一区间之货运列车，由关内至关外至少需经过四五区段，故此等移民辗转、换车、等车，耗时甚多。⑦ 每遇战事发生，车辆辄被军事征用，致使车辆筹备乏术，运输迟滞；那些打算去东北而又需要资助才能乘车而往的移民除了翘首等待之外，别无选择。例如，上文提及由华洋义赈总会主办的河南灾民出关，原定额数仅为5000人，而实际到达人数早已超过原定额数，且中途跋涉大批续来者仍络绎不绝。于是，北宁铁路局特电请铁道部进行交涉，言明不便再行预备车辆，以致后续到达的移民只得滞留车站待

---

① 《最近旬日间出关难民》，《大公报》1928年3月23日；《出关难民访问记》，《大公报》1928年4月14日。
② 《一月来过津出关难民五万人》，《大公报》1928年4月15日。
③ 何廉：《东三省之内地移民研究》，《经济统计季刊》第1卷第2期，1932年，载李文海主编《民国时期社会调查丛编》人口卷，第335页。
④ 《一月来过津出关难民五万人》，《大公报》1928年4月15日。
⑤ 《东北大风，冻毙京奉铁路小工二三百人》，《申报》1922年3月26日。
⑥ 陈翰笙：《难民的东北流亡》，《国立中央研究院社会科学研究所集刊》第2号，1930年，第27页。
⑦ 王奉瑞：《东北之交通》，载沈云龙主编《近代中国史料丛刊续编》第93辑，第47页。

第六章　京奉铁路与近代东北移民　　　　　　　　　　　　　　　　　　　　293

运，"食粮燃料，张罗俱穷，暑饿交迫，日毙数人"。① 其悲惨之状令人不忍闻睹。华洋义赈总会只得与东北交通委员会及黑龙江省署等疏通，要求取消限额，尽量安插难民；同时，要求平汉、北宁路等迅速筹备车辆。② 总之，在减免移民车费这个优惠举措的"温情"背后，却是运送条件的简陋、冰冷和迁徙过程的艰辛。

北宁铁路施行移民减价政策并开行小工专车，为移民的出关或还乡提供了便捷的通道，这可谓对于移民最大的惠助，尽管其间历尽艰辛和苦楚。然而，正当这些举措方兴未艾之际，却遭到1931年九一八事变的打击而骤然停顿。1932年2月12日，东北交通委员会宣布废除以前实行的移民减价车票；3月10日满铁也步其后尘，③ 从而宣告了移民减价政策寿终正寝。

近代东北移民运动以其持续时间之长、流动规模之巨而"成为全部近代史上的一件空前大事"，④ "无论对中国人口地理还是中国经济地理，均产生了巨大而深远的影响。"⑤ 这场令世人瞩目的移民运动是多种因素复合作用的结果，其中，京奉、中东、南满铁路及其他东北地方铁路均发挥了不同程度的作用。它们的修建不仅为移民提供了大量的就业机会，成为近代东北移民事业发展的原动力之一，而且它们开辟了新的移民路径，提高了移民的迁移效率，规定了移民的空间流向和分布格局。尤其连通关内外的京奉铁路通过厉行减价运送、开行小工车等各种办法和举措，为移民运送提供了极大的惠助和便利，可谓功不可没。进而言之，铁路建设运营和移民大量涌入是近代东北农业生产和流通中两个颇为重要的条件。近代东北移民本身就是东北区域近代化的重要组成部分，为近代东北工农各业的发展提供了必要的人力资源；同时在铁路敷设的带动下，近代东北地区的耕地面积和农业产量均出现明显的增加，农产品的商品率大为提高。此外，移民的涌入成为东北近代城市化中人口的主要来源，特别是一些以移

---

① 《豫民待运出关》，《大公报》1929年7月1日。
② 《豫民待运出关》，《大公报》1929年7月1日。
③ 〔日〕川锅诚一：《入满打工的中国劳工问题》，邓嵩、萨殊利译，载《近代史资料》总第108号，第171页。
④ 〔美〕Walter Young：《美报之华人满洲移民运动观》，《东方杂志》第25卷第24号，1928年12月25日，第49页。
⑤ 胡焕庸：《中国人口地理》上册，华东师范大学出版社1984年版，第340页。

民为主体的新兴城镇在铁路沿线相继出现,尽管它们还处于起步阶段。反之,近代东北农业经济的发展及城市化水平的提高又对关内移民起到了一种吸引和接纳作用,并且对于交通建设形成一种更大的需求,促进了铁路建设的发展。由此不难理解铁路建设、移民增加与近代东北经济社会发展之间的紧密关联和良性互动。因而,这场移民运动对推动近代东北经济社会发展的结果和效应,更加有力地佐证和衬托出铁路对于移民运动的重要作用和价值。只有铁路才可以算这场移民运动的实际"支配者"。由是言之,京奉铁路"最有价值的功绩就是把人烟稠密、人口过剩的直隶省和山东省的人口移殖到富饶而人口稀少的满洲去"。①

第三节 近代东北移民的多重效应

"铁道的发展,使东三省发生了一个空前的大移民运动",② 它不仅在一定程度上调剂了国内人口的稀疏,使华北部分地区的人地比例高度失衡的状况有些微的缓解,而且弥补了东北地区工农各业劳动力的匮乏,间接推动了东北地区的城市变动,进而有力地促进了东北地区的现代化进程。因而,近代东北移民运动的重要不仅在于移民本身所形成的人口流动,而且表现在这一运动对东北地区经济社会的发展产生了不同凡响的多重效应。

关内移民大量涌入东北的最直接结果,是东北人口的相应增长,这是构成近代东北社会经济和政治发展的背景和前提。19世纪中叶之前,清廷对于东北地区力行严厉的封禁政策,但由于地方官员执行不力及农民铤而走险、时有偷越,使这种政策成为一纸具文,东北人口在封禁政策施行之后仍呈现增长的趋势。例如,东北人口由1842年的约300万人增至1862年的370余万人,③ 20年间增长了近四分之一。19世纪中叶之后,随着边疆形势的日益恶化,清廷逐渐废弛封禁政策,改为推行移民实边政策,开放部分围场及官庄等。1895年,为抵制日、俄等对东北地区的侵入和纾解

---

① 〔英〕肯德:《中国铁路发展史》,第190页。
② 莫萨尔:《东三省的经济发展与铁路》,《东方杂志》第25卷第3号,1928年2月10日,第45页。
③ 赵文林、谢淑君:《中国人口史》,人民出版社1988年版,第458、462页。

第六章　京奉铁路与近代东北移民

政府财政拮据的窘境，清廷又对东北地区实行全面开放。1903—1911 年间，中东、南满、京奉、津浦等铁路相继告成，关内人民向东北的流动更为容易。这些因素共同促使清季的东北移民运动掀起了一个小的高潮，由此导致东北人口数量出现明显的变化。如 1898 年东三省人口为 7605588 人，① 1907 年为 14457087 人，② 1911 年增至 18415714 人，③ 十余年间竟增加两倍有余，平均每年净增约 80 万人。其中奉天省的人口由 1907 年的 8769744 人④增至 1911 年的 11205267 人，⑤ 增长了 27.8%。相对而言，吉林、黑龙江两省的人口增长仍较为缓慢。及至民国初期，随着移民规模的不断扩大，东北人口数量随之呈现递增的趋向。尤其 1920 年代中后期，进入东北的移民激增，1923—1930 年的 8 年间，进入东北的关内移民约有 500 余万人；尤其是 1927—1929 年间每年均有百万之众。⑥ 众多移民的涌入直接促使东北人口出现了突破性的增长。如表 6-6 所示，1912 年据北京政府内务部的人口普查结果显示东北人口约为 1974 万人，1920 年约为 2204 万人，1930 年约为 2634 万人，较诸 1912 年的人口数增加近 700 万人，平均每年增加近 40 万人，其中"人口增长以 1928—1931 年的增长幅度最大，为 14.29%；其次是 1925—1928 年，为 10.14%"。⑦ 黑龙江省吸纳的移民最多，人口增加也最为迅速。1928 年该省人口为 3724738 人，较诸 1912 年的 2028776 人增加了 84%。与此相应，东北人口数量在全国人口布局中的占比也出现微小的变化。例如，1913 年东北人口总数为 19207800 人，⑧ 约占全国人口总数的 4.67%；⑨ 1923 年的同比为 5.06%，1926 年为 4.95%。⑩ 尽管

---

① 赵文林、谢淑君：《中国人口史》，第 470 页。
② 转引自赵中孚《一九二〇—一九三〇年代的东三省移民》，《中央研究院近代史研究所集刊》第 2 集，1971 年，第 328 页。
③ 侯杨方：《中国人口史》第六卷（1910—1953 年），复旦大学出版社 2001 年版，第 147 页。
④ 转引自杨余练等编著《清代东北史》，辽宁教育出版社 1991 年版，第 449 页。
⑤ 赵文林、谢淑君：《中国人口史》，第 471 页。
⑥ 参见何廉《东三省之内地移民研究》，《经济统计季刊》第 1 卷第 2 期，1932 年，载李文海主编《民国时期社会调查丛编》人口卷，第 332 页。
⑦ 王杉：《东北移民与新型关东文化》，《佳木斯大学社会科学学报》2001 年第 1 期，第 73 页。
⑧ 参见〔美〕德·希·珀金斯《中国农业的发展（1368—1968）》，宋海文等译，上海译文出版社 1984 年版，第 282~283 页。
⑨ 金士宣：《中国东北铁路问题汇论》，第 10 页。
⑩ 《邮政局估计中国人口增加情形再志》，《大公报》1928 年 4 月 3 日。

这一比重基本持平，但东北人口在此间增加近 500 万人。可见，近代东北移民运动改变了国内人口的布局，尽管其程度并非十分显著；同时，对于人口庞大、灾难深重的山东、直隶两省而言，移民的流出也造成两省人口的略微缩减。

需要指出的是，上述引用的各年度人口统计数字，含有不少估算的成分，不具有绝对的准确性，只是作为一种反映人口增长趋势的参考。另外，东北人口的增加也要虑及该地区人口自然增殖的影响。总之，近代东北人口的增长与移民规模的扩大同步而行，尤其是东北人口在 1920 年代出现"跃进"式的增长，几乎完全取决于移民的增加。不过，铁路作为这样一个大规模的移民运动的促成因素，对于东北人口的增长只发挥了间接地推进作用，诚如时人所言："三十年以前，东三省的居民还不到二百万；一条铁路也没有。到了现在，它的铁道，已有四千英里长——几与中国其他各部分所有的铁道相等。同时它的居民，按照最近的统计，已过 2700 万。"[①] 1898—1930 年东北人口增长及分布情况见表 6-6。

表 6-6 1898—1930 年东北人口统计

单位：人

年份	1898	1912	1920	1928	1930
辽宁	5518435	12133403	12594763*	15233123	15253694
(%)	(45)	(100)	(103)	(126)	(126)
吉林	823091	5580030	6305497**	6102439	7339212※
(%)	(15)	(100)	(113)	(109)	(132)
黑龙江	1264062	2028776	3140858	3724738	3749367※
(%)	(62)	(100)	(155)	(184)	(185)
合计	7605588	19742209	22041118	25060300	26342273
(%)	(39)	(100)	(112)	(127)	(133)

注：* 为 1918 年数字；** 为 1919 年数字；※ 均为 1929 年数字。
资料来源：赵文林、谢淑君《中国人口史》，第 470 页；侯杨方《中国人口史》第六卷 (1910—1953)，第 147~148 页。

大量移民的涌入，在很大程度上缓解了东北劳动力紧缺的状况，特别

---

① 莫萨尔：《东三省的经济发展与铁路》，《东方杂志》第 25 卷第 3 号，1928 年 2 月 10 日，第 45 页。

第六章　京奉铁路与近代东北移民

是大批移民以开垦或租佃耕地为生,以致东北地区的农业获得了优先发展,耕地面积和粮食产量均出现成倍的增长。由于清廷和东北各省对移民垦荒的鼓励和扶持,东北南部的土地在移民的垦殖下率先得到开发和利用,但北部地区的广袤荒原仍处于一片荒凉和沉寂之中。1895年清廷全面开放东北地区之后,扩大放垦的范围,至1911年时放荒面积达11510万余亩,耕地面积为10266万亩以上,为1840年东北耕地面积总额2864万亩的3.58倍。① 然而,此时土地的利用率并不高,因为大量的荒地只是放而不垦,或是囤积居奇,以谋私利。如黑龙江省从1904年至1911年间共丈放荒地总计6975996垧,经开垦的熟地为347909垧,② 仅占放荒总面积的5%。因而,单纯地从放荒地亩的面积看,还不足以如实反映出东北地区的土地开发和利用程度,只是表明其具有吸纳大量移民的巨大潜力而已。

民国时期,由于东北移民的规模日渐扩大及政府在移民招垦力度上的愈益加大,东北的耕地面积获得了进一步的发展。据相关统计显示,1914年东北的耕地面积计有14019.2万亩,1932年时达30618.6万亩,③ 此间增长一倍有余。又在1923—1931年间,东北的耕地面积每年增加50万至100万公顷。④ 从耕地面积的绝对数量而言,在全国七大经济区域中,东北地区所居的名次已由1913年的末位一举跃至1930年代初的第三位,成为仅次于华北和华东的又一重要农耕区。⑤ 另外,1927年后涌入东北的移民中,有64%进入北部地区,余下的36%进入南部地区;⑥ 进入北部地区的移民中又有大半从事垦殖或佣耕,所以北部地区尤其是黑龙江省的土地开发呈现出明显加快的趋势。据表6-7显示,1913年黑龙江省开垦土地约2403万亩,1927年增至4491余万亩,15年间增长近一倍。总之,东北土

---

① 杨余练等编著《清代东北史》,第447~448页。
② 李文治编《中国近代农业史资料》第1辑,生活·读书·新知三联书店1957年版,第80页。
③ 许道夫:《中国近代农业生产及贸易统计资料》,第8页。
④ 东北物资调节委员会编《东北经济小丛书·农产》"生产篇",京华书局1948年版,第2页。
⑤ 张景岳:《北洋政府时期的人口变动与社会经济》,载丁日初主编《近代中国》第3辑,上海社会科学院出版社1993年版,第89页。
⑥ 陈彩章:《中国历代人口变迁之研究》,《民国丛书》第三编(16),第120页。

地开垦规模之大与速度之快，与当时大量移民的涌入和开拓密不可分。

表 6-7 1908—1927 年东北开垦地亩统计

单位：町

年份	辽宁	吉林	黑龙江	共计	百分率
1908	4125600	2817360	1104840	8047800	100
1913	4388400	3408840	1602000	9399240	118
1918	4651200	4000320	2099150	10750670	134
1923	4914000	4591800	2596320	12102120	150
1927	5124240	5064980	2994050	13183270	164

注：1 町约为我国的 15 亩强，参见王慕宁编译《东三省之实况》，第 18 页。
资料来源：金士宣《中国东北铁路问题汇论》，第 9～10 页。

另一方面，尽管 1920 年代东北地区的耕地面积出现较大幅度的增长，但可耕地的开发利用率参差不齐。京奉铁路关外段沿线地区由于人口密度较大，开拓历史较久，可耕地的饱和度较高，以致垦地增加的规模十分有限（见表 6-8）；其他地区耕地面积的增长虽然较快，但与同期移民数量的激增不成比例，即耕地面积的增长速率明显滞后于移民的增速。以中东铁路附近各区为例，1924 年进入黑龙江省的移民仅为 3535 人，1927 年激增至 85010 人，几乎为 1924 年的近 25 倍，其后移民人数虽有下降，但仍较 1924 年多出 6 倍有余；1924 年黑龙江省的耕地面积为 7182 千公顷，1929 年达 8844 千公顷，增加尚不足 1/4（参见表 6-9）。[1] 另据 1929 年统计，黑龙江省的可耕地面积占总面积的 15.1%，已耕地面积只占可耕地面积的 35.4%,[2] 这意味着仍有近 2/3 的可耕地还无人问津。1920 年代末，整个东北地区已耕地面积约为 3050 万英亩，尚不及全部耕地面积的 12.5%,[3] 甚至有的统计显示这一比率更低至 6.60%。[4] 当然，移民数量的

---

[1] 连濬：《东三省经济实况概要》，华侨实业社 1931 年版，第 312 页。
[2] 参见王慕宁编译《东三省之实况》，第 19 页。
[3] 梁敏时：《满洲之富源——农矿与森林畜产》，《新亚细亚》第 2 卷第 3 期，1931 年 6 月 1 日，第 46 页。
[4] 《农商公报刊载"满洲大豆业之状况"等论著稿件》（日期不详），中国第二历史档案馆藏，档案号：1038—2023。原件中的统计年份和面积单位均未注明，但据内容推测，应为 1930 年代初期，在此引用仅供参考。

增加不一定与耕地面积的增长存在必然的正相关，因为一部分移民被工矿、服务等部门或行业所吸纳，但整体而言，从事农业垦殖的仍占多数。因而，民国时期东北耕地面积的增长与移民的增加在一定程度上相互吻合。

表6-8　1930年北宁铁路关外段沿线各县面积、人口情况

县名	面积 （平方公里）	可耕地/总面积	已耕地/可耕地	人口 （千人）	人口密度 （人/平方公里）
绥中	2065	39.0%	97.5%	279	135
兴城	1695	43.7%	98.1%	162	96
锦西	1356	50.0%	99.1%	371	274
锦县	2713	41.4%	96.9%	321	118
义县	2327	54.0%	85.2%	245	105
盘山	2204	29.8%	97.5%	202	92
北镇	1541	62.9%	94.4%	250	162
黑山	2065	43.5%	99.4%	319	154
台安	1618	51.6%	92.2%	210	130
新民	3406	46.8%	82.5%	534	157
总计	20990	46.3%	94.3%	2893	138

资料来源：《满洲农业统计》（1931年），转引自塚瀬進『中國近代東北經濟史研究：鐵道敷設と中國東北經濟の變化』東方書店、1993、134頁。

表6-9　1924—1929年中东铁路移民与附近各区耕地统计

年份	1924	1925	1926	1927	1928	1929
人数	3535	1564	2832	85010	58864	27506
指数	100	44	80	2405	1665	778
千公顷	7182	7480	7786	8199	8520	8844
千顷	1169	1217	1267	1334	1387	1439
指数	100	104	108	114	119	123

资料来源：连濬《东三省经济实况概要》，第312页。

随着耕地面积的不断增加，农作物产量也出现较大幅度的增加。例如，1912年东北谷物总产量为8002305吨，1930年增至18865000吨，18

年间增加 10862695 吨，每年净增约 603483 吨；① 同时，移民为东北地区农业带来了较为先进的耕作技术和生产经验，农业生产率有了一定的提高，农作物的种植结构和商品率也出现不同程度的发展，其中尤以大豆的种植和运销最具代表性。近代以来，东北地区的农业种植向以大豆为重心，其生产量和出口量均与年递增，由此产生的牵引力使大豆的种植面积及其在农业生产中的比重不断增加，进而刺激和推动了近代东北地区农业的发展。例如，1924—1931 年 9 月间，东北地区的耕种面积增加 560 万公顷，其中大豆的耕种面积增加 200 万公顷，几乎占据耕地面积增加总额的一半。又以耕种面积增加的指数衡量之，其他农作物合计为 169，大豆为 194，由此可见大豆耕作的异常发达。② 尽管大豆的单位面积产量渐为减低，但由于耕作面积的持续扩大，所以其总产量 6 年俱增。如表 6-10 所示：

表 6-10　1924—1930 年东北大豆种植面积和产量及其比例

年份	耕种面积（公顷） 全农产物（A）	大豆（B）	B/A（%）	生产量（吨） 全农产物（A）	大豆（B）	B/A（%）
1924	8148000	2167000	26.6	14571000	3451000	23.7
1925	10142000	2678000	26.4	16339000	4178000	25.6
1926	11022000	3337000	30.3	16609000	4781000	28.8
1927	11887000	3542000	29.8	17649000	4822000	27.3
1928	12880000	3743000	29.1	18192000	4839000	26.6
1929	12860000	3993000	31.0	18298000	4854000	26.5
1930	13387000	4190000	31.3	18865000	5360000	28.4

资料来源：根据《大豆之年度耕种率及生产比例》表改制，参见《东北经济小丛书·农产》生产篇，第 43 页。

由表 6-10 可知，1924—1930 年间东北大豆的种植面积，平均占全部农作物耕种面积的 30%，高粱、玉米、谷子三种农作物加在一起约为 70%；大豆的年产量占全部农作物年产量中的比例也大致相仿。此外，大

---

① 张利民：《"闯关东"移民潮简析》，《中国社会经济史研究》1998 年第 2 期，第 61 页。
② 《东北经济小丛书·农产》生产篇，第 49 页。

第六章　京奉铁路与近代东北移民

豆的商品率在东北各种农作物中居于榜首。据"满铁"的专家估计，东北大豆的商品率高达 80%—83%，其次是高粱为 40%—42%，玉米为 35%—36%，谷子为 20%—22%。① 尽管高粱、玉米或谷子的商品化率明显低于大豆，但它们的商品化率同样是东北地区农业的商品性质的日益增强的一种佐证。

大豆是东北出口贸易中的大宗商品。1911 年前后，大豆在东北出口贸易中的地位逐渐确立。② 其后，由于中东、南满铁路对大豆实行特价运输和混合保管制度以资招揽和运送，大豆的出口量直线上升。例如，1923 年经由中东铁路运出的大豆为 371153 吨，1926 年这一数字则达到 596277 吨，③ 四年间增长了 61%。1923 年东北的大豆输出量为 1369450 吨，1929 年达 2759595 吨，输出占生产的比重也由 1923 年的 41.98% 上升至 1929 年的 56.91%；④ 此间每年输出的大豆往往占东北全部产量的 50% 左右。⑤ 这些数字表明，东北地区的农业生产日益倚重于大豆这种重要的出口农产品，这不仅增强了关内农民到东北地区从事农业垦殖的吸引力，而且加强了东北地区农业经济与世界市场的紧密联系。

京奉铁路关外段沿线的农业种植情况与上述情形存在较为明显的不同。如表 6-11 所示，该段沿线地区的农业生产以高粱为最盛，大豆的生产量约占高粱的一半，这与中东铁路沿线地区以大豆为主要农产品的农业生产状况相左。高粱产量较丰的原因是京奉铁路沿线人口稠密，商业发达，以高粱为主食的粮食消费需求数量巨大，该路线上的沈阳、天津、北京等大都市的食粮供给使种植高粱能比大豆获得更高的收益，因而该段沿线地区，农业种植主要是选择以高粱为主的农作物，农作物的比率大致为高粱第一，大豆和粟几乎不相上下（见表 6-12）。

---

① 〔日〕满史会编著《满洲开发四十年史》，第 565 页。
② 何炳棣《明初以降人口及其相关问题（1368—1953）》，葛剑雄译，生活·读书·新知三联书店 2000 年版，第 190 页。
③ 东省铁路经济调查局编《东省铁路统计年刊》，1927 年版，第 220 页。
④ 严中平等编《中国近代经济史统计资料选辑》，第 80 页。
⑤ 《大豆的国际贸易》，《北宁铁路月刊》第 1 卷第 7 期，1931 年 7 月，"选录"，第 1 页。

表 6-11　京奉铁路关外段沿线农业生产概数

年度	普通作物种植面积合计	生产量			
		大豆	小麦	高粱	粟
1915	80	—			
1921	—	199	52	465	203
1925	77	151	12	461	179
1929	82	93	12	774	104
1932	80	96	9	678	82
1938	91	127	10	588	79
1941	93	114	10	641	100

注：普通作物种植面积的单位为 100 平方公里，大豆、小麦、高粱、粟的单位为 1000 担（或吨）。

资料来源：转译自塚瀬進『中國近代東北經濟史研究：鐵道敷設と中國東北經濟の變化』東方書店、1993、134 頁。

表 6-12　京奉铁路关外段沿线农作物种植比例

年度	高粱	大豆	粟
1910	36.8%	20.4%	17.8%
1925	40.6%	13.3%	13.9%
1929	59.8%	10.4%	10.5%
1941	55.2%	13.8%	10.5%

资料来源：塚瀬進『中國近代東北經濟史研究：鐵道敷設と中國東北經濟の變化』東方書店、1993、135 頁。

总之，较之东北其他地区，京奉铁路关外段沿线地区的农业生产状态和种植结构在 1920 年代基本上没有发生明显的变化，即耕地面积和农业产量没有出现较大规模的增长，这与南满、中东铁路沿线以大豆为主的农业结构和特性存在着一定程度的不同。然而，无论哪条铁路沿线地区农业的发展都倚赖于关内移民的大量涌入和定居。

20 世纪以降，随着东北地区农业生产的发展，尤其是大豆生产的增加，带动了以农作物为原料的加工工业的勃兴。以大豆加工为主的油坊业在营口、大连、哈尔滨等地相继涌现，其中一些已经使用机器榨油。以小麦为原料的面粉业（磨坊）、以高粱加工为主的酿酒业（烧锅）等也在各地纷纷设立。不过,这些加工工业的规模和资本均较单薄,大都停留在手工作坊的水平。除这些农产品加工工业外,还有规模同样弱小且分散各地的织布业和柞蚕丝业。另外,农业生产的增加促进了农业商品化水平的提高,作为流通手段的货币的需求量和流通量大增,从而使得金融状况受到一定程度的影响。① 至于移民对于近代东北的工矿业、运输业、伐木业等部门的作用无须赘言。

大量关内移民源源不断地涌入,使 1920 年代成为东北地区农业开拓的极盛时期。移民为近代东北工农业的发展提供了必要的人力资源,在他们的辛勤垦殖下,东北地区的耕地面积和粮食产量均出现明显的增长,农产品的商品率也有不同程度的进步,并与世界市场发生日益紧密的联系。这点在东北地区农业的支柱性农作物——大豆的生产和运销中体现得最为清晰和深刻。由于农业生产的发展,以油坊业为中心的农产品加工工业也得到相应的发展,并且对商业和金融产生了重要的影响。关内移民的涌入为东北农业带来了较为先进的耕作技术与经验,而且农业生产中已部分地采用一些现代化的机械设施,不过,由于农业技术的推广需要时间,所以1920—1930 年代东北"出现的农业生产力的极大提高可由较为先进的机械化和提高了的农业技术来解释,但是绝大多数农业用地完全是由人力——满洲移民所普遍适应的艰苦的体力劳动——开垦的"。② 一言以蔽之,这一时期东北地区农业经济的发展,从大规模的移民运动中获益颇多。

近代以前,东北境内的城市或城镇均是行政中心和军事要塞,尤其是北部地区城镇的政治和军事功能益形突出。沿海和东南部的城镇随着移民的进入及与关内商品流通的频繁而具有较多的经济色彩,并为近代东北城市的兴起奠定了一定的社会基础。③ 1861 年营口开埠后,辽河航运业蓬勃兴起,由此推动 19 世纪末叶辽河沿岸及其附近地带的一些小城镇的兴

---

① 塚瀬進『中國近代東北經濟史研究:鐵道敷設と中國東北經濟の變化』東方書店、1993、36 頁。
② 〔美〕罗纳德·苏勒斯基:《满洲的区域开发——本世纪 20 年代的移民劳动者与省官员》,第 21 页。
③ 关于前近代时期东北移民与城市发展的关系可参见吴晓松《东北移民垦殖与近代城市发展》,《城市规划汇刊》1995 年第 2 期,第 46~48 页。

起。① 1907年京奉铁路开通后，进入东北的移民数量较前增加，东北地区的城市化进程逐步加快。不仅诸如沈阳、吉林、营口等城市获得进一步的发展，而且在铁路沿线附近涌现出一批新型的城镇或交易市场。尽管这些散布于辽河沿岸和铁路沿线的新兴城镇还处于城市化的萌芽阶段，但它们是后来城市发展的雏形。据相关统计显示，1907年东北已有10万以上人口的城市2个（沈阳、哈尔滨），5万至10万人之间的城市有4个，1万至5万人之间的城市（镇）共有31个，总计1万人以上的城市（镇）有37个。② 1911年，东北万人以上的城市（镇）共有50座，其中20万人以上的城市1座，5万至10万人的城市4座，3万至5万人的城市9座，1万至3万人的城镇36座。这些城市（镇）中，属于1840年时就已存在的老城有22座，占44%；其余28城市（镇），都是在1840—1911年间兴起的，占56%；它们之中有33座在奉天省，占66%；17座在吉林、黑龙江省，占34%。③ 总之，清季时期的东北城市（镇），无论从增加数量抑或分布格局来看，均与当时东北移民的规模和分布格局相一致。不过，当时东北地区真正称得上具有现代意义的城市仍是寥寥无几。

民国时期，尤其1920—1930年代，东北地区的城市，尤其是城镇数量迅速增加，这恰与东北铁路建设和移民涌入东北的高潮相吻合。1925年，东北地区20万人以上的城市已增至3个（大连、沈阳、哈尔滨）；5至20万人口的城市由1907年的6个增加到10个；1万至5万人口的小城市或城镇由1907年的31个增至57个。1930年，较大城市的数量基本如故，增加较多的仍是1万至5万人的小城市或城镇，比1925年时又增加7个。与此相应，东北人口的城市化水平在这一时期也出现缓慢的攀升。例如，1907年东北人口的城市化率为6.0%，1915年上升至7.7%，1925年为9.9%，1930年10.2%。1930年与1925年相比，人口城市化率虽未出现明显提高，但从绝对数量而言，城市人口在这5年间增加近400万。之所以会出现人口城市化率的停滞，唯一的解释是更多数量的移民进入了农

---

① 何一民、易善连：《近代东北区域城市发展述论》，《史学集刊》2002年第3期，第75页。
② 〔日〕满史会编著《满洲开发四十年史》，第55页。
③ 杨余练等编著《清代东北史》，第458页。

村地区。①

表6-13 1907—1930年东北城市发展情况

	年份	1907	1915	1925	1930
城市个数	20万人以上	—	—	3	3
	10万~20万人	2	3	1	2
	5万~10万人	4	3	9	6
	3万~5万人	7	10	6	11
	1万~3万人	24	34	51	53
	总计	37	50	70	75
城市人口数（千人）		1062	1544	2629	3031
		(100)	(145)	(248)	(285)
农村人口数（千人）		16717	18566	23873	26544
		(100)	(111)	(137)	(159)
城市人口占比（%）		6.0	7.7	9.9	10.2
		(100)	(111)	(137)	(159)

注：括号内数字为指数。
资料来源：转引自〔日〕满史会编著《满洲开发四十年史》，第55页。

由上表可知，小城市或城镇数量的日益增加是民国时期东北地区城市化进程中一个十分显著的特征，这是铁路与移民交互作用的结果。如果说1920年代之前，铁路主要是将东北的各大中城市相连，那么其后修筑的路线是向广袤的东北西部和北部地区延伸，并在荒僻的村落设立车站，随之而来的是移民的进入，在车站附近一带的村落中从事垦殖或其他活动。随着移民的日见增多及农业生产的发展，一些村落逐渐成为移垦区内的重要集散市场，由此形成以移民为主体的城镇。这些新兴城镇基本分布在铁路线上或铁路的"吸引范围"之内，如黑龙江省的穆棱、密山、虎林、富拉尔基、一面坡、海林等城镇就是这种情况的例证。② 另一方面，这些城镇的增加并不意味着东北地区城市化水平的显著提高，因为它们主要是以农

---

① 何一民、易善连：《近代东北区域城市发展述论》，《史学集刊》2002年第3期，第75页。
② 宓汝成：《帝国主义与中国铁路（1847—1949）》，第604页；吴晓松：《东北移民垦殖与近代城市发展》，《城市规划汇刊》1995年第2期，第51页。

业生产和粮食贸易为基础，而不是以工业或商业为先导；移民大部分仍被农业部门吸纳，他们需要出卖谷物，并从商人那里换回必需的日用品；而且商人利用移民的弱小和愚昧，"以不公平的价格收买农产品，继续肆无忌惮地剥削农民，从而积累了大量财富……因而他们（商人）的据点——地方小城市的发展，并不意味着农业经济的繁荣"。① 同时，进入北部地区的移民或再移民中，大约95%"充其量只能算是季节性农业劳动者"，② 不做永久居留。可见，进入东北北部的移民大多只是生存空间的转换，而很少发生职业上的转变，所以这些城镇的近代化色彩显得较为黯淡，与普遍意义上的近代中国的城镇化移民"貌合神离"。③ 此外，大量移民多在铁路沿线地带分布，间接导致了近代东北城市化运动的不均衡性。据统计，截至1930年，在75个人口超过两万的城市（镇）中，64%集中在铁路线上，其人口占东北城市人口总数的81%。换言之，除铁路沿线城市（镇）外，其余广大移垦区，几乎没有城市（镇）可言，④ 这是近代东北地区城市化进程中一个无法避免的缺憾。

总之，大量移民的涌入是推动近代东北地区城市化进程的一个至关重要的因素，他们的到来为城市化提供人口基础，尤其是新兴城镇的增加和分布与移民规模的扩大和空间、职业流向的改变存在着直接的因果关联。当然，城市化进程中的其他因素也不容忽视，譬如铁路的修建决定了移民的空间流向和贸易重心的分布，进而成为决定近代东北城市（镇）的空间坐标。从根源上讲，铁路才是近代东北地区城市化进程中的主导力量和动力，即"铁路的沟通、人口的增加不但活跃了东北的经济，也造成了人口

---

① 〔日〕满史会编著《满洲开发四十年史》，第55页。
② 赵中孚：《移民与东三省北部的农业开发（1920—1930）》，《中央研究院近代史研究所集刊》第3期下册，1972年，第355页。
③ 近代城镇化移民是指随着中国近代工商业和城镇的发展，大批农民人口离开乡村进入城镇，从事工业、商业、服务业及其他非农业行业，并定居城镇，成为城镇常住人口的过程。它的本质特征在于伴随着人口迁移过程而发生的人口经济职能的转变，纯粹空间意义的距离远近已降低到次要地位。参见葛剑雄主编《中国移民史》第六卷，第583页；范玉春《移民与中国文化》，广西师范大学出版社2005年版，第180页。
④ 参见赵中孚《近代东三省移民问题之研究》，《中央研究院近代史研究所集刊》第4期下册，1974年，第662页。

聚集地区新兴都市的迅速出现"。①

东北人口的增加、农业的发展及城市化的进展，并非近代东北移民所呈现出的全部效应，移民的政治和文化方面的意义同样不可轻视。清季，关内大量移民对于遏制帝国主义列强觊觎中国东北起到了一定的作用。民国时期，移民的规模渐为壮观，在加速东北经济开发的同时，亦"加强了东北——这块曾被称为'化外之地'的地处'关外'的肥沃国土与关内的联系，更增强了关内外属同一国家的认同感"。② 毫无疑问，此时的东北已经"是中国的一部分了，除了俄国还保留占有中东路一带和日本在关东租借地及南满路一带还保留它的治外法权外，其余的部分名义上是归属中央政府的，实际上则尽受地方最高军事当局的统辖"。③ 不过，从国际方面来考察，大量移民涌入东北对中日关系并没有产生明显的直接影响，这主要是因为在东北的日本移民数量有限，难与关内移民竞争。

文化意义方面，移民是文化的载体和传播者，"当人迁移流动时，不论是迁移流动的个体，还是群体，所具有的各种文化特征，所遵循的文化模式、价值取向和行为方式、生产生活方式，毫不例外地随着而移动"。④ 与涌入东北的关内移民如影随形的是中原文化的移植，这使得华北与东北之间无论在语言、生活方式、风俗习惯、民间信仰、家族制度乃至行为方式等方面几乎大同小异。⑤ 从这种意义上说，东北地区的社会文化乃是中原文化的延伸。另一方面，关内移民与东北土著的文化冲突和抗拒必然会存在，但程度较轻，延续已久的迁移东北的传统，使移民在社会心理和文化的归属感上不会受到强烈的排斥。

金融意义方面，1920—1930年代在东北近三千万的人口中，大多是来自关内的移民，"除若干在彼落户者外，其家族大都仍在关内，工作所入

---

① 王英男：《战前日俄于东北铁路设施、设备、附属利益之攫取与东北地方人文景观之改变》，《文史学报》第20期，1990年3月，第88页。
② 李占才主编《中国铁路史（1876—1949）》，第45页。
③ 〔美〕Walter Young：《美报之华人满洲移民运动观》，《东方杂志》第25卷第24号，1928年12月25日，第49页。
④ 路遇主编《山东人口迁移和城镇化研究》，山东大学出版社1988年版，第180页。
⑤ 参见范立君《近代东北移民与社会变迁（1860—1931）》，博士学位论文，浙江大学，2005年，第114~138页。

亦汇至故里"。① 由于移民人数众多，即使他们每年仅将其少有的积蓄汇回原籍，对于华北而言也会形成一笔巨大的外来汇款。据相关调查表明：每年山东农民由东北银行、钱庄、邮局等汇兑机关汇至山东农村之款，"大县每年收入皆在一二百万，小县亦在二三十万"，"可统计者在 5000 万元以上，农民由东北回鲁自行带回者，尚不在内"，故而，"东北汇款，实占山东农村收入之最大数目"。② 同样，"河北一省每年由关外寄回之款最多时竟达五千万元之巨，关系农村至为重要"。③ 总之，通过大量移民的联结，东北地区成为华北获取财富的一个源泉。

移民的增加在促进农业的发展和社会变革的同时，也在这个移垦社会中孕育着一些社会问题，主要包括犯罪④、匪患及由人口性别比例悬殊而引发的危机⑤等，其中尤以"胡匪"为困扰东北移民社会的顽疾。东北的"胡匪"亦称马贼、红胡子，"是指所有未经清朝官方批准而在东北北部落户谋生的汉人的通称"，他们"基本上是山东和直隶两省移居东北的移民"。⑥ 1860 年代，封禁政策逐步废弛之后，进入东北的移民日见增多，且成员日趋复杂，其中不乏铤而走险者，成为东北移垦社会的困扰。19 世纪末 20 世纪初，因先后修筑中东铁路、南满支路及京奉铁路，大量的破产或无业农民被招徕出关充当劳力。铁路完工后，尽管大部分的劳力转入了农业部分，但仍有一些徘徊于移垦区及新兴市镇间，甚而沦为马贼，为害地方。⑦ 另外，清廷虽然主动地劝导和支持关内移民垦殖东北，但因资金匮乏和办理不力等，有些移民的接济和安插并未尽如人意，颇有未能落户生根者。迫于无奈或诱惑之下，他们只得抛弃传统社会之规范而走入为匪

---

① 《黄郛下月初北返》，《大公报》1934 年 6 月 22 日。
② 徐慕韩：《山东省的农村经济概况》，《国际贸易导报》第 8 卷第 8 号，1936 年 8 月 15 日，第 72 页。
③ 《黄郛下月初北返》，《大公报》1934 年 6 月 22 日。
④ 徐雍舜：《东三省之移民与犯罪》，《社会学界》第 5 卷，1931 年 6 月，第 147～165 页。
⑤ 徐雍舜：《移民给东北的两个危机》，《大公报》1930 年 11 月 25 日。
⑥ 〔美〕马克·曼考尔、乔治斯·吉达科夫：《中国东北的红胡子》，麦志强译，载《国外中国近代史研究》第 16 辑，中国社会科学出版社 1990 年版，第 1 页。
⑦ 赵中孚：《清末东三省改制的背景》，载中华文化复兴运动推行委员会主编《中国近代现代史论集》第 16 编，台湾商务印书馆 1986 年版，第 555 页。

之歧途。①

1927年后，东北入境和定居的移民人数激增，平均每年在16万人以上。② 但这些移民几乎完全为关内难民，他们在典卖田产勉强凑足川资后，又在途中饱尝冻馁之苦，已是精疲力竭、怨悔不已。及至沈阳后，移民随身携带的钱财多已消耗殆尽，除有同善堂、山东同乡会等慈善团体略有招待外，大多只得悉听自裁，或托亲靠友，或乞食自欺，甚或沦为匪人，其结果垦地必不加多，秩序反形恶化。③ "旅平河南赈灾会送到兴安屯垦区的难民，除一部分被雇为铁路苦力外，多数寄食在军队里，有些因迫于生计竟投降了土匪。"④ 可见，这时移民之中出现了一种"马贼化"的倾向，进而造成匪患的猖獗。他们每股人数有数十人至数千人不等，平均在300人上下，⑤ 其活动范围多在铁路沿线附近，流动性极大，剿除相当不易。

这种现象的产生，是近代东北移垦社会各种因素恶性交织的产物。首先，1927年之后迁入东北的移民几乎全为倾家荡产的难民，其抵达目的地后多已一贫如洗，根本没有能力购置土地，只得充当季节性的佣工或苦力以谋生存，即使有一部分移民能够领到一定数量的土地，但由于商业、高利贷的榨取和租佃、捐税的盘剥，他们的生活依然十分艰辛。其次，东北荒地的垄断和兼并已是司空见惯，尤其是在北部地区。不仅地主、揽头、地痞，甚而北洋官僚、地方军阀等均大肆强占和兼并放垦荒地，然后，他们将这些土地闲置，待价而沽，希冀有朝一日铁路开通，地价上涨，以谋私利。⑥ 可见，土地放垦几乎成为一种普遍的投机行为，以致后至的移民很难在放垦区立足生存。再次，民国时期东北的地方主义色彩日益浓厚，

---

① 赵中孚：《近代东三省胡匪问题之探讨》，载中华文化复兴运动推行委员会主编《中国近代现代史论集》第2编，台湾商务印书馆1985年版，第642～643页。
② 陈翰笙：《难民的东北流亡》，《国立中央研究院社会科学研究所集刊》第2号，1930年，第6页。
③ 《难民出关与东北开发》，《大公报》1928年4月2日。
④ 陈翰笙：《难民的东北流亡》，《国立中央研究院社会科学研究所集刊》第2号，1930年，第33页。
⑤ 赵中孚：《近代东三省胡匪问题之探讨》，载《中国近代现代史论集》第2编，第656页。
⑥ 转引自赵中孚《移民与东三省北部的农业开发（1920～1930）》，《中央研究院近代史研究所集刊》第3期下册，1972年，第359页。

并频繁卷入国内的政治纷争。如截至 1929 年，东北政治势力先后介入直皖争斗、两次直奉战争以及与国民革命军的北伐战争等，兵员抽调出关人数最多时达 30 万人。为弥补人员、财力的不足以支持战争所需，东北地方当局一面极力招徕关内移民出关垦殖，一面加重赋税、滥发纸币，以致金融紊乱、社会动荡，使原本具备高度发展潜力的东北地区变得社会矛盾激化、盗匪遍地丛生。最后且最重要的是，虽然地方政府制定了较为完备的移民政策和办法，但在具体的执行过程中大打折扣，尤其是移民的安插更为不力，以致许多没有被安插的移民只得流浪徘徊，在救济无望和心力交瘁之余，难免沦为匪徒，因而当政者难辞其咎。总之，近代东北地区的胡匪确为困扰东北社会的一大问题，对该地区的现代化进程产生了一定的延阻或干扰，如在南满铁路关于东北农业发展状况的报告中透露，截至 1931 年九一八事变之前，因受胡匪骚扰而导致废垦的土地约占东北全部已耕地面积的 1.4%，导致的农业减产亦在 1.4% 左右。①

近代以来，特别是 1920 年代的东北移民，与东北地区的现代化进程关联紧密。包括京奉铁路在内的铁路网络将大量移民源源不断地运至东北，直接促成了东北人口的快速增长，并为该地区农业、矿业、木材业及制造业等部门提供了大量且必需的劳力。与移民数量的增加相伴而行的是耕地面积的扩大，农作物产量的增长、商品化水平的提高，这成为该地区各种加工工业和商业发展的基础和动力。同时，移民也是近代东北城市特别是铁路沿线的新兴城镇人口的主要来源。总之，民初以来东北地区的经济、社会能够持续稳固地向前发展，关内的大批移民功不可没。当然，移民在东北地区现代化进程中的作用固然重要，但由于其自身素质和社会传统的限制，他们"一直是而且也只能是被动地由其他力量领导着建设东北的近代社会文明"，② 所以移民只是为近代东北社会文明的建构提供人口和劳力的基础，而不可能成为其中的主导力量和主要动力。另一方面，与移民的增加及经济社会的变革如影随形的还有社会矛盾的蓄积和激化，从而导致

---

① 赵中孚：《近代东三省胡匪问题之探讨》，载《中国近代现代史论集》第 2 编，第 658 页。
② 白宏钟：《移民与东北近代社会文明的建构 (1860—1911)》，《中国社会历史评论》第七卷，2006 年，第 396 页。

了诸如犯罪的严重、匪患的猖獗等一系列的社会"病症"。当然，移民不是造成这些社会问题的主要症结，对于这些社会问题的讨论也不会削弱或淡化移民在近代东北社会文明建构中的重要作用，而是力图从不同的侧面呈现出近代东北移民的复杂内涵。

结　语

　　京奉铁路的诞生和发展，是近代中国交通变革的重要标志之一，也是中国交通现代化进程的一个构成部分。通过对于该路的个案式研究，我们不仅对它的历史沿革、发展概貌、政治特性及营运状况形成了一个较为清晰的认识，而且从不同的层面或领域较为深入地探讨了它与其"吸引范围"内的经济社会变动间的互动关系。当然，无论从其内涵方面抑或外延方面而言，本书都没有对该路进行面面俱到的描述和分析，而是选择性地撷取它所传达出的一些独特信息及与其存在直接或紧密关联的社会变动，因而，从这种意义上而言，该路的发展历程仍可视为近代中国铁路事业发展的一个缩影，尽管它并不能囊括近代中国铁路事业发展的全部含义。

　　清季，京奉铁路因开平煤矿的创办而创生，其后是以巩固海防为名不断展筑。尽管它曾因遭遇来自清廷内部的顽强阻挠而暂时搁浅，但某种意义上说，它的诞生和初步发展是清季洋务运动逐步开展的必然诉求和产物。中日甲午战争之后，"救亡图存"成为当时首要的历史主题，作为对于这一主题的必然回应，该路的展筑更是肩负起巩固国防、对抗俄日的军事和政治使命。同时，随着西方列强对中国瓜分的迫在眉睫，该路成为清政府与列强之间及列强内部即英、俄之间利益博弈的一个砝码。由此可知，清季不同的历史主题和具体的社会情境赋予了京奉铁路在政治意义上的特性或含义，为该路打上了鲜明的时代烙印。这使其有别于其他国有各路而显示出自身的独特性，另一方面也在一定程度上抑制了该路经济功能的发挥。1912年之前，该路对其"吸引范围"内的经济或商业体系的发展只发挥了相对有限的作用，这与其含有重要政治意义的情形恰好相反。总之，该路在清季的不平凡经历，"正是一部中国铁路早年发展中的缩影，也说明了国有铁路的艰难历程"。① 民国时期，该路饱尝军阀政治及战争的侵扰而屡有分合，尤其是1931年九一八事变之后，它遭到彻底的分割而处于一种特殊的状态。可见，民国时期的社会情境或者更准确地说是政治环境，对于该路的发展有直接的影响。可见，京奉铁路的发展恰逢中国社会由传统向现代的转型，抑或中国现代化进程逐步深化的时期，传统与现代相互冲突和调适的社会情境赋予了该路不同寻常的历史特征和意义。这种社会情境既为该路的诞生和发展提供了支撑和动力，又设置了各种阻力和障碍。该路在近代中国社会的传统与现代的交织互动中艰难却不可逆转地前进。总之，只有将京奉铁路放置于具体的社会情境中进行审视，才能对其形成更为深刻的认知，同时有裨于加深对中国现代化进程的理解。

尽管京奉铁路的发展历程并非一帆风顺，且它含有的浓厚的政治气息对其早期经济功能的发挥产生了一种限制，然而，该路的运输业务和营业状况堪称良好，在近代中国国有各路中居于榜首。这主要依托于该路沿线区域内丰富的自然资源和相对较高的经济发展水平以及较为频繁的人员流动。良好的营运成绩不仅是该路自身日渐进步的一种直接体现，而且是其沿线区域内经济社会变动的映射。同时，这并不能掩饰该路在营运中存在的各种弊端或陋习——它们主要源于该路组织结构、管理制度及路员风气等内在因素的缺失或不良。另外，一些外在因素特别是军阀政治的干扰和破坏而使该路的营业出现损失和波动。不过，处于近代中国转型时期的京奉铁路能够取得良好的营运成绩应该值得肯定。

良好的营运成绩也是衡量该路发挥社会功用及其程度的一个重要标尺。作为一种现代化的交通工具，铁路不仅造就了物资和人员的大规模、长距离的流动，而且具有"向后连锁"的效应。诚如经济史学家罗斯托（W. W. Rostow）所言：铁路运输不仅降低了国内的运输费用，将新地区及新产品带入商业市场，同时具有完成加深市场的功能；此外，或许最重要的影响是铁路的发展导致了现代煤、铁和机械工业的发展。因而，"就历

---

① 王晓华、李占才：《艰难延伸的民国铁路》，河南人民出版社1993年版，第15页。

史的观点而言，铁路的引入是促成起飞最有力的关键性因素"。① 同理，这种"向后连锁"的效应在京奉铁路的发展历程中得到了不同程度的展现。

京奉铁路与开滦煤矿的关系至为紧密，双方自始至终有着不解之缘。开滦煤矿是铁路诞生和发展的重要推动力，开滦煤炭既是铁路用煤和货物运输的主要来源，也是铁路营业收入的重要构成部分。铁路是开滦煤炭的重要运送路径。除占有天然的地理优势外，开滦煤炭经由铁路的大量、便捷且低廉的运输，不仅间接促进了煤炭产量的增加，而且很大程度上决定了煤炭的售价及其市场份额。路矿之间的相互依赖和倚重由此可见一斑。另一方面，由于追逐各自的经济利益，它们之间必然会存在一些难以避免的纠葛，但这无法从根本上动摇彼此间的亲密关系。总之，路矿之间的相互倚赖才是双方关系的主轴和核心。

京奉铁路的通行对其沿线区域内的城市变动产生了积极的推进作用。该路的开通及以其为先锋的近代华北铁路网络的初成，促进了天津陆向腹地不断向广袤的内陆地区拓展并强化了彼此之间的经济依存，城市发展如虎添翼，实力大为扩张，城市空间扩散能力得以增强，以至天津不仅成为中国北方的工商业和金融中心，而且成为一个重要的铁路枢纽。另一方面，天津城市经济的发展形成的巨大的客、货流量成为该路营业收入的重要源泉和保证。作为中国北方另一个重要的港口城市，秦皇岛港因京奉铁路的通行而受惠良多。该路不仅成为这个港口城市崛起的决定性因素之一，而且对该港口货物的集散和城市空间结构的形成具有无可替代的重要作用。唐山因煤炭的开掘和铁路的开通而导致人口的聚集和城镇的出现，并逐渐成为冀东地区经济活动的聚集点及人员、物资交流的结节点，进而导致该地商业的兴盛，成为近代新兴工矿业城镇中的佼佼者。同时，这些城市或城镇之间的经济依存因京奉铁路的连通而不断加强，从而形成一个相互维系和补充的层级性的城市带。总之，京奉铁路在这些城市变动中的作用方式及程度上存在着一定的区别。然而，作为一种基础性的交通设施，它无疑是这些城市或城镇及城市带发生、发展的决定性内在因素之一。

---

① 转引自张瑞德《平汉铁路与华北的经济发展（1905—1937）》，第1页。

结　语

京奉铁路的通行成为其沿线区域内商品流通的重要路径，并决定着一部分商品的流向、促进了商品交易的活跃。在农业方面，该路的开通为以棉花为代表的经济作物的运送提供了快速、便捷的通道，并与广阔的世界市场发生紧密的联结。这在很大程度上突破了传统市场的地域限制，促进了经济作物的大量外运及其商品化水平的提高，刺激了农业生产，特别是经济作物的普遍种植，由此形成专业化或区域化生产的趋向，并导致农业生产格局出现相应的变化。同时，铁路的开通对于农产品的流向也产生了重要影响，一部分农产品被吸附于以铁路车站或与水路码头交会的地点进行集散，一定程度上导致了农产品运销格局和市场结构的变动或重构。总之，铁路的开通不仅意味着农产品运输方式的变革，而且促进了农产品商品化水平的提高及市场范围和格局的变化，这在一定程度上也是促使1912年至1930年代农业总产量有所增加的一个主要因素。另外，乡村工业生产的商品也或多或少地经由该路源源不断地运至销场；大量的制成品或生活用品通过铁路运至沿线主要城镇，或再分散至穷乡僻壤，这在很大程度上促进了乡村手工业及城乡间商品贸易的活跃和繁荣。同时，商品交易的空间逐渐向铁路车站所在地或毗邻铁路的一些地点转移和集中，由此促进了一些专业市场或以重要车站为中心的商品集散市场的形成，进而导致冀东地区的商业格局发生变动。铁路车站附近的商业城镇的涌现和发展便是这种情形的最为明显和有力的佐证。

京奉铁路的通行不仅便利了各种商品的外销或运入，促进了一些商品市场的形成或拓展，而且推动了冀东地区的乡村经济逐渐融入世界市场，与后者形成愈益紧密的经济联结。这在很大程度上打破了传统乡村社会的闭塞，使传统乡村日渐显露不同程度的开放性。这种开放性既为乡村经济的发展带来了机遇和活力，也使其更容易受到世界市场的冲击，从而加剧了乡村经济的不稳定性。譬如，铁路将冀东地区出产的初级产品——主要是经济作物及其手工业品输出至沿海通商口岸销售，并且将外埠或国外的工业品输入内地，这样的后果是农产品商品化程度的提高。一些传统手工业出现绝对的或相对的衰落，或者是复苏或者被其他手工业取代，等等。但这一过程"不仅趋向于瓦解中国的传统经济，而且使中国作为一个经济殖民地——一个原料的供给者和产成品的接受者——的地位永久维持下去"。① 然而,农产品商品率的提高只是从一个侧面说明农村经济自给自足的衰退,尚不足以完全反映农民传统生活的破坏程度。1920—1930年代,中国被卷入世纪经济危机的旋涡之中,农业的恐慌、工业的疲滞及商业的萧条似乎构成了当时中国经济的一幅千疮百孔般的图景,农村经济崩溃和破产的悲观情绪在不断弥漫,救济农村的呼声此起彼伏。在这种情境之下,铁路被当时一些学者视为农村破产的一个"罪魁祸首":"我们并不是轻视交通发展的重要,更不是以为中国不应该努力修筑铁路、公路。我们是觉得,如果交通事业有长足的发展而国内其他事业没有随之发达,则交通便利的结果,乃为洋货造成一新市场,以吸收内地的财力。"② 事实上,作为一种现代化的交通工具,铁路的开通无疑逐步加强了内地乡村经济与世界市场的依存度,必然会与世界市场的脉搏一起跳动。当内地乡村经济因世界经济危机的牵累而出现波动时,不能简单地将这种责任归咎于铁路——它不是造成这种现象的根源,归根到底,这是由近代中国的社会性质所决定。因而,将责任推诿于铁路的说法无法完全令人信服,甚至一定程度上是对铁路功用的误解或偏见。相反,当时内地乡村经济的衰落不是铁路发展的恶果,而因铁路运输的不发达所造成,并且复兴农村经济的部分责任要由铁路来承担。③ 总之,京奉铁路在其沿线区域内乡村经济变迁中的功用已经超越了运送工具的基本意义而产生了更为深远的影响,同时也映射出机遇与挑战的并存是中国农业经济现代化进程中一个无法规避的课题。

京奉铁路为近代东北移民的运送提供了快速、便捷的陆上途径,尤其对1920年代后期东北移民高潮的出现发挥了间接的推动作用。通过实行发售廉价的小工票和开行小工专列等方法,该路便利和鼓励了关内移民向东北的迁移,无论这种迁移是永久性抑或季节性,进而促进了近代东北地区的开发和进步。不过,这一移民运动的实现依赖于京奉、津浦、南满、中东等路的共同作用。同时,尽管京奉铁路运送的移民数量逊色于经由海路

---

① 从翰香、李新玉编《陈翰笙文集》,第232~233页。
② 从翰香、李新玉编《陈翰笙文集》,第233页。
③ 章江波:《铁道运输对于复兴农村经济上之责任》,《津浦铁路月刊》第4卷第9期,1934年9月,第15页。

者，但与国有其他各路在 1920 年代后期东北移民运动中的作用相比较，该路的作用更加突出。当然，该路与平汉铁路在东北移民运送中发挥作用的不同是多种因素共同作用的结果，而不只是铁路自身决定的。

以上内容从不同的层面或角度揭示出京奉铁路在其沿线区域内社会变动过程中的具体功用。这些功用方式多种多样，程度互有差异。然而，本书的旨趣不是单纯地描述和比较这些功用的孰轻孰重，而是力图展示这些功用的复杂性和多样性，从而对于铁路在中国现代化进程中的作用形成更为深入和清晰的认知。必须提及的是，京奉铁路不是促成其沿线区域内社会变动的唯一运输方式，传统的运输方式，尤其是水路运输依然发挥着重要作用。因此，包括铁路在内的整个交通体系的变革和重构是推动区域社会变动的动力之一。至于铁路在这个交通体系中的"分量"尚需通过进一步的量化统计和比较研究方能明晰。通过对于京奉铁路的个案研究的归纳和升华，我们又再次面对一个老生常谈却又无可回避的问题，即西方世界具有革命意义的交通工具——铁路，在中国现代化进程中是否发挥了革命性的作用，这种作用是否被"打了折扣"？或"中国扩展中的铁路是仅只促进外国在经济上的渗透——尚不论其在政治领域的渗透——还是中国将能够通过与之一致的工业化进程，使它们作为一种真正的民族解放和民族进步的工具的能力得以实现？"[①] 陈翰笙先生曾对此做出回答："一个严密的运输系统在促进一个国家的政治统一和国防力量强大方面的作用明显到用不着证明。它是经济进步的一个不可缺少的基础，这一点也同样无须争辩。事实上，缺乏适当的交通工具长时期以来成为中国现代化的一大障碍。然而，在像中国这样的一个国家，铁路尽管有着可靠的优势，却也随带着危险的要素。"[②] 这个结论的正确与否姑且不论，但它至少提醒我们应该审慎地探讨和理解铁路在中国现代化进程中的角色。事实上，囿于近代中国的国情和社会性质，铁路所发挥的作用的确受到了某些条件和因素的抑制，但是，如果将它放置于中国现代化的发展历程中进行审视，我们就会发现这是近代中国经济社会发展的一个必然现象。近代中国铁路包含着某些

---

① 从翰香、李新玉编《陈翰笙文集》，第 233 页。
② 从翰香、李新玉编《陈翰笙文集》，第 232 页。

"危险"因素,但不能据此对铁路在中国现代化进程中的作用提出质疑。一言以蔽之,近代中国铁路没有像对其心存乐观的人期望的那样"功勋卓著",但也不像某些学者认为的,仅仅是中国屈辱、专制和挣扎的象征,它只是一个动力不足的引擎在艰难地推动着中国的现代化进程。

参考文献

理论著作

北方交通大学经济系、长沙铁道学院运输系编《铁路运输经济》，中国铁道出版社1981年版。

〔美〕C. E. 布莱克：《现代化的动力》，段小光译，四川人民出版社1988年版。

复旦大学哲学系现代哲学研究所编《现代西方哲学概说》，复旦大学出版社1986年版。

谷中原：《交通社会学》，民族出版社2002年版。

郝寿义、安虎森主编《区域经济学》，经济科学出版社1999年版。

李京文主编《铁道与发展》，社会科学文献出版社2000年版。

廖正宏：《人口迁移》，台北三民书局股份有限公司1985年版。

罗荣渠：《现代化新论：世界与中国的现代化进程》，北京大学出版社1993年版。

吴昊：《交通运输与农业发展》，经济科学出版社2007年版。

张务栋编著《交通运输布局概论》，华东师范大学出版社1993年版。

郑杭生主编《社会学概论新修》，中国人民大学出版社1998年版。

邹俊善：《现代港口经济学》，人民交通出版社1997年版。

文献资料

1929年《临榆县志》

1931年《迁安县志》

白眉初：《中华民国省区全志》第一册，北京求知学社1924年版。

《北宁铁路（北平至山海关）民国二十三至二十四年度会计统计年报》

《北宁铁路档案专卷》，中国第二历史档案馆藏，档案号：215（全宗号）。

北宁铁路局编《北宁铁路商务会议汇刊》，天津大公报馆1930年版。

北宁铁路管理局总务处文书课编印《北平旅游便览》，1934年版。

北宁铁路管理局编印《天津旅游便览》，1937年版。

北宁铁路管理局改进委员会《改进专刊》（1934年10月至1937年3月）

北宁铁路管理局、中国旅行社编《北戴河海滨导游》，1935年版。

北宁铁路经济调查队编《北宁铁路沿线经济调查报告书》，北京铁路管理局1937年版。

《北宁铁路民国十八至二十二年度会计统计年报》

《北宁铁路月刊》

北平民社编《北方快览》，京城印书局1932年版。

岑学吕编《三水梁燕孙先生年谱》，载沈云龙主编《近代中国史料丛刊》第75辑，台北文海出版社1966年影印版。

陈佩编《唐山市事情》，新民会中央总会1940年版。

陈天敬、吴光明：《河北省东北河区域棉业调查报告书》，实业部天津商品检验局1932年10月刊行。

陈毅编《轨政纪要》四，载沈云龙主编《近代中国史料丛刊》第54辑，台北文海出版社1966年版。

（清）崔国因：《出使美日秘日记》卷6，黄山书社1988年版。

《大公报》

东北文化社年鉴编印处：《东北年鉴》，东北文化社1931年版。

东北物资调节委员会研究组编《东北经济小丛书》，京华印书局1948年版。

《东北新建设》

《东北旬刊》

《东方杂志》

《东三省官银号经济月刊》

《东省经济月刊》

东省铁路经济实业事务局：《东省铁路与东省铁路之沿带区域》，商务印书局 1924 年版。

董坤靖等编《天津通览》，人民日报出版社 1988 年版。

甘眠羊：《新天津指南》，天津绛学斋书局 1927 年版。

高祝捷、王晓艳编《秦皇岛开埠纪事》，出版地不详，1998 年版。

光绪二十四年《滦州志》

《国防论坛》

《国际贸易导报》

国民党中央党部国民经济计划委员会主编《十年来之中国经济建设》，南京扶轮日报社 1937 年版。

《国闻周报》

河北省棉产协会：《河北省棉产调查报告》，1936 年版。

河北省实业厅视察处：《河北省二十年份实业统计》，1934 年版。

河北省唐山市地方志编纂委员会编《唐山市志》第一卷，方志出版社 1999 年版。

河北省政协文史资料委员会编《河北文史集粹》经济卷，河北人民出版社 1991 年版。

《黑白半月刊》

黄沈亦云：《黄膺白先生家传》，载沈云龙主编《近代中国史料丛刊续编》第 29 辑，台北文海出版社 1966 年影印版。

《检验月刊》

交通部、铁道部交通史编纂委员会编《交通史·路政编》第 1、3、7 册，1935 年版。

《交通官报》

《交通杂志》

津铁路分局路史编辑委员会：《津铁分局之最》，出版地不详，1992 年版。

京奉铁路管理局总务处编查课：《京奉铁路旅行指南》，天津华新印刷局 1924 年版。

《京沪沪杭甬铁路日刊》

开滦矿务局史志办公室编《开滦煤矿志》第二卷，新华出版社 1995

年版。

开滦矿务总局编《开滦矿务总局一览》，出版地及时间均不详。

开滦矿务总局编《开滦煤矿概况》，出版地不详，1946年版。

（清）李鸿章：《畿辅通志》卷六十八，"舆地略二十三·关隘二"，河北人民出版社1989年版。

（清）李鸿章：《李鸿章全集》海军函稿卷三，海南出版社1999年影印版。

李述主编《开平区志》，天津人民出版社1998年版。

李文海主编《民国时期社会调查丛编》人口卷，福建教育出版社2004年版。

李文治编《中国近代农业史资料》第1辑（1840—1911），生活·读书·新知三联书店1957年版。

凌鸿勋：《中国铁路志》，载沈云龙主编《近代中国史料丛刊续编》第93辑，台湾文海出版社1974年影印版。

刘建亚、苑玉成主编《唐山市商业志》，中国人民大学出版社1992年版。

刘树屏：《述铁路建筑时之弊》，具体日期不详，中国第二历史档案馆藏，档案号：1056—11。

（清）陆绪声：《京奉铁路旅行指南》，出版地及时间不详。

麦健曾、李应兆：《中国铁道问题参考资料索引》，国立交通大学研究所北平分所1936年版。

宓汝成编《中国近代铁路史资料》上，载沈云龙主编《近代中国史料丛刊续编》第40辑，台北文海出版社1976年影印版。

宓汝成编《中华民国铁路史资料（1912—1949）》，社会科学文献出版社2002年版。

南开大学历史系、唐山市档案馆编《冀东日伪政权》，档案出版社1992年版。

《南洋季刊》

《农商公报刊载"满洲大豆业之状况"等论著稿件》（日期不详），中国第二历史档案馆藏，档案号：1038-2023。

秦皇岛市地方志编纂委员会编《秦皇岛市志》第一、二、五卷，天津人民出版社 1994 年版。

秦皇岛市政协文史资料研究委员会编《秦皇岛文史资料选辑》第四辑，1990 年出版。

《三民主义月刊》

《申报》

《申报月刊》

《盛京时报》

《市政评论》

孙毓棠编《中国近代工业史资料（第一辑·1840—1895 年）》下册，载沈云龙主编《近代中国史料丛刊续编》第 62 辑，台北文海出版社 1974 年影印版。

唐山市地名办公室编《唐山市地名志》，河北人民出版社 1986 年版。

唐山市委员会编《唐山名厂》，红旗出版社 1997 年版。

唐山市委员会编《唐山名镇》，红旗出版社 1997 年版。

《天津棉鉴》

天津社会科学院历史所、天津市档案馆编《津海关年报档案汇编》，吴弘明译，1993 年版。

天津市档案馆等编《天津商会档案汇编（1912—1928）》，天津人民出版社 1992 年版。

天津市地方志编修委员会编《天津通志·港口志》，1999 年版。

天津市社会科学院历史研究所编《天津海关十年报告书（1922—1931）》，《天津历史资料》第 5 期，天津社会科学院历史研究所 1980 年。

《铁道公报》

《铁道年鉴》

《铁道卫生季刊》

《铁道协会会报》

《铁路协会月刊》

《铁路月刊广韶线》

《铁路月刊正太线》

《铁路杂志》

〔德〕瓦德西：《瓦德西拳乱笔记》，王光祈译，载沈云龙主编《近代中国史料丛刊》第 74 辑，台北文海出版社 1966 年影印版。

《外交周报》

王奉瑞：《东北之交通》，载沈云龙主编《近代中国史料丛刊续编》第 93 辑，台北文海出版社 1974 年影印版。

王开节等编《铁路、电信七十五周年纪念刊》，载沈云龙主编《近代中国史料丛刊续编》第 93 辑，台北文海出版社 1974 年影印版。

王克勤：《唐山城市建设志》，天津人民出版社 1992 年版。

王庆普主编《秦皇岛港口志》，大连海事大学出版社 1996 年版。

吴弘明译《天津海关十年报告书（1902—1911）》，《天津历史资料》第 13 期，天津社会科学院历史研究所 1981 年。

《西北周刊》

《向导周报》

《新亚细亚》

徐珂：《秦皇岛指南》，商务印书馆 1921 年版。

（清）徐润：《徐愚斋自叙年谱》，载沈云龙主编《近代中国史料丛刊续编》第 50 辑，台北文海出版社 1978 年影印版。

许道夫：《中国近代农业生产及贸易统计资料》，上海人民出版社 1988 年版。

严中平等编《中国近代经济史统计资料选辑》，科学出版社 1955 年版。

《益世报》

《邮传部奏议类编·续编》，载沈云龙主编《近代中国史料丛刊》第 14 辑，台北文海出版社 1967 年影印版。

章有义编《中国近代农业史资料》第二辑（1912—1927），生活·读书·新知三联书店 1957 年版。

《政府公报》

刘秉中编《唐山文史资料》第 15 辑《昔日唐山》，政协唐山市委员会文史资料委员会 1992 年版。

政协唐山市委员会文史资料委员会编《唐山文史资料》第 16 辑《开滦》，1992 年出版。

政协唐山市委员会文史资料委员会编《唐山文史资料》第 6 辑，1989 年版。

《中东半月刊》

中国第二历史档案馆编《中华民国史档案资料汇编》第五辑第一编，"财政经济"（六），江苏古籍出版社 1994 年版。

"中国近代经济史丛书"编委会编《中国近代经济史研究资料》第 9 辑，上海社会科学院出版社 1989 年版。

"中国知名企业丛书"编委会编《秦皇岛港口近代史图志》，中国企业管理出版社 1994 年版。

《中华医学杂志》

《中外经济周刊》

《中外经济周刊》

中研院近代史研究所编《海防档（戊）·铁路》，台北中研院近代史研究所 1957 年版。

研究论著

〔美〕阿瑟·恩·杨格：《一九二七至一九三七年中国财政经济情况》，陈泽宪，陈霞飞译，中国社会科学出版社 1981 年版。

〔美〕安德鲁·马洛泽莫夫：《俄国的远东政策（1881—1904）》，商务印书馆翻译组译，商务印书馆 1977 年版。

白宏钟：《移民与东北近代社会文明的建构（1860—1911）》，《中国社会历史评论》第七卷，2006 年。

〔英〕伯尔考维茨：《中国通与英国外交部》，江载华、陈衍译，商务印书馆 1959 年版。

常城：《东北近现代史纲》，东北师范大学出版社 1987 年版。

陈彩章：《中国历代人口变迁之研究》，《民国丛书》第三编（16），上海书店 1991 年版。

陈翰笙：《难民的东北流亡》，《国立中央研究院社会科学研究所集刊》第 2 号，1930 年版。

陈翰笙、薛暮桥、冯和法编《解放前的中国农村》第一辑，中国展望出版社 1985 年版。

陈翰笙著，从翰香、李新玉编《陈翰笙文集》，商务印书馆 1999 年版。

陈桦：《清代区域社会经济研究》，中国人民大学出版社 1996 年版。

陈晖：《中国铁路问题》，新知识书店 1936 年版。

陈克：《近代天津商业腹地的变迁》，《城市史研究》第 2 辑，1990 年。

陈争平：《清末华北铁路发展及其对外贸的作用》，《历史教学》1989 年第 12 期。

池子华：《中国近代流民》，浙江人民出版社 1996 年版。

池子华：《中国流民史·近代卷》，安徽人民出版社 2001 年版。

楚双志、马平安：《关于近代东北移民问题的几点看法》，《辽宁教育学院学报》1996 年第 2 期。

〔日〕川锅诚一：《入满打工的中国劳工问题》，邓嵩、萨殊利译，载《近代史资料》总 108 号，2004 年。

从翰香主编《近代冀鲁豫乡村》，中国社会科学出版社 1995 年版。

〔美〕德·希·珀金斯：《中国农业的发展（1368—1968）》，宋海文等译，上海译文出版社 1984 年版。

〔澳〕蒂姆·赖特：《中国经济和社会中的煤矿业（1895—1937）》，丁长清译，东方出版社 1991 年版。

丁长清：《开滦煤在旧中国市场上的运销初探》，《中国经济史研究》1988 年第 3 期。

丁日初主编《近代中国》第 3、9 辑，上海社会科学院出版社 1993、1999 年版。

董丛林主编《河北经济史》第三卷，人民出版社 2003 年版。

董鉴泓主编《中国城市建设史（第二版）》，中国建筑工业出版社 1989 年版。

范立君：《关内移民与东北移民文化之形成》，《中国区域文化研究》2021 年第 1 期。

范立君：《民国时期东北关内移民动态的考察》，《中国社会经济史研究》2005 年第 1 期。

范玉春：《移民与中国文化》，广西师范大学出版社 2005 年版。

方显廷：《天津棉花运销概况》，天津南开大学经济研究所 1934 年版。

复旦大学历史地理研究中心主编《港口——腹地和中国现代化进程》，齐鲁书社 2005 年版。

高乐才：《近代中国东北移民历史动因探源》，《东北师大学报（哲学社会科学版）》2005 年第 2 期。

葛剑雄：《简明中国移民史》，福建人民出版社 1993 年版。

葛剑雄主编《中国移民史》第一、六卷，福建人民出版社 1997 年版。

〔美〕关文斌：《描绘腹地：近代中国通商口岸和区域分析》，刘海岩译，《城市史研究》第 13～14 辑，1997 年。

何炳棣：《明初以降人口及其相关问题（1368—1953）》，葛剑雄译，生活·读书·新知三联书店 2000 年版。

何一民、易善连：《近代东北区域城市发展述论》，《史学集刊》2002 年第 3 期。

侯仁之：《天津聚落之起源》卷二水道航路（六），天津工商学院 1945 年印行。

侯杨方：《中国人口史》第六卷（1910—1953 年），复旦大学出版社 2001 年版。

胡光明：《论李鸿章与天津城市近代化》，《城市史研究》第 3 辑，1990 年。

胡焕庸：《中国人口地理》上册，华东师范大学出版社 1984 年版。

华北农产改进研究社：《天津棉花运销概况》，1934 年版。

黄景海主编《秦皇岛港史》古、近代部分，人民交通出版社 1985 年版。

黄顺力：《中国近代铁路史研究的新成果——评介〈中国近代铁路事业管理的研究——政治层面的分析（1876—1937）〉》，《中国社会经济史研究》1993 年第 4 期。

〔美〕黄宗智：《华北的小农经济与社会变迁》，中华书局 2000 年版。

〔美〕吉尔伯特·罗兹曼主编《中国的现代化》，国家社会科学基金"比较现代化"课题组译，江苏人民出版社 1995 年版。

江沛：《民国时期华北农村社会结构的变迁》，《南开学报（哲学社会科学版）》1998 年第 4 期。

江沛、王先明主编《近代华北区域社会史研究》，天津古籍出版社

2005年版。

姜益、徐精鹏：《铁路对近代中国城市化的作用探析》，《上海铁道大学学报》2000年第7期。

交通部秦皇岛港务局铁路运输公司铁路史编委会编《秦皇岛港铁路运输发展史（1891—1992年）》，海洋出版社1993年版。

金城银行总经理处天津调查分部编《天津棉花运销概况》，1937年版。

金家凤：《中国交通的发展及其趋向》，上海书店出版社1937年版。

金曼辉：《我们的华北》，上海杂志无限公司1937年版。

金士宣：《铁道运输经验谈》，正中书局1943年版。

金士宣、徐文述《中国铁路发展史（1876—1949）》，中国铁道出版社1986年版。

金士宣：《中国东北铁路问题汇论》，天津大公报馆1932年版。

金士宣：《中国铁路问题论文集》，交通杂志社1935年版。

经盛鸿：《詹天佑评传》，南京大学出版社2001年版。

荆蕙兰、张恩强：《近代东北城市化进程中的关内移民》，《城市史研究》第44辑，2021年。

〔美〕柯博文：《走向"最后关头"：中国民族国家构建中的日本因素（1931～1937）》，马俊亚译，社会科学文献出版社2004年版。

〔英〕肯德：《中国铁路发展史》，李抱宏等译，生活·读书·新知三联书店1958年版。

〔英〕雷穆森：《天津——插图本史纲》，许逸凡、赵地译，《天津历史资料》第2期，天津社会科学院历史研究所1964年。

李德周、吴香椿：《东北铁路大观》，源泰印字馆1930年版。

李国祁：《中国早期的铁路经营》，台北中研院近代史研究所1976年版。

李华彬主编《天津港史》古、近代部分，人民交通出版社1986年版。

李洛之、聂汤谷：《天津的经济地位》，南开大学出版社1994年版。

〔美〕李·麦萨克、史翰波、罗芙芸：《上海之外：从圣迭戈看中国城市》，刘海岩译，《城市史研究》第13～14辑，1997年。

李淑云：《铁路交通与东北近现代经济发展》，《辽宁师范大学学报（社科版）》1999年第4期。

李文耀：《中国铁路变革论：19、20世纪铁路与中国社会、经济的发展》，中国铁道出版社 2005 年版。

李占才主编《中国铁路史（1876—1949）》，汕头大学出版社 1994 年版。

连濬：《东三省经济实况概要》，华侨实业社 1931 年版。

刘佛丁、王玉茹：《中国近代的市场发育与经济增长》，高等教育出版社 1996 年版。

刘海岩：《空间与社会：近代天津城市演变》，天津社会科学院出版社 2003 年版。

刘洁、李立涛：《近代河北植棉迅速发展原因探析》，《河北大学学报（哲学社会科学版）》2005 年第 4 期。

刘举、李菅：《浅析 20 世纪初至 30 年代关内移民与东北经济发展的关系》，《黑龙江科学》2005 年第 1 期。

刘克祥主编《清代全史》第十卷，辽宁人民出版社 1993 年版。

路遇：《清代和民国山东移民东北史略》，上海社科院出版社 1987 年版。

路遇主编《山东人口迁移和城镇化研究》，山东大学出版社 1988 年版。

罗澍伟主编《近代天津城市史》，中国社会科学出版社 1993 年版。

马里千、陆逸志、王开济编著《中国铁路建筑编年简史（1881—1981）》，中国铁道出版社 1983 年版。

马陵合：《清末民初铁路外债观研究》，复旦大学出版社 2004 年版。

〔美〕马士：《中华帝国对外关系史》第三卷，张汇文等译，上海书店出版社 2006 年版。

马札亚尔：《中国农村经济研究》，陈代青、彭桂秋译，神州国光社 1934 年版。

〔日〕满史会编著《满洲开发四十年史》，东北师范大学出版社 1988 年版。

宓汝成：《帝国主义与中国铁路（1847—1949）》，上海人民出版社 1980 年版。

闵杰：《近代中国社会文化变迁录》第二卷，浙江人民出版社 1998 年版。

牛淑萍：《清代山东移民东北述论》，《烟台师范学院学报（哲学社会科学版）》2001年第1期。

庞玉洁：《开埠通商与近代天津商人》，天津古籍出版社2004年版。

〔美〕齐锡生：《中国的军阀政治（1916—1928）》，杨云若、萧延中译，中国人民大学出版社1991年版。

曲晓范：《近代东北城市的历史变迁》，东北师范大学出版社2001年版。

曲直生：《河北棉花之出产及贩运》，社会调查所1931年版。

任荣会：《庚子遗恨》，新华出版社1998年版。

〔日〕日本中国驻屯军司令部编《二十世纪初的天津概况》，侯振彤译，天津市地方史志编修委员会总编辑室1986年版。

"三河县公路交通史编写组"编《三河县公路交通史略》，廊坊地区行政公署交通局1986年版。

上海经世文社编《民国经世文编》八，国家图书馆出版社2006年版。

沈和江：《李鸿章早期"自我兴办"铁路思想的形成》，《历史教学》2003年第11期。

〔美〕施坚雅主编《中华帝国晚期的城市》，叶光庭等译，中华书局2000年版。

宋则行：《中国人口·辽宁分册》，中国财政经济出版社1987年版。

苏全有：《近十年来我国近代铁路史研究综述》，《苏州科技学院学报（社会科学版）》2005年第2期。

孙冰如：《解放前天津的面粉工业》，《天津文史资料选辑》第42辑，1988年。

孙艳魁：《苦难的人流——抗战时期的难民》，广西师范大学出版社1994年版。

陶涵：《三十年代华北地区的中日交涉》，《文史精华》2002年第11期。

田方、陈一筠：《中国移民史略》，知识出版社1986年版。

涂文学：《中国近代城市化与城市近代化论略》，《江汉论坛》1996年第1期。

汪敬虞：《中国资本主义的发展和不发展：中国近代经济史中心线索

问题研究》，中国财政经济出版社 2002 年版。

汪敬虞主编《中国近代经济史（1895—1927）》，人民出版社 2000 年版。

王朝佑译《中国铁路与英国之政策》，京汉铁路印刷所 1923 年版。

王笛：《清代重庆移民、移民社会与城市发展》，《城市史研究》第 1 辑，1989 年。

王金绂：《中国经济地理》上册，北京文化学社 1930 年版。

王慕宁编译《东三省之实况》，中华书局 1929 年版。

王杉：《东北移民与新型关东文化》，《佳木斯大学社会科学学报》2001 年第 1 期。

王杉：《民初东北移民社会心态管窥》，《社会科学辑刊》1998 年第 5 期。

王杉：《浅析民国时期"闯关东"运动的时空特征》，《民国档案》1999 年第 2 期。

王杉：《再论 20 世纪 20 年代华北人民"闯关东"狂潮之成因》，《齐齐哈尔大学学报（哲学社会科学版）》2001 年第 5 期。

王先明、熊亚平：《铁路与华北内陆新兴市镇的发展（1905—1937）》，《中国经济史研究》2006 年第 3 期。

王晓华、李占才：《艰难延伸的民国铁路》，河南人民出版社 1993 年版。

王晓菊：《俄国东部移民开发问题研究》，中国社会科学出版社 2003 年版。

王旭、黄柯可主编《城市社会的变迁：中美城市化及其比较》，中国社会科学出版社 1998 年版。

王英男：《战前日俄于东北铁路设施、设备、附属利益之攫取与东北地方人文景观之改变》，《文史学报》第 20 期，1990 年 3 月。

王余杞：《北宁铁路之黄金时代》，北平星云堂书店 1932 年版。

魏子初：《帝国主义与开滦煤矿》，神州国光社 1954 年版。

翁文灏：《路矿关系论》，出版地和时间均不详。

吴蔼宸：《华北国际五大问题》，京华印书局 1929 年版。

吴铎：《津通铁路争议》，《中国社会经济史集刊》第 4 卷第 1 期，1936 年 5 月。

吴弘明：《试论京奉铁路与天津城市的发展》，《城市史研究》第 15~16 辑，1998 年。

吴松弟、樊如森：《天津开埠对腹地经济变迁的影响》，《史学月刊》2004 年第 1 期。

吴松弟主编《中国百年经济拼图：港口城市及其腹地与中国现代化》，山东画报出版社 2006 年版。

吴晓松：《东北移民垦殖与近代城市发展》，《城市规划汇刊》1995 年第 2 期。

武伟、宋迎昌：《论铁路干线对沿线地区经济开发的影响》，《经济地理》第 17 卷第 1 期，1997 年。

夏东元：《洋务运动史》，华东师范大学出版社 1992 年版。

谢彬：《中国铁道史》，上海中华书局 1929 年版。

熊亚平：《铁路与华北内陆地区市镇形态的演变（1905—1937）》，《中国历史地理论丛》2007 年第 1 期。

许仕廉：《中国人口问题》，《民国丛书》第三编（16），上海书店 1991 年版。

薛不器：《天津货栈业》，时代印刷所 1941 年版。

薛念文：《东方旅行社与关内外通车问题：塘沽协定善后疑案之一》，《同济大学学报（社会科学版）》2002 年第 5 期。

阎永增：《开滦矿务局与唐山近代工业体系的初步形成》，《经济论坛》2003 年第 22 期。

杨勇刚：《中国近代铁路史》，上海书店出版社 1997 年版。

杨余练等编著《清代东北史》，辽宁教育出版社 1991 年版。

杨子惠：《中国历代人口统计资料研究》，改革出版社 1996 年版。

姚洪卓主编《近代天津对外贸易（1861—1948 年）》，天津社会科学院出版社 1993 年版。

余明侠：《李鸿章在中国近代铁路史上的地位》，《徐州师范学院学报（哲学社会科学版）》1994 年第 3 期。

苑书义等：《艰难的转轨历程——近代华北经济与社会发展研究》，人民出版社 1997 年版。

苑书义、孙宝存、郭文书主编《河北经济史》第四卷，人民出版社2005年版。

曾鲲化：《中国铁路史》，燕京印书局1924年版。

张大伟：《铁路建造对清末东北城市的冲击》，《历史地理》第18辑，2002年6月。

张风波：《中国交通经济分析》，人民出版社1987年版。

张礼恒：《从西方到东方：伍廷芳与中国近代社会的演进》，商务印书馆2002年版。

张利民：《"闯关东"移民潮简析》，《中国社会经济史研究》1998年第2期。

张利民：《近代辽宁的城镇发展模式与特征》，载朱荫贵、戴鞍钢主编《近代中国：经济与社会研究》，复旦大学出版社2006年版。

张利民：《试论近代华北棉花流通系统》，《中国社会经济史研究》1990年第1期。

张瑞德：《平汉铁路与华北的经济发展（1905—1937）》，台北中研院近代史研究所1987年版。

张瑞德：《中国近代铁路事业管理的研究——政治层面的分析（1876—1937）》，台北中研院近代史研究所1991年版。

张树云主编《近代唐山风云录》，花山文艺出版社1994年版。

张玉法：《民国初年的政党》，岳麓书社2004年版。

张忠民：《前近代中国社会的商人资本与社会再生产》，上海社会科学院出版社1996年版。

赵风彩：《二十世纪初叶东北移民浅析》，《人口学刊》1988年第1期。

赵文林、谢淑君：《中国人口史》，人民出版社1988年版。

赵中孚：《近代东三省移民问题之研究》，《中研院近代史研究所集刊》第4期下册，1974年。

赵中孚：《一九二〇—三〇年代的东三省移民》，《中研院近代史研究所集刊》第2期，1971年。

赵中孚：《移民与东三省北部的农业开发（1920—1930）》，《中研院近代史研究所集刊》第3期下册，1972年。

中国社会科学院近代史研究所编《沙俄侵华史》第四卷上，人民出版社1990年版。

中国社会科学院近代史研究所《国外中国近代史研究》编辑部编《国外中国近代史研究》第16辑，中国社会科学出版社1990年版。

中华文化复兴运动推行委员会主编《中国近代现代史论集》第2、16、28编，台湾商务印书馆1985、1986年版。

周春英：《近代东北三省关内移民动态的分析》，《中国边疆史地研究》2004年第2期。

周春英：《试论近代关内移民对东北经济发展的影响》，《济南大学学报（社会科学版）》2001年第2期。

周谷城：《中国近代经济史论》，复旦大学出版社1987年版。

周积明、宋德金主编《中国社会史论》，湖北教育出版社2005年版。

朱从兵：《李鸿章与中国铁路：中国近代铁路建设事业的艰难起步》，群言出版社2006年版。

朱德新：《二十世纪三四十年代河南冀东保甲制度研究》，中国社会科学出版社1994年版。

祝曙光：《铁路与日本近代化——日本铁路史研究》，长征出版社2004年版。

庄维民：《论近代山东沿海城市与内地商业的关系：以烟台、青岛与内地的商业关系为例》，《中国经济史研究》1987年第2期。

外文资料

Antung (including Tatunggou) Annual Trade Report and Returns (1927).

Far Easter Commercial and Industrial Activity：1924 (Hong kong：The Commercial Press, Ltd, 1924).

Harbin District Annual Trade Report and Returns (1927).

Ralph William Huenemann, *The Dragon and the Iron Horse：The Economics of Railroads in China 1876—1937* (Cambridge：the Harvard University Press, 1984).

东亚同文会『支那省别全志』第18卷直隶省，东亚同文会1920年版。

宫本通治编『北支事情综览』，满铁总务处资料课 1936 年版。

堀内文二郎・望力燦『开滦炭矿の八十年』、1960

满铁株式会社产业部编『北支那经济综观』，日本评论社 1940 年版。

满铁株式会社调查部编『北支棉花综览』，日本评论社 1940 年版。

野中时雄编『北支棉花ちすゐの考察』滿鐵天津事務所調查課、1936

野中时雄编『北支那港湾事情』，满铁天津事务所调查课 1936 年版。

野中时雄编『河北省棉产概况（民国二十四年度）』，满铁天津事务所 1936 年版。

伊藤武雄『冀東地區十六各縣縣勢概況調查報告書』、1926

早川录铳编『北支那案内之天津要览』，天津要览发行所 1927 年版。

塚瀨進『中國近代東北經濟史研究：鐵道敷設と中國東北經濟の變化』東方書店、1993

图书在版编目(CIP)数据

主干"与"动脉":京奉铁路与其沿线区域经济社会变迁:1907—1937 / 李海滨著. -- 北京:社会科学文献出版社,2022.9
(中国近代交通社会史丛书)
ISBN 978-7-5228-0682-2

Ⅰ.①主… Ⅱ.①李… Ⅲ.①铁路运输-影响-区域经济发展-研究-中国-1907-1937 Ⅳ.①F127
②F532.9

中国版本图书馆CIP数据核字(2022)第166483号

·中国近代交通社会史丛书·

"主干"与"动脉"
—— 京奉铁路与其沿线区域经济社会变迁(1907—1937)

著　　者 / 李海滨
出 版 人 / 王利民
责任编辑 / 石　岩
责任印制 / 王京美

出　　版 / 社会科学文献出版社·历史学分社 (010) 59367256
　　　　　 地址:北京市北三环中路甲29号院华龙大厦　邮编:100029
　　　　　 网址:www.ssap.com.cn
发　　行 / 社会科学文献出版社 (010) 59367028
印　　装 / 三河市东方印刷有限公司

规　　格 / 开　本:787mm×1092mm　1/16
　　　　　 印　张:22　字　数:349千字
版　　次 / 2022年9月第1版　2022年9月第1次印刷
书　　号 / ISBN 978-7-5228-0682-2
定　　价 / 128.00元

读者服务电话:4008918866

版权所有 翻印必究